Projektfinanzierung

von
Jörg Böttcher
und
Prof. Dr. Peter Blattner

2., unveränderte Auflage

Oldenbourg Verlag München

Bibliografische Information der Deutschen Nationalbibliothek

Die Deutsche Nationalbibliothek verzeichnet diese Publikation in der Deutschen Nationalbibliografie; detaillierte bibliografische Daten sind im Internet über <http://dnb.d-nb.de> abrufbar.

© 2010 Oldenbourg Wissenschaftsverlag GmbH
Rosenheimer Straße 145, D-81671 München
Telefon: (089) 45051-0
oldenbourg.de

Das Werk einschließlich aller Abbildungen ist urheberrechtlich geschützt. Jede Verwertung außerhalb der Grenzen des Urheberrechtsgesetzes ist ohne Zustimmung des Verlages unzulässig und strafbar. Das gilt insbesondere für Vervielfältigungen, Übersetzungen, Mikroverfilmungen und die Einspeicherung und Bearbeitung in elektronischen Systemen.

Lektorat: Wirtschafts- und Sozialwissenschaften, wiso@oldenbourg.de
Herstellung: Sarah Voit
Coverentwurf: Kochan & Partner, München
Gedruckt auf säure- und chlorfreiem Papier
Gesamtherstellung: Books on Demand GmbH, Norderstedt

ISBN 978-3-486-59137-8

Inhaltsverzeichnis

1. Problemstellung 2

2. Begriffliche Abgrenzungen 9
2.1. Zum Begriff "Projektfinanzierung" und Abgrenzung zu anderen Finanzierungsformen 9
2.2. Projektfinanzierung und traditionelle Unternehmensfinanzierung 16
2.3. Projektbeteiligte, Varianten und Phasen der Projektfinanzierung 19
2.4. Vorteile einer Projektfinanzierung 28

3. Risikomanagement bei Projektfinanzierungen 33
3.1. Risikobegriff und Risikomanagement 33
3.2. Der Kern des Risikomanagements: Die Sicherung der Stabilität und der Auskömmlichkeit des Cashflows ... 37
3.3. Der Umgang mit Einzelrisiken: Risikoidentifikation, Risikoträger und Risikoinstrument 42
3.4. Übergeordnete Risikoinstrumente 99
3.5. Projektfinanzierungen in der Krise 130
3.6. Hinweise zur Analyse von Unternehmen, die bei Projektfinanzierungen beteiligt sind 133

4. Moderne Projektfinanzierung: Das magische Dreieck von Rendite, Risiko und Liquidität 141
4.1. Portfolios, Diversifizierung und geforderte Renditen für den Einsatz von Eigenkapital 141
4.2. Leverage, Überdeckungsgrad und Finanzierungsalternativen 162
4.3. Das Konzept der gewichteten Kapitalkosten 171

5. Moderne Projektfinanzierung: Agenten- und Transaktionskosten 177
5.1. Zum Begriff des Risikokapitals im Rahmen einer Projektfinanzierung 177
5.2. Trade Off: Anreize versus Risikoübernahme 199

6. Resümee 211
6.1. Zur Vorteilhaftigkeit von Projektfinanzierungen und ihren Grenzen 211
6.2. Über die Bedeutung von unsystematischen Risiken bei Projekten 215
6.3. Projektfinanzierungen als angewandtes strategisches Risikomanagement 228
6.4. Risikowahrnehmung und Investitionsentscheidung: Behavioral Finance und Risikofaktor Mensch ... 236
6.5. Hinweise für einen „besseren" Umgang mit Projektrisiken 256

Literaturverzeichnis 259

Autorenverzeichnis A-1

Index I-1

1. Problemstellung

Je größer ein unternehmerisches Vorhaben, desto größer sind in aller Regel dessen Chancen, desto schwerwiegender aber auch die Folgen seines Scheiterns für diejenigen, die es finanziert oder sich anderweitig verpflichtet haben. Übersteigt ein Vorhaben die Finanzkraft oder Risikobereitschaft eines Unternehmens, erscheint das Vorhaben aber gleichwohl als wirtschaftlich attraktiv, so bietet es sich an, Chancen und Risiken auf mehrere Schultern zu verteilen und gegenüber den Kapitalgebern allein das Projekt mit seinem Cashflow haften zu lassen. Diese beiden zentralen Überlegungen - Cashflow-Orientierung einerseits und Risikoteilung zwischen den Projektbeteiligten andererseits - sind die zentralen Strukturelemente einer Projektfinanzierung.

Es ist das Vorhaben und dessen Cashflow, nicht aber ein bestimmtes Unternehmen, das für die Finanzierung gerade steht. Das Vorhaben muss daher ein geschlossener, in sich wirtschaftlich, technisch und rechtlich tragfähiger Kreis sein, der den Investoren eine glaubwürdige Aussicht auf eine angemessene Eigenkapitalverzinsung und den Fremdkapitalgebern ausreichende Sicherheit auf Rückführung des eingesetzten Kapitals bietet: Das Projekt muss sich selbst tragen, sich selbst finanzieren. Dies ist der Grundgedanke einer Projektfinanzierung.

Obwohl Projektfinanzierungen häufig als eine junge Erscheinung im internationalen Finanzwesen eingestuft werden, ist ihr Grundgedanke - die Verknüpfung eines Kredites mit dem Schicksal des zu finanzierenden Projektes - alles andere als neu[1]. Bereits im 5. Jahrhundert vor Christus kannten die antiken Griechen Darlehen für Seetransporte, die nur rückzahlbar waren, wenn das betreffende Schiff seine Mission erfolgreich erfüllte. Ebenso zeigt das Beispiel der Realisierung des Suez-Kanals Mitte des 19. Jahrhunderts, dass es sich um eine lang bekannte Finanzierungsmethode handelt[2]. Weitergehende Bedeutung erlangte die Projektfinanzierung ab etwa 1930 bei der Erschließung der Erdölvorkommen in Nordamerika und ab 1960 bei Rohstoffprojekten[3]. Die Methode ist also tatsächlich älter als ihre Benennung.

Die Gründe, die etwa ab Mitte der 90er Jahre für den Aufschwung der Projektfinanzierung angeführt wurden - Erschöpfung der staatlichen Ressourcen, Zutrauen in die Überlegenheit des marktlichen Koordinationsprozesses und die Investitionsbedarfe, insbesondere der asiatischen und osteuropäischen Volkswirtschaften in Infrastrukturpro-

---

1. W. Schmitt 1989, S. 3.
2. S.M. Levy 1996, S. 19 ff.
3. W.H. Jürgens 1994, S. 1; M. Hupe 1995, S. 2.

jekte[1] - werden auch aus heutiger Sicht noch gelten können. Nach dieser Sichtweise bestehen gerade in Entwicklungs- und Schwellenländer erhebliche Infrastrukturbedarfe, die weder allein durch den Staat noch durch erhöhte Steuerlast der Bürger dargestellt, sondern bestmöglich durch Projektfinanzierungen befriedigt werden können[2]. Während dieser Erklärungsansatz für Projektfinanzierungen insbesondere in Entwicklungsländern gelten mag, stellt ein weiterer Erklärungsstrang auf die Notwendigkeit ab, dass Projekte teilweise ein derart großes Volumen annehmen, dass sie die Belastungsgrenzen von Unternehmen überschreiten würden, wenn sie diese in ihren Bilanzen ausweisen müssten. Im internationalen Wettbewerb um Großprojekte kommt der Finanzierung zunehmend eine Schlüsselfunktion zu. In nicht seltenen Fällen wird sogar eine Kapitalbeteiligung am Projekt erwartet, so dass der Exporteur zum Investor wird.

Es überrascht nicht, dass sich Projektfinanzierungen besonders häufig dort finden, wo Kristallisationspunkte wirtschaftlichen und technischen Fortschritts hohe Investitionssummen erfordern (Suezkanal und Bagdadbahn sind historische Beispiele, Offshore-Windparks die Beispiele der Gegenwart). Das Instrument ist aber keineswegs auf spektakuläre Großvorhaben beschränkt, sondern mittlerweile auf vielen Feldern - wie Rohstofferschließungen, Anlagenbau, Telekommunikation und sonstigen öffentlichen Infrastruktureinrichtungen - etabliert. Seit etwa Mitte der neunziger Jahre hat die Projektfinanzierung Vorhaben in den Bereichen Erneuerbare Energien entdeckt. Ob ein Vorhaben als Projektfinanzierung realisiert werden kann, hängt wesentlich davon ab, ob die zukünftigen Cashflows - also Einzahlungen und Auszahlungen - hinreichend genau prognostizierbar sind.

Das globale Volumen von Vorhaben, die als Projektfinanzierungen realisiert worden sind, unterstreicht die gesamtwirtschaftliche Bedeutung dieser Finanzierungsmethode:

---

1. P. Benoit 1996, S. 3.
2. S.M. Levy 1996, S. 10 f.

Abbildung 1.1.: Volumen weltweiter Projektfinanzierungen (in Mrd. USD)

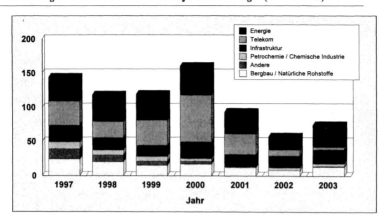

Fragt man nach den Gründen für das große, aber auch zyklische Interesse an Projektfinanzierungen[1], so empfiehlt es sich, die wahrgenommenen Chancen der verschiedenen Projektbeteiligten zu betrachten:

Hohe Finanzierungs-Volumina, wie sie für viele Projektfinanzierungen typisch sind, kann oder will ein einzelnes Unternehmen nicht aufbringen. Ursache hierfür ist einerseits die finanzielle Situation der Unternehmen, welche ein Aufbringen derart umfangreicher Finanzmittel nicht erlaubt und andererseits der Wunsch nach Risikobegrenzung der betreffenden Unternehmen. Die Projektfinanzierung eröffnet den Projektträgern die Möglichkeit, ein Projekt überhaupt bzw. mehrere Großprojekte gleichzeitig durchzuführen und somit eine Risikostreuung zu erreichen[2]. Dieser Projektträger, für den international der Begriff Sponsor verwandt wird, initiiert das Projekt und entscheidet über die Durchführung, ist mithin im Zentrum des Vorhabens.

Im Rahmen des Exports von Industrieanlagen hat die Projektfinanzierung in den vergangenen Jahren eine zunehmende Bedeutung erlangt. Ein auf die Bedürfnisse der ausländischen Kunden abgestimmtes Finanzierungskonzept ist neben der Produktqualität und

---

1. Erfahrungen der verschiedenen Projektbeteiligten mit dem Instrument Projektfinanzierung sind grundsätzlich bei seiner Umsetzung hilfreich, können aber auch nachteilig sein, wenn Erfahrungen der Vergangenheit ohne nähere Prüfung der Ursachen in die Zukunft fortgeschrieben werden. Im Rahmen der Boom-Phase der asiatischen Volkswirtschaften wurden "Best Case"-Szenarien zu "Base Case"-Szenarien und "Worst Case"-Szenarien spielten nur eine untergeordnete Bedeutung. Außerdem wurden immer aggressivere Finanzierungsstrukturen gewählt, die dem tatsächlichen Risiko nicht mehr angemessen waren. Mit Realisierung der Asienkrise 1997 kehrte sich diese Einschätzung dramatisch um, und es war praktisch unmöglich, Projektfinanzierungen zu strukturieren, die dem Sicherungsbedürfnis der Kreditgeber entsprechen konnten. A. Estache; J. Strong 2000, S. 1 und 6.
2. M. Gröhl 1990, S. 10.

dem Verkaufspreis häufig ausschlaggebend für den erfolgreichen Abschluss von Exportgeschäften. Aufgrund der zum Teil hohen Länderrisiken und der Devisenknappheit ausländischer Staaten ist die Finanzierung der Exportgeschäfte über den Weg der klassischen Exportfinanzierung, bei dem die finanzielle Basis der Exportgeschäfte durch Lieferanten- und Bestellerkredite sichergestellt wird, in vielen Fällen nicht mehr durchführbar. Da bei der Projektfinanzierung die Wirtschaftlichkeit des Projektes und nicht die Bonität des ausländischen Schuldners über die Finanzierungsmöglichkeit bestimmt, kann die Projektfinanzierung vielfach als geeignetes Finanzierungskonzept eingesetzt werden, wobei sie sich des Instrumentariums der Exportfinanzierung bedient. Die Anlagenlieferanten können so ihren internationalen Vertrieb fördern. Dieses Potential der Projektfinanzierung ist derzeit noch nicht annähernd ausgeschöpft, sei es, weil die Kombination von Projektfinanzierung und Anlagenbau verhältnismäßig neu ist, sei es, weil der Binnenmarkt bisher hinreichend auskömmliche Geschäftsmöglichkeiten geboten hat. Welches Potential hier besteht, wird deutlich, wenn man sich die weltweite Entwicklung der Windenergie-Nutzung der letzten Jahre vor Augen hält, die mehrheitlich über eine Projektfinanzierung realisiert worden sind:

Abbildung 1.2. : Kapazitäten Windenergie-Nutzung weltweit

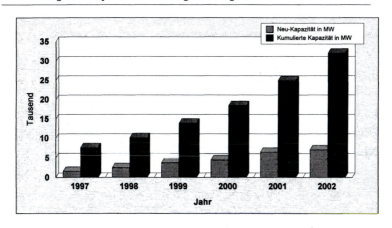

Aufgrund der Kapitalintensität der meisten Projektfinanzierungen ist für eine erfolgreiche Projektdurchführung die Aufnahme von Fremdkapital insbesondere bei Geschäftsbanken erforderlich. Für die Attraktivität dieses Bereiches sind sowohl die üblicherweise höheren Zinsmargen als im "klassischen Firmenkundengeschäft" als auch die Provisionserträge, die für Dienstleistungen, wie Beratung und Strukturierung, erhoben werden, verantwortlich[1]. Darüber hinaus kann es aus Risikosicht sinnvoll sein, überschaubare Risikostrukturen eines konkreten Investitionsvorhabens und der damit verbundenen Kreditvergabe (Objektrisiko) anstelle intransparenter Risiken einer vergleichsweise unspezifischen unternehmensbezogenen Kreditvergabe (Globalrisiko) zu bewerten[1]. Da die Sponsoren ihr Risiko tragendes Eigenkapital tendenziell stark begrenzt halten wollen, entfällt auf das Fremdkapital der weit überwiegende Anteil zur Finanzierung des Gesamtvorhabens.

Da es nicht ein Unternehmen gibt, das sämtliche Chancen und Risiken des Vorhabens nimmt, bedürfen Projektfinanzierungen ausgeklügelter und belastbarer vertraglicher Gestaltungen, die den vielfältigen rechtlichen, wirtschaftlichen und technischen Einflussgrößen Rechnung tragen. Vertragsgestaltungen bei Projektfinanzierungen müssen die heterogenen Interessen der Beteiligten ausgleichen und in ein konstruktives Gleichgewicht bringen, das stabil und dynamisch ist und dem Projekt seine Entwicklungschancen belässt. Festzuhalten ist bereits an dieser Stelle, dass die Verteilung der Chancen und Risiken auf die verschiedenen Projektbeteiligten eine der Kernaufgaben für die Strukturierung einer Projektfinanzierung ist. Festzuhalten ist aber auch, dass gute Projektfinanzierungen maßgeschneiderte, unkonventionelle Lösungen sind, die das Chance-Risiko-Profil des Projektes mit den Präferenzen und Möglichkeiten der Projektbeteiligten verzahnen.

Zusammenfassend wird man als Erklärung für den Einsatz von Projektfinanzierungen die Möglichkeit nennen können, Risiken bei typischerweise großvolumigen Projekten auf mehrere Parteien zu verteilen und Bilanzverlängerungen bei einzelnen Gesellschaften durch die Ausgliederung auf eine Einzweckgesellschaft zu vermeiden.

Wir wollen mit dieser Darstellung die gängigen Prozesse des Risikomanagements bei Projektfinanzierungen überprüfen und Hinweise zu seiner Optimierung entwickeln. Ein Hauptanliegen ist, aufzuzeigen, wann eine Projektfinanzierung für verschiedene - durchaus heterogene - industrielle Teilbereiche angezeigt ist und wann nicht. Die Darstellung ist in folgenden Stufen aufgebaut:

Einleitend sollen die Grundlagen und typischen Eigenheiten der Projektfinanzierung dargelegt werden. Ausgangspunkt und Angelpunkt der folgenden Kapitel ist der Begriff des Risikomanagements, der als Controlling-Prozess der Risikoerkenntnis, Risikoquantifi-

---

1. Die Rolle der Banken ist nicht allein auf die Vergabe von Projektkrediten beschränkt, sondern umfasst meist auch umfangreiche Beratungs- und Dienstleistungsfunktionen. Hierzu zählen die Projektanalyse, die Entwicklung eines projektspezifischen Finanzierungspaketes, die Vermittlungsleistung sowie ggf. auch treuhänderische Tätigkeiten. Der Grund für die weitergehende Einbindung der Banken liegt einerseits darin, dass Projektfinanzierungen kein standardisiertes Bank-Produkt sind, sondern vielmehr ein maßgeschneidertes Finanzierungsangebot darstellen, und ist andererseits in dem Umstand begründet, dass die Banken zum Teil unternehmerische Risiken selbst tragen.
1. K.-U. Höpfner 1995, S. 1 f.

...ulierung und Risikoallokation interpretiert wird. Neben der reinen - die Erfahrungen der Praxis widerspiegelnden - Darstellung der Risiken, den typischen Risikoträgern und den Risikoinstrumenten werden die Charakteristika einer Projektfinanzierung zum Anlass genommen, die verschiedenen Aspekte des Risikomanagements aus ökonomischer Sicht zu analysieren. In diesem Zusammenhang sind jeweils der Umfang und die Bedeutung der einzelnen Risikokomponenten zu bewerten, Möglichkeiten der Risikoallokation aufzuzeigen und die Konsequenzen dieses Risikomanagementprozesses für eine Projektfinanzierung darzustellen. Die eher allgemeinen Überlegungen werden dabei durch Fallbeispiele aus verschiedenen Projektfinanzierungen illustriert, wobei durchgängig ein fiktives Beispiel aus dem deutschen Kraftwerksmarkt - das Vorhaben "Kraftwerk Kiel" dargestellt wird.

Im abschließenden Kapitel wird in einer Gesamtschau dargestellt, ob und inwieweit Projektfinanzierungen für bestimmte Industriezweige geeignet sind und welche Implikationen sich hieraus für die verschiedenen Projektbeteiligten ergeben. Nicht vertiefen werden wir die Analyse der verschiedenen Finanzierungsformen, die im Bereich der Projektfinanzierung zum Einsatz kommen.

Es sind insbesondere zwei Problemkomplexe, die bei Projektfinanzierungen relevant sind: Da ein Projekt sich durch seine Einmaligkeit auszeichnet, kann man vermuten, dass Informationsasymmetrien, also die ungleiche Verteilung des unvollkommenen Wissens, besonders zu beachten sind. In diesem Verständnis bezieht sich Informationsasymmetrie zunächst auf zwei Parteien, deren Wissen ungleich verteilt ist. Derjenige, der einen Wissensvorsprung hat, kann diesen zu seinem Vorteil ausnutzen. Gemeinhin wird untersucht, was die Ursachen für diese Informationsasymmetrien sind und welche Mechanismen entwickelt werden können, um diese Ungleichheit möglichst weitgehend zu verringern. Diesem Ansatz wird auch hier gefolgt. Die Bedeutung der Informationsasymmetrie bei Projektfinanzierungen liegt wesentlich darin begründet, dass Erfahrungswerte mit dem jeweiligen Projekt zu Projektbeginn nicht vorliegen können und stattdessen die Tragfähigkeit eines Projektes auf Basis von zukunftsbezogenen Größen beurteilt wird. Eine Reihe von Vertragsgestaltungen im Bereich der Projektfinanzierung ist als ein Instrument zu verstehen, Informationsasymmetrien möglichst weitgehend zu verringern. Eine erste Aufgabe des Risikomanagements besteht darin, die Interessenlage und die Informationslage der verschiedenen Projektbeteiligten zu erkennen und transparent zu machen. Dieser Erkenntnisprozess bildet die Grundlage für die Zuordnung der Projektrisiken auf die verschiedenen Projektbeteiligten. Dieses Thema, das gemeinhin unter dem Oberbegriff Risikoallokation behandelt wird, wird hier als eine zentrale Aufgabe der Projektgestaltung in den Mittelpunkt der Betrachtung gerückt. Das Zusammenspiel zwischen dem jeweiligen Risikoträger, dem von ihm gewählten Risikoinstrument und seiner Nutzeneinschätzung aus dem Projekt wirken wiederum zurück auf das jeweilige Risiko und das die reale Ebene abbildende Cashflow-Modell.

Die Frage, wie jede der Parteien insgesamt ihr Wissen verbessern kann, wird im Kontext der Forschungsrichtung der Informationsasymmetrien allerdings nicht thematisiert. Damit ist ein zweites Problemfeld die übliche Methodik von Prognoserechnungen, die auf den traditionellen Verfahren der dynamischen Investitionstheorie basieren. Wir werden deutlich machen, wie die Wirtschaftlichkeit und Robustheit eines Vorhabens beurteilt werden und welche Konsequenzen sich hieraus für die Finanzierung ergeben.

2. Begriffliche Abgrenzungen

2.1. Zum Begriff "Projektfinanzierung" und Abgrenzung zu anderen Finanzierungsformen

Charakteristika der Projektfinanzierung

Für den Begriff der Projektfinanzierung finden sich in der Literatur durchaus unterschiedliche Definitionsansätze, wobei sich der von NEVITT/FABOZZI weitgehend durchgesetzt hat:

> Projektfinanzierung ist die Finanzierung eines Vorhabens, bei der ein Darlehensgeber zunächst den Fokus der Kreditwürdigkeitsprüfung auf die Cashflows des Projektes als einzige Quelle der Geldmittel, durch die die Kredite bedient werden, legt[1].

Verbindet man diese Definition mit der obigen historischen Skizze der Projektfinanzierungen, lassen sich bereits die wesentlichen Erkennungsmerkmale einer Projektfinanzierung ansatzweise herausarbeiten[2]:

- Bei einer Projektfinanzierung wird typischerweise eine eigenständige Projektgesellschaft gegründet, die den Zweck der Projektdurchführung hat[3]. Diese rechtlich selbständige Trägergesellschaft wird so ausgestaltet, dass sie rechts- und kreditfähig ist. Aus diesem Grund kann die Projektgesellschaft die Fremdkapitalmittel selbst aufnehmen und als Kreditschuldner gegenüber den Banken auftreten. Die Sponsoren sind lediglich als Eigenkapitalgeber in Höhe ihrer Einlage beteiligt, wodurch diese, sofern seitens der Muttergesellschaft keine Garantien oder Bürgschaften gestellt werden, im Regelfall nicht haften[4]. Angestrebt wird, dass der Ausweis der Projektkredite direkt in der Bilanz der Projektgesellschaft erfolgt, so dass die Jahresabschlüsse der Sponsoren durch die Kreditaufnahme nicht berührt werden (**Off-Balance Sheet-Financing**). Die Kreditfinanzierung des Projektes außerhalb ihrer eigenen Bilanzen kann für die Sponsoren den Vorteil haben,

---

1. P. K. Nevitt; F. J. Fabozzi 2000, S. 1. Auch wenn durch die Definition eine klare Betonung auf die Rolle der Kreditgeber gelegt werden, wird im Folgenden die Methode der Projektfinanzierung aus dem Blickwinkel der verschiedenen Projektbeteiligten vorgenommen. Die deutliche Betonung der Rolle der Kreditgeber macht allerdings gleichwohl Sinn, da sie den mit Abstand größten Anteil an der Gesamtfinanzierung übernehmen sollen und damit ihre Akzeptanz dafür entscheidend ist, ob eine Projektfinanzierung zustande kommt oder nicht.
2. W. Schmitt 1989, S. 24.
3. W. Schmitt 1989, S. 24.
4. M. Hupe 1995, S. 12.

dass ihr Kredit-Standing unberührt bleibt, da die Verschuldung der Projektgesellschaft nicht in der Bilanz der Sponsoren erscheint und damit ihre Bilanzkennzahlen durch das Projekt nicht beeinflusst werden[1].

Die Regeln der Konsolidierung sind grundlegend für die Strukturierung von Projektfinanzierungen. Grundsätzlich gilt, dass eine Off-Balance Sheet-Finanzierung dann möglich wird, wenn keiner der Projektsponsoren mehr als 50% am Eigenkapital der Projektgesellschaft hält. Eigenkapitalbeteiligungen bis zu 50% werden lediglich als Beteiligung an anderen Unternehmen ausgewiesen. Im Folgenden sei ein wenig detaillierter auf die IAS-Regelungen eingegangen. Auf die umfängliche Diskussion um die Bilanzierung von Gemeinschaftsunternehmen im Konzernabschluss kann hier nur verwiesen werden[2].

Werden von einem Sponsor Investitionen in eine Projektgesellschaft getätigt, so ist zunächst festzustellen, wie groß der Anteil an der Projektgesellschaft ist: Eine Berücksichtigung als Tochterunternehmen erfolgt dann, wenn man von einem beherrschenden Einfluss sprechen kann (IAS 27.4). Dieser liegt vor, wenn die Finanz- und Geschäftspolitik der Projektgesellschaft bestimmt werden kann, um aus dessen Tätigkeiten Nutzen zu ziehen. In der Regel liegt dies vor, wenn ein Unternehmen zu mehr als 50% an einem anderen beteiligt ist. Weitere Anzeichen für das Vorliegen einer Beherrschung sind (IAS 27.13):

---

1. Dieser vermutete Vorteil setzt aber stillschweigend voraus, dass die Kreditgeber des Sponsors sich bei ihren Kreditentscheidungen formal an der Kennzahlenanalyse orientieren und die Wirklichkeit der Belastung des Kreditnehmers nicht wahrnehmen. Ökonomisch wird man kaum den Erfolg von Projektfinanzierungen aus diesem Charakteristikum ableiten können; wenn überhaupt, dann ein Bedarf an besseren Techniken der Kreditwürdigkeitsprüfung bei Banken.
2. § 290 HGB vereinigt gemäß den Vorgaben der EU-Bilanzrichtlinien den traditionellen deutschen Ansatz, der an den Konzernbegriff der einheitlichen Leitung anknüpft, mit dem britischen Control-Prinzip, demzufolge Stimmenmehrheit und sonstige Einflussrechte entscheiden. In der Konsequenz muss ein deutscher Sponsor, um ein Projekt bilanzneutral zu gestalten, seinen Beteiligungsanteil durch Beteiligung Dritter unter 50% halten und seine Einflussrechte in ausreichendem Maße beschränken. Überblick z.B. bei Adler/Düring/Schmaltz 1997, § 290 HGB, Rn. 90 ff.

- Die Möglichkeit, über mehr als die Hälfte der Stimmrechte kraft einer mit anderen Sponsoren abgeschlossenen Vereinbarung zu verfügen,
- die Möglichkeit, die Finanz- und Geschäftspolitik eines Unternehmens gemäß Satzung oder einer anderen Vereinbarung zu bestimmen,
- die Möglichkeit, die Mehrheit der Mitglieder des Geschäftsführungs- und/oder Aufsichtsorgans zu ernennen oder abzusetzen, oder
- die Möglichkeit, die Mehrheit der Stimmen bei Sitzungen des entscheidenden Geschäftsführungs- und/oder Aufsichtsorgan zu bestimmen.

Handelt es sich um einen solchen Fall, so werden derartige Anteile gemäß des IAS 27 behandelt.

Die Erstbewertung von Anteilen an verbundenen Unternehmen (im Konzernabschluss: Tochterunternehmen) sowie Beteiligungen (im Konzernabschluss: assoziierte Unternehmen) erfolgt im Einzelabschluss zu Anschaffungskosten inklusive Nebenkosten. Hierzu zählen insbesondere Rechtsanwaltskosten, Kosten der technischen und rechtlichen Due Diligence sowie alle direkt im Zusammenhang mit dem Anteilserwerb stehenden Kosten. Für die Folgebewertung gilt: Die genannten Anteile sind im Einzelabschluss zu fortgeführten Anschaffungskosten (IAS 27.37) zu bewerten. Bei einer Wertminderung der Beteiligung ist eine außerplanmäßige Abschreibung vorzunehmen (IAS 39.58 ff.). Eine Wertminderung liegt vor, wenn der voraussichtlich für die Anteile erzielbare Betrag kleiner ist als ihr Buchwert. Sofern sich die Höhe der Wertminderung verringert oder der Grund der Wertminderung entfällt, ist die außerplanmäßige Abschreibung ertragswirksam zu korrigieren. Allerdings darf der Betrag, der sich ergeben hätte, wenn die außerplanmäßige Abschreibung nicht vorgenommen worden wäre, bei der Wertaufholung nicht überschritten werden. Das bedeutet, die Eliminierung der außerplanmäßigen Abschreibungen darf zu keinem höheren Wert als den historischen Anschaffungskosten führen. Eine Wertminderungsprüfung ist bei Vorliegen entsprechender Anzeichen, mindestens aber einmal jährlich durchzuführen.

Unter assoziierten Unternehmen werden hingegen Anteile an Unternehmen ausgewiesen, auf die der Sponsor keinen beherrschenden, jedoch einen maßgeblichen Einfluss ausübt (IAS 28.2). Als maßgeblichen Einfluss bezeichnet man die Möglichkeit, an den finanz- und geschäftspolitischen Prozessen mitzuwirken, ohne diese jedoch vollkommen zu beherrschen. Generell wird davon ausgegangen, dass eine solche Beteiligung bei Anteilen mit einer Beteiligungshöhe von 20% bis 50% vorliegt. Weitere Anzeichen für das Vorliegen eines maßgeblichen Einflusses sind (IAS 28.7):

- Die Zugehörigkeit zum Geschäftsführungs- und/oder Aufsichtsorgan des assoziierten Unternehmens,
- die Mitwirkung an der Geschäftspolitik des assoziierten Unternehmens, einschließlich der Beschlüsse zur Ausschüttung von Dividenden,
- das Bestehen von wesentlichen Geschäftsvorfällen zwischen Sponsor und assoziiertem Unternehmen,
- der Austausch von Führungspersonal sowie
- die Bereitstellung von bedeutenden technischen Informationen.

Unterliegt eine Beteiligung an einer Projektgesellschaft den gerade genannten Kriterien, kommen Ansatz und Bewertung gemäß IAS 28 zum Tragen.

Beteiligungen an assoziierten Unternehmen sind *at equity* zu bewerten (IAS 28.13 ff.). Das bedeutet: Die Anteile an einem assoziierten Unternehmen werden bei Zugang grundsätzlich mit den Anschaffungskosten bewertet. Die Anschaffungskosten sind - im Falle eines Erwerbs - auf einen Anteil am Eigenkapital, bewertet zu Zeitwerten, und einen verbleibenden Goodwill aufzuteilen. In den Folgeperioden wird der Gesamtbuchwert um die anteiligen Veränderungen im Eigenkapital des assoziierten Unternehmens stetig fortgeschrieben, indem folgende Bewertung durchgeführt wird:

Anschaffungskosten
± anteiliges Jahresergebnis
± anteilige Zwischenergebniseliminierung
− Ausschüttungen des assoziierten Unternehmens
± erfolgsneutrale Eigenkapitalveränderungen des assoziierten Unternehmens
± Fortschreibung der Zeitwert-Anpassungen

= At Equity-Wertansatz der Beteiligung an einem assoziierten Unternehmen

Dieser Wertansatz ist hinsichtlich des Vorliegens eines möglichen Wertberichtigungsbedarfs regelmäßig zu überprüfen. Alle Wertveränderungen bis auf erfolgsneutrale Eigenkapitalveränderungen werden erfolgswirksam beim Anteilseigner berücksichtigt.

Für die Bewertung *at equity* ist der letzte verfügbare Abschluss des assoziierten Unternehmens heranzuziehen, wobei der Zeitraum zwischen dem Abschlussstichtag des Konzerns und des assoziierten Unternehmens nicht mehr als drei Monate betragen darf (IAS 28.24 f.). Der Abschluss des assoziierten Unternehmens ist grundsätzlich nach den Bilanzierungs- und Bewertungsgrundsätzen des Sponsors, also in diesem Fall ebenfalls nach IFRS aufzustellen (IAS 28.26). Ist der ermittelte at-equity-Wert negativ, so wird dieser in der Bilanz in Höhe von Null angesetzt (IAS 28.29).

Sofern kein beherrschender oder maßgeblicher Einfluss ausgeübt werden kann, sind die Anteile als Finanzinstrumente gemäß IAS 32 und IAS 39 zu bilanzieren. Ein Finanzinstrument ist nach IAS 32.11 definiert als ein Vertrag, der gleichzeitig bei dem einen Unternehmen zu einem finanziellen Vermögenswert und bei dem anderen zu einer finanziellen Verbindlichkeit oder einem Eigenkapitalinstrument führt. Typischerweise wird es sich bei Anteilen an Projektfinanzierungen um so genannte held-to-maturity investments handeln, die bis zur Endfälligkeit als Finanzanlage gehalten werden, aber gleichzeitig keine Kredite und Forderungen darstellen (IAS 39.9). Je nach Fälligkeit ist die Beteiligung entweder im Anlagevermögen auszuweisen (Fälligkeit größer als ein Jahr) oder im Umlaufvermögen.

Derartige Anteile sind mit den Anschaffungskosten inklusive Anschaffungsnebenkosten (z.B. Transaktionskosten) einzubuchen, wobei sich die Anschaffungskosten im Allgemeinen aus den Marktpreisen ableiten lassen. Sofern sich diese nicht verlässlich bestimmen lassen, ist die abgezinste Summe aller zukünftigen Ein- und Auszahlungen unter Zugrundelegung eines Marktpreises für vergleichbare Leistungen heranzuziehen. Der letztere Fall sollte allerdings bei Projektfinanzierungen die Ausnahme sein, da die Anschaffungskosten in aller Regel klar fixiert sind, Gegenstand des üblichen Generalunternehmervertrages sind und eine wesentliche Informations- und Beschlussgrundlage für die finanzierenden Banken sind. Die Folgebewertung derartiger Anteile erfolgt zu fortgeführten Anschaffungskosten unter Berücksichtigung der Effektivzinsmethode (IAS 39.46). Die erwarteten künftigen Zahlungsflüsse aus dem Kapitalanteil werden mit dem Zinssatz diskontiert, der unter Berücksichtigung des Zugangswertes zu einem Barwert von Null führt. Außerplanmäßige Abschreibungen (z.B. durch die zweifelhafte Zahlungsfähigkeit des Schuldners) werden erfolgswirksam berücksichtigt und führen zu einer entsprechenden Minderung der fortgeführten Anschaffungskosten (IAS 39.58 ff). Ein Wegfall der Gründe für die außerplanmäßige Abschreibung oder für deren Höhe führt zu einer erfolgswirksamen Wertaufholung bis höchstens zu den fortgeführten Anschaffungskosten.

Allerdings ist zu berücksichtigen, dass bestimmte langfristige Verpflichtungen, wie z.B. Garantien oder sonstige Verpflichtungen (so genannte *Credit Enhancements*), die typischerweise von den Sponsoren insbesondere in der Fertigstellungsphase gewährt werden, im Anhang bzw. den Notes des Sponsors angegeben und erläutert werden müssen. Selbstverständlich variieren diese Verpflichtungen in Abhängigkeit von Regelungen in dem jeweiligen Rechnungslegungssystem und müssen jeweils überprüft werden. So beinhalten etwa die Konsolidierungsgrundsätze nach US-GAAP nicht nur eine Beteiligung von mehr als 50%, sondern auch die Existenz einer tatsächlichen Kontrolle der Tochtergesellschaft und die ökonomische Verflechtung ("*Economic Complementarity*") zwischen Mutter und Tochter[1].

Durch die geringe Haftungsmasse der Projektgesellschaft und der meist schwierigen Verwertbarkeit der Vermögensgegenstände verdeutlicht sich die Voraussetzung, dass das Projekt wirtschaftlich eigenständig lebensfähig und in der Lage sein muss, einen auskömmlichen Cashflow zu generieren.

- Aufgrund der fehlenden ökonomischen Vergangenheit und der hohen Spezifität sowie der damit verbundenen geringen Veräußerungswerte der Aktiva ist bei der Kreditentscheidung eine Verfahrensweise wie beim konventionellen Kreditgeschäft unzweckmäßig. Eine die Bonität begründende Historie kann die Projektgesellschaft nicht aufweisen und die Gesellschafter der Projektgesellschaft (Sponsoren) wollen ihre Haftung möglichst weitgehend begrenzen, so dass auch ihre zukünftige Zahlungsfähigkeit nicht das primäre Beurteilungskriterium für die Kreditentscheidung eines Fremdkapitalgebers sein kann[2]. Vielmehr steht bei der Kreditwürdigkeitsprüfung die eigenständige Lebensfähigkeit des Projektes, die sich in der Erwirtschaftung eines für die Deckung der Betriebskosten und des geplanten Schuldendienstes ausreichenden Cashflow äußert, im Mittelpunkt der Betrachtung[3]. Die Orientierung der Kreditvergabe am Cashflow eines Projektes bezeichnet man als **Cashflow Related Lending**. Hierbei handelt es sich um eine prospektive Kreditwürdigkeitsprüfung nach dem Beurteilungskriterium der Cashflow-Entwicklung[4]. Die Stabilität und Auskömmlichkeit des Cashflows ist das entscheidende Kriterium für die Beurteilung der Wirtschaftlichkeit des Projektes. Risikomanagement bei Projektfinanzierungen meint folglich die Sicherstellung eines stabilen Cashflows. Auch die Behandlung der Einzelrisiken, die wir uns in den späteren Kapiteln ansehen werden, ist vor diesem Hintergrund zu würdigen. Die Initiatoren eines Projektes mobilisieren Fremdmittel auf Basis des Projektes und seines Cashflows und nicht auf Basis der Aktiva der Initiatoren[5].

---

1. E.C. Buljevich; Y.S. Park, 1999, S. 122 f.
2. Vgl. Jütte-Rauhut 1988, S. 52; H. Uekermann 1992, S. 11 f.
3. D. Tytko 1999, S. 10.
4. P.B. Grosse 1990, S. 43.
5. P. Benoit 1996, S. 1.

Bei konventionellen Unternehmensfinanzierungen besitzen die Kreditgeber uneingeschränkte Rückgriffsrechte auf das Vermögen des Unternehmens und in Abhängigkeit von der Rechtsform auch auf das Privatvermögen der Eigenkapitalgeber. Bei Projektfinanzierungen liegt aufgrund der rechtlichen und wirtschaftlichen Eigenständigkeit sowie des *Cash Flow Related Lending* ein anderes Risikotragfähigkeitsprinzip vor. Da sich Fremdkapitalgeber üblicherweise nicht nur mit dem prognostizierten Cashflow und den hochspezifischen Aktiva des Projektes als Sicherheit zufrieden stellen lassen, müssen die genau spezifizierten Projektrisiken auf die verschiedenen Projektbeteiligten verteilt werden[1]. Diese für Projektfinanzierungen typische Verteilung von Risiken nennt man **Risk Sharing**, die die Grundlage für eine tragfähige Projekt- und Finanzierungsstruktur ist[2]. Tragfähig heißt, dass die Struktur der vertraglichen Verpflichtungen der Projektbeteiligten auch beim Eintritt von Risiken eine Fortführung des Projektes zulässt[3]. Die Ausgestaltung der Risikostruktur, also die vertragliche Ausgestaltung der Risikoträgerschaft, ist das zweite, neben der Cashflow-Orientierung zentrale Beurteilungskriterium zur Beurteilung der Tragfähigkeit einer Projektfinanzierung.

Wichtig ist, dass sich das Konzept der Risikoteilung üblicherweise nicht allein auf die Einbindung der Sponsoren bei bestimmten Risiken[4] gegenüber dem Kreditinstitut bezieht, sondern vielmehr auf die Einbindung der zentralen Projektbeteiligten, die sich vertraglich verpflichten, bestimmte Risiken vom Projekt fernzuhalten[5]. Auf das Prinzip der Risikoallokation soll im Abschnitt 3.3 näher eingegangen werden.

Konstitutive Merkmale einer Projektfinanzierung sind die beiden Merkmale *Cashflow Related Lending* und *Risk Sharing*, während das Charakteristikum *Off-Balance Sheet Financing* als zusätzliche, aber nicht notwendige Zielsetzung der Sponsoren verfolgt wird.

---

1. Vgl. Heintzeler, F.: Neue Entwicklungen in der internationalen Projektfinanzierung, in: Geld, Banken und Versicherungen, 1984, Bd. 1, Karlsruhe, S. 651-664, hier S. 652, zit. nach Schulte-Althoff 1992, S. 38.
2. W. Schmitt 1989, S. 23; H. Uekermann 1993, S. 14 ff.
3. Die Frage, ob die Chance-Risiko-Position für den Projektbeteiligten auch dann noch auskömmlich ist, wenn er das in Rede stehende Risiko zu tragen hat, beinhaltet philosophische Bestandteile und lässt sich nur in Ansätzen in kaufmännischer Verhandlung nach Marktgesetz bewältigen.
4. Der Begriff "Risiko" wird in Abschnitt 3 definiert.
5. Hupe, 1995, S. 19.

2.2. Projektfinanzierung und traditionelle Unternehmensfinanzierung

Die Sonderstellung der Projektfinanzierung aufgrund ihrer Charakteristika soll anhand eines Vergleichs mit den klassischen Finanzierungsformen Eigenkapital und Fremdkapital in Tabelle 2.1. auf Seite 16 herausgearbeitet werden. Da die Wesensunterschiede dieser Finanzierungsvarianten aus den unterschiedlichen Rechten der Kapitalgeber resultieren, wurden diese als Vergleichskriterien gewählt.

Tabelle 2.1. : Vergleich der Finanzierungsvarianten[1]

Kriterien	Eigenkapital	Fremdkapital	Projektfinanzierungskapital
Haftung	grundsätzl. Haftung mindestens in Einlagenhöhe	keine Haftung, da Gläubigerstellung	keine Haftung, da Gläubigerstellung
Erfolgsanspruch	erfolgsabhängig Restbetragsanspruch	erfolgsunabhängig, da fester Zinsanspruch	erfolgsunabhängig, da fester Zinsanspruch
Vermögensanspruch	Anteil am Liquidationserlös, wenn Erlös > Schulden	Rückzahlungsanspruch in Forderungshöhe	Rückzahlungsanspruch in Forderungshöhe
Leitungsbefugnis	i.d.R. berechtigt	grundsätzlich ausgeschlossen, aber möglich	Grundsätzlich ausgeschlossen, aber aufgrund Volumina größerer Einfluß als bei Fremdkapital
Befristung	i.d.R. unbefristet	i.d.R. befristet	i.d.R. befristet
Besicherung	Keine	persönliche und/ oder dingliche Sicherheiten	Cashflow (z.T. dingliche Sicherheiten, die aber zweitrangig sind)
Finanzielle Kapazität	begrenzt durch die Bereitschaft der Eigenkapitalgeber, Kapital zur Verfügung zu stellen	grundsätzlich unbeschränkt, abhängig von gestellten Sicherheiten und Bonität	Grundsätzlich unbeschränkt, in erster Linie abhängig von Lebensfähigkeit des Projektes (Cashflow Related Lending)

Anhand dieser Gegenüberstellung zeigt sich zunächst, dass die Projektfinanzierung aus Sicht der resultierenden Anspruchsgrundlage als Finanzierungsform wesentlich deckungsgleich ist mit einer traditionellen Fremdkapitalfinanzierung.

Der projektspezifisch grenzziehenden Relation zwischen dem Risikopuffer Eigenkapital einerseits und dem Fremdkapital andererseits fällt aus Sicht der Fremdkapitalgeber zentrale Bedeutung zu. Während bei den Eigenkapitalgebern unternehmerisches Risiko und unternehmerische Gewinnchance positiv korrelieren, erhalten die Fremdkapitalgeber mit dem Zins eine vom Projekterfolg gerade unabhängige Vergütung, die Entgeltkomponen-

---

1. L. Perridon 1991, S. 275

ten für unternehmerische Risiken eben nicht enthält. Folgerichtigerweise sollten Banken keine unternehmerischen Risiken übernehmen. Auch das Instrument der Projektfinanzierung kann die Wasserscheide zwischen Fremdkapital und Eigenkapital nicht aufheben. Die an einer Projektfinanzierung beteiligten Fremdkapitalgeber wollen gerade kein Wagniskapital zur Verfügung stellen, d.h. Kapital, dessen Konditionen und Risikostruktur einerseits den gänzlichen Verlust, dafür aber entsprechend höhere Chancen nach Maßgabe des unternehmerischen Erfolgs des Vorhabens ins Kalkül ziehen. Fremdkapitalgeber betrachten sich als Darlehensgeber, die voll zurückgezahlt werden wollen[1].

Kommt eine konventionelle Finanzierung zum Einsatz, wird ein Investitionsvorhaben als Teil des Unternehmens betrachtet. Die Bewertung des Investitionsvorhabens basiert auf der Kreditwürdigkeit des Gesamtunternehmens und nicht auf dem erwarteten Cashflow des Projektes an sich. Wird dagegen eine Projektfinanzierung dargestellt, ist die Bewertung der Fremdkapitalgeber ausschließlich an die Fähigkeit des Projektes geknüpft, einen eigenen Cashflow zu generieren.

Abbildung 2.1. : Traditionelle Kreditfinanzierung und traditionelle Projektfinanzierung

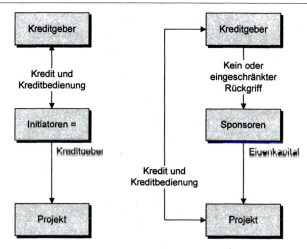

Da die Sponsoren eine unbegrenzte Haftung für das Fremdkapital ablehnen, wird für die Realisierung der Projekte die Gründung einer eigenständigen Projektgesellschaft durch die Sponsoren als Gesellschafter regelmäßig notwendig. Alleiniger Geschäftsgegenstand dieser Projektgesellschaft ist die Realisierung, also die Errichtung und der Betrieb des Projektes. Sie nimmt als Einzweckgesellschaft die Fremdmittel auf und haftet unbe-

---

1. E.C. Buljevich; Y.S. Park 1999, S. 206.

schränkt mit ihrem Vermögen, so dass bei formaler Betrachtung ein Unternehmenskredit vorliegt. Materiell handelt es sich aber um einen Kredit für das konkrete Vorhaben. Die Kreditgeber erwarten die Rückzahlung des Kapitaldienstes allein aus dem Cashflow, der aus dem Projekt generiert wird. Als Sicherheit stehen allein die Aktiva und der Cashflow des Projektes als Haftungsmasse den Gläubigern zur Verfügung. Diese Haftungsmasse ist allerdings projekttypisch nur schwer verwertbar, was mit Blick auf die hohen Investitionsspezifika (Kraftwerke, Mobiltelefonienetze, Transportsysteme etc.) und der Schwellenländer, in denen diese Investitionen vielfach errichtet werden, nicht näher erläutert werden muss. Daher wird im Krisenfall, in dem der Cashflow zur Bedienung des Kapitaldienstes nicht ausreicht, nicht die Sicherheitenverwertung im Vordergrund stehen, sondern die Fortführung des Projektes, erforderlichenfalls unter finanziellen Opfern aller Beteiligter.

Aus dem Wunsch der Sponsoren, die ihre Haftung allein auf das Projekt - d.h. dessen Cashflow - isolieren möchten und dem Sicherheitsbedürfnis der Fremdkapitalgeber, die die fristgerechte Zinsbedienung und Rückzahlung möglichst weitgehend sichern wollen, ergibt sich ein zentraler Spannungsbogen der Projektfinanzierung, für den es keine vorgefertigten Lösungen gibt, sondern der die Beteiligten in jedem Fall zur wechselseitigen Austarierung ihrer Interessen zwingt.

Abbildung 2.2. : Idealtypische Finanzierungsformen

	"Klassischer" Bankkredit	Projektfinanzierung
Beschreibung	Darlehen wird von dem Initiator des Projektes bedient	Vorhaben, bei dem sämtliche Kosten (u.a. Kapitaldienst) allein aus dem Cashflow des Vorhabens bedient werden
Sicherheiten	werden häufig verwandt (z.B. Grundschulden, Sicherungsübereignungen, Forderungsabtretungen, usw.)	Sämtliche Projektaktiva dienen als Sicherheiten, aber: Cashflow ist wesentliche Sicherheit
Perspektive	Jahresabschlussorientiert	Prognostizierbarkeit und Verlässlichkeit des Cashflows des Projektes
Fremdfinanzierungsmöglichkeiten abhängig von	Bonität des Kreditnehmers	Prognostizierbarkeit und Verlässlichkeit des Cashflows des Projektes

Während sich die Kreditgeber beim klassischen Unternehmenskredit hinsichtlich der Befriedigung ihrer Kreditforderungen auf das Zahlungsversprechen und die Bonität eines bestehenden Unternehmen verlassen können, muss bei einer Projektfinanzierung das wirtschaftliche Potential des Vorhabens selbst ausreichend sein, die Darlehen zurückzuzahlen. Diese Prüfung der Kreditwürdigkeit anhand von geplanten, zukünftigen Cashflows ist das vorrangige, zentrale Kriterium von Projektfinanzierungen.

2.3. Projektbeteiligte, Varianten und Phasen der Projektfinanzierung

2.3.1. Beteiligte einer Projektfinanzierung

Die Komplexität einer Projektfinanzierung zeichnet sich unter anderem dadurch aus, dass neben Eigenkapital- und Fremdkapitalgebern weitere Parteien mit unterschiedlichen Interessen und Zielen prägend auf das Projekt einwirken. Die Kenntnis über alle am Projekt Beteiligten und deren Ziele spielt insbesondere im Rahmen der Risikoallokation eine wichtige Rolle[1], weswegen diese nachfolgend beschrieben werden sollen.

Abbildung 2.3. : Wesentliche Projektbeteiligte

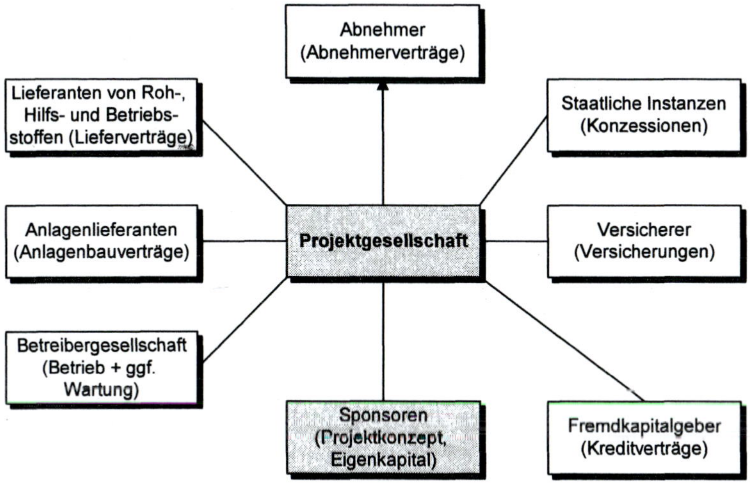

Es ist einleuchtend, dass die Interessen der einzelnen Projektbeteiligten nicht immer gleichgerichtet sein können. Die Anbieter von Leistungen und Waren für die Projektgesellschaft werden möglichst hohe Preise durchsetzen wollen, die Nachfrager möglichst niedrige. Von der Ausgangslage der Interessen unterscheidet sich eine Projektfinanzierung nicht von anderen Transaktionsformen, wohl aber in der Lösung dieser Interessengegensätze, die im Regelfall in einer langfristigen vertraglichen Austarierung der Chancen und Risiken mündet.

---

1. D. Tytko 1999, S. 22.

Hinzu kommt, dass sich die Chancen und Risiken der verschiedenen Projektbeteiligten in Abhängigkeit von der jeweiligen Projektphase ändern: Bestimmte Projektbeteiligte - wie z.B. Kreditgeber - sind etwa zur Planungsphase im Regelfall noch gar nicht präsent, andere - wie etwa der Projektierer eines Windparks - scheiden spätestens zur Betriebsphase aus. Um ein Projekt stabil - d.h. robust - gegenüber Umweltänderungen zu gestalten, ist es notwendig, die Chancen und Risiken der verschiedenen Projektbeteiligten im Projektablauf gemeinsam mit der Projektentwicklung zu analysieren - eine Analyse der Interessen der Projektbeteiligten zu einem bestimmten Zeitpunkt wäre statisch, eine bloße Phasenbetrachtung würde von den Akteuren abstrahieren.

Der Erfolg einer Projektfinanzierung hängt stark von der effizienten Zusammenarbeit und damit der Motivation der jeweiligen Projektbeteiligten ab, die sich wiederum an den spezifischen Vor- und Nachteilen des jeweiligen Beteiligten orientiert. Zur Beurteilung der Machbarkeit einer Projektfinanzierung tritt damit neben die Prüfung der Belastbarkeit des Vorhabens gegenüber Planabweichungen die Untersuchung der jeweiligen Anreize und Beiträge der Beteiligten, um sicherzustellen, dass eine Kreditrückführung auch in schwierigen Zeiten nicht durch ein mangelndes Interesse der Projektbeteiligten gefährdet wird. Die folgende Übersicht gibt einen Überblick über die wesentlichen Projektbeteiligten und deren Anreiz- und Beitragsstrukturen bei einer Projektfinanzierung.

Die Sponsoren (auch "Projektträger" oder "Initiatoren" genannt) sind mit einem bestimmten Eigenkapitalanteil am Projekt beteiligt, entwerfen die Projektidee, ergreifen die Initiative zur Gründung des Projektes und sind häufig für dessen Betrieb verantwortlich[1]. Meist finden sich mehrere Projektträger zusammen, um ihr unterschiedliches Leistungsvermögen zu kombinieren. Typische Sponsoren sind Lieferanten der Vorleistungen und Abnehmer der Endprodukte des Projektes, die auf diese Weise die Absatz- bzw. Beschaffungsseite sichern wollen. Darüber hinaus treten auch Regierungen, staatliche Institutionen und Entwicklungsbanken als Sponsoren auf[2].

Als Kreditgeber kommen international tätige Geschäftsbanken, inter- und supranationale Entwicklungsbanken, Exportfinanzierungsinstitute sowie Leasinggesellschaften in Betracht. Fremdkapital stellt meist den größten Teil des benötigten Kapitals dar, daher kommt den Fremdkapitalgebern neben den Sponsoren eine zentrale Rolle zu. Bei vielen Projektfinanzierungsvorhaben erfolgt die Kreditvergabe durch Konsortien, wobei ein federführendes Kreditinstitut (*Lead Bank*) bestimmt wird[3].

---

1. M. Gröhl 1990, S. 13 f.
2. H. Uekermann 1993, S. 18 f.

Mit dem Begriff "Contractors" werden die Projektbeteiligten bezeichnet, welche die Projektanlage planen, konstruieren und die zur Erfüllung des Projektunternehmenszweckes notwendigen Teile des materiellen Anlagevermögens liefern. Darüber hinaus gehören die Errichtung der Projektanlage und die Ingangsetzung zu den Aufgaben eines Contractors. Insbesondere Unternehmen des industriellen Anlagenbaus übernehmen diese Funktion[1].

Den Abnehmern kommt eine entscheidende Bedeutung für den Erfolg eines Projektes zu, da der Cashflow auf der Einnahmeseite von dem Absatz der Projektleistungen abhängt[2]. Ebenfalls einen hohen Stellenwert hat die termingerechte Belieferung mit Roh-, Hilfs- und Betriebsstoffen durch die Lieferanten je nach Abhängigkeit von der Verfügbarkeit dieser Stoffe.

Im Zentrum der Organisation einer Projektfinanzierung steht die von den Sponsoren gegründete Projektgesellschaft. Sie nimmt das Beteiligungskapital auf und besorgt die darüber hinaus zur Finanzierung des Aufbaus und der Durchführung des Projektes benötigten Fremdmittel. Eines der Hauptmotive für die Gründung der Projektgesellschaft ist aus Projektträgersicht die eigene Haftungsbeschränkung gegenüber den Kreditgebern, die unterschiedlich weit ausgeprägt sein kann[3].

Zu den weiteren Projektbeteiligten zählen:

- eine eventuell engagierte Betreiber- und Managementgesellschaft,
- die öffentliche Hände des Projektlandes, die ein vielfältiges Spektrum an Funktionen übernehmen können (z.B. Erteilung von Genehmigungen bis hin zur Schaffung von infrastrukturellen Rahmenbedingungen) sowie
- die Versicherer, die den verschiedenen Projektbeteiligten Schutz gegen den Eintritt von Risiken gewähren[4].

---

3. D. Tytko 1999, S. 25. Für eine Projektfinanzierung kommen praktisch alle Arten von Fremdkapital in Frage, wobei meist ein Mix aus verschiedenen Finanzierungsformen mit unterschiedlichen Anspruchsarten, Laufzeiten und Trägern in Frage kommt. Im Detail siehe hierzu P.K. Nevitt; F.J. Fabozzi 2000, S. 57- 227.
1. H. Uekermann 1993, S. 20. Beim Abschluss dieses Vertrages zeigt sich der Charakter einer Projektfinanzierung besonders deutlich: Das im Rahmen dieses Vertrages von dem Contractor übernommene Risiko (z.B. Fertigstellung in bestimmter Zeit mit bestimmten Leistungsparametern), die Bonität und die Verlässlichkeit des Contractors dokumentieren eine Verpflichtung für die plangemäße Projektrealisierung, die den Fremdkapitalgebern anstelle der vollen Haftung des Kreditnehmers im Regelfall ausreicht.
2. D. Tytko 1999, S. 29.
3. Siehe hierzu den folgenden Abschnitt "Varianten der Projektfinanzierung".

Dies sind die Projektbeteiligten, die üblicherweise in der Literatur genannt werden. Gleichwohl erscheint es uns sinnvoll, die Gruppe der Projektbeteiligten noch weiter zu fassen. Jede Gruppe, die von einem Projekt betroffen ist, ist in ihrer Interessenlage berührt und sieht ihre eigenen Nutzenmöglichkeiten betroffen. Bei den genannten Projektbeteiligten, wie den Zulieferern oder den Abnehmern ist dies offensichtlich: Ihre Beziehung zum Projekt wird denn auch explizit vertraglich geregelt. Bei anderen Projektbeteiligten kann dies mal mehr, mal weniger auffallen: So kann der Staat ein erhebliches Interesse an der Realisierung eines bestimmten Infrastrukturprojektes haben, auf der anderen Seite "nur" als Steuerempfänger eingebunden sein. Häufig ausgeblendet als vom Projekt Betroffene sind die direkten Anwohner des Projektes. Ihre Rolle wird - wenn überhaupt - häufig unter Umweltschutzgesichtspunkten abgebildet. Dies ist insoweit nachvollziehbar, als dass Immissionen des Projektes nicht die Anwohner beeinträchtigen sollten und daher im Rahmen einer Umweltprüfung des Projektes beachtet werden müssen. Allerdings werden über einen Ansatz, der lediglich die Umweltwirkungen zu berücksichtigen versucht, die möglichen Befindlichkeiten der ansässigen Bewohner nicht abgebildet. Gerade hier können aber Widerstände bestehen, die die Projektrealisierung erheblich erschweren können.

Da dies so ist, schlagen wir eine Begriffserweiterung vor: Mit Projektbeteiligten werden wir im Folgenden die Gruppen bezeichnen, die vertraglich oder gesetzlich in das Projekt eingebunden sind. Dies entspricht der traditionellen Darstellung. Mit Projekt-Stakeholdern wollen wir neben den Projektbeteiligten auch die Gruppen einbeziehen, die in ihren Interessen von einem Projekt berührt werden.

2.3.2. Varianten der Projektfinanzierung

Da die Projekt-Aktiva häufig kaum verwertbar sind, andererseits die Kreditgeber die alleinige Beschränkung auf die Aktiva der Projektgesellschaft nicht akzeptieren, werden häufig die Sponsoren - in einem mehr oder minder starken Umfang - in die Haftung für das Projekt mit einbezogen.

Diesem Wunsch der Kreditgeber steht der entgegen gesetzte Wunsch der Eigenkapitalgeber gegenüber, möglichst wenig Eigenkapital einzusetzen. Mit der Risikobegrenzung der Sponsoren geht im Allgemeinen auch ein Leverage-Effekt einher: Eine niedrige Eigenmittelquote führt zu einer verbesserten Eigenkapitalrendite. Darüber hinaus suchen

---

4. H. Uekermann 1993, S. 21.

die Sponsoren regelmäßig eine Off-Balance-Sheet-Finanzierung. Eine Finanzierung über die Bilanz des Sponsors würde hingegen zu einer Bilanzverlängerung und damit zu einer Verschlechterung der Eigenmittelquote und anderer Kapitalstrukturkennziffern führen.

In der Praxis treten abhängig von dem Risikoprofil des Projektes, den Zielen der Sponsoren und den Verhandlungspositionen und Machtpositionen der beteiligten Parteien unterschiedliche Verteilungen der Projektrisiken zwischen den Sponsoren und den Fremdkapitalgebern auf, die so genannte *Full Recourse Finanzierung*, *Limited Recourse Finanzierung* und die *Non Recourse Finanzierung*[1].

Full Recourse Finanzierung
Bei der Full Recourse Finanzierung besitzen die Fremdkapitalgeber umfassende Rückgriffsrechte gegenüber den Projektsponsoren für die gesamten Projektkredite über deren gesamte Laufzeit. Obwohl das zu finanzierende Projekt aus dem bzw. den Unternehmen ausgegliedert wurde, haften die Sponsoren voll für die Kredite und tragen das Risiko der Zahlungsunfähigkeit der Projektgesellschaft[2]. Der Haftungsumfang, dem die Projektinitiatoren unterliegen, entspricht damit dem eines normalen Unternehmenskredits[3].

Normalerweise wird diese Variante nur sehr selten gewählt, da der Unterschied zu einer Unternehmensfinanzierung - aus Sicht des Projektsponsors - relativ gering ist, gleichwohl aber die tendenziell höheren Transaktionskosten einer Projektfinanzierung zu berücksichtigen sind. Da eine solche Finanzierung für die Banken aus Risikosicht einem normal gesicherten Darlehen entspricht, stellt sie unter Zugrundelegung der oben gewählten begrifflichen Abgrenzung - insbesondere der Abstellung auf den Projekt-Cashflow als alleiniger Kreditbedienungsquelle - keine echte Projektfinanzierung dar. Wir haben diese Konstruktion erlebt bei der Einführung einer neuen Entsorgungstechnik, von deren Vorteilhaftigkeit die Sponsoren zwar überzeugt waren, die aber aufgrund des relativ unsicheren Marktumfeldes nicht ohne zusätzliche Banksicherheit fremdfinanzierungsfähig gewesen wäre.

Limited Recourse Finanzierung
Bei dieser Variante, die in der Praxis mit Abstand am häufigsten Anwendung findet[4], haben die Kreditinstitute nur beim Vorliegen vorher festgelegter Tatbestände und nur im

---

1. W. Schmitt 1989, S. 24.
2. Vgl. Jütte-Rauhut (1988), S. 56; Schulte-Althoff (1992), S. 42.
3. D. Tytko 1999, S. 13.
4. Die Dominanz der Limited-Recourse-Ausprägung zeigt sich etwa darin, dass Vinter Projektfinanzierung mit Limited-Recourse-Finanzierung gleichsetzt. G. Vinter 1995, S. vii.

beschränkten Umfang die Möglichkeit des Rückgriffs auf die Sponsoren zum Zweck der Kredittilgung[1]. Die Haftungsbeschränkung kann zeitlich oder betragsmäßig erfolgen, wobei die zeitliche Limitierung der Rückgriffsmöglichkeiten häufiger vorkommt. Zu einer unverzichtbaren Kreditsicherung zählen die Regreßansprüche gegenüber den Sponsoren während der Errichtungsphase. Erst nach der Fertigstellung eines Projektes werden die Sponsoren aus ihrer Haftung zu entlassen, da die Kreditgeber im Falle der nicht betriebsbereiten Erstellung Gefahr laufen, die ausgezahlten Gelder zu verlieren. Aus diesem Grund verlangen die Banken häufig von den Sponsoren Fertigstellungsgarantien[2].

Die Sponsoren tragen hier nur einen Teil der Projektrisiken, wobei sie im Regelfall bis zur Fertigstellung wie bei einer Full-Recourse-Finanzierung haften, nach Fertigstellung wie bei einer Non-Recourse-Finanzierung. Umgekehrt tragen die Kreditgeber - explizit oder implizit - Risiken, die im Rahmen eines traditionellen Unternehmenskredites vollständig von dem Unternehmen getragen worden wäre.

<u>Non Recourse Finanzierung</u>
Diese Möglichkeit der rückgriffslosen Finanzierung, die auch als reine Projektfinanzierung bezeichnet wird, entläßt die Sponsoren aus jeder Haftung, die über ihren Eigenkapitalanteil hinausgeht. Für die vertraglich vereinbarten Zins- und Tilgungsleistungen haftet ausschließlich die Projektgesellschaft, wodurch die zukünftige Ertragskraft des Projektes die einzige Kreditsicherheit während der gesamten Projektlaufzeit darstellt[3].

Indem die Kreditgeber durch die Entlassung der Projektträger aus der Haftung im Wesentlichen das unternehmerische Risiko für das Projekt übernehmen, kommt diese Finanzierungsvariante in der Praxis nur selten vor[4]. Sie bietet sich bei Projekten an, bei denen dingliche Sicherheiten mit hohen Wiederverkaufswerten existieren (z.B. Rohstoffvorkommen) und darüber hinaus optimale Bedingungen gegeben sind, die einen positiven Projektverlauf als sehr wahrscheinlich erscheinen lassen[5].

Um einem möglichen Missverständnis vorzubeugen: Die genannten Formen einer Projektfinanzierung beschreiben lediglich das unterschiedliche Ausmaß der Haftung der

---

1. F. Heintzeler 1983, S. 1214.
2. Vgl. Jütte-Rauhut (1988), S. 58.
3. Vgl. Jütte-Rauhut (1988), S. 54.
4. W. Schmitt 1989, S. 26.
5. Vgl. Jütte-Rauhut (1988), S. 55.

Sponsoren gegenüber den Kreditgebern, sagen aber noch nichts über die Einbindung der übrigen Projektbeteiligten in das Projekt. Projektfinanzierung stellt sich aber als Finanzierungsmethode dar, bei der die Finanzierung gerade nicht losgelöst von den Eigenschaften und Fähigkeiten der wesentlichen Projektbeteiligten durchgeführt wird, sondern in der diese möglichst eng in das Projekt eingebunden bleiben, um das Gesamtrisiko aller Beteiligten zu begrenzen. Gleichwohl ist die begriffliche Unterscheidung in die drei genannten Formen zweckmäßig, da sie den ökonomischen Grund verdeutlicht, warum Projektfinanzierungen als Finanzierungsmethode für Sponsoren attraktiv sein können, nämlich dem Haftungsausschluss der Sponsoren ab erreichter Fertigstellung des Projektes.

Projektphasen einer Projektfinanzierung

Um die Planung und Durchführung zu systematisieren, werden Projekte in mehrere Phasen unterteilt. Unter einer Phase versteht man dabei "einen in sich geschlossenen Abschnitt eines Projektes, der sich durch seine Aufgabenstellung und den daraus abzuleitenden Aktivitäten von weiteren Abschnitten unterscheidet"[1]. Die Risikostrukturen und das Ausmaß des Engagements der verschiedenen Projektbeteiligten ändern sich im Lebenslauf des Projektes mit diesen Phasen[2]. Die in der folgenden Abbildung dargestellten Phasen sollen kurz erläutert werden.

Abbildung 2.4.: Phasenübersicht[3]

Planungs-phase	Erstellungs-phase	Anlauf-phase	Betriebs-phase	Deinvestitions-phase
Projektidee	Engineering	Funktionskontrollen	Fremdkapitalbedienung	Eigenkapitalübertragung
Vorstudie	Fertigung	Probeläufe	Eigenkapitalverzinsung	Projekteinstellung
Machbarkeitsstudie	Transport	Anlagenabnahme		Projektabbruch
Analyse	bauliche Tätigkeiten und Montagen			
Genehmigungen				

Planungsphase

Die von den Sponsoren entwickelte Idee wird zunächst durch eine Grobplanung beschrieben und systematisiert. Nach Festlegung der Grobstruktur beginnt die detail-

---

1. Albert, I.; Högsdal, B.: Trendanalyse, Köln, 1987, S. 13, zit. nach M. Hupe 1995, S. 35.
2. A. Reuter; C. Wecker 1999, S. 42.
3. M. Hupe 1995, S. 36.

lierte Planungsarbeit mit der Erstellung einer Machbarkeitsstudie (*Feasibility Study*)[1], die das technische sowie das wirtschaftliche Konzept umfasst. Im Rahmen des wirtschaftlichen Teils sind die Cashflow-Betrachtungen, die auf Absatz- und Kostenprognosen basieren, von zentraler Bedeutung. Nach Abschluss des Planungsprozesses treffen die Sponsoren und die Fremdkapitalgeber die Entscheidung über die Realisierung des Projektes[2].

Erstellungsphase
Die Erstellungsphase läßt sich, wie in obiger Abbildung dargestellt, in folgende Unterabschnitte einteilen: Engineering/ Konstruktion, Fertigung und Beschaffung, Transport sowie Bauarbeiten und Montage. Je nach Projektstruktur erfolgt die Erstellung durch einen Generalunternehmer, so dass die Sponsoren in dieser Phase lediglich Organisations- und Kontrollaktivitäten ergreifen, oder durch die Projektgesellschaft selbst. Bei letzterer Variante werden Teilaufgaben fremdvergeben, wodurch die Projektgesellschaft Risiken übernimmt, die sie ansonsten auf den Generalunternehmer abwälzen kann. Andererseits ist es ihr so leichter möglich, den Projektverlauf zu beeinflussen[3].

Anlaufphase
In dieser Phase entscheidet sich, ob das gewählte technische Konzept funktionsfähig ist, da die Anlage "eingefahren" und den vereinbarten Abnahmetests unterzogen wird. Bei einem positiven Testergebnis ergeben sich elementare Folgen für die Projektbeteiligten, weil die Fertigstellungsgarantie der Sponsoren endet und das Risiko auf das Projekt, damit auch auf die Fremdkapitalgeber übergeht. Daher sind intensive und längere Tests empfehlenswert. Die Anlaufphase ist der Zeitraum mit der höchsten finanziellen Exposition des Projektes: Die Kosten der Erstellung und der Abnahmetests sind verausgabt, mögliche Anlaufverluste im Rahmen der Anfahrkurve müssen finanziert werden, ohne dass bisher Erlöse aus der Produktion angefallen wären[4].

Betriebsphase
Nach Abnahme der Anlage beginnt die Betriebsphase, in der aus dem erwirtschafteten Cashflow das Fremdkapital bedient und aus den verbleibenden Gewinnen das eingesetzte Eigenkapital verzinst wird. Durch die kontinuierliche Tilgung sinkt die Belastung für das Projekt und die Risikosituation der Kreditgeber verbessert sich. Indem die

---

1. Angaben zum genaueren Aufbau und Bestandteilen vgl. M. Gröhl S. 89 ff.
2. M. Hupe 1995, S. 36 ff.
3. M. Hupe 1995, S. 39.
4. M. Hupe 1995, S. 39 f.; A. Reuter; C. Wecker 1999, S. 48.

Gewinne zunächst für die Zins- und Tilgungsleistungen verwandt werden, erfolgt die Verzinsung des Eigenkapitals erst mit einer zeitlichen Verzögerung nach dem Fremdkapital. Weil die Projektgesellschaft eine "Single Purpose Company" darstellt, werden keine pauschalen Reinvestitionen oder sogar Neuinvestitionen getätigt, wodurch die erwirtschafteten Gewinne nach Abzug der Fremdkapitaltilgung vollständig zur Eigenkapitalverzinsung zur Verfügung stehen[1].

Desinvestitionsphase
Eine Desinvestition des Projektes kann mit der Einstellung der Projektaktivitäten vor oder nach Erreichen des Projektzieles einhergehen. Anreize zur Beendigung des Projektes können sich aus Sicht der Sponsoren aus strategischen Überlegungen ergeben, wobei allerdings manche Projekte bereits von vornherein eine begrenzte Laufzeit haben. Meist sind jedoch technische, ökonomische und vertragliche Restriktionen, staatliche Regularien oder zwangsweiser Eigentumsentzug ursächlich für die Beendigung des Projektes. Andererseits muss ein Vorhaben, das über eine Projektfinanzierung realisiert worden ist, aber auch gar nicht beendet werden[2].

Eine Besonderheit liegt bei so genannten BOT-Projekten (Build, operate, transfer) vor. Nach diesem Konzept ist es Aufgabe der privatwirtschaftlichen Träger, ein Projekt zu errichten und zu betreiben. Zu diesem Zweck erhalten die Sponsoren eine staatliche Konzession, die ihnen das Betreiberrecht für eine befristete Zeitdauer - die Laufzeit der Konzession - einräumt. Zum Laufzeitende wird das Projekt von den privaten Sponsoren auf den Staat übertragen, der es entsprechend weiter nutzen kann. Angewandt wird dieses Verfahren insbesondere bei Infrastrukturprojekten, etwa der Errichtung von Mautstraßen oder dem Bau von Kraftwerken. Funktional bestehen keine großen Unterschiede zu anderen Projektfinanzierungen, allerdings müssen die Sponsoren beachten, dass ihre Investitionen sich innerhalb des Konzessionszeitraumes rechnen müssen[3].

Abschließend sei der Kapitaleinsatz bei einer Projektfinanzierung schematisch dargestellt: In der anfänglichen Planungsphase (Jahre 1 bis 3) wird das Vorhaben allein durch die Sponsoren finanziert, die die Kosten für die Machbarkeit des Projektes, Erhalt von Konzessionen und sonstigen Genehmigungen übernehmen müssen. Im Jahr 4 tritt das Projekt in seine Errichtungsphase ein, wobei verhandelt wurde, dass die Eigenmittel vor den Fremdmittel einzubringen sind. Im Jahr 5, nachdem die Sponsoren ihren vereinbar-

---

1. M. Hupe 1995, S. 40 f.; A. Reuter; C. Wecker 1999, S. 49 f.
2. Vgl. D. Tytko (1999), S. 41.
3. S.M. Levy 1996, S. 16 f.

ten Eigenmittelanteil eingebracht haben, finanzieren die Banken nach Baufortschritt das Projekt mit. Die größte finanzielle Exposition des Projektes ist zum Abschluss der Errichtungs- und Anlaufphase erreicht. In der sich anschließenden Betriebsphase (ab dem Jahr 7) werden die Darlehen sukzessive zurückgezahlt.

Abbildung 2.5.: Beispielhafter Kapitaleinsatz

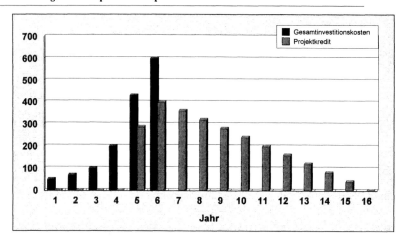

2.4. Vorteile einer Projektfinanzierung

Den Bestimmungsgründen, warum es Projektfinanzierungen gibt, nähert man sich am besten aus den Vorteilen, die die Kapitalgeber mit einem Investment in einem Projekt verbinden. Auch wenn beide Kapitalgebergruppen partiell - insbesondere bei der Ausgestaltung der Kreditverträge zwischen Projektgesellschaft und den Banken - unterschiedliche Interessen verfolgen, sind sie beide doch gleichermaßen am Wohlergehen des Projektes interessiert.

Die anderen Projektbeteiligten - zuallererst die Projektgesellschaft - sind zwar für die Funktion einer Projektfinanzierung unabdingbar, spielen aber zumeist nur eine untergeordnete Rolle bei der Entscheidung, ob eine Projektfinanzierung zustande kommt. Die Projektgesellschaft wird im Regelfall als das Vehikel anzusehen sein, mit dem der Sponsor eine Projektidee umsetzen und seine wirtschaftlichen Ziele realisieren will. Es ist daher eine zulässige Vereinfachung, zunächst von einer Interessenidentität zwischen Projektgesellschaft und Sponsoren auszugehen[1]. Letztlich sind es die Kapitalgeber, die entscheiden, ob ein Vorhaben als Projektfinanzierung realisiert wird: Die Sponsoren müssen eine angemessene Eigenkapitalverzinsung bei einer Haftungsbegrenzung erwarten können, die Banken müssen sich mit dem Risikoprofil komfortabel fühlen. Gelingt es, diesen Spagat zwischen den divergierenden Interessen beider Kapitalgebergruppen zu leisten, so stellen sich die Vorteile wie folgt dar:

Tabelle 2.2. : Chancen einer Projektfinanzierung aus der Sicht der Kapitalgeber

	Eigenkapitalgeber ("Sponsoren")	Fremdkapitalgeber ("Bank")
Begrenzte Haftung	Ja, im Regelfall der Limited-Recourse-Finanzierung endet die Haftung der Sponsoren mit Abschluss der Fertigstellung, danach haftet das Projekt.	
Risikoisolierung und Risikoallokation	Risikoallokation (Verteilung von Risiken zwischen Projektbeteiligten) ermöglicht Reduzierung des Gesamtrisikos auch aus Sicht der Sponsoren, so dass sich klar definierte Risiko-Verantwortlichkeiten ergeben.	Zweiseitiges Verhältnis: 1. Kreditgeber muss ein isoliertes Individualrisiko, aber kein Globalrisiko eines Unternehmens bewerten, 2. Neben der reinen Cashflow-Betrachtung des Projektes ist die Risikoallokation entscheidend dafür, wie die Projektqualität einzuschätzen ist.
Kontrollmöglichkeiten	Ein Ziel der Sponsoren mag sein, die für ihre unternehmerische Tätigkeit notwendigen Kredite nicht in der eigenen Bilanz, sondern innerhalb der Bilanz der Projektgesellschaft auszuweisen, um die eigenen Bilanzkennzahlen nicht zu belasten.	Verbesserte Informationsbasis: Über die üblichen Unterlagen zur Offenlegung der wirtschaftliche Verhältnisse erhält die Bank üblicherweise während der Fertigstellungsphase fortlaufende Baustandsberichte, während der Betriebsphase mehrmals jährlich Betriebsberichte, so dass Abweichungen zwischen Ist- und Plandaten schneller als sonst üblich im Kreditgeschäft erkennbar sein sollten.
Ertragskomponenten	Freie Cashflows fließen üblicherweise als Ausschüttungen in die Gewinn- und Verlustrechnung der Sponsoren, während die operativen Kosten des Projektes auch von diesem getragen werden müssen	Durch die Orientierung wesentlich am Cashflow als einziger Quelle der Kreditbedienung sind die geforderten Margenbestandteile üblicherweise etwas höher als bei Unternehmerkrediten. Zusätzlich erhält die Bank Erfolgsbeiträge, die nicht im Zusammenhang mit der Kreditgewährung stehen (z.B. Beratungsentgelte).

Aus Sicht der Sponsoren liegt der zentrale Vorteil einer Projektfinanzierung gegenüber einer Unternehmensfinanzierung in der zeitlich befristeten Haftung für die Kredite gegenüber den fremd finanzierenden Banken.

Dargestellt werden sollen die verschiedenen Vorteile beispielhaft an dem Vorhaben Kraftwerk Kiel: Da das bestehende Kraftwerk in absehbarer Zeit ersetzt werden muss,

---

[1]. Dies muss nicht unbedingt gelten: Ist etwa der Anlagenbauer des Projektes auch einer seiner Sponsoren - was häufig bei internationalen Projektfinanzierungen der Fall ist - ergibt sich bereits an der Aushandlung des Anlagenliefervertrages ein Interessenkonflikt: Die Projektgesellschaft möchte eine möglichst weitgehende Haftungseinbindung des Anlagenlieferanten, die dieser naturgemäß vermeiden will.

haben sich verschiedene, regional tätige Energieversorgungsunternehmen aus den Umlandgemeinden Sankt Ulrich, der Flecken Bussche, Schönbeck, Klausdorf und Duckburg zusammengeschlossen und eine Projektgesellschaft zwecks Aufbau eigener Stromerzeugungskapazitäten gegründet. Die Projektgesellschaft plant die Errichtung eines Kraftwerksblocks mit einer Kapazität von 800 MWel. Das Kraftwerk soll im Mittellastbereich betrieben werden. Der Anlagenwirkungsgrad soll 57,5%% betragen und damit die derzeit gültigen Anforderungen einer Erdgassteuerbefreiung erfüllen. Das Gesamtinvestitionsvolumen beträgt knapp 500 Mio. EUR und beinhaltet bereits Mittel zum Aufbau eines Liquiditätspolsters als Reserve für die Bedienung des Kapitaldienstes. Die Sponsoren planen einen Eigenkapitalbeitrag in Höhe von 20%, so dass etwa 400 Mio. € fremd zu finanzieren sind.

Aus Sicht der Sponsoren stellen sich die Vorteile bei diesem Vorhaben wie folgt dar: Die Umlandgemeinden sichern sich über ein eigenes Kraftwerk für einen langen Zeitraum eine Energiequelle, die nach allen derzeitigen Prognosen günstiger ist als ein Dritteinkauf. Gleichzeitig reduzieren sie ihr Risiko, da sie ab Fertigstellung nicht mehr - wie es bei einem Unternehmenskredit der Fall wäre - für die aufgenommenen Darlehen haften. Allerdings sind sie vertraglich während der Laufzeit des Stromabnahmevertrages zur Stromabnahme verpflichtet.

Aus Sicht der fremd finanzierenden Bank ergeben sich die Vorteile im Zusammenhang mit dem bankbetrieblichen Zielsystem des Kreditinstituts[1].

Preispolitische Erfolgsbeiträge
Höpfner identifiziert verschiedene aus der Preispolitik resultierende Erfolgsbeiträge einer Projektfinanzierung[2]. Diese lassen sich in zwei Gruppen einteilen. Bei der ersten Gruppe handelt es sich um jene Erfolgbeiträge, die direkt mit der Kreditgewährung zusammenhängen. Dies sind:

- Kreditzins
- Avalprovision
- Bereitstellungsprovision und
- Vorfälligkeitsentschädigung.

---

1. Gröhl (1990), S. 33.
2. Höpfner (1995), S. 76 f.

Die zweite Gruppe der von Höpfner dargestellten Erfolgsbeiträge enthält jene Komponenten, die nicht in direktem Zusammenhang mit der Kreditgewährung stehen. Im Einzelnen sind dies:

- Bearbeitungsgebühr
- Management Fee
- Beratungshonorar

Insbesondere die Erzielung von Provisionserträgen wird von den Banken seit Jahren nachhaltig verfolgt, da hierbei Einnahmen ohne eine Belastung des Eigenkapitals generiert werden können. Damit liegt der Fokus der Banken bei größeren Transaktionen auf die Übernahme von so genannten Lead-Funktionen ("Konsortialführer") und mit der Strukturierung auf die Erarbeitung von geeigneten Finanzierungskonzepten gelegt.

Dieser als Cross Selling bezeichnete Mehrproduktansatz[1] lässt sich insbesondere auf der Basis einer Projektfinanzierung umsetzen, da die finanzierende Bank Einsicht in das gesamte Projekt und insbesondere dessen Finanzierungsstruktur hat. Dadurch lassen sich mit geringem Aufwand Ansatzpunkte für den Vertrieb weiterer Produkte darstellen[2]. Beispiele hierfür sind Zinssicherungsinstrumente oder Instrumente zur Zinskostenreduzierung. Es zeigt sich, dass Projektfinanzierungen eine sehr gute Basis für den Vertrieb von Cross Selling-Produkten darstellen. Insbesondere Provisionserträge können so generiert werden. Auf die Erfolgswirksamkeit der einzelnen Cross Selling-Produkte soll an dieser Stelle nicht näher eingegangen werden.

Während die bisher aufgezeigten Chancen in direktem Einklang mit den bankpolitischen Zielen stehen und somit als übergeordnet anzusehen sind, sollen in dieser Arbeit im Folgenden auch diejenigen aufgegriffen werden, die nur indirekt zum Ergebnis der Bank beitragen. Jene untergeordneten Ziele schaffen die Basis für den Ausbau bzw. den erfolgreichen Abschluss von Neu- und Bestandsgeschäft.

<u>Know-how</u>
Das Engagement eines Kreditinstituts im Segment der Projektfinanzierung setzt bei den Mitarbeitern eine hohe Kompetenz voraus, die neben dem finanzspezifischen Wissen auch Erfahrung in technischen und rechtlichen Belangen des zu finanzierenden Objektes umfasst[3]. Da sich durch diesen Anforderungskatalog ein hohes qualifikatorisches

---

1. Kuhlmann 2004, S. 124.
2. Schmitt 1989, S. 219.

Gesamtniveau der Mitarbeiter ergibt[1], stellt eine funktionierende Projektfinanzierungs-Abteilung einen bedeutenden Wettbewerbsvorteil in Bezug auf die Gewinnung von Neukunden für das jeweilige Kreditinstitut dar.

Beziehungsmanagement
Die hohe Spezialisierung und die Bereitstellung eines individuellen Finanzierungskonzeptes führen üblicherweise zu einer engen Zusammenarbeit der Bank mit der Projektgesellschaft[2]. Dadurch bedingt sich meist eine enge Bindung zwischen Kreditinstitut und Kunde, welche wiederum ein hohes Cross Selling-Potential bietet.

Zusammenfassend lässt sich feststellen, dass die Projektfinanzierung eine gute Plattform zur Generierung von Erfolgsbeiträgen für die Bank darstellt. Neben der Schaffung von Zinserträgen durch die klassische Kreditgewährung kommt dabei unter dem Blickpunkt des schonenden Einsatzes von Eigenkapital der bei Projektfinanzierungen gut darstellbaren Generierung von Provisionserträgen eine besondere Bedeutung zu. Basierend auf einem hohen Know-how der Mitarbeiter kann mit der Projektfinanzierung eine starke Kundenbindung erzielt werden, die eine gute Basis für weitere Cross Selling-Ansätze liefert. Es muss jedoch auch festgehalten werden, dass im Wettbewerb unter Banken gegebenenfalls auch Finanzierungskonzepte für Projekte entwickelt werden, für die letztlich kein Mandat erteilt wird.

---

3. Backhaus 1990, S. 44.
1. Höpfner 1995, S. 149.
2. Backhaus 1990, S. 53.

3. Risikomanagement bei Projektfinanzierungen

3.1. Risikobegriff und Risikomanagement

In der betriebswirtschaftlichen Literatur existieren eine Vielzahl von Interpretationsvarianten für den Risikobegriff[1]. Im Rahmen dieses Beitrages soll Risiko als negative Abweichung vom Planwert einer Zielgröße verstanden werden, da sie für jeden Beteiligten eine Verlustgefahr bedeutet[2]. Die Bedeutung der Behandlung von Risiken im Zusammenhang mit einer Projektfinanzierung ergibt sich unmittelbar aus ihrem Charakter: Da es allein das Vorhaben ist, das als wirtschaftliche Basis für die angemessene Eigenkapitalverzinsung und die Bedienung des Kapitaldienstes dient, ist die Werthaltigkeit und die Robustheit des Projektes von entscheidender Bedeutung. Da das Projekt aber erst sukzessive entsteht, lässt sich die Wirtschaftlichkeit nur per Prognose bestimmen. Da die Perspektive in die Zukunft zunehmend verhangen ist, hat sich die Prognose mit dem Eintritt aller Arten von Einflüssen zu befassen, deren Wirkung auf das Projekt einzuschätzen und nach Wegen zu suchen, ob und inwieweit einzelne Projektbeteiligte bereit sind, das Projekt von Risiken freizuhalten.

Die Risiken einer Projektfinanzierung sind mit dem Instrumentarium des Risikomanagements zu steuern, das versucht, Risiken den Projektbeteiligten zuzuordnen, die diese zu verantworten haben und damit auch kontrollieren können. Wesensmerkmal jeder Projektfinanzierung ist die Orientierung an den zukünftigen Cashflows und der Einbindung der Projektbeteiligten, woraus sich folgende Konsequenzen ableiten:

Zunächst ist bei einer Projektbeurteilung besonderes Augenmerk auf die Faktoren zu legen, die den Cashflow beeinflussen. Als maßgebliche Cashflow-Determinanten für ein Projekt kommen namentlich die Beschaffungsseite, die Absatzmärkte, die Betriebskosten, die Finanzierungskonditionen und schließlich Einflussgrößen des öffentlichen Sektors in Betracht.

In einem zweiten Schritt muss überprüft werden, inwieweit die Risikoübernahmebereitschaft der einzelnen Projektbeteiligten in Relation zu ihrer Fähigkeit steht, für Projektrisiken zu haften. Die Aufteilung der Risiken auf die Projektbeteiligten erfolgt dabei normalerweise nach dem Grundsatz, dass die Vertragspartei das Projektrisiko überneh-

---

1. Ausführlicher M. Hupe 1995, S. 43 ff.; D. Tytko 1999, S. 142 f.; H. Uekermann 1993, S. 23.
2. In Anlehnung an M. Hupe 1995, S. 46. In einem breiteren Begriffsverständnis wird unter Risiko die Gefahr verstanden, dass ein tatsächlich realisiertes Ereignis vom erwarteten Ergebnis positiv oder negativ abweicht. Positive Abweichungen werden dann als "Chance" bezeichnet, negative Abweichungen als "Risiko im engeren Sinn". Dieser letztgenannten Interpretation des Risikobegriffs wollen wir hier folgen.

men sollte, das sie aufgrund ihrer Geschäftstätigkeit am besten beurteilen und somit auch kontrollieren kann (Grundsatz der Kontrollfähigkeit).

Dieser Grundsatz der Risikoverteilung ist aber nur dann anwendbar, wenn außerdem der Grundsatz der Risikotragfähigkeit berücksichtigt wird: Hierbei sind die akzeptierte Risikoübernahme mit der erwarteten Vergütung und den strategischen, individuellen Zielen zu spiegeln. Diese zu erkennen, ist eine - eher selten thematisierte - Aufgabe im Rahmen der Risikoallokation. Diese Aufgabe wird insoweit erschwert, als die Risiko-Einschätzung der Beteiligten und das wirtschaftliche Projektschicksal einer dynamischen Entwicklung unterliegen und wesentlich die bisherigen Erfahrungen sowohl der gesamten Branche als auch der verschiedenen Projektbeteiligten mit Projektfinanzierungen vergleichbaren Typs widerspiegeln.

Schließlich ist aufgrund der Zukunftsorientierung der Projektfinanzierung das Ausmaß an Informationsasymmetrie zwischen den verschiedenen Projektbeteiligten - z.B. der Projektgesellschaft und dem Kreditgeber - größer als bei eher traditionellen Kreditvergaben, woraus sich erhebliche Konsequenzen für das Risikomanagement ergeben, das versuchen muss, diese Informationsasymmetrien möglichst zu minimieren[1].

Das Risikomanagement umfasst die Gesamtheit aller Aufgaben zur Handhabung von Projektrisiken unter Beachtung des Risk-Sharing-Prinzips. Das Ziel des Risikomanagements ist die Entwicklung einer Entscheidungsgrundlage für die Auswahl besonders geeigneter risikopolitischer Maßnahmen zur Reduzierung der Projektrisiken auf ein akzeptables Niveau. Der Prozess des Risikomanagements wird häufig als eine Stufenfolge beschrieben.

---

1. Informationsasymmetrien entstehen immer dann, wenn der Beauftragte (Agent) durch sein Handeln einen Informationsvorsprung gegenüber dem Auftraggeber (Principal) gewinnt, den der Agent zu seinem Vorteil ausnutzen kann, da der Auftraggeber die Qualität der Arbeit des Agent i.a. nicht kostenlos kontrollieren kann. In den Vordergrund der Principal-Agent-Theorie rückt das Problem der Adverse Selection vor Vertragsabschluss und des Moral Hazard nach Vertragsabschluss. Informationsasymmetrien können in Extremfällen zu Marktversagen führen, so dass sich die genannte Forschungsrichtung mit Mechanismen beschäftigt, wie derartige Fehlentwicklungen vermieden werden können. Diese theoretische Fundierung soll an dieser Stelle nicht vertieft werden. Allerdings sei kurz darauf verwiesen, dass durch das Prinzip der Risikoteilung, nach dem die besser informierten Projektbeteiligten, die als Agenten für die Entstehung des Risikos mit verantwortlich sind, in das Risiko mit eingebunden werden. Sie signalisieren damit glaubwürdig ein Eigeninteresse, das parallel zum Interesse des Projekterfolges läuft.

Abbildung 3.1.: Prozess des Risikomanagements[1]

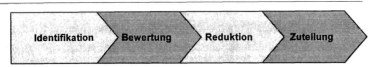

Bestandteile des Risikomanagementprozesses

Das Erkennen der einzelnen Risiken ist Grundvoraussetzung für die Anwendung von risikopolitischen Maßnahmen. Zur Identifikation der einzelnen Risiken bei der Projektfinanzierung werden die Phasen, die ein Projekt bei der Erstellung und im Betrieb durchläuft, systematisch auf ihre Einflussfaktoren hin untersucht. Die Bewertung der einzelnen Risiken erfolgt anhand ihrer Auswirkungen auf den Cashflow, wobei die Ursachen eines Risikos aufgedeckt und die Risikofolgen qualitativ und quantitativ aufgezeigt werden. Das dazu verwendete Instrument - das Cashflow-Modell - wird aufgrund seiner Bedeutung gesondert dargestellt. Im dritten Schritt sind die identifizierten Risiken mit Hilfe geeigneter Techniken auf das möglichste Minimum zu reduzieren[2].

Bei der Zuteilung - der Risikoallokation - wird untersucht, ob und in welchem Maße die identifizierten Risiken den Projektbeteiligten zugewiesen werden sollen und welches Restrisiko nach Zuteilung bei den Kapitalgebergruppen verbleibt. Bei der Zuteilung ist insbesondere darauf zu achten, dass die Risikoträger auch in der Lage sind, jenes zu kontrollieren[3].

Bei der Risikoallokation sind zwei Ebenen zu unterscheiden: Zum einen geht es um die Frage, ob und inwieweit ein Projektbeteiligter bereit ist, einen vertraglich festgelegten Umfang an Risikofolgen zu tragen. Hierzu soviel: Die Motivation zur Beibehaltung eines Interesses am Projekt und der Mitwirkung daran hängt von der individuellen Anreiz-Beitrags-Struktur des Projektbeteiligten ab, die im Saldo positiv sein muss. Neben der vertraglichen Zuordnung der identifizierten Risiken kommt der Fähigkeit der verschiedenen Beteiligten, die vertraglichen Konsequenzen auch tragen zu können, eine besondere Bedeutung zu. In diesem Zusammenhang wird die Cashflow-Orientierung der Projektfinanzierung verlassen und die Risikoträger müssen im Hinblick auf Bonität und wirtschaftliche Leistungsfähigkeit bewertet werden[4]. Insofern beinhaltet jede Projektfi-

---

1. E.C. Buljevich, Y.S. Park (1999), S. 143.
2. E.C. Buljevich, Y.S. Park (1999), S. 143.
3. K. Höpfner (1995), S. 176 f.
4. W. Schmitt (1989), S. 62 f.

nanzierung auch Bestandteile einer Unternehmensfinanzierung, da die zumindest partielle Risikoübernahme durch die Projektbeteiligten wesentlich für eine Projektfinanzierung ist und in jedem Fall auch eine Bonitätsbeurteilung dieser Risikoträger erforderlich macht, wie sie für Unternehmensfinanzierungen typisch ist. Die Bonität des Risikoträgers ist umso intensiver zu prüfen, je weitgehender sich ein Projektbeteiligter vertraglich gegenüber dem Projekt verpflichtet. Diesbezüglich wird auf einschlägige Literatur der Kreditnehmerbeurteilung[1] verwiesen, da in dieser Arbeit auf diese Thematik nicht näher eingegangen wird.

Schließlich sind die Risiken während der Projektlaufzeit zu kontrollieren und - bei Bedarf - geeignete Gegenmaßnahmen einzuleiten[2].

Die dargestellten Prozessstufen sind nicht als isolierte Teilaufgaben zu verstehen, sondern als ein wechselseitig ineinander greifender Prozess, der das Projekt begleitet und dessen Ergebnis nicht nur vom Risikoprofil des Projektes abhängt, sondern wesentlich auch von den Chance-/Risiko-Präferenzen der verschiedenen Projektbeteiligten. Die Aufgabe der Auswahl und Anwendung der Risikoinstrumente sowie der Risikoträger erweist sich in der Praxis als komplexer und diffiziler Verhandlungsprozess. In der weiteren Darstellung wird auch deutlich werden, dass die obige Stufenfolge zunächst aus didaktischen Gründen gewählt wird. In der Praxis ergibt sich eine Wechselwirkung zwischen den einzelnen Prozessstufen.

Wir werden im Folgenden die verschiedenen Stufen des Risikomanagements gemäß der gerade beschriebenen Stufenfolge darstellen. Wie traditionell üblich, schließt sich an diese Darstellung der verschiedenen Prozessstufen die Frage an, welche Instrumente zur Verfügung stehen, das jeweilige Risiko bestmöglich abzusichern und wer der primäre Risikoträger sein sollte.

---

1. Diesbezüglich seien folgende Werke beispielhaft erwähnt: "Credit Risk Measurement" von Anthony Sauners & Linda Allen sowie "Credit Risk in the Banking Industry" von Matthias Gundlach & Frank Lehrbass.
2. E.C. Buljevich; Y.S. Park 1999, S. 90.

3.2. Der Kern des Risikomanagements: Die Sicherung der Stabilität und der Auskömmlichkeit des Cashflows

Die Identifizierung und das Management von Risiken ist die Kernaufgabe für die Gestaltung einer Projektfinanzierung, da die Rückgriffsrechte der Fremdkapitalgeber während der Betriebsphase auf das Projekt und den von ihm erwirtschafteten Cashflow beschränkt sind.

Die Wirtschaftlichkeit und Robustheit einer Projektfinanzierung wird durch ihre Fähigkeit bestimmt, die prognostizierten Cashflows zuverlässig erwirtschaften zu können. Weichen die realisierten Cashflows - zeitlich oder betraglich - von den prognostizierten Cashflows ab, sind Anpassungsmaßnahmen notwendig, um eine Gefährdung des Projektes zu verhindern. Alle Risikoaspekte eines Projektes wirken auf den Cashflow-Strom, so dass Risikomanagement bei Projektfinanzierungen nichts anderes meint als die Steuerung - und ggf. Korrektur - der den Cashflow bestimmenden Einflussgrößen. Diese zentrale Aussage sei näher erläutert.

Aufgrund des oben beschriebenen strukturellen Nachrangs der Eigenkapitalgeber gegenüber den Kreditgebern sind es zunächst die Eigentümer, die das Risiko von negativen Planabweichungen tragen: Ihre Rendite verschlechtert sich und es ist eine unternehmerische Aufgabe der Projektgesellschaft, hier gegenzusteuern. Aufgrund der meist recht weitreichenden Fremdkapitaleinbindung sind allerdings auch die Kreditgeber verhältnismäßig schnell von Planabweichungen betroffen. Um ihren vertraglichen Rückzahlungsanspruch zu wahren, lassen sie sich daher im Rahmen der Projektanbahnung für den Fall von negativen Planabweichungen weitgehende Kontroll- und Sanktionsrechte einräumen. Damit es möglichst überhaupt nicht während der Projektlaufzeit zu derartigen Planabweichungen kommt, werden verschiedene Sicherungselemente eingebaut. Eines dieser Sicherungselemente, die im Abschnitt 3.4 im Detail behandelt werden, ist die Gestaltung einer dem Risikoprofil angemessenen Finanzierungsstruktur. Dabei wird die Finanzierungsstruktur üblicherweise so ausgestaltet, dass das Projekt auch bei Eintreten eines Worst-Case-Szenarios in der Lage ist, den Schuldendienst zu bedienen. Die Schuldendienstdeckungsfähigkeit des projektimmanenten Cashflows ist die notwendige Bedingung für die Fremdkapitalgeber, sich bei einer Projektfinanzierung zu engagieren. Der Cashflow muss neben der Bedienung der operativen Kosten und des Kapitaldienstes immer noch einen zusätzlichen Puffer aufweisen, um Planabweichungen aufzufangen, die nicht von einem Projektbeteiligten getragen werden. Es sind damit der Cashflow und seine Verlässlichkeit, die die Wirtschaftlichkeit und das Verschuldungspotenzial eines Projektes bestimmen.

Aus Sicht der Fremdkapitalgeber könnte man meinen, dass eine Projektfinanzierung primär aus folgendem Blickwinkel beurteilt wird: *Ist das Projekt in der Lage, auch bei einem Worst-Case-Szenario zumindest den Kapitaldienst zu bedienen?*

Allerdings: Auch wenn diese Frage bejaht wird, wäre es aus Sicht der Fremdkapitalgeber zu kurz gegriffen, eine Projektfinanzierung als machbar und empfehlenswert zu halten. Die Erfahrung in verschiedenen Projekten zeigt folgendes: Angenommen, der Cashflow kann im Projektverlauf gerade noch den Kapitaldienst erwirtschaften, dann erhalten die Eigenkapitalgeber noch nicht einmal eine buchhalterische Verzinsung ihres Kapitals. Ihr Interesse an dem Fortbestand des Projektes wird - sofern keine Verbesserung abzusehen ist - dramatisch sinken und sie werden vorhandene Ausstiegsmöglichkeiten nutzen oder aber versuchen, diese zu schaffen. Dieses Verhalten setzt wiederum die Fremdkapitalgeber in eine problematische Situation, da sie dann wahrscheinlich die einzige Gruppe sind, die ein langfristiges Interesse am Fortbestand des Projektes haben. In einem nicht allzu unwahrscheinlichen Szenario können sich die Kreditgeber funktionell in einer Situation der Eigenkapitalgeber wieder finden. Da die Kreditgeber typischerweise gerade nicht Unternehmer sind, werden sie schnellstmöglich das Projekt restrukturieren müssen. Dabei muss man berücksichtigen, dass die Restrukturierung eines Projektes durchaus mehrere Jahre dauern kann und entsprechend Ressourcen binden kann. Allein aus diesem Grund sind die Kreditgeber gut beraten, auch die Sichtweise der Eigenkapitalgeber einzunehmen.

Man kann an dieser Stelle einwenden, dass die Eigenkapitalgeber ein Projekt nicht nach dem Worst-Case-Szenario beurteilen werden, das die risikoaverse Sicht der Kreditgeber abbildet, sondern stattdessen das Base-Case-Szenario heranziehen werden, das den wahrscheinlichsten aller Fälle abbilden soll. Damit sollte - aus Eigen- und Fremdkapitalgebersicht - die folgende Frage ebenfalls bejaht werden: *Ist das Projekt in der Lage, bei einem Base-Case-Szenario eine angemessene Eigenkapitalrendite zu erwirtschaften?*

Die unterschiedliche Fragestellung ergibt sich aufgrund der bereits oben angesprochenen asymmetrischen Verteilung von Risiken und Chancen: Die Chance der Fremdkapitalgeber besteht darin, die Zinsen und die Tilgung der Projektkredite zu den im Vorhinein festgelegten Zahlungsterminen zu erhalten, die Chance der Eigenkapitalgeber besteht darin, bei einem erwarteten oder besseren Projektverlauf die Mehrerlöse einzustreichen. Das Risiko beider Gruppe besteht darin, dass das Projekt nicht plangemäß funktioniert und beide Verluste erleiden. Nun mag man wiederum einwenden, dass die Ansprüche der Fremdkapitalgeber vorrangig gegenüber den Ansprüchen der Eigenkapitalgeber sind, doch kann man hier erwidern, dass die Sicherheiten des Projektes im Wesentlichen auf den Cashflow beschränkt sind, der schnell nicht mehr ausreichen kann, auch nur eine Gruppe der Anspruchsberechtigten zu befriedigen.

An dieser Stelle ergibt sich eine Reihe von Fragen, die wir im folgenden Verlauf abschichtig beantworten werden:

- Kennen wir die Einflussgrößen für die Parameter, die den Cashflow beeinflussen und können wir diese hinreichend zuverlässig abschätzen? Welche Verfahren stehen uns hier zur Verfügung? Was bedeutet es, wenn wir die Einflussgrößen entweder nicht kennen oder nicht zuverlässig abschätzen können?
- Genügt es, ein Projekt aus Sicht der Kapitalgeber zu beurteilen oder sollte auch die Interessenlage der anderen vom Projekt betroffenen Gruppen mit berücksichtigt werden?
- Wie sieht aus Sicht der einzelnen Projektbeteiligten eine angemessene Chance-Risiko-Position aus?
- Welche Möglichkeiten bestehen, auf Störungen des Cashflows zu reagieren?

Diese aus der Frage der Prognostizierbarkeit des Cashflows abgeleiteten und zusammenhängenden Fragen sind zentral für jede Projektfinanzierung. Es ist zunächst die Frage nach der Risikoallokation, die Frage nach der Verteilung von Chancen und Risiken bei den verschiedenen Projektbeteiligten im Zeitablauf. Durch die Zukunftsorientierung der Projektfinanzierung verschärft sich das Problem der Informationsasymmetrie zwischen den verschiedenen Projektbeteiligten. Um die damit verbundenen Probleme weitgehend zu vermeiden, werden die besser informierten Projektbeteiligten bzw. die Projektbeteiligten, die als Beauftragte selber für das Entstehen der Risiken mit verantwortlich sind, in das Risiko eingebunden. Diese Fragestellung werden wir im folgenden Abschnitt vertieft untersuchen. Das Management von Einzelrisiken ist ein Verfahren, um Probleme aufgrund von Informationsasymmetrien möglichst gar nicht entstehen zu lassen. Die zweite Frage ist, wie die Chance-Risiko-Position der einzelnen Projektbeteiligten quantifiziert werden können. Aus Sicht der Kapitalgeber sind es die Cashflow-Prognoserechnungen, aus Sicht der Zulieferer und der Abnehmer die zumeist bilateralen Verträge mit der Projektgesellschaft. Frage ist, ob diese Verfahren ein hinreichend genaues Abbild der Realität zulassen oder ggf. noch ergänzt werden müssen.

Die zentrale Bedeutung der Stabilität des Cashflows sei an dem Beispiel von Projektfinanzierungen im Windenergiebereich verdeutlicht. Das Beispiel soll verdeutlichen, dass 1. der Vorhersagbarkeit der Cashflows ein erheblicher ökonomischer Wert zukommt, 2. welche Konsequenzen entstehen, wenn die Vorhersagbarkeit der Cashflows nicht mehr gegeben ist und 3. welche Schlussfolgerungen sich für die Gestaltung eines Regulierungssystems ergeben.

Die Stromerzeugung aus Windenergie wird von staatlicher Seite in den meisten EU-Ländern und verschiedenen US-Staaten durch eine Branchenregulierung gefördert. Diese Branchenregulierung beinhaltet zumeist einen Kontrahierungszwang des Stromabnehmers, kombiniert mit einer Preis- oder Mengenregulierung. Betrachten wir das Beispiel eines deutschen Windenergie-Projektes, so ergibt sich folgende, beispielhafte Prognoserechnung:

Tabelle 3.1. : Basisfall

	2002	2005	2008	2011	2014	2017
Preis (EUR Cents/kWh):	8,96	8,96	8,96	8,96	8,96	8,96
Energiemenge p.a. (in MWh):	15.393	15.393	15.393	15.393	15.393	15.393
Einnahmen in TEUR	1.380	1.380	1.380	1.380	1.380	1.380
Betriebskosten in TEUR p.a.	227	243	324	348	421	479
CF vor Schuldendienst in TEUR:	1.153	1.137	1.056	1.032	959	901
Schuldendienst in TEUR:	394	960	859	758	397	0
DSCR	2,93	1,18	1,23	1,36	2,42	0,00

IRR	9,84%
Barwert (bei i = 6 %)	2.643

Erkennbar ist, dass der Sponsor bei diesem Projekt einen internen Zinssatz von 9,84% erwarten kann, während der Fremdkapitalgeber Deckungsrelationen von mindestens 1,18 realisiert. Aus Sponsorensicht sei die Verzinsung des eingesetzten Kapitals damit ausreichend, um zu investieren, und aus Fremdkapitalgebersicht sei unterstellt, dass die erreichten Deckungsrelationen als hinreichender Sicherheitspuffer gegenüber Planabweichungen akzeptiert werden[1]. Beide Kapitalgeber sind sich damit einig, dass die Realisierung des Projektes aus ihrem jeweiligen Chance-Risiko-Blickwinkel lohnend ist und werden investieren.

Wie ändert sich das Bild, wenn wir unterstellen, dass wir nunmehr kein Festpreis-System während der Projektlaufzeit haben, sondern stattdessen eine Koppelung der Entgelte an den aktuellen Strompreis der Endverbraucher erfolgt[2]? Beide Kapitalgebergruppen mögen befürchten, dass die Strompreise im Rahmen einer möglichen Deregulierung der

---

1. Für Einzelheiten zum Verfahren der Prognoserechnung sei auf den Abschnitt 3.4.2. "Risikobewertung und Risikoquantifizierung" verwiesen.
2. Dies ist in etwa die Situation, wie sie in Deutschland vor Einführung des EEG bestand.

Strommärkte sinken, und zwar jährlich um 2,5%%. Danach gestaltet sich die Planungsrechnung wie folgt:

Tabelle 3.2. : Preisrückgang um 2,5% p.a.

	2002	2005	2008	2011	2014	2017
Preis (EUR Cents/kWh):	8,75	8,12	7,54	7,00	6,50	6,04
Energiemenge p.a. (in MWh):	15.393	15.393	15.393	15.393	15.393	15.393
Einnahmen in TEUR	1.346	1.250	1.161	1.078	1.001	930
Betriebskosten in TEUR p.a.	227	243	324	348	421	479
CF vor Schuldendienst in TEUR:	1.122	1.017	851	743	592	408
Schuldendienst in TEUR:	394	960	859	758	397	0
DSCR	2,85	1,06	0,99	0,98	1,49	0,00

IRR	1,61%
Barwert (bei i = 6 %)	-2,189

Nunmehr erscheint das Vorhaben weder aus Sicht der Investoren noch aus Sicht der Fremdkapitalgeber akzeptabel: Die sinkende Vergütung führt zum einen dazu, dass das Investment nicht mehr die notwendige Minimal-Verzinsung des Sponsors erreicht. Zum anderen stellt auch der Fremdkapitalgeber fest, dass der Kapitaldienst - zumindest in den Jahren 2008 bis 2011 - nicht mehr durch den Cashflow des Projektes gedeckt ist, so dass an dieser Stelle bereits im Basisfall eine Restrukturierung des Engagements notwendig wäre. Als Zwischenergebnis wird bereits an dieser Stelle deutlich:

1. Der Stabilität des Cashflows kommt aus Sicht sowohl der Sponsoren als auch der Fremdkapitalgeber herausragende Bedeutung zu, wobei beide - aufgrund der asymmetrisch verteilten Chancen und Risiken - allerdings einen unterschiedlichen Maßstab anlegen.

2. Offensichtlich scheinen Änderungen im Preissystem besonders große Auswirkung auf die Realisierungschancen von Projekten zu haben. Dies liegt zum einen darin begründet, dass Projektfinanzierungen typischerweise sehr langfristige Finanzierungen sind, bei denen die Rückzahlungszeiten von Darlehen durchaus 15 Jahre und mehr erreichen können. Zum anderen handelt es sich meist um kapitalintensive Investitionen, deren Risikostruktur im besonderen Maße von der Preiskomponente beeinflusst wird. Dies gilt auch und gerade für EE-Projekte, die sich durch hohe spezifische Anschaffungskosten auszeichnen, während die Betriebskosten von eher untergeordneter Bedeutung sind.

3. Auch avisierte Änderungen des Preissystems haben erhebliche Wirkungen auf die jeweilige Branche: Müssen die Kapitalgeber damit rechnen, dass in Kürze das Regulierungssystem geändert wird, werden sie sich mit Investitionen eher zurückhalten. Dies gilt insbesondere dann, wenn nicht klar ist, ob und inwieweit es einen Bestandsschutz für bestehende Anlagen gibt und wie ggf. Übergangsfristen auf das neue Entgelt-System aussehen werden[1].

3.3. Der Umgang mit Einzelrisiken: Risikoidentifikation, Risikoträger und Risikoinstrument

Aufgaben, Ziele und Phasen des Risikomanagements
Jede unternehmerische Tätigkeit ist durch die Existenz von Unsicherheit und unvollkommener Informationen im Rahmen des betrieblichen Handelns Risiken ausgesetzt. Das Unternehmen ist allerdings nicht gezwungen, diese Risiken hinzunehmen, sondern vielmehr gefordert, geeignete Gegenmaßnahmen zu ergreifen[2]. Die Bewältigung dieser soll als Ziel und das dazu notwendige Vorgehen als Aufgabe des Risikomanagements bezeichnet werden. Bezogen auf die Projektfinanzierung bedeutet dies in erster Linie die Sicherung der Projektexistenz. Dies ist darin begründet, dass nur durch das Betreiben des Projektes ein Cashflow generiert werden kann, der die in den meisten Fällen einzige bzw. werthaltigste Sicherheit darstellt, die zur Bedienung der Finanzierung zur Verfügung steht.

Der Katalog der möglichen Maßnahmen des Risikomanagements ist umfangreich und vielschichtig, wodurch sich für den Kreditgeber eine Vielzahl von Handlungsoptionen ergeben. Die Auswahl der möglichen Maßnahmen wird als Risikopolitik bezeichnet, deren Ziel es ist, die Kombinationen von Sicherungsinstrumenten zu finden, welche eine auf das Projekt abgestimmte und von allen gemeinsam akzeptierte Risikoverteilung ermöglicht[3].

---

1. In aller Regel gibt es einen Bestandsschutz für bestehende Projekte, die eine echte Rückwirkung einer Regulierungsänderung ausschließt. Angeführte Gründe sind hierbei meist das Prinzip der Rechtssicherheit und der Eigentumsschutz. Besteht hierbei allerdings Unklarheit, ist insbesondere bei den Fremdkapitalgebern die Zurückhaltung gegenüber einem Engagement groß, da sie die Unsicherheit - aufgrund ihrer Chance-Risiko-Position - in einem Worst-Case-Szenario berücksichtigen müssen. Um die möglichen rationalen Verhaltensweisen der Projektbeteiligten abzuschätzen, empfiehlt es sich, über das klassische Instrumentarium hinaus Warteoptionen zu berechnen.
2. M. Hupe 1995, S. 46.
3. M. Schulte-Althoff 1992, S. 112 f.

Die Risikoanalyse ist Ausgangspunkt des Risikomanagementprozesses, da sie maßgeblich die Struktur des Vertragsgeflechtes sowie die materiellen Regelungen jedes einzelnen Vertrages bestimmt. Daher wird man sich mit den Zielsetzungen der Projektbeteiligten und den wirtschaftlichen, technischen und rechtlichen Aspekten des Vorhabens vertraut machen müssen. In den folgenden Abschnitten werden wir uns vertieft mit den verschiedenen Risiken, Risikoinstrumenten und Risikoträgern beschäftigen; insofern dient die folgende Übersicht zunächst nur der Einstimmung:

Tabelle 3.3. : Risikoart, Risikoinstrument und Risikoträger

Risikoart	Risiko-Instrument	Risikoträger
Verfügbarkeit Rohstoffe oder Energie	Vertrag: Angebot oder Zahlung, Machbarkeitsstduie	Zulieferer, evtl. Sponsoren
Vertragserfüllung Vertragspartner	Machbarkeitsstudie	Sponsoren
Kostenüberschreitung	Fertigstellungsgarantie, Kreditlinie	Sponsoren, Generalunternehmer, Kreditgeber
Abnahmerisiko	Take-or-Pay-Verträge	Nachfrager des Outputs
Performancerisiko	Machbarkeitsstudie, Vertragskonditionen (Anreize)	Anlagenlieferant
Rechts- und Regulierungsrisiko	Reputation des Landes, gute Zusammenarbeit mit Regierungen	Sponsoren
Länderrisiko	Machbarkeitsstudie, Versicherung	Versicherungsagenturen, ECAs
Technologisches Risiko	möglicherweise K-O-Kriterium, ansonsten: Lizenzvereinbarung	Lizenzgeber
Devisenkurs	Optionen, Futures, Swaps usw.	Finanzinstitute
Inflationsrate	Langfristige Verträge (Kauf und Verkauf)	Anbieter und Nachfrager
Zinssätze	Feste Zinskonditionen, Zinsderivate usw.	Finanzinstitute, Gläubiger
Force Majeure	Eindeutige Abgrenzung, Versicherung	Versicherung

Im nächsten Schritt werden wir die wesentlichen Risiken bei Projekten im Bereich Erneuerbare Energien betrachten[1].

Risikoeinteilung

Die Risiken bei Projektfinanzierungen können von Projekt zu Projekt hinsichtlich ihres Inhaltes, ihrer Ursache, ihres Ausmaßes und ihrer Eintrittswahrscheinlichkeit stark voneinander abweichen. Gleichwohl gibt es Gruppen von Risiken, die in gleicher oder ähnlicher Weise bei den meisten Projektfinanzierungen zu einer Gefährdung des Cashflows führen können und insofern Gegenstand des Risikomanagements sein müssen[1]. Zur Visualisierung ist es häufig hilfreich, die Einflussgrößen der Wirtschaftlichkeit eines Vorhabens darzustellen.

Abbildung 3.2. : Einflussfaktoren für die Wirtschaftlichkeit

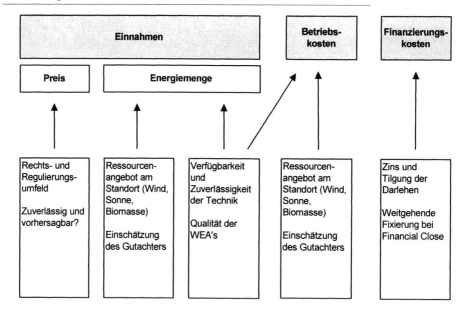

Die Gruppierung der Risiken kann nach unterschiedlichen Gesichtspunkten erfolgen, beispielsweise nach den Projektphasen oder nach der Zuordnung zu den Sphären der Projektbeteiligten (*bankable risks, insurable risks, equity risks*)[2]. Diese Kategorisierungen scheinen jedoch für unsere Zwecke wenig geeignet. Problematisch bei einer phasenbezogenen Einteilung ist, dass die Zuordnung der Risiken nicht eindeutig vorgenommen

---

1. Die hier aufgeführten Risiken entsprechen im Wesentlichen den üblichen Risiken, die bei Projektfinanzierungen auftreten.
1. H. Uekermann 1993, S. 28.
2. M. Hupe 1995, S. 49; W. Schmitt 1989, S. 186.

werden kann, da viele Risiken phasenübergreifend wirksam sind. Dies gilt beispielsweise für Länderrisiken, die ihr Gefährdungspotential durch den Abschluss einer Phase weder gewinnen noch verlieren[1]. Die Kategorisierung nach Risikoträgern ist ebenfalls unscharf, da etwa Banken im Rahmen der Projektfinanzierung auch bankenuntypische Risiken übernehmen. Zudem stellt diese Aufteilung bereits einen Vorgriff auf den Prozess der Risikobewertung dar[2].

Zweckmäßiger für die folgende Untersuchung dürfte es hingegen sein, die Risiken so einzuteilen, dass sie in Bezug auf ihre Inhalte und ihre Ursachen weitgehend überschneidungsfrei sind und auf die Möglichkeiten ihrer Beeinflussbarkeit durch die verschiedenen Projektbeteiligten abgestellt wird. Eine solche Gliederung ist sinnvoll, da sich in der Praxis unterschiedliche Maßnahmen herausgebildet haben, die die Risiken meist mit einem möglichst engen Bezug zu ihren Ursachen handhaben[3].

Daher wird im Folgenden unterschieden zwischen Risiken, die von der Projektgesellschaft oder anderen Projektbeteiligten kontrolliert werden können (projektendogene Risiken) und solchen Risiken, die außerhalb der Projektbeteiligten auf das Projekt einwirken (projektexogene Risiken). Eine Besonderheit von projektexogenen Risiken stellen Risiken dar, die von keiner der am Projekt beteiligten Parteien kontrolliert werden können, so genannte Force Majeure Risiken[4].

Diese Unterteilung ist auch wirtschaftlich zweckmäßig, da die Methodik der Projektfinanzierung wesentlich darin besteht, belastbare Verträge zwischen der Projektgesellschaft und zentralen Projektbeteiligten zu strukturieren, die damit Risiken vom Projekt fernhalten. Dies erfordert die vertragliche Einbindung von Projektbeteiligten mit dem Projekt, oder anders formuliert. Endogene Risiken sind aus Sicht der Projektgesellschaft besser beherrschbar als exogene Risiken.

---

1. H. Uekermann 1995, S. 29.
2. M. Hupe 1995, S. 49.
3. H. Uekermann 1993, S. 29 f.
4. P. Benoit 1996, S. 11.

Abbildung 3.3. : Übersicht über endogene und exogene Risiken[1]

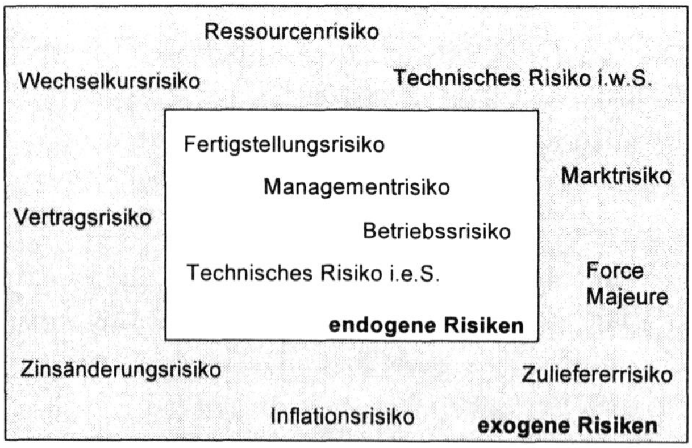

```
                    Ressourcenrisiko
  Wechselkursrisiko              Technisches Risiko i.w.S.
                   ┌─────────────────────────┐
                   │  Fertigstellungsrisiko  │
                   │     Managementrisiko    │   Marktrisiko
  Vertragsrisiko   │      Betriebssrisiko    │
                   │  Technisches Risiko i.e.S. │  Force
                   │      endogene Risiken   │  Majeure
                   └─────────────────────────┘
  Zinsänderungsrisiko                Zuliefererrisiko
                    Inflationsrisiko
                                    exogene Risiken
```

Wichtig ist: Es ist die Vertragsstruktur, die bei einzelnen Risikotypen darüber entscheidet, ob es sich um endogene oder exogene Risiken handelt: So überführt erst die vertragliche Verpflichtung des Abnehmers, Produkte der Projektgesellschaft zu einem bestimmten Preis, einer bestimmten Menge und Qualität abzunehmen, ein exogenes Marktrisiko in ein endogenes Absatzrisiko.

In vielen Bereichen haben sich im Laufe der Zeit bestimmte Grundverteilungsregeln von Risiken etabliert. Da die Technik der Projektfinanzierung - mit unterschiedlichen Abstufungen - für neue Bereiche, z.B. Erneuerbare Energien aber verhältnismäßig neu ist, haben sich bestimmte Grundregeln noch nicht trennscharf herausgebildet und zwingen zu neuen Diskussionen über eine angemessene Zuordnung von Chancen und Risiken.

Nachfolgend werden die grundsätzlichen Risikokomplexe sowie mögliche Risikoinstrumente und Risikoträger dargestellt, bevor auf die speziellen Gegebenheiten bei verschiedenen Projekttypen eingegangen wird.

---

1. In Anlehnung an Gröhl 1990, S. 81.

3.3.1. Projektendogene Risiken

Fertigstellungsrisiko

Das Fertigstellungsrisiko beinhaltet alle Risiken und die daraus folgenden Verluste, die realisiert werden, wenn die Projektanlage nicht mit vertragsgerechter Leistung, verzögert, zu höheren Kosten oder gar nicht fertig gestellt wird.

Damit umfasst dieser Begriff die gesamte Komplexität der Erstellung einer Projektanlage, wie die Bodenbeschaffung, Emissionswerte, politische Unruhen, Bauzeitüberschreitung usw. Alle genannten Risiken können für die Werthaltigkeit des Projektes gravierend sein. Zur Betrachtung der Ursachen und Folgen können vier Fälle unterschieden werden:

- Fertigstellung mit nicht vertragsgerechter Leistung: Die geplante Kapazität der Anlage wird nur zum Teil erreicht, so dass sich der Produktoutput, die geplanten Einzahlungen und der Cashflow verringern.
- Verspätete Fertigstellung: Das geplante Leistungsniveau der Anlage wird erst zu einem späteren Termin erbracht. Ursachen können Fehlplanungen, mangelnde Ausführungen, fehlende Expertise oder Erfahrungen des Generalunternehmers sein. Konsequenz ist, dass die Einzahlungen in der Betriebsphase erst später generiert werden und möglicherweise der Zins- und Tilgungsplan nicht eingehalten werden können. Gleichwohl entstehen Kosten während der Fertigstellungsphase (z.B. Lohn- und Gehaltskosten), die zusätzlich finanziert werden müssen.
- Fertigstellung zu höheren Kosten: Das geplante Leistungsniveau des Projektes wird erreicht, aber nur unter Inkaufnahme höherer Kosten. Ursachen hierfür können eine verzögerte Fertigstellung, Änderungen in der Technik oder Veränderungen bei den gesetzlichen Rahmenbedingungen sein. Es ergibt sich ein erhöhter Finanzierungsbedarf, der wiederum erhöhte Projektauszahlungen entweder für die Rückzahlung zusätzlich bereitgestellten Fremdkapitals oder für die spätere Rückführung des eingesetzten Eigenkapitals bewirkt.
- Nicht-Fertigstellung: Bei Nicht-Fertigstellung der Anlage erbringt das Projekt gar keine Leistung: Entweder rechtfertigen die zu erwartenden Erlöse nicht die Kosten der Fertigstellung oder die Fertigstellung ist technisch nicht möglich. Folge ist, dass die Grundlage des Projektes wegfällt, kein Cashflow generiert wird und der Projektkredit nicht aus dem Projekt zurückgeführt werden kann.

Das Fertigstellungsrisiko wirkt sich mittelbar stets in einer Verringerung der Cashflows aus: Entweder durch verringerte Einnahmen oder erhöhte Ausgaben. Ein prominentes

Beispiel für das Ausmaß, das ein Fertigstellungsrisiko annehmen kann, stellt das Eurotunnel-Projekt dar: Die etwa 55 Kilometer lange Verbindung unter dem Ärmelkanal zwischen Großbritannien und Frankreich stellt bis heute eine der teuersten Projektfinanzierungen weltweit dar. Es war der dritte ernsthafte Versuch der Realisierung dieses Projektes, nachdem der zweite durch die neue britische Regierung aufgegeben worden war, die fürchtete, dass der Staatshaushalt mit massiven Kostensteigerungen belastet worden wäre, wie das Beispiel eines vergleichbaren Tunnel-Projektes in Japan zeigte, das mit einer Kostenüberschreitung von etwa 100% fertiggestellt worden war. Schlussendlich nahmen über 200 Banken an der Konsortialfinanzierung dieses Vorhabens teil, bei dem ebenfalls die Schwierigkeiten bis zur Fertigstellung unterschätzt, hingegen das Nutzungsaufkommen überschätzt worden waren. Legt man die Checkliste (siehe Anlage) an die verhandelte Struktur an, wird man feststellen, dass das Vorhaben mehrere entscheidende Anforderungen nicht erfüllte. Noch 1987 wurde mit einer Fertigstellung im Mai 1993 gerechnet, die tatsächlich im Dezember 1994 erfolgte. Dabei wurden die Kosten der Fertigstellung auf ursprünglich 4,9 Mrd. Pfund geschätzt; es wurden schließlich 9,7 Mrd. Pfund.

Die Gründe für die Kostenüberschreitung waren recht vielfältig: Zum einen entwickelte sich die Realisierung des Vorhabens zu einer Frage des nationalen Stolzes, aber auch des nationalen Drucks, obwohl zum Zeitpunkt der Syndizierung des Vorhabens weder das Budget schlussendlich durchkalkuliert war, noch die Bahn-Infrastruktur beschlossen war. Während der Fertigstellung wurde die Diskussion um die Bahn-Infrastruktur wiederum aufgegriffen, die zu Mehrkosten von etwa 1 Mrd. Pfund an den Feuerlöschsystemen führte. Als im November 1996 ein Zug Feuer fing und das Brandschutzsystem versagte, musste die Strecke für sechs Monate stillgelegt werden. Die Verkehrsströme, die sich langsam an die neue Strecke gewöhnten, wurden damit von einem auf den anderen Tag gekappt. Die Situation verbesserte sich nicht durch die Weigerung der britischen Regierung, die Bahnverbindung von London nach Folkestone am Eingang der englischen Seite zu verbessern, wie es umgekehrt die französische Seite getan hatte. Damit hatten die Fährgesellschaften alle Möglichkeiten, dem Eurotunnel über Preis und Zuverlässigkeit erfolgreich Konkurrenz zu machen. Eine Restrukturierung auch der Finanzierung war unumgänglich, um den finanziellen Kollaps des Vorhabens zu vermeiden: Zu diesem Zweck wurde etwa die Hälfte der 12,5 Milliarden USD Darlehen in Eigenkapital gewandelt. Auch wenn Force Majeure Risiken und politische Risiken mit die Schieflage des Vorhabens verstärkten, war es doch das Fertigstellungsrisiko, das hier in mehreren Facetten schlagend wurde[1].

Das Fertigstellungsrisiko nimmt unter den verschiedenen möglichen Projektrisiken einen derart prominenten Platz ein, dass einzelne Autoren es als begründend für eine Projektfinanzierung ansehen. Nach dieser Sichtweise wird eine Projektfinanzierung als eine Option angesehen, die der Fremdkapitalgeber den Eigenkapitalgebern gewährt. Können die Eigenkapitalgeber nachweisen, dass das Projekt Cashflows gemäß den ursprünglichen Cashflow-Prognosen generiert, kann die Option von den Sponsoren ausgeübt werden, so dass von diesem Zeitpunkt an nicht mehr die Bilanzen der Sponsoren für die Bedienung der Kreditverbindlichkeiten herangezogen werden können. Diese Definition hat den großen Vorteil, dass sie auf den ökonomischen Grund für die Existenz von Projektfinanzierungen abstellt, allerdings auch den Nachteil, dass die Risikoeinbindung weiterer Projektbeteiligten nicht berücksichtigt wird[1].

Fertigstellungsrisiken suchen Sponsoren und Fremdkapitalgeber vor allem durch die Auswahl kompetenter Anlagenlieferanten zu begegnen, mit denen Festpreise für die schlüsselfertige Übergabe vereinbart werden. Er muss in der Lage sein, aufgrund seiner technischen Kompetenz, organisatorischen Erfahrung und seines finanziellen Leistungsvermögens alle auftretenden Probleme durchzustehen[2].

Bei unserem Beispielsfall, dem Kraftwerk Kiel, stellt sich das Fertigstellungsrisiko wie folgt dar: Infolge einer Nichtfertigstellung müssten die in der Projektgesellschaft vorhandenen Aktiva verwertet werden, wobei sich dies bei dem Kraftwerksblock als problematisch erweisen könnte, der aufgrund seiner Größe und seiner Spezifität praktisch eine irreversible Investition darstellt. Darüber hinaus könnte eine unfertige Kraftwerksanlage nur schwer einen angemessenen Verkaufserlös erzielen, da potentielle Käufer z.B. bei technischen Unzulänglichkeiten von einem Kauf absehen würden. Ein neuer Investor würde sein Kaufangebot danach orientieren, welche zukünftigen Cashflows von dem Projekt erwirtschaftet werden können. An dieser Stelle wird deutlich, dass die eigentliche Sicherheit eines Projektes seine künftigen Cashflows sind.

---

1. Auch beim Eurotunnel-Projekt drängen sich zwei Fragen auf: 1. Wie konnten die Gesamtinvestitionskosten insgesamt so dermaßen falsch eingeschätzt werden? 2. Wie konnten die Banken Finanzierungsentscheidungen treffen, bei denen nicht klar war, welche Kosten anfallen würden bzw. wer die Mehrkosten tragen würde?
1. R. Tinsley 2000, S. 2.
2. Handelt es sich um ein internationales Projekt, kommt es auch auf die Erfahrungen in dem betreffenden Land an. Auch kompetente Anlagenlieferanten können auf unvertrautem Terrain wegen unerwarteter kultureller, politischer, verwaltungsmäßiger, geologischer oder kultureller Bedingungen in Schwierigkeiten geraten. Gerade bei diesen Projekten müssen neben dem Preis die Leistungskraft, der Erfahrungsschatz und das finanzielle Stehvermögen eines Anlagenlieferanten den Ausschlag geben.

Weiterhin belastend wirkt sich die oligopolistische Struktur des Stromerzeugermarktes auf den Verwertungspreis aus. Bei Abbruch des Projektes läuft die fremd finanzierende Bank die höchste Gefahr, ihre bereits valutierten Darlehen nicht mehr getilgt zu bekommen. Die Auswirkung einer Kostenüberschreitung auf die Schuldendienstdeckungsfähigkeit des Vorhabens soll unter hypothetischer Annahme eines Mehrbedarfs an Fremdkapital von 15%, resultierend aus einer Erhöhung der Investitionskosten, im Folgenden dargestellt werden:

- Durch eine verspätete Fertigstellung fallen Stromerlöse mangels Erzeugungsbereitschaft des Kraftwerks später an als vorgesehen. Finanzielle Engpässe können sich dann hinsichtlich der vorgesehenen tilgungsfreien Zeit ergeben. Durch deren faktische Verkürzung bei späterer Fertigstellung steht, wenn der geplante Rückzahlungsbeginn eingehalten werden soll, eventuell noch kein zur Deckung des Schuldendienstes ausreichender Cashflow zur Verfügung.
- Weiterer Kapitalbedarf entsteht dann durch zusätzlich anfallende Bauzeitzinsen, die auf das Finanzierungsvolumen gerechnet einen Betrag von etwa 4 Mio. € pro Quartal ausmachen würden.
- Weiter müssen fixe Betriebskosten unabhängig von der Verfügbarkeit der Anlage beglichen werden und summieren sich auf etwa ebenfalls 4 Mio. € pro Quartal[1].
- Neben projektinternen Konsequenzen sind auch die Folgen zu berücksichtigen, die sich auf der Abnahme- bzw. Bezugsseite ergeben können. Besteht unabhängig von einer Abweichung des ursprünglichen Inbetriebnahmezeitpunktes kein Zeit-, Mengen- oder preislicher Spielraum für den Erdgasbezug oder eine Möglichkeit zum freien Verkauf nicht benötigten Erdgases, so entstehen Kosten, denen noch keine Einnahmen gegenüberstehen. Im negativsten Fall könnte eine stark zeitlich verzögerte Fertigstellung zur Kündigung der Bezugs- und Abnahmeverträge führen, so dass der Kraftwerksbetrieb zumindest vorübergehend gefährdet wäre und der Cashflow als Zins- und Tilgungsquelle fehlen würde.

Mit Ausnahme der Nichtfertigstellung sind die Folgen der verschiedenen Formen des Fertigstellungsrisikos ähnlich: Es entstehen entweder höhere Kosten und auf der Einnahmenseite geringere oder verspätete Stromerlöse. Daraus resultiert ein verspäteter und geringerer als der prognostizierte Cashflow, was sich in einem verschlechterten DSCR in der betroffenen Projektperiode äußert. Fällt der DSCR unter den Wert von 1,0, werden Restrukturierungsmaßnahmen zum Erhalt der geplanten Schuldendienstfähigkeit des Kraftwerkprojektes erforderlich. Dabei könnte es sich um eine Stundung oder Streckung

---

1. Unterstellt wurde ein Zinssatz von 4% p.a.

der Zins- und Tilgungsleistungen handeln, als ultimo ratio auch eine Erhöhung des Fremdkapitalvolumens[1]. Dabei zeigt die Erfahrung, dass Restrukturierungsverhandlungen sehr zeitintensiv sind und auch ein zufrieden stellendes Ergebnis für alle Beteiligten nicht garantiert ist.

Um dem Fertigstellungsrisiko entgegenzuwirken, sind eine Reihe von Verträgen entwickelt worden, die dieses Risiko - in unterschiedlichem Umfang - Sponsoren, Kreditnehmern und Anlagenlieferanten zuweisen.

Tabelle 3.4. : Verteilung Fertigstellungsrisiken auf Sponsoren und Fremdkapitalgeber

	Fertigstellungsgarantien	Nachschussverpflichtung
Gegenstand:	Die Sponsoren stehen solange für die Rückführung der Kredite ein, bis das Projekt fertiggestellt ist.	Werden die geplanten Kosten überschritten, verpflichten sich Sponsoren oder Kreditgeber, dem Projekt zusätzliches Eigenkapital oder Fremdkapital zur Verfügung zu stellen.
Umfang:	Der Umfang der Fertigstellungs-garantie kann sich auf den Gesamtbetrag der Projektkredite oder auch nur auf einen bestimmten Prozentsatz beziehen	1. Completion Undertaking: Die Sponsoren müssen so lange weiteres Kapital zuführen, bis die Fertigstellung erreicht ist. Ist diese Verpflichtung unbegrenzt, entspricht dies wirtschaftlich einer Fertigstellungsgarantie.
		2. Pool-of-Funds-Vereinbarung: Ökonomisch handelt es sich um eine betragsmäßig begrenzte Nachfinanzierungsverpflichtung der Sponsoren.

Eine Fertigstellungsgarantie ist eine Verpflichtung, die in der Regel die Sponsoren zugunsten der Kreditgeber zur Sicherung deren Ansprüche abgeben. Abweichend vom Wortsinn sind die Sponsoren allerdings nicht zur tatsächlichen Durchführung des Projektes verpflichtet. Vielmehr verpflichten sich die Sponsoren, so lange für die Rückführung bzw. den Kapitaldienst der Projektkredite einzustehen, bis das Projekt fertig gestellt ist.

---

1. Wesentlich wird es auf den Einsatz der Sponsoren ankommen, der wiederum davon abhängt, ob und inwieweit diese ein Interesse an der Gesundung des Projektes haben. Eine Ausweitung von Fremdfinanzierungsmitteln inmitten der Schieflage ist eine wirkliche Ausnahme, da das Gefährdungspotential für den Zusatzkredit deutlich höher ist als bei der ursprünglichen Projekt-Bewertung. Bekannt geworden sind eine Reihe von Kraftwerksfinanzierungen im US-Markt, bei denen Enron als Sponsor aufgetreten war und ein anteiliger Eigenmitteleinschuss zusammen mit Fremdmitteln vereinbart war. Als Enron Konkurs anmelden musste, konnten bei den vor der Fertigstellung befindlichen Kraftwerken die restlich erforderlichen Eigenmittel nicht mehr dargestellt werden, so dass die Banken praktisch gezwungen waren, diese entstandene Finanzierungslücke aufzufangen, um die jeweiligen Kraftwerke fertig zu stellen, damit diese auch Cashflow generieren konnten.

Wird ein Generalunternehmer eingesetzt und mit Lieferung einer schlüsselfertigen Anlage beauftragt, liegt das Fertigstellungsrisiko weitgehend bei diesem. Setzt die Projektgesellschaft jedoch mehrere Lieferanten ein und kombiniert deren Leistungen selbst, so bleiben die Aufgaben der Koordination und der Bewältigung der Schnittstellen in der Verantwortung der Projektgesellschaft als Auftraggeber. In diesem Fall werden die Fremdkapitalgeber Fertigstellungszusagen der Projekterrichter verlangen, die die in diesen Aufgaben liegenden Risiken abdecken. Wegen des sehr weitreichenden Umfangs einer Fertigstellungsgarantie einerseits und den bei der Projekterstellung häufig kaum zu überschaubaren Risiken andererseits werden häufig Regeln vereinbart, die die Verpflichtungen des Garanten beschränken. Im Regelfall der Limited Recourse Finanzierung wechselt die Risikoverteilung mit der Fertigstellung der Anlage: Waren bis dahin die Sponsoren oder der Anlagenbauer für die Fertigstellung verantwortlich, ist es im Anschluss nur noch das Projekt, das sich damit zu einer Non-Recourse-Projektfinanzierung wandelt[1]. Diese zeitliche Haftungsbeschränkung der Sponsoren ist der wesentliche ökonomische Grund für diese, eine Projektfinanzierung statt einer Unternehmensfinanzierung zu wählen. Da dieser Haftungswechsel für die Risikoallokation entscheidend ist, sollte große Sorgfalt darauf verwandt werden zu definieren, wann "Fertigstellung" erreicht ist[2]. Im Regelfall wird die Fertigstellung durch einen unabhängigen Gutachter festgestellt, der neben der Errichtung auch bestimmte Leistungstests vornimmt. Darüber hinaus können die Sponsoren und die Fremdkapitalgeber bereits im Vorfeld Vorsorge für einen etwaigen zusätzlichen Finanzierungsbedarf wegen Verzug oder Kostenüberschreitungen treffen, indem die Beteiligten Eigenmittel oder Kreditlinien bereitstellen, die bei Bedarf in Anspruch genommen werden können (Nachschuss- oder Nachfinanzierungsverpflichtung).

Als Zwischenergebnis sei angemerkt, dass die Sicherungswirkung von Fertigstellungsgarantien und Nachfinanzierungsverpflichtungen auch davon abhängt, ob die Sponsoren teilschuldnerisch oder gesamtschuldnerisch verpflichtet sind. Sind sie gesamtschuldne-

---

1. Für die Projektprüfung bedeutet dies: Die Fremdkapitalgeber müssen sich nicht nur über die Tragfähigkeit des Projektes aufgrund seines erwarteten Cashflow-Stroms in der Betriebsphase Gedanken machen, sondern sich bis zum Abschluss der Fertigstellungsphase in ihren Analysen auf die Bonität der Sponsoren konzentrieren.
2. Der frühestmögliche Zeitpunkt ist die Errichtung der Anlage, also das Ende der Bau- und Montagearbeiten (physische Fertigstellung). Allerdings kommt es für den Wert einer Anlage auf deren Funktionstüchtigkeit an - Fertigstellung meint in diesem Zusammenhang den Probelauf, bei dem bestimmte Leistungsparameter nachgewiesen werden müssen. Darüber hinaus kann eine gewisse Betriebszeit gefordert sein, in der stufenweise bestimmte Leistungsparameter nachgewiesen werden müssen. Am weitesten geht die Forderung, dass auch bestimmte Wirtschaftlichkeitskriterien des Anlagenbetriebs nachgewiesen werden (Economic Test). Sofern Parameter herangezogen werden, die nicht mit der Anlage selbst zusammenhängen (z.B. realisierte Nachfrage), verschiebt sich der Charakter einer Limited-Recourse-Projektfinanzierung wieder in Richtung einer Unternehmensfinanzierung

rechtlich verpflichtet, erscheint das Risiko, dass eine vollständige Rückzahlung der Projektkredite nicht möglich ist, als relativ gering.

Soweit die Sponsoren Fertigstellungsrisiken übernehmen, setzen sie sich Risiken aus, die sie zumindest nicht wesentlich beeinflussen können. Aus Anreizsicht erscheint es da konsequenter, wenn der Anlagenbauer das Fertigstellungsrisiko im Rahmen des Anlagenvertrages übernimmt, wobei es hierbei naturgemäß auf den Umfang seiner vertraglichen Verpflichtungen ankommt. Im Zusammenhang mit Projektfinanzierungen werden üblicherweise Verträge abgeschlossen, die die schlüsselfertige Erstellung des Projektes zu einem Festpreis und einem bestimmten Termin vorsehen (Turnkey Lumpsum Date Certain-Verträge). Die Aufgabe des Generalunternehmers besteht darin, das Vorhaben so zu gestalten, dass die geforderten technischen Spezifikationen des Vorhabens erfüllt werden, das Gesamtprojekt zu einem möglichst geringen Preis anzubieten und die technischen Voraussetzungen für einen wirtschaftlichen Betrieb nach den Planvorstellungen zu schaffen. Seine vertraglichen Pflichten gelten als erfüllt, wenn er bei der Errichtung bestimmte Termine einhält und die Anlage nach der Erstellung vertraglich fixierte Leistungsmerkmale aufweist. Mit Annahme des Anlagenvertrages (EPC-Vertrag; Engineering [Planung], Procurement [Lieferung], Construction [Errichtung]) übernimmt der Contractor im Rahmen verschiedener Verpflichtungen, z.B. Zeit- oder Festpreisgarantien, die Haftung für die verschiedenen Ausprägungen des Fertigstellungsrisikos. Vorteil eines derartigen EPC-Vertrages ist, dass Koordinations- oder Schnittstellenprobleme, die bei der Vielzahl von an der Anlagenerstellung beteiligten Parteien auftreten können, praktisch vollständig reduziert werden und eine planmäßige Fertigstellung mit höherer Wahrscheinlichkeit erreicht werden kann. Als Nachteil des Einsatzes eines Generalunternehmers wird häufig genannt, dass die Generalunternehmermarge, die auch ein Entgelt für die obige Risikoübernahme ist, als zu hoch angesehen wird[1]. Insgesamt wird man sehen müssen, dass direkte Haftungsübernahmen bei den Risikoträgern eine motivierende Wirkung auslösen, die darauf hinwirkt, Schaden vom Projekt fernzuhalten, um nicht aus der Haftungsübernahme in Anspruch genommen zu werden. Verstärkt werden kann dieser Anreiz durch Bonuszahlungen im Falle vorzeitiger Fertigstellung.

Dies ist auch der Weg, wie er beim Kraftwerk Kiel eingeschlagen worden ist: Für den Fall, das der Generalunternehmer fixierte Termine entsprechend dem Anlagenliefervertrag nicht einhält, muss er im Rahmen einer Zeitgarantie eine Strafzahlung leisten.

---

1. Allerdings sollte diese Generalunternehmermarge nicht zu hoch ausfallen, da der Generalunternehmer im Innenverhältnis mit seinen Sub-Unternehmern ebenfalls versuchen wird, für deren Leistungsanteil entsprechende Garantien zu erhalten, die sein Risiko entsprechend minimieren sollten.

Dadurch sollen die zuvor aufgezeigten monetären Folgen einer verspäteten Fertigstellung zu einem wesentlichen Teil aufgefangen werden.

Für eine vollständige Sicherung des Cashflows gegen die verschiedenen Ausprägungsformen des Fertigstellungsrisikos müssten die Schadenersatzansprüche im Anlagenvertrag dergestalt sein, dass auch entsprechende Mindererlöse abgedeckt werden können. Die Gesamthaftung der an der Anlagenerrichtung beteiligter Parteien ist jedoch im Regelfall auf einen bestimmten Prozentsatz des Vertragspreises begrenzt. Eine Haftungsbegrenzung liegt insbesondere vor, wenn der Contractor nicht an der Projektgesellschaft beteiligt ist und lediglich ein Lieferinteresse besitzt.

In Abhängigkeit von der konkreten Vertragsausgestaltung wird das Fertigstellungsrisiko damit zu großen Teilen aus dem Projekt genommen und wandelt sich aus Kreditgebersicht in die Beurteilung des Bonitätsrisikos des Contractors, zum Teil auch in die der Versicherung[1]. Voraussetzung für diese Sichtweise ist, dass ein nicht vertragskonformes Verhalten durch Pönalen sanktioniert wird. Der Sicherungswert abgegebener Garantien und gleichsam der von abgeschlossenen Versicherungen hängt zum einen von der Höhe vorgesehener Schadenersatzzahlungen bzw. Deckungsumfängen, zum anderen von der Bonität des Garanten oder auch der Versicherung ab.

Betriebs- und Managementrisiko

Unter dem Betriebs- und Managementrisiko werden alle Gefahren des Produktionsprozesses verstanden, die zu Unterbrechungen oder sogar zum Stillstand der Anlage führen können. Die Ursachen für ein Betriebs- und Managementrisiko liegen in der Regel in Fehlern bei der Planung, Organisation, Durchführung und Kontrolle von Betriebsabläufen (z.B. logistische Schwachstellen, Fehlkalkulationen, unwirtschaftliche Lagerhaltung) oder in einer fehlerhaften Bedienung sowie mangelhafter Wartung/Instandhaltung durch das Anlagenpersonal. Häufig lässt sich das Betriebs- und Managementrisiko auch auf die Unerfahrenheit des Managements selbst zurückführen[2].

Die dadurch hervorgerufenen Einschränkungen des Produktionsbetriebes wirken sich in Abhängigkeit ihres Ausmaßes auf die Produktionsmenge und somit auf den Absatz sowie die Erlössituation negativ aus. Des Weiteren kann sich das Betriebsrisiko in erhöhten Produktionskosten äußern, beispielsweise durch technische Probleme der Projektanlage während des Produktionsprozesses. Diese erhöhten Kosten mindern bei konstanter

---

1. Siehe hierzu H. Uekermann 1993, S. 54-63.
2. M. Schulte-Althoff 1992, S. 118.

Ertragslage wiederum den Cashflow[1]. Da dieser nach Projektfertigstellung durch den üblichen Wegfall der Fertigstellungsgarantie die wichtigste Sicherheit darstellt und die primäre Tilgungsquelle ist, reagieren Kreditgeber sensibel auf Betriebsstörungen, so dass Banken ein Management bevorzugen, das hinlängliche technische und wirtschaftliche Erfahrung bei der Betriebsführung einer ähnlichen Anlage aufweisen kann.

Zur Verminderung des Betriebs- und Managementrisikos bevorzugen Fremdkapitalgeber nicht Dritte, sondern einen der Projektbeteiligten mit einem aufeinander abgespielten Team. Dies kann etwa einer der Sponsoren oder der Anlagenhersteller sein. Die Übernahme des Betriebs und des Managements durch die Sponsoren reduziert die Eintrittswahrscheinlichkeit des Betriebs- und Managementrisikos schon allein durch die Verfolgung von unternehmenspolitischen Zielen und durch das Interesse der Sponsoren an der Erzielung einer angemessenen Eigenkapitalrendite.

Sofern die Sponsoren nicht die nötige Erfahrung einer Betriebsführung aufweisen können, ist der Einsatz einer professionellen Betriebs- und Managementgesellschaft notwendig, die sich verpflichtet, für einen kontinuierlichen Betrieb des Projektes und für die Funktionsfähigkeit der Projektanlage zu sorgen. Die Auswahl des Betreibers sollte sich anhand folgender Kriterien orientieren und erfolgt häufig über entsprechende Referenzprojekte der Gesellschaft:

- Reputation der Gesellschaft,
- Fähigkeit zur Betriebsführung (Werkführung, Kontrolle der Stoffströme, Beschaffung der Rohstoffe usw.),
- Erfahrung im Betrieb vergleichbarer Anlagen,
- Fähigkeit, geeignetes Personal zur Verfügung zu stellen.

Die rechtliche Strukturierung erfolgt über den Betriebsführungsvertrag, der die Rechte und Pflichten des Betreibers genau festlegt. Um einen angemessenen Anreiz für den Betreiber zu setzen, sollte seine Vergütung zumindest zum Teil variabel gestaltet werden: Gewinnbeteiligungen und Pönalen wirken als Anreiz zum besseren Wirtschaften und effizienten Betrieb der Projektanlage und bilden das Gegenstück zur Eigenkapitalrendite der Sponsoren[2].

---

1. W. Schmitt 1989, S. 146; H. Uekermann 1993, S. 75.
2. Mit näheren Erläuterungen zur Ausgestaltung von Betriebsführungsverträgen siehe H. Uekermann 1993, S. 76 ff. und D. Tytko 1999, S. 84 f.

Mit der Wahl eines Betreibers sollte mithin eine dem Projekt und den Projektkrediten entsprechende Laufzeit vereinbart werden. Für den Fall, dass man sich in der Eignung des Betreibers getäuscht hat oder mangelhafte Leistungen einen Wechsel verlangen, sollte der Betriebs- und Managementvertrag ein Recht zur Kündigung zulassen.

Bei EE-Projekten ist das Betriebsrisiko in einer groben Unterscheidung durchaus unterschiedlich einzuschätzen:

Tabelle 3.5. : Betriebsrisiken ausgewählter EE-Projekten

	Windenergie	Solarenergie	Biomasse
Betrieb und Wartung	Wartung und Instandhaltung notwendig	Wartung und Instandhaltung erforderlich, allerdings im deutlich geringeren Umfang als bei Windenergie-Projekten	recht umfangreiche Wartung und Instandhaltung notwendig, zusätzlich "echte" Betriebsführung aufgrund der Logistik der Biomasse-Ströme
Betriebsrisiko	eher gering	sehr gering	mittel bis hoch

Zentral ist, dass aufgrund des beständig bestehenden Zulieferbedarfs bei Biomasse-Projekten die Versorgung mit hinreichender Biomassemenge und -qualität zu einem angemessenen Preis gemanagt werden muss, was mit einer weitergehenden Betriebsführungsverantwortung einhergeht als dies bei anderen EE-Projekten der Fall ist. Berücksichtigt man, dass auch die Steuerung des Heizkessels bei diesen Projekten eine technisch anspruchsvolle Aufgabe ist, erkennt man, dass die Anforderungen an die Betriebsführung bei einem Biomasse-Projekt im Vergleich deutlich höher sind.

Beim Kraftwerk Kiel wird das Betriebs- und Managementrisiko versucht dadurch abzusichern, dass einer der Sponsoren - die Gemeinde Sankt Ulrich - die wirtschaftliche und technische Betriebsführung übernimmt. Dieser Sponsor deckt im Rahmen seiner Tätigkeit als Energieversorger bereits die gesamte Wertschöpfungskette im Bereich Strom ab. So verfügt er über eigene Erzeugungskapazitäten, zu denen auch Gas- und Dampfkraftwerke mit einer Kapazität von 430 MW gehören. Damit erfüllt der Sponsor die Forderung nach einem erfahrenen Betreiber und verfügt über Fachwissen und Erfahrung im Hinblick auf den Kraftwerksbetrieb, wodurch die Gefahr von Produktionsausfällen minimiert wird.

Zusätzlich wird das Projekt durch verschiedene Versicherungen gegen Risiken in der Betriebsphase versichert. Für den Fall einer Schädigung der Kraftwerksanlage kommt eine Sachversicherung auf, vorbehaltlich bestimmter Selbstbehalte für Schäden an Neben- und Hauptanlagen des Kraftwerks. Für diese Selbstbehalte muss, sofern kein Verschulden des Contractors unter dem Service-Vertrag vorliegt oder die angesetzte Pönale den Schaden nicht vollständig abdeckt, das Projekt aufkommen.

Kommt es infolge von Sachschäden zum Stillstand des Kraftwerkes, so übernimmt 50 Tage nach Eintritt einer Betriebsunterbrechung eine Betriebsunterbrechungsversicherung für 18 Monate weiterhin anfallende Fixkosten des Projektes. Da der Schuldendienst zu den Fixkosten des Projektes zählt, sind durch diese Versicherungen die Ansprüche der Fremdkapitalgeber über eineinhalb Jahre gesichert.

Funktionsrisiko

Das Funktionsrisiko (auch: technisches Risiko im engeren Sinne) umfasst das Risiko, dass die geplanten Produktquantitäten oder -qualitäten nicht erreicht werden, wofür vor allem der Einsatz nicht hinreichend erprobter Technologien und unausgereifter Produktionsverfahren ursächlich sind[1]. Das Risiko ist gravierend, hat es doch geringere Erlöse und somit einen geringeren Cashflow zur Folge, so dass die planmäßige Rückführung der Fremdmittel gefährdet sein kann[2].

Ein solches Risiko besteht insbesondere bei neuen, unausgereiften Techniken und zieht den allgemeinen Lehrsatz nach sich, dass Projektfinanzierung nur für bewährte Technologien zulässig ist. Würde eine neue Technologie finanziert werden, müssten sich die Kapitalgeber auf einen instabilen Cashflow einlassen, da die technische Performance letztlich nicht kalkulierbar ist[3]. Fremdkapitalgeber legen Wert auf vergleichbare und belastbare Referenzprojekte. Belastbar sind Referenzprojekte auch dann nur bedingt, wenn eine bewährte Technik in eine neue Anwendung gebracht wird. Ein bekanntes Beispiel der letzten Jahre, das diesen Leitsatz untermauert, ist das Iridium-Projekt.

Das Ziel des US-Konzerns Motorola und einigen anderen Sponsoren war es, ein weltumspannendes, Satelliten gestütztes Kommunikationssystem aufzubauen. Zu diesem Zweck wurde die Iridium LLC als Projektgesellschaft zur Realisierung des Vorhabens gegrün-

---

1. W. Schmitt 1989, S. 143; M. Schulte-Althoff 1992, S. 117.
2. H. Uekermann 1993, S. 36 f.
3. Wenn bei einer Projektfinanzierung dennoch eine neue Technologie verwendet werden soll, so kann dies aus Bankensicht allenfalls im Rahmen einer konventionellen Unternehmensfinanzierung oder einer Full-Recourse-Projektfinanzierung erfolgen. S.M. Levy 1996, S. 23.

det. Das Projekt sollte nach Fertigstellung aus 66 Satelliten bestehen, die es ermöglichen sollten, von jedem beliebigen Punkt der Erde mit jedem anderen Ort der Erde zu kommunizieren. Bei ursprünglicher Vorstellung des Projektes gegenüber den Banken wurde mit Gesprächskosten zwischen 3 und 7 USD pro Minute kalkuliert, wobei die Endgeräte jeweils 3.000 USD kosten sollten. Nach Überprüfung der üblichen Projektrisiken durch die Banken und deren technischer Berater wurde das Funktionsrisiko als akzeptabel angesehen, da es - gemessen an den Prognosen - nicht vieler Teilnehmer bedurft hätte, um die Finanzierung des Vorhabens ordnungsgemäß bedienen zu können. Allerdings waren eine Reihe von Punkten durch die Risikoanalyse "gerutscht": Die schweren Endgeräte funktionierten nicht innerhalb eines Autos oder eines Gebäudes, sondern faktisch nur bei direktem Sichtkontakt zu einem der Satelliten, wobei es sich ebenfalls als schwierig erwies, das Signal von einem Satelliten an den nächsten weiterzureichen. Zusätzlich waren trotz einer 200 Millionen USD-Werbekampagne weder die Kyocera-Endgeräte im großen Maßstab verfügbar, noch alle Roaming-Vereinbarungen (die notwendig sind, um eine Verbindung zu erdgestützten Kommunikationsgeräten zu erreichen) abgeschlossen. Durch diese Mängel konnten die hohen Kosten für die Gesprächseinheiten nicht am Markt durchgesetzt werden, zumal die preisgünstigen erdgestützten Mobilfunknetze sich zeitgleich weltweit durchsetzten. Als das Iridium-Projekt letztlich im Jahr 2000 beendet werden musste, war im Vorfeld prognostiziert worden, dass es in seinem ersten Betriebsjahr etwa eine halbe Million Nutzer haben würde. Schlussendlich hatte Iridium 20.000 Nutzer. Auch wenn bei dem Iridium-Projekt mehrere Fehler unterlaufen waren, war das Funktionsrisiko ausschlaggebend für sein Scheitern[1].

Bei nicht ausreichend erprobter Technik wird sich in der Regel auch weder der Anlagenlieferant noch ein Sponsor zur Übernahme des Funktionsrisikos bereit finden. Anders liegen die Dinge, wenn eine Pilotanlage finanziert wird und Anlagenlieferant und Sponsor als diejenigen, die strategisches Interesse an der Entwicklung haben, das Risiko unter

---

1. Zusätzlich drängen sich beim Iridium-Vorhaben mindestens zwei Fragen auf: 1. Was wäre - im Sinne einer kontrafaktischen Betrachtung - mit den erdgestützten Mobilnetzen passiert, wenn Iridium ein Erfolg gewesen wäre? Wären diese möglicherweise die Verlierer gewesen, das sie auf eine überlegene Technologie getroffen wären, die wiederum ihre Investitionen obsolet gemacht hätte? In diesem Sinne hätte Iridium mit anderen Vorzeichen auch ein Beispiel für das Funktionsrisiko im weiteren Sinne sein können, dann aber mit umgekehrtem Ausgang. 2. Wie konnte es passieren, dass die Berater der Banken derartige Funktionsmängel entweder nicht gesehen haben oder aber die Banken ihnen keine Beachtung geschenkt haben? Könnte dies auch damit zusammenhängen, dass häufig in Banken eine Branchenausrichtung innerhalb der Projektfinanzierungsabteilungen vorgenommen wird, die - im Zusammenspiel mit den Vergütungssystemen, die den Abschluss von Neugeschäften honorieren - zu einer gewissen "Blauäugigkeit" geführt haben?

sich teilen und den finanzierenden Banken, im Rahmen einer Full-Recourse-Finanzierung, hinreichende Planungssicherheit vermitteln.

Andererseits soll auch keine veraltete Technologie verwandt werden (s.u.), da ansonsten das Projekt Gefahr läuft, nicht mehr wettbewerbsfähig zu sein. Dies ist bei Projekten, die sich auf Märkten mit Marktpreisen behaupten müssen, von großer Bedeutung. Bei Projekten im Bereich Erneuerbare Energien, die - u.a. in Deutschland - von festen Abnahmepreisen über einen verhältnismäßig langen Zeitraum profitieren, sollte dieser Aspekt zunächst nur eine untergeordnete Bedeutung spielen. Allerdings kann das Projektumfeld, insbesondere das Regulierungssystem, auch den Einsatz neuer Technologien fördern und - zumindest aus Investorensicht - auch erfordern. Ein Beispiel ist das Erneuerbare-Energien-Gesetz (EEG), das es ermöglichen sollte, Windkraftanlagen auch an weniger windstarken Standorten in Deutschland wirtschaftlich zu betreiben, um einerseits den weiteren Ausbau der Windenergie zu fördern, andererseits eine Konzentration an besonders windstarken Standorten zu vermeiden. Um das Potential an windschwächeren Binnenstandorten zu erschließen, war es notwendig, immer größere Anlagen zu bauen, um das mit steigender Nabenhöhe steigende Windpotential zu nutzen.

Die Diskussion zwischen dem Verbot, nicht bewährte Technik einzusetzen und dem Gebot, keine veraltete Technik zu verwenden, zeigt ein Spannungsfeld auf, das die Projektbeteiligten von Projekt zu Projekt neu diskutieren müssen, insbesondere in den Bereichen, die sich durch einen erheblichen technischen Fortschritt auszeichnen oder die die Methode der Projektfinanzierung neu für sich entdecken. In der Praxis erweist es sich häufig als schwer, diesen Spagat zu leisten. Ein Beispiel hierfür ist die Entwicklung der Nennleistungen bei neu installierten Windkraftanlagen:

Abbildung 3.4. : Nenn-Leistung neuer WKA in kW

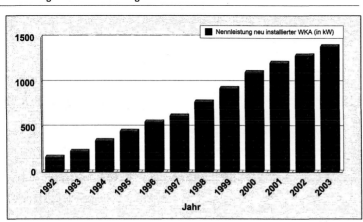

Erkennbar ist, dass sich die durchschnittliche Nennleistung von neu installierten Anlagen innerhalb des letzten Jahrzehnts kontinuierlich erhöht hat, was zum einen mit erhöhten Materialanforderungen, zum anderen aber auch mit höherem Energieertrag einhergeht. Das Problem stellt sich für die Kreditgeber darin, dass sie Anlagen finanzieren sollen, für die es erst Erfahrungswerte von wenigen Jahren gibt, sie andererseits ihren Kredit - bei einer typischen Finanzierungsstruktur - erst vollständig nach 15 Jahren zurückgezahlt erhalten.

Der Einsatz wird insoweit möglich, als zum einen Null-Serien durch den Hersteller getestet werden, um Verbesserungen zu ermöglichen und einen gewissen Track Record vorzuweisen. Andererseits handelt es sich um graduelle Weiterentwicklungen bewährter Technologie und zumeist nicht um ein vollständig neues Technik-Konzept[1].

Ein zweites Beispiel aus dem Bereich der Solarprojekte:
Für die Bewertung der Eignung der Photovoltaik-Module für die Projektfinanzierung ist insbesondere die Stabilität und Prognostizierbarkeit der Energieerträge relevant.
Da Alterungserscheinungen bei den Solarpaneelen zu einem verminderten Energieertrag führen können, der sich insbesondere ab dem zehnten Betriebsjahr signifikant negativ auf den Cashflow auswirken kann (Tabelle 3.6. auf Seite 60), ist die Haltbarkeit der Module über längere Dauer ein wichtiges zu prüfendes Merkmal.

Tabelle 3.6. : **Folgen von Leistungsverlusten der Solarzellen für den DSCR**

Betriebsjahr Leistungsverluste p.a.	1	5	10	12	14	16	18	20
0,0%	3,58	1,78	1,99	2,11	2,24	4,99	5,36	5,15
0,5%	3,58	1,76	1,92	2,02	2,12	4,64	4,92	4,62
1,0%	3,58	1,73	1,86	1,94	2,02	4,31	4,53	4,15
2,0%	3,58	1,68	1,74	1,79	1,83	3,73	3,83	3,33
5,0%	3,58	1,38	0,68	0,16	-0,55	-3,73	-3,24	-2,87

Die im Langzeiteinsatz kristalliner Siliziummodule auftretenden Leistungsverluste, die so genannte Degradation, wurden von verschiedenen wissenschaftlichen Institutionen untersucht.

---

1. Allerdings müssen die Kreditgeber gegenüber der Argumentation, es handele sich um eine Modifikation bewährter Technologie, vorsichtig sein. Gerade bei Projektfinanzierungen, die hierauf vertraut haben, haben sich teils erhebliche Probleme ergeben, sei es, weil das Zusammenwirken unterschiedlicher Anlagenkomponenten nicht funktioniert hat oder weil bestimmte Einsatzstoffe zum ersten Mal großindustriell bei einem Projekt eingesetzt worden sind.

Tabelle 3.7.: Degradation kristalliner Siliziummodule im Langzeitverhalten

Institut	Überwachungs-zeitraum	Degradation p.a.
ISFH (D) und IEA	10 Jahre	0% bis -0,9%
IEE TU Berlin (D)	22 Jahre	-0,8% bis -1,7%
LEEE Tiso (CH)	15 Monate	0,3% bis -7%
TÜV Rheinland (D)	8 Jahre	-0,5%
Sandia (USA)	15 Monate	-0,1%
TÜV Rheinland (D)	27 Monate	-0,6%
Fraunhofer ISE Freiburg (D)	10 Jahre	0%

Unter Ausschluss der Daten des Schweizer Instituts LEEE Tiso aus dem Grund, dass sie aufgrund eines sehr kurzen Betrachtungszeitraums einzelner Module nicht repräsentativ sind, ergibt sich eine durchschnittliche, jährliche Leistungsdegradation in Höhe von 0,3%. Die von den Instituten festgestellte Degradation wird durch verschiedene Faktoren ausgelöst. Die Studie der TU Berlin, welche aufgrund ihrer Laufzeit die fundiertesten Kenntnisse über das Langzeitverhalten von mono- und polykristallinen Photovoltaikmodulen bietet, ermittelte als Hauptursache die Verfärbung der Kunststoffeinkapselung (Browning). So betrug die bei der Untersuchung festgestellte, maximale Leistungseinbuße 43,6%. Bei heutigen Modulen und der Verwendung moderner Kunststoffe fällt laut der Arbeit der TU-Berlin die Degradation aufgrund dieser Alterserscheinung jedoch erheblich geringer aus. Unter Berücksichtigung aller möglichen Risiken ist bei den neueren der untersuchten Photovoltaikmodule der TU-Berlin-Studie unter mitteleuropäischen Klimabedingungen ein jährlicher Leistungsverlust in Höhe von maximal 1% zu erwarten. Diese Größenordnung liegt in dem Rahmen, in dem sich auch die von vielen Modulherstellern gewährten Performancegarantien bewegen (Tabelle 3.8. auf Seite 61).

Tabelle 3.8.: Performancegarantien verschiedener Solarmodulhersteller

		Performancegarantien und daraus resultierende Degradation p.a.				
Hersteller	Jahr	Garantierte Leistung	Degradation p.a.	Jahr	Garantierte Leistung	Degradation p.a.
BP Solar	1 bis 15	90%	0,70%	1 bis 25	80%	0,89%
Kyocera Solar	1 bis 12	90%	0,87%	1 bis 25	80%	0,89%
Sharp	1 bis 10	90%	1,05%	1 bis 25	80%	0,89%
Shell Solar	1 bis 10	90%	1,05%	1 bis 25	80%	0,89%

Eine Degradation in Höhe von etwa 1% pro Jahr, wie sie auch in der TU-Studie bei aus heutiger Sicht veralteten Modulen festgestellt wurde, kann damit faktisch als obere Grenze angesehen werden.

Dass dennoch Maßnahmen zur Risikominimierung durchzuführen sind, begründet sich darin, dass sich eine mögliche Degradation nicht (wie in Tabelle 3 angenommen) linear vollziehen muss, weshalb das garantierte Leistungsniveau theoretisch bereits nach kürzerer Zeit erreicht werden kann. Das entstehende Worst-Case-Szenario umfasst somit einen Ertragsrückgang auf 90% im ersten Betriebsjahr (80% im elften Betriebsjahr).

Daher empfiehlt es sich, ausschließlich Solarmodule von Herstellern einzusetzen, die ausreichend Erfahrung vorweisen können und deren Module sich bewährt haben. In diesem Zusammenhang sei auf eine Darstellung der Weltmarktanteile der Solarmodulhersteller in Tabelle 3.5. auf Seite 62 und hierbei insbesondere auf die zehn größten Produzenten verwiesen.

Abbildung 3.5. : Marktanteile der Solarzellenhersteller im Jahr 2004

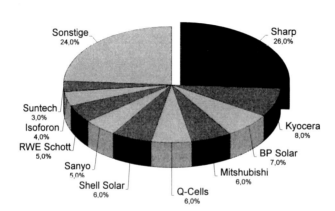

Neben der Ermittlung eines Worst-Case-Ansatzes muss in der Regel auch ein realistischer Wert für das Basis-Szenario gefunden werden. Da hierfür jedoch keine Daten von Langzeituntersuchungen vorliegen, da jene naturgemäß nicht den aktuellen technischen Stand der Modulentwicklung widerspiegeln, kann bezüglich der Leistungsdegradation nur auf die Gutachten unabhängiger Institute zurückgegriffen werden.

Ein drittes Beispiel, wiederum aus dem Bereich der Photovoltaik: Neben die den Markt dominierenden mono- und polykristallinen Modulen treten seit etwa dem Jahr 2002 so genannte Dünnschicht-Module: Mit einem Anteil von rund 5,8% spielen diese derzeit nur eine untergeordnete Rolle im weltweiten Markt für Photovoltaik. Eingesetzt werden sie vor allem in Kleingeräten wie Taschenrechnern und Uhren. Bisher realisierte Vorhaben nehmen den Status von Pilotprojekten ein.

Bei der Herstellung der Dünnschicht-Zellen wird das Silizium in einen gasförmigen Zustand versetzt und direkt auf dem Trägermaterial (geeignet sind beispielsweise Glas, Metall oder Kunststoff) mit einer Dicke von 0,01 mm bis 0,05 mm aufgedampft. Die Vorteile dieser Technologie liegen insbesondere in dem niedrigeren Siliziumverbrauch, der geringere Herstellkosten nach sich zieht und der guten Eignung des Verfahrens zur Herstellung großflächiger und/oder gekrümmter Flächen. Die sehr geringe Dicke der Siliziumschicht bringt jedoch auch Nachteile mit sich: Bedingt durch die momentanen Produktionsprozesse weisen die Schichten strukturelle und elektronische Defekte auf. Diese resultieren in einem geringeren Wirkungsgrad, welcher sich in der Größenordnung zwischen 5% und 13% bewegt und damit um den Faktor zwei bis vier geringer als bei kristallinen Modulen ist. Auch der Stromertrag ist dementsprechend niedriger. Die geringe Stärke der Schicht führt zu einer geringeren Stabilität des Siliziums gegenüber Sonneneinstrahlung. So findet insbesondere in den ersten Betriebsmonaten ein hoher Leistungsabfall statt. Jener wird von Herstellerseite bei der Angabe der Nennleistung zwar berücksichtigt, es liegen jedoch noch keine belastbaren Langzeiterfahrungen mit diesem Zellentyp vor. So sprechen die in der aktuellen Studie "Erneuerbare Energien in Hamburg" befragten Wissenschaftler sogar von einer in Bezug auf Homogenität der Schicht und Qualitätssicherung heutzutage nicht ausreichenden Beherrschung der Technik. Aufgrund instabiler Produktionsprozesse und nicht optimaler Halbleiter-Materialien ist eine Konkurrenzfähigkeit der Dünnschichtmodule im Vergleich zu kristallinen Einheiten bei größeren Kollektorflächen derzeit nicht gegeben.

Aufgrund der Tatsache, dass Dünnschichtmodule im Gegensatz zu kristallinen Zellen nur auf ein relativ geringes Spektralband des Lichts ansprechen und die Datenlage bezüglich der spektralen Auflösung mit nur fünf Messstationen in Europa sehr schlecht ist, ergeben sich weitere Ungenauigkeiten bei den Ertragsprognosen.

Zusammenfassend lässt sich feststellen, dass aus heutiger Sicht eine Eignung von Solarmodulen, die auf der Dünnschicht-Technik basieren, für die Projektfinanzierung nicht gegeben ist. Bei dieser Technologie stehen zum momentanen Zeitpunkt noch keine Langzeiterfahrungen zur Verfügung, stabile Cashflows über einen längeren Zeitraum können nicht sicher gewährleistet werden. Somit handelt es sich nicht um bewährte Technik im Sinne der Anforderungen für Projektfinanzierungen. Da dieser Anlagentyp außerdem bei größeren Bodenanlagen mit einer Leistung > 1 Megawatt noch nicht zum Einsatz kommt, kommen Dünnschicht-Solaranlagen für Projektfinanzierungen derzeit nicht in Frage.

Als grundsätzliche Möglichkeit einer Risikoreduktion ist es sinnvoll und üblich, verschiedene Studien und Expertisen anfertigen zu lassen, um mögliche Risikoquellen zu identifizieren und zu quantifizieren. Dazu gehören vor allem die Due Diligence und ein Gutachten über die Projekttechnik, die im Allgemeinen durch einen unabhängigen technischen Gutachter erstellt wird.

Regelmäßig wird nicht der neueste Stand der Technik eingesetzt, sondern vielmehr ein Anlagentyp, der sich in der Praxis seit Jahren bewährt hat. Entscheidendes Kriterium für seine Auswahl ist eher die gewünschte Wartungsarmut als ein möglichst großer Energieertrag. Diese Entwicklung ist für die Fremdkapitalgeber durchaus erwünscht - sie wünschen sich eher ein "Arbeitspferd" als ein "Rennpferd".

Bei dem Vorhaben Kraftwerk Kiel sind über die bisher genannten Punkte folgende Aspekte zu beachten: Bei Unterschreiten eines Wirkungsgrades von 57,5% über die Jahresnutzung entfiele die Erdgassteuerrückerstattung, was zu Zusatzkosten von etwa 95,6 Mio. € führen würde. Eine Schuldendienstdeckungsfähigkeit wäre in diesem Fall erst zu einem sehr späten Zeitpunkt möglich. Des Weiteren führt eine verminderte Effizienz zu höheren als vorgesehenen Brennstoffkosten, wenn weiterhin die prognostizierte Strommenge erzeugt wird. Auch kann sich seit 2005 eine Beeinträchtigung des Cashflows ergeben, wenn das Kraftwerk etwa aufgrund einer verminderten Effizienz die erlaubten CO_2-Emissionen überschreitet und Zertifikatsnachkäufe oder Schadenersatzzahlungen notwendig werden, wobei diese Kosten zum jetzigen Zeitpunkt noch nicht abgeschätzt werden können.

Um das Funktionsrisiko beim Kraftwerk Kiel aufzufangen, wurde folgender Weg beschritten: Werden die festgelegten Leistungsparameter nicht erreicht, insbesondere mit Blick auf den Wirkungsgrad, fallen Schadenersatzzahlungen unter einer vom Contractor übernommenen Leistungsgarantie an. Die Leistungspönale ist ebenso wie die Zeitgarantie auf einen festen Prozentsatz des Vertragspreises fixiert, der üblicherweise bei etwa 10% des Auftragswertes liegt. Entstehende Mehrkosten und finanzielle Folgeschäden für das Projekt infolge einer mangelnden Leistungsfähigkeit sollen dadurch abgedeckt werden. Inwieweit die Schadenersatzzahlung ausreicht, hängt sodann von der Eintrittsstärke des Risikos ab.

Vor diesem Hintergrund stellt die Übernahme einer dreijährigen Gewährleistungspflicht für technische Beeinträchtigungen des Kraftwerkes durch den Contractor eine zusätzliche Sicherheit dar. Inwieweit der Projekt-Cashflow von der Folgen einer Risikorealisa-

hin abgesichert wird, ergibt sich analog zur Leistungsgarantie in Abhängigkeit von dem vertraglich fixierten Rechtsrahmen der Gewährleistungsverpflichtung.

Die Sicherungswirkung beider Maßnahmen ist zumeist nicht nur finanziell limitiert, denn auch der Zeitraum, in dem der Contractor aus der Leistungsgarantie bzw. der Gewährleistung in Anspruch genommen werden kann, ist üblicherweise begrenzt. Somit ist ein Funktionsrisiko nach Ablauf der Fristen nicht mehr abgesichert und der Cashflow müsste Folgeschäden auffangen. In der Folge verbleibt eine Risikoübernahme durch die fremd finanzierende Bank, die darin bestehen kann, dass im Fall von Erlösminderungen oder Steigerungen der Betriebskosten die Rückzahlungsmodalitäten an die veränderte Situation angepasst werden.

Ein drittes Beispiel aus dem Bereich der Offshore-Windenergie soll zeigen, welche Konsequenzen sich aus dem Umstand ergeben, dass noch keine bewährte Anlagentechnik für dieses Einsatzfeld vorhanden hat. Vergleicht man Onshore- und Offshore-Projekte miteinander, so stellt sich das Risikoprofil wie folgt dar, wobei hier zunächst nur das technische Risiko interessiert.

Abbildung 3.6. : Risikoprofil von Onshore- und Offshore-Projekten

	Onshore	Offshore
Kalkulierbarkeit der Investitionskosten?	Ja, oft Festpreise	Bislang eher Schätzungen, allerdings stetige Verbesserung
Betriebskosten bekannt?	Relativ genau aufgrund langjähriger Erfahrungen	Erfahrungswerte fehlen noch (Wetterrisiko, Verschleiß)
Abschätzbarkeit des Windangebotes?	Gut bei Verfügbarkeit physischer Messwerte, sonst zufriedenstellend	Erst wenig Erfahrungen über längere Zeiträume; Reihe von offenen Fragen
Versicherung verfügbar?	Ja	Bisher ja, aber kein Selbstgänger
Fazit	Technische und standortbezogene Parameter gut abschätzbar	Zur Zeit noch deutlich höhere Unsicherheit, die erst mit zunehmender Erfahrung aufgelöst wird

Die Offshore-Anlagen, die für eine Projektfinanzierung anstehen, sind Multi-MW-Anlagen, für die auch an Land nur ein eingeschränkter Erfahrungszeitraum besteht (siehe oben). Hinzu kommt, dass sich die genannten Anlagen bislang nicht auf Hoher See behaupten mussten, wo insbesondere Wellen ihre Fundamente und salzhaltige Luft ihre Elektrik und die Gondel angreifen. Mangelnde Erfahrungen sind konträr zu der Anforderung eines stabilen Cashflows und engen die Anwendung von Projektfinanzierungen deutlich ein, erfordern sie doch eine weitgehende Einbindung der zentralen Projektbeteiligten.

Zulieferrisiko

Die Belieferung eines Projektes mit den benötigten Rohstoffen ist eine wesentliche Voraussetzung für einen reibungslosen Produktionsbetrieb. Das Zulieferrisiko besteht in erster Linie in der termingerechten Belieferung des Projektes mit der ausreichenden Menge und Qualität an Roh-, Hilfs- und Betriebsstoffen zu den prognostizierten Preisen[1]. Insbesondere für Prozessanlagen, deren Zweck die Veredelung oder Transformation von Rohprodukten oder anderen Einsatzstoffen ist, hat die bedarfsgerechte Lieferung mit den entsprechenden Vormaterialien eine entscheidende Bedeutung[2]. Das Zulieferrisiko besteht in der beschriebenen Form für Biomasse-Projekte, während es sich bei Projekten im Bereich Windenergie oder Photovoltaik eher darum handelt, dass die Gutachten, die das Wind- bzw. Sonnenangebot beschreiben, hinlänglich genau sind.

Die mangelnde Verfügbarkeit von Vormaterialien führt zu Kapazitätsbeeinträchtigungen oder sogar zu Produktionsunterbrechungen. Qualitätsmängel ziehen dagegen u.U. ebensolche Mängel bei den Projektprodukten nach sich. Sowohl infolge mangelnder Verfügbarkeit als auch durch Qualitätsmängel bei den Vormaterialien besteht die Gefahr, dass aus dem Verkauf der Projektleistungen keine hinreichenden Erlöse für die Bedienung des Fremdkapitals erwirtschaftet werden können. Einen direkten Einfluss auf die Betriebskosten hat hingegen eine Änderung der Preise für die Vormaterialien, was sich ebenfalls in einem geringeren Cashflow niederschlägt[3]. Das Zulieferrisiko wirkt sich nicht nur in der dargestellten Form auf die Absatzseite aus, sondern kann im Fall von nicht kongruent gestalteten Zuliefer- und Abnahmeverträgen zusätzliche Kostenbelastungen (z.B. Konventionalstrafen oder Kosten für Zukäufe) nach sich ziehen, da durch die nicht termingerechte Belieferung der Projektanlage wiederum die Leistungserbringung für die Kunden nicht vereinbarungsgemäß möglich ist. Sowohl die Abweichung von den geplanten Mengen, der geplanten Qualität als auch den geplanten Preisen wirken sich unmittelbar in einer Verringerung des Cashflows aus. Banken verlangen daher eine gewisse Sicherheit in Form langfristiger Zulieferverträge, die die zentralen Parameter Menge, Qualität und Preise fixieren, um die Zuliefersituation bei den Cashflow-Betrachtungen realitätsnah einschätzen zu können. Allerdings gibt es auch Märkte - zu denen etwa der Biomasse-Markt zählt - bei denen langfristige Festpreisverträge unge-

---

1. M. Schulte-Althoff 1992, S. 119.
2. H. Uekermann 1993, S. 64.
3. H. Uekermann 1993, S. 64 f.; M. Schulte-Althoff 1992, S. 119.

wöhnlich sind und - wenn sie angeboten werden - erheblich über dem aktuellen Marktpreisniveau liegen. Um Zulieferrisiken einschätzen und absichern zu können, ist es sinnvoll, die Zuliefersituation durch verschiedene Gutachten analysieren zu lassen. Dabei sollten sich die Untersuchungen auf die Menge, die Qualität, den Preis und potentielle Wettbewerber konzentrieren, da dies die zentralen Determinanten des Zulieferrisikos sind.

Zulieferrisiken werden i.a. durch Zulieferverträge strukturiert. Diese werden mit den wichtigsten Projektlieferanten abgeschlossen, wobei diese verpflichtet werden, das Projekt mit den entsprechenden Mengen Rohstoffen einer bestimmten Qualität zu beliefern. Diese Verträge können so gestaltet sein, dass die Lieferanten Zahlungen an das Projekt leisten müssen, wenn sie nicht vereinbarungsgemäß liefern können (*Supply-or-Pay-Verträge*)[1]. Durch eine langfristige Festlegung der Preise können sogar sämtliche Preisrisiken auf den Lieferanten übertragen werden, so dass der Cashflow - über das Zulieferrisiko - nur durch die Durchsetzbarkeit der Verträge bedroht ist. Eine derartige Festpreisvereinbarung ist allerdings als kritisch anzusehen, da sich bei negativen Entwicklungen die Anreiz-Beitragssituation des Zulieferers so verschlechtert, dass er seinen Vertrag nicht oder nur schlecht erfüllt. Oftmals - so die Erfahrung - ist es besser, gewisse Preisschwankungen auf der Zulieferseite zuzulassen als einen Vertragsbruch zu riskieren. Lösungen bieten hier die Preisanpassung in Intervallen oder die Vereinbarung einer Preisspanne. Bei Biomasse-Projekten besteht die Situation, dass langfristige Lieferverträge mit festen Mengen- und Preiszusagen praktisch nicht bestehen und stattdessen vierteljährliche oder auf Kontingente bezogene Verträge die Regel sind. Um das Zulieferrisiko kalkulieren zu können, sollten daher Rohstofflieferanten als Sponsoren mit in das Projekt eingebunden werden, die ein nachhaltiges Interesse nicht nur an der Rohstofflieferung, sondern auch am Projekterfolg haben.

Für das Vorhaben Kraftwerk Kiel ist für die Stromerzeugung eine bestimmte Erdgasmenge erforderlich. So entspricht z.B. der pro Start des Kraftwerks erzeugten elektrischen Energie von 780 MWh ein Erdgasverbrauch von 1.880 MWh. Steht die entsprechend der Anlagenleistung benötigte Erdgasmenge nicht zur Verfügung, kann weniger Strom erzeugt und die Stromlieferverträge nicht erfüllt werden, so dass sich in der Folge der Cashflow vermindert. Aus der Bestimmung zur Stromerzeugung ergibt

---

1. Dies ist das Korrelat zu den Take-or-Pay-Verträgen auf der Abnehmerseite, auf die verwiesen werden kann. Damit wird auch deutlich, dass das Prinzip des Risk-Sharings verlangt, die Bonität der Projektbeteiligten umso genauer zu überprüfen, je weitgehender sie sich gegenüber dem Projekt verpflichtet haben. Neben dem "Wollen" - der vertraglichen Verpflichtung gegenüber dem Projekt steht genau so das "Können" - die finanzielle Belastbarkeit des Verpflichteten - im Mittelpunkt der Betrachtung.

sich, dass der Primärenergieträger Erdgas für das Kraftwerk der entscheidende Inputfaktor des Kraftwerkprojektes ist. Die Gasbezugskosten machen etwa 83% der gesamten operativen Kosten aus, so dass sie die entscheidende Größe des Zulieferrisikos ausmachen. Damit hat auch der Preis für Erdgas eine zentrale Bedeutung für den Cashflow. Bereits bei einem nur um 6% höheren als prognostizierten Erdgaspreis kann das Vorhaben seinen Schuldendienst in den ersten Perioden nicht bedienen. Um Restrukturierungsmaßnahmen zu vermeiden, muss das Projekt daher zwingend gegen negative Preisentwicklungen auf dem Erdgasmarkt gesichert werden. Dies erfolgt bei dem Projekt wie folgt: Der Gaszulieferer des Vorhabens ist verpflichtet, eine bestimmte Jahresmenge spezifikationsgerechten Erdgases zu liefern. Umgekehrt ist das Kraftwerk zur vollständigen Abnahme der Gaslieferung verpflichtet. Ein ordentliches Kündigungsrecht des Zulieferers besteht nicht und eine Entbindung von den gegenseitigen Verpflichtungen erfolgt nur im Falle höherer Gewalt. Allerdings ist zu berücksichtigen, dass dem Projekt infolge eines Mehr- oder Minderbedarfs an dem Brennstoff Mehrkosten entstehen können. Der Bezugspreis des Erdgases setzt sich aus zwei Komponenten, dem Grundpreis und dem Arbeitspreis, zusammen. Der Grundpreis ist dabei an die Entwicklung des Indexes der Erzeugerpreise gekoppelt, der Arbeitspreis u.a. an die Entwicklung des Ölpreises und die Preise für Importsteinkohle. Ohne auf Details eingehen zu wollen, ist aufgrund des Gasliefervertrages das Mengenrisiko weitgehend ausgeschaltet, allerdings nicht das Preisrisiko. Grundsätzlich ließe sich auch das Preisrisiko dadurch ausschalten, indem sich der Gaslieferant langfristig auf einen Festpreis einließe. Da die Preise für den Brennstoff aufgrund volatiler Energiemärkte über die Projektlaufzeit gerade nicht stabil sind, wird sich ein Zulieferer nicht über einen längeren Zeitraum auf Festpreisvereinbarungen einlassen können. Selbst wenn er es sich in diesem Sinne verpflichten würde, wäre damit in der Vertragsstruktur der Keim für ein nicht vertragskonformes Verhalten gelegt: Entwickelt sich der Markt unvorteilhaft - ist der Lieferant beispielsweise zur Lieferung von Erdgas an das Projekt zu einem Preis verpflichtet, der unterhalb seiner aktuellen Bezugskosten liegt - wird der Anreiz groß sein, aus seinen Verpflichtungen frei zu kommen[1].

Um gleichwohl die für das Projekt notwendige Planungssicherheit und damit Stabilität des Cashflows erreichen zu können, wird hier ein anderer Weg gewählt: Auf der Absatzseite wird im Rahmen des Stromabnahmevertrages eine Durchleitungsklausel (Pass-

---

1. Diese Situation ist tatsächlich leider nicht so selten, wie man vermuten könnte. Die Argumentation der Lieferanten in diesen Situationen ist dann häufig, dass sie bei vertragskonformen Verhalten Verluste machen, die Existenz bedrohende Ausmaße annehmen. Bevor es dazu kommt, nehmen sie auch einen Vertragsbruch in Kauf, wohl wissend, dass ein Gerichtsverfahren oftmals Jahre dauern kann. Dass zwischenzeitlich das Projekt Konkurs anmelden musste, ist durchaus eine reale Gefahr.

throughs) vereinbart, die die Schwankungen auf der Bezugsseite auf die Absatzseite weiterleitet.

Oftmals kann es vor diesem Hintergrund hilfreich sein, wenn die Lieferanten auch diejenigen sind, die auf der Abnahmeseite dem Projekt verpflichtet sind. Unterschiedliche Beteiligte auf beiden Marktseiten können hingegen dazu führen, dass - insbesondere bei sehr volatilen Märkten - Anreize entstehen können, Verpflichtungen aus bestehenden Verträgen nicht zu erfüllen, weil sich etwa bessere Alternativen außerhalb des Projektes ergeben.

Markt- und Absatzrisiko

Die Frage nach der Marktfähigkeit des von der Projektanlage erstellten Produktes nimmt eine zentrale Stellung bei der Wirtschaftlichkeitsrechnung (dokumentiert in der Feasibility Study) ein. Diese wird im Regelfall durch spezialisierte Beratungsunternehmen aufgrund von bestimmten Annahmen über die Absatzfähigkeit des Produkts und der Entwicklung der Marktpreise angefertigt, wobei generell festzustellen ist, dass der Cashflow besonders abhängig von diesen beiden Einflussgrößen ist. Wegen der zugrunde gelegten Annahmen besteht ein Marktrisiko, das die Gefahr von geringeren Erlösen als den zunächst veranschlagten beschreibt, die aus einem Preis- bzw. Absatzrückgang resultieren.

Versucht man sich in einer Prognose über die Entwicklung des deutschen Kraftwerksmarkts bis zum Jahre 2020, wie sie auch für das Kraftwerk Kiel angefertigt worden ist, so ergibt sich aus dem geplanten Atomausstieg, der Altersstruktur des bestehenden Kraftwerkparks sowie der Entwicklung des Strombedarfs der deutschen Volkswirtschaft eine positive Bedarfsprognose, verbunden mit einem umfangreichen Finanzierungspotenzial. Mit der Einführung des Emissionshandels und den damit verbundenen Kosten für den CO_2-Ausstoß kann es - abhängig von der Entwicklung der Zertifikatspreise - zu einer Verschiebung der Stromerzeugungskosten und einer Umorientierung bisheriger Anlagentechniken in den Lastbereichen kommen. Bei einem Zertifikatspreis oberhalb von 10 € werden auch Erdgaskraftwerke in der Grundlast wettbewerbsfähig werden, während sie ansonsten ihre Vorteile der geringeren Kapitalbindung und des höheren Wirkungsgrades wegen der höheren Brennstoffkosten gegenüber Braun- und Steinkohlekraftwerken nicht ausspielen können. Durch die Liberalisierung des Strommarktes und die Schaffung eines wettbewerblich organisierten Marktes muss eine Kraftwerksinvestition unter Kostenoptimierungsgesichtspunkten erfolgen. Angesichts des aktuellen Niveaus der Großhandelspreise für Strom lässt sich nahezu keine Kraftwerksinvestition wirtschaftlich auf Basis der derzeitigen Börsenpreise darstellen. Die sich im Zeitablauf ändernden Rahmenbedingungen bergen Unsicherheiten, die vor der Energiemarktliberalisierung auf die Abnehmer abgewälzt werden konnten.

Unterstellt sei hypothetisch, dass ein Projekt das Preisrisiko nehmen würde und die Stromproduktion etwa über eine Stromhandelsbörse absetzen würde, ohne dass langfristige Stromabnahmeverträge bestehen (so genannter Merchant Case). Die Auswirkungen von Einnahmenrückgängen aufgrund von geringeren Strompreisen wären schnell so gravierend[1], dass erhebliche Veränderungen an der Finanzierungsstruktur erforderlich wären, die das Vorhaben allerdings auch schnell für die Investoren uninteressant werden ließen[2].

Mindererlöse aufgrund zu optimistisch kalkulierter Absatzmengen bzw. einer falschen Einschätzung der Marktpreise gefährden die Einnahmeseite des Cashflows. Dies verschlechtert nicht nur die Tilgungsfähigkeit des Projekts, sondern gefährdet darüber hinaus die Deckung der laufenden Betriebs- und Wartungskosten[3]. Anzumerken ist noch, dass eine Veränderung der preiswirksamen Bestimmungsgründe naturgemäß auch Einfluss auf das Absatzrisiko hat, ebenso wie eine Veränderung mengenwirksamer Bestimmungsgründe sich auf den Preis auswirkt[4].

Zur Absicherung dieses Risikos werden häufig Abnahmeverträge abgeschlossen, die den Abnehmer langfristig und unwiderruflich zum Kauf der Projektprodukte verpflichten. Je nach Ausgestaltung dieses Abnahmevertrages kann damit auf den Abnehmer ein ganzes Bündel von Risiken übertragen werden, wobei die Komponenten Preisgestaltung, Mengendefinition, Vertragslaufzeit und Produktqualität die zentralen Aspekte darstellen.

---

1. Beim Kraftwerk Kiel könnte der Kapitaldienst nur bis zu einem Einnahmenrückgang von 8% gedeckt werden, ein Wert, der für Fremdkapitalgeber nicht als akzeptabel anzusehen wäre.
2. Erst bei einer Eigenkapitalquote von ca. 40% wäre in diesem Fall eine rechnerische Belastbarkeit gegeben, die der entspricht, wenn Liefer- und Abnahmeseite miteinander verknüpft sind. Gleichwohl stehen Banken Merchant-Projekten aufgrund der Erfahrungen reserviert gegenüber: Um die Jahrtausendwende wurden in Großbritannien eine Reihe von Kraftwerksvorhaben als Projektfinanzierungen realisiert. Zentral war, dass alle Erzeuger den erzeugten Strom in einen so genannten Electricity Pool verkauften, wobei der Preis von Angebot und Nachfrage bestimmt wurde. Auf Grundlage historischer Poolpreise und der Erwartung, dass die Strompreise eher steigen würden, schienen die Vorhaben aus Sicht der Investoren und der Banken als attraktiv.
3. W. Schmitt 1989, S. 148.
4. H. Uekermann 1993, S. 83.

Tabelle 3.9: Inhalte unterschiedlicher Abnahmeverträge

	Take-or-Pay-Verträge	Tolling Agrement	Take-and Pay-Vertrag
Gegenstand:	Der Käufer verpflichtet sich, bestimmte Produktmengen zu bestimmten Preisen abzunehmen. Er muss bestimmte Beträge zahlen, auch wenn er die Produkte nicht abnimmt oder der Lieferant nicht liefert (unbedingte Verpflichtung).	Im Prinzip wie Take-or-Pay-Vertrag, bezieht sich allerdings auf andere Leistungsarten (insbesondere Transportleistung bei Pipelines). Das Projekt ist Dienstleister und wird für seine Betriebsbereitschaft bezahlt.	Der Käufer verpflichtet sich, die Projektleistung in einem bestimmten Umfang zu einem vereinbarten Preis abzunehmen. Eine Zahlungspflicht besteht nur dann, wenn er die kontrahierten Leistungen auch tatsächlich erhält (bedingte Verpflichtung).
Zahlungshöhe:	Die Mindestzahlungen entsprechen i.a. den fixen und variablen Betriebskosten sowie dem Kapitaldienst und sind unabhängig von der tatsächlichen Abnahme.	Die Mindestzahlungen entsprechen i.a. den fixen und variablen Betriebskosten sowie dem Kapitaldienst und sind unabhängig von der tatsächlichen Abnahme.	keine Mindestzahlungen

Die weitestgehende Abnahmeverpflichtung ist ein Take-or-Pay-Vertrag, der in seiner Wirkung einer unbedingten Zahlungsgarantie gleichkommt. Der Abnehmer verpflichtet sich zur Zahlung des Gegenwertes bestimmter Produktmengen zu einem bestimmten Preis unabhängig davon, ob die Projektgesellschaft ihm diese Produkte auch liefern kann. Eine solche Regelung führt zu einer Übernahme nicht nur des Marktrisikos, sondern auch des Force-Majeure-Risikos und des Betriebsrisikos. Der Abnehmer zahlt also nicht nur bei Abnahmeunwilligkeit, sondern auch im Fall von Lieferstörungen durch Verschulden der Projektgesellschaft oder durch Höhere Gewalt.

Erkennbar wird, dass die Gestaltung der Abnahmeverträge sich häufig eng an der Gestaltung der Bezugsverträge orientiert. Zentrale Idee ist, dass die Verträge so gestaltet sind, dass Änderungen von Preisen, Mengen oder Qualitäten auf der Bezugsseite unmittelbar gleichgerichtete Änderungen auf der Absatzseite nach sich ziehen. Wenn dies gelingt, können Veränderungen auf der Bezugsseite unmittelbar auf die Absatzseite überwälzt werden, ohne dass wirtschaftlich die Projektgesellschaft von diesen Änderungen betroffen ist.

Dies ist auch der Weg, wie er beim Kraftwerk Kiel eingeschlagen wurde: Dem Stromabnehmer (Off-Taker) steht mit Abschluss des Stromabnahmevertrages proportional zur Beteiligung an der Kraftwerksgesellschaft ein Anteil an der erzeugten Nettoleistung, der so genannten Kapazitätsscheibe, zu. Durch diesen Zuteilungsschlüssel wird der gesamte Output auf die Sponsoren verteilt, die proportional nach ihrem Anteil für die Abnahme und Bezahlung des Stroms verantwortlich sind. Die Vergütung der Stromlieferungen besteht aus zwei Komponenten, der so genannten Capacity Charge und der Energy Charge:

1. Die Capacity Charge wird über die Zahlung eines Leistungspreises abgegolten. Diese Strompreiskomponente dient zur Deckung der betriebsunabhängigen Kosten und ist an die jährlichen kalkulatorischen Fixkosten der Projektgesellschaft gekoppelt. Der Leistungspreis beinhaltet auch den Grundpreis des Erdgasbezuges, so dass ein wesentlicher Teil der veränderlichen Brennstoffkosten an die Stromabnehmer weitergeleitet wird. In den Fixkosten ist auch kalkulatorisch der Schuldendienst enthalten, so dass bereits durch die Entrichtung des Leistungspreises ein Cashflow erzielt wird, der wesentliche Preisrisiken ausschließt. Sofern die Abnehmer den Leistungspreis zahlen, ist die Bedienung des Kapitaldienstes sichergestellt. Die Verpflichtung zur Zahlung des Leistungspreises besteht unabhängig von der Verfügbarkeit des Kraftwerkes. Damit übernimmt der Abnehmer für seinen Kapazitätsanteil das Risiko unverschuldeter Betriebsunterbrechung.

Ein Recht zur Kündigung der Stromabnehmer besteht nur bei Vorliegen eines wichtigen Grundes, u.a. eine sechs Monate dauernde Nichtverfügbarkeit der Kraftwerksanlage aufgrund Höherer Gewalt. In Kombination mit der Betriebsunterbrechungsversicherung, die für einen Zeitraum von 24 Monaten die Fixkosten abdeckt, ist eine weitgehende Abdeckung des Kapitaldienstes gewährleistet.

2. Der Stromabnehmer hat zusätzlich eine Energy Charge für bezogenen Strom zu leisten, die in Form eines monatlichen Arbeitspreises geleistet wird. Der Arbeitspreis deckt die variablen Stromerzeugungskosten des Projektes; Höhe und Veränderungen des Arbeitspreises werden an die Abnehmer weitergeleitet.

Der Stromabnahmevertrag hat eine Laufzeit von 20 Jahren, wobei die vereinbarten Konditionen für diesen Zeitraum auch dann gültig bleiben, wenn sich die dem Vertrag zugrunde liegenden wirtschaftlichen Annahmen ändern. Zusammenfassend ermöglicht der Stromliefervertrag eine Kompensation des Mengen- und Preisrisikos und damit eine stabile und kalkulierbare Cashflow-Generierung. Abgesehen von der Kopplung an die Kraftwerkskapazität oder die Verfügbarkeit der Anlage, liegt der Sicherungswert eines Stromabnahmevertrages als Kreditsicherheit auch darin, bestimmte Mindesterlöse, die den Schuldendienst decken, unabhängig von der Verfügbarkeit zu sichern. Losgelöst von dem Beispielsfall, sind Stromlieferverträge in Form eines Take-or-Pay-Vertrages der Regelfall und mit Blick auf die Reagibilität des Vorhabens auf ansonsten stehende Einnahmeschwankungen einerseits und der Realität des Handelns in liberalisierten Energiemärkten andererseits auch erforderlich.

Das Interesse des Abnehmers zum Eingehen in langfristige Abnahmeverträge liegt in der Sicherstellung der Versorgung mit dem betreffenden Produkt, insbesondere wenn sie die Rohstoff- oder Energiebasis sichern. Allerdings wird es zum Abschluss von Take-or-Pay-Verträgen nur dann kommen, wenn der Abnehmer - z.B. über eine von ihm kontrollierte Gesellschaft - das Projekt nahezu lückenlos beherrschen kann[1].

Die Absicherungswirkung von Abnahmeverträgen muss allerdings wirtschaftliche, rechtliche und politische Rahmenbedingungen beachten. Sind etwa die in einem Abnahmevertrag vereinbarten Preise höher als entsprechende Marktpreise für die Projektleistungen, so droht die Gefahr eines Vertragsbruchs. Dieser kann damit begründet werden, dass der Abnehmer seine Wettbewerbsfähigkeit bei Belieferung zu überhöhten Preisen als gefährdet ansieht. In liberalisierten Märkten, wie es im Energiesektor häufig der Fall sein kann, ist daher auch immer die Frage zu untersuchen, wie teuer eine alternative Energieerzeugung durch Grenzanbieter derzeit aussieht und sich mutmaßlich in der Zukunft entwickeln kann. Ein *Take-or-Pay-Vertrag* kann zudem dazu führen, dass der Abnehmer aufgrund seiner Abnahmepflicht in seinem Bestand gefährdet ist, so dass dieser Abnahmevertrag damit auch kaum noch Sicherungswirkung für das Projekt entfaltet, der damit ursprünglich abgesichert werden sollte.

In der Realität treten Abnahmeverträge daher meistens in abgeschwächter Form auf[2]. Betriebs- und Force-Majeure-Risiken werden häufig nicht übernommen und müssen dann anderweitig alloziert werden. Zentral sind folgende Erkenntnisse:

1. Projekt-Verträge dürfen nicht isoliert betrachtet werden, sondern müssen in ihrer Verbund- und Anreizwirkung auf das Projekt und die wesentlichen Projektbeteiligten analysiert und ausgestaltet werden.

2. Eine reflexartige Forderung nach Verträgen, die die betreffenden Mengen nach Menge, Qualität und Preis festschreiben, kann ebenfalls unerwünschte Anreizwirkungen bei einzelnen Projektbeteiligten entfalten, die sich nachteilig auf das Pro-

---

1. W.H. Jürgens 1994, S. 17.
2. Umgekehrt trägt die Projektgesellschaft das Risiko einer Preisänderung, wenn die Preise marktorientiert abgeschlossen werden. Eine Mischform der Risikoallokation liegt dann vor, wenn Mindest- bzw. Maximalpreise festgelegt werden, um die Schwankungsbreite zu verringern. Weitere Beispiele sind Anpassungsklauseln in Abnahmeverträgen, die eine Angleichung an Marktentwicklungen zulassen.

jekt auswirken kann. Bei der Vertragsausgestaltung sind immer die mutmaßlichen Marktentwicklungen und die Anreizwirkungen auf die Projektbeteiligten zu berücksichtigen.

3.3.2. Projektexogene Risiken

Reserve- und Ressourcenrisiko

Das Reserve- und Ressourcenrisiko beschreibt die Gefahr, dass Rohstoffvorkommen oder Ressourcen in Umfang oder Qualität hinter den Planwerten zurückbleiben[1]. Bei einer zu geringen Ressourcenmenge fallen die Projekt-Erlöse - möglicherweise während der gesamten Projektlaufzeit - geringer aus als erwartet, so dass die Bedienung des Kapitaldienstes ebenso gefährdet sein kann wie die angemessene Wirtschaftlichkeit des Projektes. Dieses Risiko wirkt auf alle Projekte im Bereich Minen, Öl und Gas sowie Erneuerbare Energien ein: Es geht darum, die Standortqualität bei einer bestimmten Technikkonstellation einzuschätzen.

Um dieses Risiko möglichst klein zu halten, muss die Standortqualität angemessen durch unabhängige und erfahrene Sachverständige begutachtet werden. Für Minenprojekte bedeutet dies, dass eine Vielzahl von Probebohrungen eingebracht werden müssen, die Aufschluss über die Wirtschaftlichkeit des Projektes geben und Grundlage für einen Minenabbauplan darstellen. Für Öl- und Gas-Projekte werden üblicherweise Drucksondierungen oder einige wenige Probebohrungen vorgenommen, die Aufschluss über die Menge und Güte des Reservoirs zulassen. Bei Projekten im Bereich Erneuerbare Energien sind verschiedene Besonderheiten zu beachten:

	Risikoart	Bedeutung des Ressourcenrisikos
Windgutachten	geringes Windangebot	hoch
Solargutachten	geringes Strahlungsangebot	hoch
Biomassegutachten	geringes Biomasseangebot, höhere Preise	sehr hoch

---

1. Typischerweise wird dieses Risiko bei Rohstoffvorkommen wie z.B. Ölvorkommen oder Minenprojekten diskutiert, allerdings gelten die Überlegungen in analoger Anwendung auch für EE-Projekte.

Da das Ressourcenrisiko aus heutiger Sicht bei Windenergieprojekten am häufigsten behandelt worden ist, soll auf einige Besonderheiten in diesem Zusammenhang eingegangen werden.

1. Eigenkapitalgeber und Fremdkapitalgeber haben ein weitgehend gleichgerichtetes Interesse daran, die Ressourcenqualität zuverlässig einzuschätzen: Je höher die Überdeckungsrelationen aus Sicht der Fremdkapitalgeber sind, umso wirtschaftlicher ist das Vorhaben auch aus Sicht der Eigenkapitalgeber. An dieser Einschätzung ändert sich auch wenig, wenn die unterschiedlichen Ausgangspunkte - Base Case (Eigentümer) bzw. Banking Case (Fremdkapitalgeber) - berücksichtigt werden. Eine Überschätzung der Standortqualität führt tendenziell zu einer höheren Fremdmittelausstattung, als sie das Projekt verträgt. Konsequenz ist, dass die Wahrscheinlichkeit zunimmt, dass das Vorhaben den Kapitaldienst nicht wie geplant bedienen kann und es zu einer Restrukturierung kommt, die meist langwierige Verhandlungen und Zugeständnisse von beiden Seiten nach sich zieht.

Deutlich anders ist die Ausgangslage, wenn ein Projektinitiator vor Fertigstellung ein Vorhaben an die Eigenkapitalgeber verkaufen will, wie es für einen hohen Anteil deutscher Windenergieprojekte typisch ist. In dieser Konstellation besteht ein Anreiz für den Entwickler, die Projektqualität zu überschätzen, da er damit einen höheren Verkaufspreis realisieren kann[1]. Dies muss nicht passieren, aber eine Ursache für die Probleme bei der Platzierung von deutschen Windenergieprojekten etwa in den Jahren 2002 und 2003 bestand auch darin, dass die Erwartungen der Investoren durch die realisierten Daten mit Blick auf die optimistischen Gutachten enttäuscht worden sind.

2. Bei Vorhaben im komplexen, eher hügeligen Gelände, wie sie für viele Gegenden außerhalb Deutschlands typisch sind, sind die Rechenverfahren zur Abschätzung der Energieerträge mit erheblichen Unsicherheiten behaftet. Konsequenz ist, dass außerhalb Deutschlands in aller Regel physikalische Messungen am Standort durch einen oder mehrere Anemometermasten vorgenommen werden. Diese Messungen sollten einen Zeitraum von mindestens einem Jahr abdecken, um jahreszeitliche Schwankungen des Windangebotes abzubilden. Die Prognosegüte solcher Gutachten ist entsprechend höher einzuschätzen und wird nur noch erreicht von bestehenden Windparks[2].

---

1. Wiederum besteht ein Principal-Agent-Problem, das zu einem Marktversagen führen kann.

Bei Biomasseprojekten liegt insoweit eine Besonderheit gegenüber anderen EE-Projekten vor, als nicht nur die Ressource - z.B. Althölzer - beschafft werden muss, sondern die Kosten für die Preisentwicklung dieser Biomasse abgeschätzt werden müssen. Insoweit liegt hier ein kombiniertes Mengen- und Preisrisiko auf der Beschaffungsseite vor, das sehr schwer abzuschätzen ist. Die Strukturierung der Beschaffungsseite über langfristige, Festpreis bezogene Lieferverträge ist kaum möglich, da Holzlieferverträge branchenüblich nicht langfristig abgeschlossen werden. Für eine langfristige Tragfähigkeit eines Projektes kommt es damit darauf an, das Projekt einerseits robust gegenüber Holzpreisschwankungen zu gestalten (z.B. über Logistikvorteile) und andererseits den Holzlieferanten in das Projekt dauerhaft einzubinden[1]. Die Schwierigkeit, hier bankadäquate Absicherungsmechanismen zu finden, mag ein Grund dafür sein, dass Biomasse-Kraftwerke bisher nicht im gleichen Maße der Durchbruch gelungen ist wie dies bei Windenergieprojekten der Fall ist. Insgesamt gehört das Ressourcenrisiko zu dem von den Banken am häufigsten übernommenen Risiko im Rahmen von EE-Projekten.

Eine besondere Ausprägung und Bedeutung hat das Ressourcenrisiko bei Maut-Projekten in Form des Verkehrsrisikos. Über verschiedene Szenariotechniken wird versucht, das Verkehrsaufkommen zu ermitteln, wobei sich bislang noch kein Verfahren als verlässlich erwiesen hat. Das grundsätzliche Vorgehen lässt sich etwa wie folgt skizzieren: In einem ersten Schritt gilt es herauszufinden, wie viel Fahrzeuge innerhalb des Gebietes, das für die Mautstraße relevant ist, von einem bestimmten Punkt innerhalb dieses Gebietes zu einem anderen fahren. Damit ergibt sich eine Information, welche Fahrzeuge grundsätzlich auch die geplante Mautstraße benutzen würden. In einem zweiten Schritt ist abzuschätzen, wie viele dieser Fahrzeuge "verdrängt" werden, wenn die Mautstraße nicht kostenfrei nutzbar ist, sondern mit einer Maut belegt wird. Kernannahme ist, dass sich die Verkehrsteilnehmer rational verhalten, sie also den Nutzen einer schnelleren Verkehrsverbindung mit dem Nutzen der Einsparung der Mautgebühr vergleichen werden. Bereits bei einer statischen Betrachtung der Verkehrsgewohnheiten ist die Abschätzung des Verkehrsaufkommens bei einer Mautstrecke, wie man sich unschwer vorstellen kann, damit mit erheblichen Unsicherheiten behaftet:

---

2. Auch wenn dieser letztgenannte Fall deutlich die Ausnahme ist, kommt es doch fallweise vor, dass ein Sponsor einen Windpark zunächst vollständig finanziert, das Fertigstellungsrisiko trägt und den Windpark eine angemessene Zeit im Betrieb belässt. Steigt dann eine Bank in die Finanzierung ein, handelt es sich um eine Umfinanzierung einer bereits erfolgten Finanzierung. Für den Sponsor hat dieses Vorgehen den Vorteil, gegenüber der Bank eine niedrigere Risikoprämie aushandeln zu können, da ein Fertigstellungsrisiko nicht mehr besteht und das Ressourcenrisiko deutlich reduziert ist.

1. Dies wäre etwa möglich, indem der Lieferant der Biomasse z.B. ein Sägewerk betreibt, das die im Kraftwerk entstehende Wärme dazu verwendet, eigene Hölzer zu trocknen und so Transportkosten einspart.

- Wie kann sichergestellt werden, dass sich die Verkehrsteilnehmer tatsächlich im Sinne der oben beschriebenen Verkehrsmatrix verhalten? Wie viele Verkehrszählungen sind nötig und möglich, um belastbare Ergebnisse zu erhalten? Günstiger ist die Situation, wenn es sich um eine bereits etablierte Strecke handelt, die nunmehr aufgrund von verkehrstechnischen Erfordernissen erneuert werden muss (Beispiel ist hier der Herrentunnel in Lübeck).
- Erfahrungsgemäß dauert es zwischen 12 bis 24 Monate, bis eine neue Strecke von den Verkehrsteilnehmern angenommen wird,
- Verkehrsstudien in Städten waren in aller Regel über-optimistisch und der Anteil der auf Ausweichstrecken verdrängten Verkehrsteilnehmern wurde regelmäßig unterschätzt;
- Abschätzung der Bevölkerungsentwicklung in den relevanten Gebieten,
- Möglichkeiten zur Mauterhöhung nach Inbetriebnahme (eine Form des politischen Risikos),
- bei Mautstraßen im Ausland ist zu überlegen, ob ein möglicher Währungs-Mismatch bestehen könnte (Einnahmen in Landeswährung, Kreditbedienung in abweichender Währung)

Die Prognosetätigkeit wird noch dadurch weiter erschwert, dass die Auswirkungen von geplanten oder möglichen Ausweichstrecken mit in das Kalkül eingezogen werden müssen, was wiederum eine Form eines politischen Risikos darstellt.

Soweit Kreditgeber Ressourcenrisiken übernehmen, bedeutet dass, dass sie z.B. im Fall ungenügender Ressourcen zumindest einer Streckung der Tilgungszahlungen zustimmen müssen.

Technisches Risiko im weiteren Sinn

Dieses Risiko beinhaltet die Gefahr, dass sich infolge des technologischen Wandels die errichtete Projektanlage als unrentabel darstellt, da im Zuge neuer Technologien die Produkte nicht mehr wettbewerbsfähig sind[1]. Die relative Veralterung der Technologie führt zu einer Verschlechterung der relativen Kostenposition gegenüber anderen, konkurrierenden Projekten. Einbußen hinsichtlich der Wettbewerbsfähigkeit sind bei solchen Projekten bedeutsam, die sich im Markt langfristig bei freien Preisen behaupten müssen. Weniger wichtig erscheint dieses Risiko hingegen bei Projekten, deren Absatzpreise in langfristigen Abnahmeverträgen so festgelegt wurden, dass damit die gesamten Kosten gedeckt werden können oder die, wie es häufig bei EE-Projekten der Fall ist, von einem staatlichen regulierten Festpreissystem profitieren.

---

1. M. Hupe 1995, S. 51; K.-U. Höpfner 1995, S. 193.

Wenn die Projektprodukte auf dem Markt infolge des Einsatzes neuer Technologien durch andere Anbieter nicht bestehen können, wird sich dies in einem Absatz- und/ oder Preisrückgang bemerkbar machen und in niedrigeren Erlösen münden. Der Cashflow wird auf die gleiche Weise negativ beeinflusst wie beim technischen Risiko im engeren Sinne. Somit wäre auch beim Eintreten dieses Risikos die Rückführung der Fremdmittel gefährdet[1].

Insofern ergibt sich hier ein Spannungsfeld, da der Einsatz älterer erprobter Technik (die zur Reduktion des technischen Risikos i.e.S. führt) u.U. die Gefahr des Auftretens des technischen Risikos i.w.S. mit sich bringt[2], weswegen möglichst neue, aber dennoch bereits bewährte Anlagen bei den Projekten eingesetzt werden sollten.

Stabilität und Anreizwirkungen des Rechts- und Regulierungsumfelds

Die wahrscheinlich höchste Priorität bei der Entscheidung, ob ein Vorhaben als Projektfinanzierung realisiert werden kann, hat die positive Einschätzung des Rechts- und Regulierungsumfeldes, das für das Vorhaben relevant ist.

Dabei geht es zum einen um die Frage, ob die Projektverträge rechtlich bindend sind, vor Gericht durchgesetzt werden können und das wirtschaftlich Gewollte abbilden. So wichtig die diesbezüglichen Themen auch sind, so sollen sie an dieser Stelle doch nicht weiter vertieft werden und auf die umfangreiche juristische Spezial-Literatur verwiesen werden (z.B. G. Vinter). Es geht aber auch um die weniger offenkundigen Fragen, ob die Projektbeteiligten darauf vertrauen dürfen, dass das einmal gesetzte rechtliche Umfeld auch über die Projektlaufzeit Bestand hat und ob es Anreizwirkungen entfaltet, die einen dauerhaften Bestand der Regulierung ermöglichen. Diese beiden letztgenannten Teilaspekte wollen wir in den nächsten beiden Abschnitten etwas vertiefen.

Der erstgenannte Aspekt - Stabilität des Regulierungsumfeldes - sei an Hand der verschiedenen Regulierungen zum Bereich Windenergie dargestellt. Bei Projekten im Bereich Erneuerbare-Energien sind grundsätzlich zwei Regulierungssysteme - Mengenregulierungssystem (Quota-Based System) und Preisregulierungssystem (Feed-in Tariff)- zu unterscheiden, die sich auf das Absatzrisiko beziehen. Im Rahmen eines Mengenregulierungssystems gibt der Staat vor, wie hoch der Anteil "grünen Stroms" an der gesamten Strommenge sein soll; der Preis für den grünen Strom soll sich am Markt fin-

---

1. A. Reuter; C. Wecker 1999, S. 62.
2. W. Schmitt 1989, S. 144.

den. Bei einem Preisregulierungssystem garantiert der Staat hingegen einen festen Abnahmepreis, und die Menge an "grünem Strom" ist umgekehrt den Marktkräften überlassen. Die Fähigkeit der beiden Vergütungsphilosophien, eine nachhaltige EE-Branche zu etablieren, sei am Beispiel der Verteilung der Windenergie in verschiedenen Ländern illustriert:

		Netto-Kapazität (MW)	Gesamtkapazität 12/2002 (MW)
Länder mit Festpreissystem	Deutschland	3.247	11.968
	Spanien	1.493	5.043
	Frankreich	52	145
	Griechenland	104	462
Länder mit Mengenregulierungssystem	Dänemark	530	2.880
	Großbritannien	45	570
	Irland	13	137
Mischform	USA	429	4.674
Summe		*5.913*	*25.879*
Weltweit		6.868	32.037

Wesentlicher Grund für den Erfolg der Windenergie in Ländern mit einer Festpreisregulierung ist die langfristige Planbarkeit der Vergütungssätze[1]. Sind diese hingegen nicht langfristig zuverlässig planbar, werden die Fremdkapitalgeber stets eine Worst-Case-Betrachtung vornehmen müssen, wie es sich aus ihrem oben skizzierten Chance-Risiko-Muster ableiten lässt. Auch wenn Festpreissysteme aus Gründen der Planbarkeit Vorteile aufweisen, ist immer zu beachten, dass langfristige Lieferverträge aller Regel nach brüchig werden, wenn sich die langfristigen Preisformeln zu sehr vom Marktpreis entfernen[2]. Dies gilt auch für Preissysteme, in denen der Staat regulierend eingreift: Verschiebt sich seine Gewichtung der energiepolitischen Ziele oder kommen andere -

---

1. Bereits eine Diskussion um die Modifikation eines bestehenden Vergütungssystems wird einen negativen Einfluss auf die Branche haben, wenn die Fremdkapitalgeber befürchten müssen, dass Regelungen auch Rückwirkungs-Charakter für frühere Projekte haben können und zumindest zu Verzögerungen bei der Fremdfinanzierung führen.
2. Hinzu kommt folgendes Problem: Eine langfristige Preisfixierung nimmt der Projektgesellschaft auch Chancen auf Erlössteigerungen. Dies ist zwischen Sponsoren und Fremdkapitalgebern auszuhandeln, wobei letztere an einer Erlöserhöhung regelmäßig nicht beteiligt sind und deshalb eine auf möglichst sicheren Absatz bedachte Verkaufspolitik präferieren werden.

z.B. verteilungspolitische Ziele - ins Spiel, kann sich die anfängliche Sicherheit von Festpreisen im Nachhinein als trügerisch erweisen.

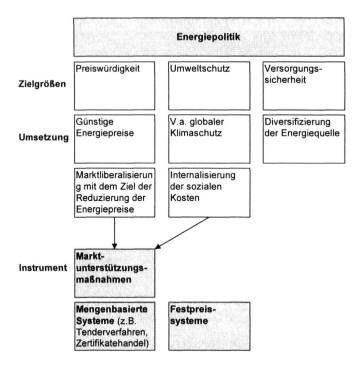

Für Deutschland sehen die Regelungen des EEG vor, dass die regionalen Energieversorger gesetzlich verpflichtet sind, den Strom zu festgelegten Vergütungssätzen für 20 Jahre abzunehmen, so dass ein Absatzrisiko für die Stromabnahme praktisch ausgeschlossen werden kann. Für Biomasse-Projekte greift insoweit eine Besonderheit, als die mögliche Produktion von Wärme nicht durch das EEG geregelt ist und durch Absatzsicherungsmaßnahmen strukturiert werden muss.

Eingeschränkt wird die Prognosesicherheit durch eine mögliche Änderung des Regulierungsumfeldes. Regelmäßig mit anstehenden Bundestagswahlen gewinnt das Szenario einer Änderung oder Abschaffung des EEG an Bedeutung. Die Folge des Wegfalls des EEG und somit der Vergütungsgrundlage wäre - jedenfalls bei der heute verwandten Technik - ein sofortiger Zusammenbruch der bestehenden Projekte, da Strom aus Windenergie aufgrund der Erzeugungskosten noch nicht wettbewerbsfähig gegenüber konventionell erzeugter Energie ist und ein weiterer Absatz nicht möglich wäre. Ein Ausfall der Kredite wäre die Folge. Für die Bewertung dieses Szenarios muss zwischen einer echten und einer unechten Rückwirkung unterschieden werden.

Die echte Rückwirkung, bei der nachträglich ändernd in Tatbestände eingegriffen wird, die in der Vergangenheit bereits abgewickelt wurden, wird dabei von der ganz überwiegenden Mehrheit als sehr unwahrscheinlich angesehen, da sie gegen die Prinzipien der Rechtssicherheit und des Vertrauensschutzes verstößt. Nicht so eindeutig ist die Sachlage bei einer unechten Rückwirkung. Diese liegt vor, wenn eine Norm auf gegenwärtig noch nicht abgeschlossene Sachverhalte in der Zukunft einwirkt. Jene kann sich beispielsweise in der Änderung der zukünftigen Vergütungssätze oder in einer gänzlichen Abschaffung des derzeitigen Fördersystems auswirken. Sofern die Abwägung der Interessen des Allgemeinwohls mit denen der Betroffenen, in diesem Fall den Betreibern von Projekten bzw. den Anlagenlieferanten, es zulässt, kann eine unechte Rückwirkung gesetzeskonform sein. Allerdings lässt sich mit Verweis auf Artikel 14 des Grundgesetzes und dem Recht am eingerichteten und ausgeübten Gewerbebetrieb herleiten, das ein solcher Sachverhalt wahrscheinlich auszuschließen sei.

Der zweite Aspekt, die Frage nach den Anreizwirkungen eines Regulierungssystems, wird häufig etwas stiefmütterlich behandelt, was seiner Bedeutung aber nicht gerecht wird. Abstrakt gesprochen geht es um die Frage, ob das staatliche Regulierungssystem, unter dem das Projekt tätig ist, durch die von ihm ausgehenden Anreizwirkungen unerwünschte Marktergebnisse hervorruft, die im Widerspruch zu übergeordneten staatlichen Zielsetzungen liegen und aus diesem Grund eine Überarbeitung erfordern. Die folgenden Beispiele sollen zeigen, dass es sich dabei um zwei ernst zu nehmende Problemfelder handelt.

Als erstes Beispiel sei die Krise des kalifornischen Energiemarkts des Jahres 2000 dargestellt, die seine Ursache in früheren, gut gemeinten Zielen der kalifornischen Regierung hatte. Überzeugt von der Überlegenheit des marktlichen Koordinationsmechanismus wurde eine Liberalisierung des leitungsgebundenen Energiemarktes in der Mitte der 90er Jahre initiiert, um den Verbrauchern eine preisgünstige Energieerzeugung bieten zu können. Zu diesem Zwecke wurde, wie auch in anderen Ländern, u.a. eine Trennung der Energieunternehmen in Erzeugung und Verteilung vorgenommen und Wettbewerb insbesondere im Bereich Erzeugung eingeführt. Zusätzlich wurde staatlich vorgegeben, dass den Endkunden nur bestimmte, maximale Strompreise abverlangt werden konnten, gleichwohl die Energieunternehmen ihnen gegenüber nach wie vor zur Lieferung von Strom verpflichtet waren (Kontrahierungszwang). An der Funktionsfähigkeit des Systems gab es keinen Zweifel; die Wirtschaft in Kalifornien boomte seit Jahren, die Stromunternehmen funktionierten nach wie vor, was sollte passieren? Gerade die boomende Wirtschaft führte - zum einen über das Bevölkerungswachstum, zum anderen über die Nachfrage nach energieintensiven Geräten und Dienstleistungen - zu einer steigenden Nachfrage auch nach Strom. Parallel hatten die Stromversorger - angesichts des von ihnen befürchtenden Preisdrucks und des härter werdenden Wettbewerbs - mehrheitlich beschlossen, die zu erwartende unattraktive Stromerzeugung weitgehend abzubauen und sich auf den attraktiver erscheinenden Stromhandel zu konzentrieren. Damit öffnete sich eine Schere zwischen Angebot und Nachfrage, die sich bei freien Märkten relativ schnell ausgeglichen hätte, da steigende Strompreise einerseits Knappheit, andererseits aber auch Gewinnchancen signalisiert hätten, so dass neue Erzeugungs-Kapazitäten aufgebaut worden wären. Das Preissignal konnte aber nicht wirksam werden, da ja nun gerade der Staat die Endverbraucherpreise festgeschrieben hatte. Faktisch bestand aber ein zu knappes Stromangebot, so dass auf Großhandelsebene zu Zeiten der Spitzennachfrage die Strompreise auf ein Vielfaches dessen stiegen, was die Endkunden zu zahlen hatten. Die Stromversorger, die die Endabnehmer zu beliefern hatten, mussten den Stromerzeugern ein Vielfaches dessen zahlen, was sie bei ihren Kunden erlösen konnten. Dieses deutliche Marktungleichgewicht konnte - trotz der staatlichen Vorgaben - nicht lange Bestand haben: Zu Zeiten der Spitzennachfrage kam es zu Stromausfällen, bei denen versucht wurde, diese über vorgegebene, geplante Stromabschaltungen einigermaßen planbar zu halten (Rolling Black-Outs). Die Stromunternehmer, die auf Großhandelsebene tätig waren, konnten langfristig nicht die Verluste tragen, und das zweitgrößte kalifornische Stromunternehmen, die PG & E, musste Gläubigerschutz beantragen. Zahlungen an die Stromerzeuger waren damit auch nicht mehr möglich, und die zwischenzeitlichen Gewinner der Krise kamen zum Teil ebenfalls in ernste Schwierigkeiten.

Im kalifornischen Energiemarkt waren zu jener Zeit eine Reihe von unabhängigen Stromerzeugern (IPPs) finanziert worden. Bei der Analyse der Chancen und Risiken aus den jeweiligen Projekten wurden gemeinhin auch die Risiken aus der Deregulierung, nämlich sinkende Strompreise dargestellt. Entsprechend wiesen die IPP-Stromerzeuger auch hinreichend robuste Deckungsrelationen auf, die - unter normalen Marktbedingungen - ein komfortables Wirtschaften ermöglichen sollten. Dass die Marktmechanismen aber deutlich komplexer sind und Anreizwirkungen entfalten, die bei der Planung unberücksichtigt blieben, war nicht berücksichtigt worden. Zunächst konnten die Projekte von der Krise über deutlich gestiegene Strompreise profitieren, die sie den Unternehmen auf Großhandelsebene in Rechnung stellen konnten. Als diese nicht mehr zahlen konnten (PG & E) oder nicht mehr zahlen wollten (Southern California Edison), versiegte aber mit einem Schlag ihre einzige Einnahmequelle. Da ihre Stromabnahmeverträge so gestrickt waren, dass sie nur an einen der beiden Stromkonzerne liefern konnten, war ihnen die Möglichkeit verwehrt, den erzeugten Strom auf dem freien Markt zu verkaufen.

Da diese Situation drohte, in einem Zusammenbruch der gesamten Energiewirtschaft zu münden und damit unabsehbare volkswirtschaftliche Folgen nach sich gezogen hätte, musste der Staat intervenieren. Drei zentrale Maßnahmen sind in diesem Zusammenhang zu nennen: 1. Die Preise auf Endverbraucherebene wurden partiell freigegeben, wobei sie freilich auch jetzt bestimmte Maximalpreise nicht überschreiten durften. 2. Die Preise auf Erzeugerebene wurden ebenfalls gedeckelt, um mögliche Übergewinne auf Kosten der Unternehmen auf Großhandelsebene möglichst weitgehend zu vermeiden. 3. Der Staat Kalifornien kaufte von den Stromhandelsunternehmen deren Leitungsnetze auf, so dass diese die Gelegenheit hatten, sich weitgehend zu entschulden und wiederum ihre finanzielle Handlungsfreiheit zurück gewinnen konnten. Für die IPP bedeutete dies zum einen, dass sie wiederum Zahlungen für die von ihnen erzeugte Energie erhielten, sie im Gegenzug aber auch akzeptieren mussten, dass ihre Preise für eine Dauer von zunächst fünf Jahren eingefroren wurden, und mögliche Chancen auf Übergewinne entfielen. Durch diese Maßnahmen wurde es möglich, dass auch die IPP wiederum eine langfristige Perspektive hatten, wobei der tatsächliche Cashflow-Verlauf ein gänzlich anderer war als er in der ursprünglichen Projektion dargestellt worden war.

Das Beispiel belegt zum einen, welche Auswirkungen es haben kann, in einem teils regulierten, teils nicht regulierten Markt tätig zu sein, es belegt aber auch, welche Anreizwirkungen Regulierungssysteme entfalten können, die den übergeordneten politischen Zielen widersprechen und damit Gegenmaßnahmen erfordern können.

Das zweite Beispiel soll nunmehr zeigen, dass ein Regulierungssystem auch massive Auswirkungen auf den technischen Fortschritt, den Wettbewerb und die Ausgestaltung der Finanzierungsstruktur haben kann. Zu diesem Zweck sollen das derzeit geltende französische System zur Förderung der Windenergie anhand des Beispiels "Les deux moulins" dargestellt werden. Das französische Regulierungssystem für Windenergie lässt sich - ebenso wie das deutsche System - als Festpreissystem mit gesetzlicher Abnahmeverpflichtung des staatlichen Stromversorgers, der Electricité de France, beschreiben. Allerdings gibt es eine Reihe wichtiger Unterschiede:

- Jedes WE-Projekt erhält 8,38 € Cents/kWh für die ersten fünf Jahre (vereinfachende Annahme).
- Abhängig von der tatsächlichen Anzahl der Volllaststunden (Jahresnettoenergieertrag / Nennleistung aller Anlagen) in den ersten fünf Betriebsjahren wird der Tarif für die nächsten 10 Jahre festgelegt: Je niedriger die Anzahl der Volllaststunden in den ersten 5 Jahren, umso höher der Vergütungssatz in den nächsten 10 Jahren. Maximaler Vergütungssatz sind 8,38 € Cents/kWh, minimaler Vergütungssatz 3,05 € Cents/kWh. Dabei gilt folgendes Schema für die Berechnung des Vergütungssatzes in den Jahren 6 bis 15:

Volllaststunden	Tarif Jahre 1-5 (€/kWh)	Tarif Jahre 6-15 (€/kWh)
2000 h and below	0,0838	0,0838
2000 - 2600 h	0,0838	Interpolation
2600 h	0,0838	0,0595
2600 - 3600 h	0,0838	Interpolation
3600 h and above	0,0838	0,0305

- Bei einer Energieproduktion von 73,57 GWh (Basisfall) und einer Gesamtkapazität der Anlagen von 30 MW ergäbe sich so etwa für ein Projekt eine Volllaststundenzahl von 2.452, die im Basisfall erreichbar ist. Dies würde für die Jahre 6 - 15 bedeuten, dass ein Vergütungssatz von 6,55 € Cents/kWh gezahlt wird.
- Der Vergütungssatz nach dem Jahre 15 beträgt 4,42 € Cents/kWh.
- Alle oben genannten Vergütungssätze werden mit einer gewichteten Preissteigerungsrate indexiert.

Die Mechanik des französischen Regulierungssystems führt aufgrund der Tarifanpassung nach dem 5. Jahr dazu, dass eine überdurchschnittliche Performance in den ersten fünf Jahren (Phase I) eine geringere Verschuldungskapazität in der Folgezeit (Phase II) bedingt und umgekehrt.

Insofern ist zu gewährleisten, dass neben der laufenden Tilgung der zusätzlich verfügbare Cashflow bei überdurchschnittlicher Performance per Sondertilgungen (so genannter Cash Sweep) abgeschöpft und neben der planmäßigen Tilgung zur vorzeitigen Reduzierung der Verschuldung eingesetzt wird. Die zwischen Projektgesellschaft und den fremd finanzierenden Banken auszuhandelnde Frage ist, ab welchem Niveau der erreichten Volllaststunden die Sondertilgung einsetzt und mit welchem Multiplikator sie versehen wird. Wir haben in dem Beispielsfall für die ersten fünf Betriebsjahre vereinbart, dass bei einer Energieproduktion von mehr als 2.060 Volllaststunden p.a. (Nettojahresenergieproduktion/Nennleistung des Windparks) für jede zusätzliche Volllaststunde 2.175 € als zusätzliche Pflichtsondertilgung in diesem Jahr zu verwenden sind. Die 2.175 € pro Volllaststunde sind so bemessen, dass praktisch der gesamte Mehrertrag oberhalb von 2.060 Volllaststunden zur Tilgung verwandt wird. Nach Ablauf der ersten fünf Jahre wird der nach Pflichttilgung und Cash Sweep verbleibende Darlehensbetrag des Darlehens I linear in ca. 8 ½ Jahren zurückgeführt werden.

Bezogen auf den Verlauf der Einspeiseerlöse in Phase 1 ergeben sich bei dieser Struktur beispielhaft die folgenden Tarife und Belastbarkeiten für die restliche Darlehenslaufzeit, aus der die Wirkungen des Cash Sweep einerseits und der Performance in Phase 1 auf den Tarif in Phase 2 andererseits deutlich werden.

Phase (Jahre 1-5)	Phase (Jahre 1-5)	Phase 2 (Jahre 6-15):	Phase 2 (Jahre 6-15):	Interne Rendite (20 Jahre):
Einnahmenverlauf Jahre 1-5	Restvaluta Darlehen nach 5 Jahren in TEUR	Tarif in EUR Cents /kWh:	Verkraftbarer Einnahmenrückgang Jahre 6-15:	
120%	15.386	4,96	-13,20%	9,78%
110%	17.905	5,67	-16,10%	10,20%
100% (Basisfall)	20.423	6,55	-20,50%	11,10%
90%	22.941	7,54	-25,00%	12,24%
80%	24.227	8,38	-28,00%	12,64%
70%	24.227	8,38	-19,00%	12,40%

Im Folgenden haben wir zunächst neben dem Basisfall den Fall abgebildet, dass die Energieproduktion in den ersten fünf Jahren (Phase 1) unterhalb der Erwartungen liegt (hier: ./. 19%). Damit ergibt sich folgendes Bild:

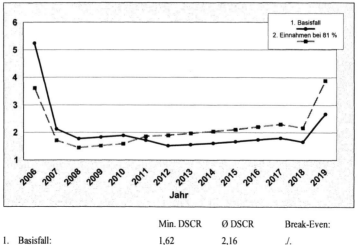

	Min. DSCR	Ø DSCR	Break-Even:
1. Basisfall:	1,62	2,16	./.
2. Energieproduktion bei 81%:	1,36	2,14	bei 76,0% (Jahre 1-5)
3. Anstieg operative Kosten einmalig um 33%, danach indexiert mit 2,5% p.a.:			
	1,49	2,02	plus 70,6%
4. Kombinationsfall (2+3):	1,00	1,95	./.

Eine dauerhafte Senkung der Energieproduktion um maximal 24,0% könnte das Projekt unter Rückgriff auf die Schuldendienstreserve auffangen. Im Belastungsszenario ergibt sich sogar eine höhere Überdeckung in den Jahren 6 - 15. Für den Investor ergibt sich - bei der rechnerischen Leistungsfähigkeit der Anlagen und der dargestellten Finanzierungsstruktur - eine Maximierung der internen Rendite bei einer Volllaststundenzahl von 2.000 h in den ersten fünf Jahren und einer möglichst hohen Produktion in den Folgejahren. Im Kombinationsfall (2+3) wird die Belastungsgrenze des Vorhabens aufgezeigt.

In einem weiteren Szenario wird der Fall abgebildet, dass in den ersten fünf Jahren der Windpark gemäß Basisfall performt und erst in den Folgejahren (Phase 2) weniger produziert (hier der Abschlag: 12%).

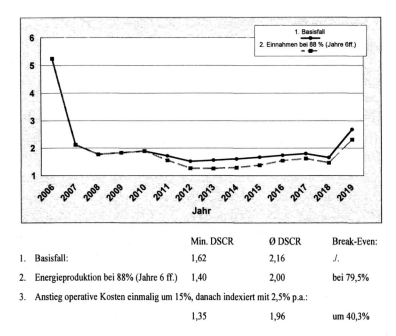

	Min. DSCR	Ø DSCR	Break-Even:
1. Basisfall:	1,62	2,16	./.
2. Energieproduktion bei 88% (Jahre 6 ff.)	1,40	2,00	bei 79,5%
3. Anstieg operative Kosten einmalig um 15%, danach indexiert mit 2,5% p.a.:	1,35	1,96	um 40,3%

In diesem Szenario könnte ein dauerhafter Einnahmenrückgang um 20,5% ab dem Jahr 6 verkraftet werden. Aufgrund der oben beschriebenen Anreizstruktur für den Investor gehen wir allerdings davon aus, dass die Anlagen mit hoher Wahrscheinlichkeit in den Jahren 1 - 5 eher unter dem Basisfall ausgesteuert werden. Dies verbessert aufgrund des dann in den Jahren 6 - 15 höheren Tarifs die Belastbarkeit des Projektes.

Wohlgemerkt, die Einführung einer performance-abhängigen Sondertilgung in den ersten fünf Jahren führt nicht zu dem Anreiz, möglichst bei 2.000 Volllaststunden zu produzieren, sondern ermöglicht überhaupt erst eine marktgerechte Finanzierungsstruktur. Was bedeutet es aber, wenn ein Anreiz für eine Projektgesellschaft besteht, möglichst in den ersten fünf Jahren 2.000 Volllaststunden zu produzieren anstatt - wie hier dargestellt - knapp 2.500 Volllaststunden?

Betrachtet man die Anreizsituation auf Seiten der eingesetzten Anlagentechnik, so wird von den Sponsoren die Anlagentechnik favorisiert werden, die quasi "natürlich" bei 2.000 Volllaststunden ihr Optimum erreicht. Eine Anlagentechnik, die mehr leisten kann (wie im Beispiel) würde auf herkömmlichen Märkten - bei denen Mehrleistung auch einen Mehrpreis begründet - einen höheren Preis erwirtschaften können. Unter dem bestehenden Regulierungssystem ist dies wesentlich eingeschränkt, da sie ihren komparativen Vorteil erst ab dem 6. Betriebsjahr ausspielen kann, während sie in den ersten fünf Jahren vermutlich bei etwa 2.000 Volllaststunden laufen wird. Wir können jetzt bereits beobachten, dass die Anbieter, die eine effizientere Anlagentechnologie bieten, versuchen, über Preiszugeständnisse trotzdem in den Markt zu gelangen, was sie zum Teil über reduzierte Preise für Vollwartungskonzepte zu erreichen suchen. Insgesamt hemmt diese Regelung allerdings den technischen Fortschritt der Anlagentechnologie.

Erkennbar ist auch, dass ein potentielles Risiko darin besteht, dass ein Vorhaben besser als erwartet performt und dabei operative Kostensteigerungen auftreten. In diesem nicht unwahrscheinlichen Szenario wird das Projekt zweifach bestraft: Zum einen erhält es ab dem Jahr 6 eine geringere Einspeisevergütung als erwartet und muss gleichzeitig erhöhte Betriebskosten verkraften. Es zeigt sich, dass vor diesem Hintergrund französische Windenergieprojekte in ihrer Risikostruktur mit strukturgleichen Vorhaben jenseits des Rheins nicht vergleichbar sind und stattdessen von ihrer Risikostruktur Ähnlichkeit mit Biomasseprojekten haben. Für die Ausgestaltung der Wartungsverträge bedeutet dies, dass die übliche Belohnung bei guter Performance des Projektes sich hier kontraproduktiv auf die Projektstabilität auswirkt. Andererseits kann auch die Belohnung bei Schlecht-Performance der Anlagen - auch wenn dies in späteren Jahren zu einem Mehrertrag führt - nicht der Königsweg der Vertragsgestaltung sein. Man versucht sich damit zu behelfen, dass die Vergütung für den Wartungsvertrag zwar grundsätzlich performance-abhängig ausgestaltet wird, allerdings bestimmte Obergrenzen zumindest in den ersten fünf Jahren eingezogen werden.

Der Staat wird in diesem System feststellen, dass Windenergie womöglich teurer ist als er ursprünglich geplant hatte: Er wird für die Mehrzahl der Projekte ab dem 6. Jahr die maximale Vergütung zahlen müssen, ohne dass er das Potential an Windenergie abrufen konnte, dass technisch möglich gewesen wäre. Realisiert er, dass dies ein Ergebnis auf ökonomisches Verhalten der verschiedenen Projekte war, könnte er auf die Idee kommen, das Regulierungssystem so zu verändern, dass diese unerwünschten Anreizwirkungen unterbunden werden. Wiederum muss er dabei aufpassen, dass er nicht - wie das englische Beispiel zeigt - in die Gefahr eines Übersteuerns gerät, dass Projektfinanzierungen in Windenergie unattraktiv macht. Besonders problematisch könnte sein, dass der Staat zum Beispiel in vier Jahren eine Umkehr beschließt, die dazu führen könnte, dass Vorhaben, die bis dahin versucht haben, 2.000 Volllaststunden zu produzieren, nicht mehr von der jetzigen Preissteigerungsmechanik profitieren könnten. Hier wäre es zentral, geeignete Übergangsfristen oder einen Vertrauensschutz für bisherige Vorhaben einzuführen, um nicht die Investoren für etwas zu bestrafen, für das der Staat die Verantwortung trägt. Insofern tritt neben das jetzige volkswirtschaftliche Problem einer zu teuren Produktion von Windstrom auch das Damokles-Schwert einer Änderung des Regulierungssystems, das Investoren und Fremdkapitalgeber abschrecken könnte.

Insgesamt zeigen die Beispiele, dass jedes Regulierungssystem bestimmte Anreize entfaltet, die auch zu Fehlallokationen führen können, die wiederum in einer dynamischen Betrachtung einen dynamischen Prozess zwischen Aktion und Reaktion auslösen können, dessen Prozesshistorie im vorhinein kaum abzuschätzen ist und damit allein neue Investitionen behindern oder bereits getätigte Investitionen gefährden kann.

Wechselkursrisiko

Die im Folgenden zu erläuternden drei Risiken: Wechselkursrisiko, Zinsänderungsrisiko und Inflationsrisiko sind der Finanzseite des Vorhabens zuzuordnen und werden daher von vielen Autoren auch als Finanzierungsrisiken zusammengefasst. Auf eine derartige Zusammenfassung soll im Rahmen dieses Beitrags verzichtet werden, da die Ursachen dieser Risiken sehr verschieden sind. Deshalb scheint die vorgenommene Untergliederung zweckmäßiger.

Das Wechselkursrisiko beschreibt die Gefahr von Wechselkursverlusten, welche dann gegeben sind, wenn die Währung der Projekterlöse mit der Währung der Projektausgaben nicht übereinstimmt[1]. Dies ist bei Projekten häufig der Fall, soweit die Projektproduktion nicht auf den internationalen Märkten, sondern ganz oder zum Teil durch staatliche Veranlassung im Projektland abgesetzt werden muss, dessen Währung "weich" ist und daher nicht als Finanzierungswährung dienen kann[2]. Aber auch bei Projekten im Bereich Erneuerbare Energien gibt es häufig keine Devisenwirksamkeit, sondern die Möglichkeit, dass die Inlandseinnahmen in Landeswährung nicht mit der Darlehenswährung korrespondieren. Angesichts der Volatilität vieler Währungen kann sich dieses Risiko erheblich auswirken. Hinzu kommt, dass sich das Wechselkursrisiko über die gesamte Projektdauer erstreckt und sich diese Vorhaben i.d.R. durch längere Laufzeiten auszeichnen. Daher ist vor Projektstart sorgfältig zu prüfen, ob und inwieweit ein Mismatch vermieden werden kann.

Während der Fertigstellungsphase werden i.a. die Sponsoren verpflichtet, bei Währungskursverlusten Liquiditätslücken durch Zusatzlinien aufzufangen. Termin-, Options-, Swap- und vergleichbare Geschäfte mögen eine Lösung für das Wechselkursproblem bieten, sofern sie zu ökonomisch vertretbaren Kosten zu erlangen sind[3]. Angesichts des

---

1. M. Hupe 1995, S. 56.
2. W. Schmitt 1989, S. 153.

Umfangs des Währungsrisikos wird bei langfristigen Projekten, die nicht devisenwirksam sind und für die sich keine ausreichenden Sicherungsgeschäfte abschließen lassen, am Ende der Projektstaat oder Exportkreditversicherer gefordert sein.

Zinsänderungsrisiko

Zinsänderungsrisiken bestehen in Gestalt höherer Kapitalkosten infolge einer Steigerung des Zinsniveaus. Grundsätzlich ist dies bei variabel verzinslichem Fremdkapital sowie bei Festzinskrediten hinsichtlich des Zeitraumes nach der Zinsbindung der Fall, wodurch zukünftige Zinsbelastungen nicht genau kalkulierbar sind[1]. Ein Zinsanstieg erhöht die Projektausgaben und beeinträchtigt die Cashflow- und Tilgungsplanung. Allerdings ist auch Fremdkapital mit festen Zinsen nicht risikofrei: Je nach Entwicklung der Inflationsrate, verändert sich für das Projekt der Realzinssatz und damit die relative Lage gegenüber variabel finanzierten Konkurrenzunternehmen. Feste Zinsen finden sich daher auch vor allem im Bereich staatlich subventionierter Förderkredite.

Im Extremfall übersteigt der Schuldendienst infolge der Zinssteigerung den geplanten und realisierten Cashflow einer Periode. Die Kreditgeber müssten die Laufzeiten strecken, die Tilgung aussetzen oder zusätzliches Kapital zur Verfügung stellen[2].

Je kapitalintensiver ein Vorhaben ist, umso stärker macht sich das Zinsänderungsrisiko bemerkbar. Besonders deutlich wird das Zinsänderungsrisiko bei Vorhaben im Bereich Solarenergie, die derzeit nur deshalb darstellbar sind, weil der Staat bestimmte Erzeugerpreise garantiert, die deutlich über Strom-Marktpreisen liegen. Dennoch sind die Solarenergie-Vorhaben nur in einem vergleichbaren Rahmen belastbar, was wiederum umgekehrt bedeutet, dass die spezifischen Anlagenkosten deutlich höher sind als bei konventionellen Kraftwerken. Entsprechend stark ist die Reaktion auf Änderungen des Zinsniveaus.

Zur Vermeidung von Zinsänderungsrisiken kommen häufig Zinssicherungsgeschäfte in Form von Swaps, Caps oder anderen derivativen Finanzinstrumenten zum Einsatz. Bei einem Zinsswap vereinbart die Projektgesellschaft mit einem Transaktionspartner Zinszahlungen unterschiedlicher Zinsfixierung, die sich auf einen bestimmten Nominalwert

---

3. Dies mag in der Realität aber schwer zu erreichen sein, da die Hedging-Kosten c.p. mit der abzusichernden Laufzeit steigen werden und damit die Wirtschaftlichkeit des Projektes beeinträchtigen. Gerade Investitionen in Erneuerbare Energien-Projekte zeichnen sich durch zumeist lange Darlehensphasen aus, die erfahrungsgemäß mindestens sieben Jahre, aber auch bis zu 20 Jahre dauern können. In jedem Fall ist an dieser Stelle professioneller Rat erforderlich.
1. M. Schulte-Althoff 1992, S. 119.
2. A. Reuter; C. Wecker 1999, S. 74.

beziehen, untereinander auszutauschen. Das Projekt entrichtet dann periodisch, zu festen Roll-Overs, fixe Zinszahlungen und erhält im Gegenzug variable Zahlungen, so dass eine Absicherung gegen steigende Zinsen erfolgt. Mit einem Cap wird eine Zinsobergrenze definiert, so dass sich das Projekt zu bestimmten Terminen (Roll-Over) während eines vereinbarten Zeitraumes gegen ein ansteigendes Zinsniveau absichert.

Inflationsrisiko

Kostensteigerungen infolge einer Preisniveauerhöhung führen zum Inflationsrisiko. Somit werden die Komponenten des Cashflows durch Differenzen in dem Zahlungszeitpunkt, der Zahlungshöhe und der Art der Zahlung unterschiedlich beeinflusst. Beispielsweise sind Investitionszahlungen zu Zeiten fällig, in denen noch keine Erlöse entstehen. Infolgedessen stehen einer inflationären Steigerung der Investitionshöhe kurzfristig keine steigenden Einzahlungen gegenüber, was zu einer Erhöhung des Kapitalbedarfs führt. Inwiefern dieser durch die Fremdkapital- oder Eigenkapitalgeber zu tragen ist, muss verhandelt werden. Wenn der erhöhte Kapitalbedarf auch nur zum Teil durch Fremdkapital abgedeckt werden soll, dann erhöht sich der Zinsaufwand und dies kann u.U. einen Baustopp bis zur Beschaffung dieser zusätzlichen Mittel bedeuten. Ob allerdings die Preissteigerungen für die Investitionen in der Betriebsphase durch steigende Verkaufspreise kompensiert werden, ist unsicher[1].

Länderrisiken

Der Standort eines Projektes spielt bei der Risikobetrachtung einer Projektfinanzierung stets eine bedeutende Rolle, denn das Verhalten des Projektlandes bzw. seiner Organe kann einen nicht unerheblichen Einfluss auf das Projekt haben[2].

Unter Länderrisiken sollen politische und ökonomische Instabilitäten, hoheitliche Eingriffe in bestehende Eigentumsverhältnisse und wirtschaftliche Abläufe oder soziale Veränderungen verstanden werden, von denen eine direkte Relevanz auf das Projekt ausgeht[3]. Diese Risikoart lässt sich untergliedern in politische und wirtschaftliche Risiken.

Politische Risiken

Hierzu zählen politische und wirtschaftliche Instabilitäten oder Regierungswechsel, die zu einer Verschlechterung der allgemeinen Lage im Land führen und somit indirekt den

---

1. M. Hupe 1995, S. 55.
2. W. Schmitt 1989, S. 154.
3. Vgl. I. Stein: Investitionsrechnungsmethoden bei Auslandsdirektinvestitionen, in: Schoppe, S.G.: Kompendium der internationalen Betriebswirtschaftslehre, München, 1991, S. 531-599 hier 551 ff., zit. nach M. Hupe 1995, S. 57.

Fortgang des Projektes behindern. Aber auch direkt wirkende Maßnahmen sind denkbar, zu denen Verzögerungen bei Genehmigungsverfahren, Widerruf von Konzessionen, Gesetzesänderungen, Beschränkung des Kapitaltransfers, Streiks, Unruhen, Bürgerkrieg, Enteignung oder Verstaatlichung zählen[1]. Die Höhe des Risikos ist unter anderem abhängig vom Projektland, dem Investorland, der verwendeten Technologie und dem Investitionsvolumen[2]. Es sind keineswegs nur Fälle, die in politisch instabilen Staaten vorkommen, wie das obige Beispiel unter 3.2 zum Regulierungsumfeld zeigte.

Für internationale Projekte können Absicherungsmöglichkeiten bei den staatlichen Ausfuhrkreditversicherern bestehen. Hilfreich ist bei solchen Projekten auch die Einbindung des Projektstaates sowie ggf. der Institutionen der Weltbankgruppe oder anderen supranationalen Institutionen wie der EBRD. Gegen Enteignung und Verstaatlichung können zwischenstaatliche Investitionsschutzabkommen in Betracht kommen.

Wirtschaftliches Länderrisiko

Unter wirtschaftlichem Länderrisiko wird die Unfähigkeit oder Unwilligkeit eines Staates verstanden, seinen eigenen Kreditverpflichtungen nachzukommen oder Unternehmen seines Landes die Begleichung deren Verbindlichkeiten gegenüber Gläubigern aus anderen Staaten zu erlauben[3]. Mögliche Ursachen liegen in fehlenden Konvertierungsmöglichkeiten und zeitlich begrenzten oder dauerhaften Zahlungsverboten. Die Konvertierung der Währung des Projektlandes in eine andere Währung kann von staatlicher Seite teilweise oder vollständig trotz der Zahlungswilligkeit der Projektgesellschaft untersagt werden. Hierbei stellt ein Moratorium einen befristeten Aufschub aller Zahlungen dar. Bei Transferrisiken bleibt die Konvertierung prinzipiell möglich, aber sie wird verzögert oder ganz unterbrochen. Dieses Risiko wird - in bestimmten Grenzen - als beherrschbar eingestuft: Zunächst kann darauf verwiesen werden, dass das Projekt die Mittel für seinen Kapitaldienst selbst erwirtschaftet und der Projektstaat in der Regel Interesse am Projekt und seiner Durchführung hat. Naturgemäß muss diese Überlegung nicht greifen: Ist das Projekt in Betrieb, wächst die wirtschaftliche Versuchung, Zugriff auf die Projekterlöse zu nehmen. Es hat sich deshalb bei internationalen Projekten fest eingebürgert, dass die Projekterlöse, die außerhalb des Projektstaates (off-shore) anfallen, durch einen im Ausland belegenen Treuhänder eingezogen und an die Kapitalgeber verteilt werden.

---

1. W. Schmitt 1989, S. 156 f.
2. M. Hupe 1995, S. 57 f.
3. M. Hupe 1995, S. 58.

Vertragsrisiko

Dieses Risiko entsteht durch national unterschiedliche oder fehlende Rechtsnormen. Da Vereinheitlichungen bisher lediglich in wenigen Bereichen verwirklicht wurden, müssen sich die Vertragsparteien neben der Wahl eines Rechtssystems ebenfalls auf einen Gerichtsstand sowie auf die Möglichkeit der Durchsetzung von Rechtsfolgen einigen. Insbesondere die Frage, ob sich die Zusagen der jeweiligen Projektbeteiligten im Ernstfall durchsetzen lassen, nimmt hierbei eine wichtige Position ein[1].

Meist werden Schiedsverfahren vereinbart, da diese bei kleineren Streitigkeiten ein aufwendiges Gerichtsverfahren ersparen. In diesem Zusammenhang ist man auf den Goodwill aller Parteien zur Akzeptanz eines Schiedsspruches angewiesen. Allerdings gibt es inzwischen internationale Vereinbarungen, in denen sich die unterzeichnenden Länder verpflichten, die Schiedssprüche anzuerkennen [2].

3.3.3. Force Majeure-Risiko

Unter dem Force Majeure-Risiko versteht man das Risiko der "höheren Gewalt", dessen Eintritt außerhalb des Einflusses der Projektbeteiligten liegt. Dabei handelt es sich einerseits um Zufallsereignisse (z.B. Erdbeben, Sturm, Feuer und Überschwemmung) und andererseits um nicht zufallsbedingte Geschehnisse (z.B. Krieg, Generalstreik, Sabotage und Blockade, Enteignung)[3]. Dabei ist der Begriffsinhalt eines Force-Majeure-Risikos auch davon abhängig, ob das Sitzland des Projektes im Land eines der Projektbeteiligten ist: Sind lediglich private Projektbeteiligte eingebunden, werden politische Risiken und das Risiko der Enteignung häufig als Force-Majeure-Risiken angesehen. Im umgekehrten Fall würden diese Risiken nicht als Force-Majeure-Risiken angesehen.

Die Folge des Eintritts eines Force-Majeure-Risikos ist, dass der zur Leistung Verpflichtete für die Dauer der Force Majeure von seiner Verpflichtung befreit wird, es sei denn, seine Verpflichtung erstreckt sich gerade auch auf diesen Fall[4]. Die ansonsten bestehenden Sanktionsrechte sind ausgesetzt und nach einem gewissen Zeitablauf wird der

---

1. M. Hupe 1995, S. 56.A. Reuter; C. Wecker 1999, S. 81.
2. M. Hupe 1995, S. 57.
3. P.K. Nevitt; F.J. Fabozzi 2000, S. 24.
4. Force-Majeure-Risiken sollten jeweils spezifisch betrachtet werden: Ein Projektstaat, der z.B. für ein Kraftwerk Investitionsschutz zugesagt hat, kann sich sicherlich nicht auf Force Majeure wegen einer Änderung seiner nationalen Gesetze berufen. Ein Contractor, der explizit die fristgerechte Einholung der für ihn notwendigen Ausfuhrgenehmigungen zugesagt hat, kann sich nicht auf Exportkontrollen berufen. Vielmehr ist die Übernahme dieser Risiken jeweils vertraglich zu regeln. A. Reuter; C. Wecker 1999, S. 80.

Schuldner ohne Wegfall der Force Majeure von der entsprechenden Leistungspflicht ganz frei. Umgekehrt versuchen Kreditgeber die Rückzahlung ihrer Kredite auch im Falle eines Force-Majeure-Risikos sicherzustellen und beanspruchen entsprechende Garantien. Als Konsequenz aus dieser Interessenlage müssen die Projektbeteiligten sehr genau aushandeln, welche Risiken als Force-Majeure-Risiken gelten und welche Konsequenzen sich aus ihrem Eintritt ergeben[1].

Der Eintritt dieser Ereignisse kann eine Verzögerung der Fertigstellung, eine Betriebsunterbrechung oder sogar den Abbruch des Baues oder der Produktion bedeuten. Infolgedessen ist mit einer Kostenerhöhung und/ oder mit einer Einnahmenreduktion bzw. mit dem vollständigen Wegfall der Erlöse zu rechnen. Dies bewirkt Zahlungsverzögerungen oder im Fall des Abbruchs sogar eine Zahlungseinstellung auf die Projektverbindlichkeiten[2].

Tabelle 3.10. auf Seite 95 enthält eine Übersicht über die gängigsten Force Majeure-Ereignisse sowie Möglichkeiten der Bewertung und zeigt die Bedeutung einzelner Risiken für ein Projekt (hier: Solarkraftwerk) und Maßnahmen zur Minimierung. Hier wird deutlich, dass bei einigen Risiken höherer Gewalt durchaus ein Einfluss durch die Projektbeteiligten möglich ist. Dieser Erkenntnis wird mit dem neueren Verständnis von Force Majeure-Risiken Rechnung getragen, welches bei einzelnen vorherseh- und kontrollierbaren Gefahren den Einfluss der Projektbeteiligten deutlich unterstreicht[3].

---

1. P. Benoit 1996, S. 13 f. So mag es alles andere als klar sein, ob der Kriegsbeginn als Entlastung für eine Non-Performance herangezogen werden kann: Handelt es sich beispielsweise um einzelne Übergriffe, ohne dass Krieg besteht? Ist der Beginn des Krieges in einem Landesteil bereits ein Force-Majeure-Ereignis oder muss auch die Region des Projektes hierin verwickelt sein? Weitere Hinweise finden sich in P. K. Nevitt; F.J. Fabozzi 2000, S. 24.
2. M. Schulte-Althoff 1992, S. 121.
3. E.C. Buljevich, Y.S. Park 1999, S. 163.

Tabelle 3.10. : Umgang mit Force Majeure-Risiken

	Möglichkeiten der Bewertung	Bedeutung	Vermeidung
Arbeitskampf	politische Stabilität im Land	sehr gering (BRD)	nicht möglich
Diebstahl, Sabotage	Erfahrungswerte, Informationen der Versicherungen	hoch	Einzäunung, Wachdienst, Alarmanlage
Feuer (Aufdachanlagen)	Brennbarkeit des Gebäudes und der eingelagerten Stoffe	mittel	ausschließlich Lagerung von schlecht brennbaren Materialien
Feuer (Bodenanlagen)	Brennbarkeit des Bodenbewuchses	gering	Bodenbewuchs kurz halten
Krieg	politische Stabilität in Deutschland sehr hoch	extrem gering	nicht möglich
Sturm	Rückschau	abhängig von regionalen Gegebenheiten	nicht möglich
Terrorismus	Bewertung der allgemeinen Sicherheitslage	extrem gering	Einzäunung, Wachdienst, Alarmanlage
Überflutung	Rückschau	abhängig von den regionalen Gegebenheiten	Vermeidung gefährdeter Regionen

Neben der Variante, beeinflussbare Force Majeure-Risiken einzelnen Projektbeteiligten im Sinne des Risk Sharings zuzuweisen, liegt die gängigste Möglichkeit, die Auswirkungen solcher Force Majeure-Ereignisse zu minimieren, in dem Abschluss von Versicherungen. Die Bewertung der Notwendigkeit einzelner Versicherungen unter ökonomischen Gesichtspunkten muss im Einzelfall geklärt werden[1]. So ist beispielsweise eine Absicherung gegen Terrorismus aufgrund der sehr geringen Eintrittswahrscheinlichkeit in der Regel nicht notwendig, wohingegen bei Solarprojekten eine Absicherung gegen Moduldiebstahl unbedingt erforderlich ist. Als wohl wichtigste Versicherungen können die folgenden identifiziert werden:

- Betriebsunterbrechungsversicherung: sie leistet für den Fall, dass die Solaranlage vorübergehend nicht betrieben werden kann.
- Sachversicherung: deckt Schäden durch Diebstahl, Feuer, Wasser, etc. ab.
- Montage-Versicherung: ihr kommt eine entscheidende Bedeutung zu, da das Auftreten von Force Majeure-Ereignissen insbesondere in der Fertigstellungsphase eine große Gefahr darstellt, weil das Projekt in diesem Fall eventuell gar keinen Cashflow mehr generieren kann. Während der Bauphase kann auch eine Bauherren-Haftpflichtversiche-

---

1. W. Schmitt 1989, S. 160.

rung, welche für Schäden an Mensch und Sachen während der Bauphase aufkommt, empfehlenswert sein.

Als weitere Gruppe von Force Majeure-Risiken sind solche zu betrachten, die sich aufgrund von politischen und gesellschaftlichen Gegebenheiten und Entwicklungen in der Region der Projektansiedlung ergeben. Beispiele hierfür sind Proteste von Seiten der Politik gegen eine Zerstörung des Landschaftsbildes oder eine mangelnde Akzeptanz der Anlieger aufgrund von beispielsweise störenden Reflektionen der Sonne auf den Solarpaneelflächen. Die Prävention solcher Entwicklungen, die sich gegebenenfalls auch erst nach Fertigstellung ergeben können, ist damit zu beachten. Höpfner empfiehlt in diesem Zusammenhang eine frühzeitige Abstimmung der Projektbetreiber mit den betroffenen Gruppen und die schriftliche Fixierung[1] der getroffenen Vereinbarungen. Betroffene Gruppen können bei Solarprojekten insbesondere lokale Interessenvereinigungen, Anwohner, politische Organisationen und Umweltschutzverbände sein.

Generell ließen sich alle Force Majeure-Risiken direkt oder indirekt anderen Projektrisiken zuordnen, so insbesondere dem Länderrisiko, dem Fertigstellungsrisiko und dem Betriebsrisiko. Die Bildung einer gesonderten Risikogruppe ist jedoch aufgrund der Tatsache gerechtfertigt, dass der Eintritt dieser Ereignisse im Gegensatz zu den anderen Projektrisiken außerhalb der Verfügungsgewalt der Projektbeteiligten liegt[2].

Zusammenfassend lässt sich festhalten: Identifizierbare - projektendogene und projektexogene - Risiken werden grundsätzlich den Beteiligten zugeordnet, die auf diese Risiken selbst stark einwirken können. Risiken, die entweder nicht qualifiziert oder nicht quantifiziert werden, werden nach eher traditionellen Finanzierungsregeln den Eigen- und Fremdkapitalgebern zugeordnet. Wir werden eine Reihe von übergeordneten Sicherungskonzepten in den folgenden Abschnitten betrachten.

3.3.4. Zwischenergebnis: Zusammenfassung der Einzelrisiken

Im Anschluss an die Betrachtung der Einzelrisiken ergibt sich die Notwendigkeit, diese in ihrer Gesamtwirkung zu betrachten. Einzelne Risiken stehen häufig in Wechselwirkung zueinander, und können sich verstärken, aber auch schwächen.

---

1. K.-U. Höpfner 1995, S. 207.
2. W. Schmitt 1989, S. 160.

Eine Abschwächung ergibt sich etwa dann, wenn operative Kosten an die Entwicklung des Outputs geknüpft sind. Reduziert sich der Output bei einem Kraftwerk - etwa weil die Anlagentechnik nicht wie geplant funktioniert - so würden sich hier z.B. Gasbezugskosten ebenfalls reduzieren, so dass einem Marktrisiko eine gegenläufige Entlastung auf der Betriebsebene gegenübersteht. Umgekehrt führte etwa die Asienkrise neben dem Einbruch der wirtschaftlichen Aktivität in einer Reihe von asiatischen Volkswirtschaften auch zu einer Abwertung der Inlandswährung gegenüber dem US-Dollar. Für dort angesiedelte Projektfinanzierungen bedeutete dies zum einen, dass die Nachfrage nach den erzeugten Produkten oder Dienstleistungen einbrach und zum anderen, dass aufgrund des Kursverlustes der heimischen Währung gegenüber dem US-Dollar der Kapitaldienst für die Projektfinanzierungen, der ebenfalls in US-Dollar zu leisten war, eben nicht mehr bedient werden konnte.

Im Folgenden soll eine zusammenfassende Beurteilung der Eignung der Projektfinanzierung für Solaranlagen vorgenommen werden. Beginnend mit einer Bewertung der Risiken soll dazu wie folgt vorgegangen werden:

- Es soll in Tabelle 3.11. auf Seite 98 eine Simulation eines Worst-Case-Szenarios vorgenommen werden. Dabei wird ein Eintritt aller identifizierten Risiken angenommen. Die in der Arbeit identifizierten, bei den einzelnen Risiken einzusetzenden Instrumente zur Minimierung und Abwälzung finden Anwendung.
- Es wird bei allen Einflussfaktoren versucht, die Risikofolgen mit ausreichender Genauigkeit zu quantifizieren. Diese Quantifizierung erfolgt dabei in Form eines Abschlages auf die jährlichen Einspeiseerlöse[1], da so ein direkter Bezug zum DSCR hergestellt werden kann.
- Die quantifizierten Auswirkungen der eingetretenen Risiken werden aggregiert.

Das Ergebnis dieses Worst-Case-Szenarios ist ein Abschlag auf die Planeinnahmen, bei dem das zu finanzierende Objekt noch tragfähig sein muss, d.h. es darf über die gesamte Laufzeit kein DSCR < 1,0 auftreten. Ist diese Situation gegeben, kann die Solaranlage (unter Berücksichtigung des individuellen Risikoprofils) durch die Projektfinanzierung realisiert werden, da der (sehr unwahrscheinliche) Eintritt aller Risiken keine negativen Folgen für den Kapitaldienst hat.

---

1. Beispiel: ein Anstieg der operativen Kosten um 20% ist in seinen Auswirkungen einem Einnahmerückgang von 2% bis 3% gleichzusetzen.

Tabelle 3.11. : Zusammenfassung der Einzelrisiken im Worst-Case-Szenario

Risiko	Risikoinstrumente => Auswirkungen	Abschlag von Plan-Einnahmen
Leistungsverlust der PV-Module	Verwendung kristalliner Module Verwendung von Modulen namhafter Hersteller Hersteller gibt Performance-Garantie => Performance des Herstellers greift	Ertragseinbußen bis zur Garantieperformance 10% Abschlag (in den ersten 10 Jahren) 20% Abschlag (in den Jahren 11 bis 20)
Defekte Wechselrichter	Verwendung von Modulen namhafter Hersteller Garantie in Verbindung mit Vollwartungsvertrag Einsatz eines Fernwartungssystems => Garantie greift	Kosten des Austausches Ertragsausfall über SDR auffangen kein Abschlag
Defekt des Gestelles	Verwendung statischer Gestelle Beachtung der Konformität mit DIN 1055 bei Verwendung nachgeführter Gestelle Einholung von Lebensdauergutachten Hersteller gibt Garantien => Garantie greift	Reparaturen im Rahmen der Wartung kein Abschlag
Verzögerte Fertigstellung	Aufstellung eines soliden Zeitplanes fest terminierte Lieferverträge mit Modulherstellern Fertigstellungsgarantien (turn key) Strafzahlungen => Verzögerung über den 31.12. hinaus: Es gilt eine verringerte Einspeisevergütung	Ertrag sinkt um 5% bis 6% erhöhte Zinsbelastung dagegen stehen Einnahmen durch Strafzahlungen 5% Abschlag (sofern Eintritt wahrscheinlich)
Kostenüber- schreitung bei Fertigstellung	verbindliche Preisabsprachen Nachschusspflicht der Sponsoren => Nachschussverpflichtungen greifen	Risiko aufgefangen kein Abschlag
Mangelhafte Betriebsführung	Betriebsführung durch erfahrene Sponsoren Betriebsführung durch Managementgesellschaft: Anreizsysteme Vereinbarung von Verfügbarkeitsgarantien Einbindung in eines Controllingsystems angemessene Kündigungsklauseln	Nicht pauschal quantifizierbar, daher Sicherheitsabschlag 1% Abschlag
Steigerung der operativen Kosten	Vereinbarung langfristiger Wartungsverträge (Laufzeit von 10 Jahren) => Nach Auslaufen der Wartungsverträge Steigerung in Inflationshöhe: $1,02_{10}-1=22\%$	Gemäß Verhältnis der Betriebskosten zu den Einnahmen 2% bis 3% Abschlag (in den Jahren 11 bis 20)
Ertragsgutachten	Gutachten erfüllen die in der Arbeit dargestellten Anforderungen	Nicht pauschal quantifizierbar, daher Sicherheitsabschlag 5% Abschlag
Preis-/Absatzrisiko bei Änderung des EEG	=> Wegfall des EEG Wegfall der Geschäftsgrundlage	Szenario wird als unwahrscheinlich erachtet, daher: kein Abschlag
Zinsänderung nach der Festschreibung	Abschluss eines Zinssicherungsinstrumentes => wenn kein Zinssicherungsinstrument: Steigerung in Anlehnung an Forward-Rate-Kurve	Sehr geringe Auswirkungen: kein Abschlag
Inflationsrisiko	siehe: Steigerung der operativen Kosten	
Einwerbung des EK	Finanzierung von renditestarken Projekten Platzierungsgarantien => Projekt als Renditeobjekt nicht attraktiv genug, Einwerbung von EK schlägt fehl Platzierungsgarantie greift	Risiko aufgefangen: kein Abschlag
Force Majeure	Abschluss gängiger Versicherungen Einbindung interessierter Interessensgruppen => Eintritt eines Force Majeure-Ereignisses, welches nicht versichert war	Relevante Risiken sind zu versichern, Szenario wird daher als wahrscheinlich erachtet: kein Abschlag

Werden alle Abschläge addiert, ergibt sich ein Wert in Höhe von 16% in den ersten zehn Betriebsjahren und eine Summe von 28% für die Jahre 11 bis 20[1].

Bezieht man die oben aufgeführten Instrumente mit ein und geht von einer möglichen Verlängerung der Darlehenslaufzeit bis zu 20 Jahre aus, erscheint ein für das Worst-Case-Szenario angemessener Gesamtabschlag auf die Plandaten, bei dem das Projekt noch tragfähig sein muss, in Höhe von 15% bis 20% realistisch.

Es lässt sich zusammenfassend feststellen, dass die Projektfinanzierung unter Berücksichtigung angemessener Sicherheitsabschläge und der Anwendung eines umfassenden Risikomanagements ein geeignetes Mittel zur Finanzierung von Solaranlagen darstellt.

3.4. Übergeordnete Risikoinstrumente

3.4.1. Grundsätzliche Überlegungen

Über die in den vorherigen Abschnitten beschriebenen Risikoinstrumente können verschiedene Einzelrisiken adressiert und durch Einbindung der verschiedenen Projektbeteiligten in ihren Auswirkungen auf das Projekt zumindest gemildert werden. Gleichwohl verbleiben Restrisiken, die über übergeordnete Sicherungssysteme aufgefangen werden müssen. Zu diesen Systemen zählen der Aufbau einer effizienten Informationsstruktur, die Entwicklung einer stabilen Projekt- und Finanzierungsstruktur sowie der Einsatz von klassischen Kreditsicherheiten. Folgendes Schaubild soll die Zusammenhänge verdeutlichen:

---

1. Es wird davon ausgegangen, dass der Abschlag aufgrund einer über einen Jahreswechsel dauernden Verzögerung nicht notwendig ist.

Abbildung 3.7.: Grundsätze eines auf eine Projektfinanzierung zugeschnittenem Risikokonzeptes

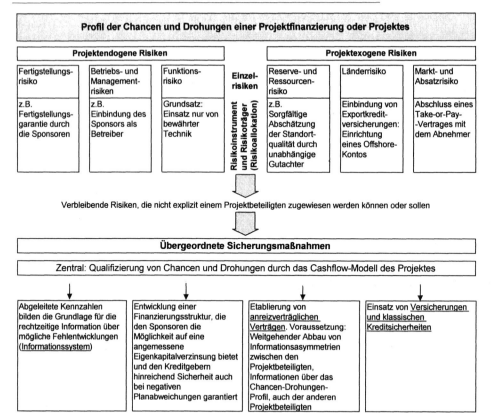

Für ein erfolgreiches Risikomanagement ist es wichtig, ausgehend von den identifizierten Risiken eines Projektes deren Auswirkung auf die ökonomische Leistungsfähigkeit und Belastungsfähigkeit zu erfassen. Dadurch lassen sich Erkenntnisse für die Auswahl der risikopolitischen Maßnahmen und die erfolgreiche Bewältigung von Krisensituationen gewinnen. Hierzu bedarf es einer Risikoquantifizierung, die den Einfluss der einzelnen Projektrisiken auf den Cashflow berücksichtigt.

Beispielhaft stellen sich die verschiedenen Risikokategorien im Zeitablauf bei einem Solarkraftwerk wie folgt dar:

Abbildung 3.8.: Risikoeinflüsse auf ein Solarkraftwerk

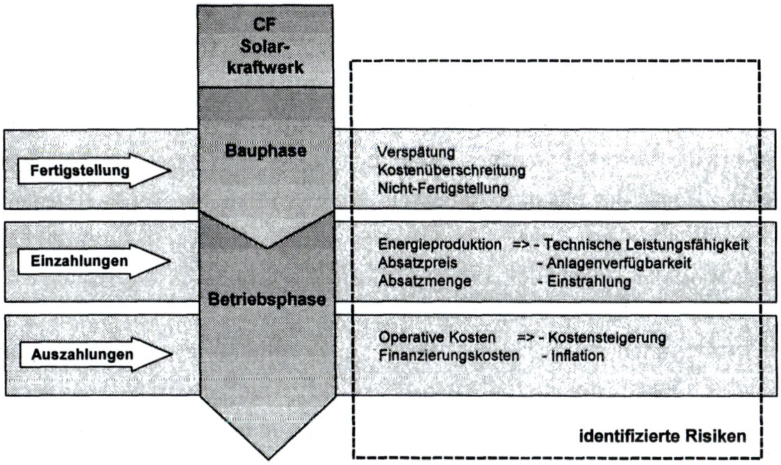

Fertigstellung → Bauphase	Verspätung, Kostenüberschreitung, Nicht-Fertigstellung	
Einzahlungen → Betriebsphase	Energieproduktion => - Technische Leistungsfähigkeit Absatzpreis - Anlagenverfügbarkeit Absatzmenge - Einstrahlung	
Auszahlungen →	Operative Kosten => - Kostensteigerung Finanzierungskosten - Inflation	

identifizierte Risiken

Erkennbar ist, dass die Risiken quantifizierbare Auswirkungen haben und in ihrer Gesamtheit betrachtet und bewertet werden müssen. Die Quantifizierung der Chancen und Risiken eines Projektes erweist sich als der Dreh- und Angelpunkt eines übergeordneten Sicherungssystems. Die Quantifizierung ermöglicht dabei, aus Investorensicht die Wirtschaftlichkeit, aus Sicht der weiteren Projektbeteiligten die Angemessenheit der Anreiz-Beitragsstruktur und aus Kapitalgebersicht die Robustheit des Projektes zu beurteilen.

Die Investoren beurteilen - wie oben skizziert - das Projekt aus einer Base-Case-Betrachtung, wobei sie in ihr Kalkül bessere und schlechtere Projektentwicklungen einbeziehen werden. Die anderen Projektbeteiligten beurteilen das Vorhaben danach, welche Beiträge sie zu leisten haben und ob die Gegenleistung dazu in einem angemessenen Verhältnis steht. Die Kreditgeber beurteilen das Projekt danach, ob bei einer Worst-Case-Betrachtung die Bedienung des Kapitaldienstes gesichert erscheint. Hierzu überprüfen sie zum einen die Reagibilität des Projektes gegenüber möglichen adversen Projektänderungen - z.B. verspätete Fertigstellung, Minder-Performance der Anlagen oder Preisverfall auf der Marktseite - und bewerten zum anderen die Möglichkeiten und Verpflichtungen des Projektes und der Projektbeteiligten, bei negativen Planabweichungen unterstützend einzuspringen. Eine Möglichkeit, von Seiten des Projektes gegenzusteuern, kann dabei z.B. die Verpflichtung sein, bei Unterschreitung bestimmter *Trigger Events* - typischerweise Unterschreiten eines bestimmten Schuldendienstdeckungsgrades - eine beschleunigte Tilgung der Darlehen vorzunehmen (*Cash Sweep*).

Die verschiedenen Verpflichtungen der Projektbeteiligten gegenüber dem Projekt haben wir im Zusammenhang mit der Diskussion der Einzelrisiken diskutiert. Im Zusammenhang mit der Risikoquantifizierung geht es nunmehr darum, die vertraglichen Verpflichtungen der Projektbeteiligten zu bewerten, was neben dem Umfang der möglichen Verpflichtungen auch eine Bonitätsbeurteilung der Verpflichteten erfordert. Darüber hinaus signalisiert die Verpflichtung der Projektbeteiligten ein Interesse am Projekterfolg, was über die Ebene der Quantifizierbarkeit hinaus von qualitativer Bedeutung ist. Damit wird ersichtlich, dass Risiko-Quantifizierung und Risikoallokation in einem engen Wechselverhältnis zueinander stehen. Eine Risikoquantifizierung ist erst dann vollständig, wenn neben der isolierten Projektbetrachtung auch die verschiedenen Beiträge der Projektbeteiligten mit betrachtet werden, die bestimmte Projekt-Risiken übernehmen und das Projekt insoweit freihalten. Nach der Anreiz-Beitrags-Theorie nach BARNARD und MARCH können die individuellen Vor- und Nachteile der Beteiligten als positive und negative Anreize definiert werden, die die Projektbeteiligten durch ihre eingebrachten Beiträge erhalten[1]. Andererseits erfordert eine Risikoallokation die Quantifizierung der Chancen und Risiken sowohl auf Ebene der einzelnen Projektbeteiligten als auch auf Ebene des Gesamtprojektes. Der einzelne Projektbeteiligte kann erst dann seine Chance-Risiko-Position beurteilen, wenn er die vollständige Risikoquantifizierung des Cashflow-Modells mit den oben beschriebenen Beiträgen der einzelnen Projektbeteiligten kennt.

An dieser Stelle wird deutlich, dass die Ermittlung einer geeigneten Finanzierungsstruktur mit der Ausgestaltung der Projektstruktur auf das engste zusammenhängt: Einerseits bestimmt die Ausgestaltung der Finanzierungsstruktur darüber, welche Beiträge insbesondere die Sponsoren und die Kreditgeber zu leisten haben, andererseits lässt sich eine Finanzierungsstruktur nur vor dem Hintergrund der vertraglichen Verpflichtungen der verschiedenen Beteiligten beurteilen. Aus diesem Grund ist die von Seiten der Sponsoren gestellte Frage nach der notwendigen Höhe der Eigenmitteleinbringung auch erst dann abschließend zu beantworten, wenn neben dem Risikoprofil des Projektes auch die vertraglichen Verpflichtungen der einzelnen Projektbeteiligten bekannt sind.

Weiter ermöglicht erst die Risikoquantifizierung die Information über die Performance des Projektes und ist damit Anknüpfungspunkt für Steuerungsmaßnahmen der Projektgesellschaft bzw. für das Auslösen von Verpflichtungen der Projektbeteiligten. Weichen Kennzahlen von Planwerten ab, werden - je nach vertraglicher Ausgestaltung - die Pro-

---

1. Die Stabilität einer Projektfinanzierung erfordert, dass alle Beteiligten einen positiven Anreiz-Beitrags-Saldo realisieren. Umgekehrt bedeuten unzureichende Anreize entweder den Zerfall oder die Veränderung der Organisationsziele. C. Barnard 1970, J.G. March 1958.

jektbeteiligten verpflichtet, bestimmte Beiträge zu leisten oder bestimmte Kreditsicherheiten greifen. Damit ermöglicht die Risikoquantifizierung eine dauerhafte Begleitung des Projektes im Zeitablauf und erfüllt die Funktion eines Steuerungsmechanismus. Die folgende Grafik soll dies abschließend verdeutlichen:

Abbildung 3.9. : Funktionen einer Risikoidentifizierung

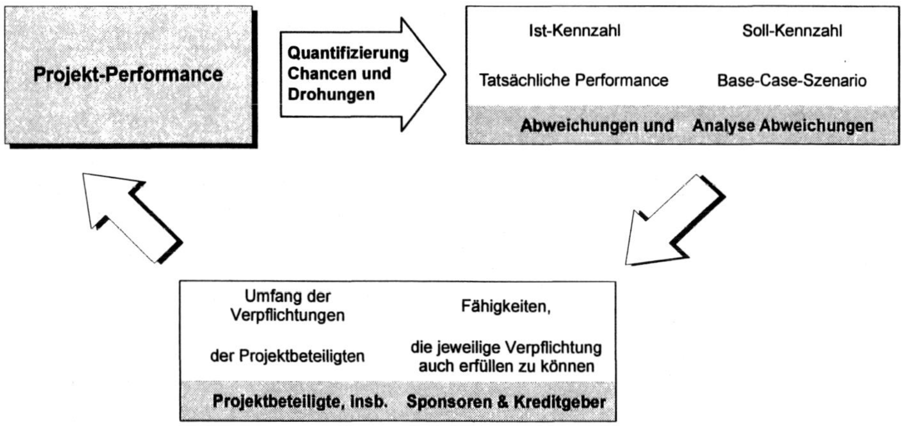

```
┌─────────────────┐   Quantifizierung   ┌──────────────────────────────────────────┐
│                 │   Chancen und       │  Ist-Kennzahl          Soll-Kennzahl     │
│ Projekt-        │   Drohungen    ═══▶ │                                          │
│ Performance     │                     │  Tatsächliche Performance  Base-Case-Szenario │
│                 │                     │  Abweichungen und   Analyse Abweichungen │
└─────────────────┘                     └──────────────────────────────────────────┘
          ▲                                              │
          │                                              ▼
        ┌──────────────────────────────────────────────────┐
        │       Umfang der              Fähigkeiten,       │
        │       Verpflichtungen                            │
        │                          die jeweilige Verpflichtung │
        │       der Projektbeteiligten  auch erfüllen zu können │
        │   Projektbeteiligte, insb.  Sponsoren & Kreditgeber │
        └──────────────────────────────────────────────────┘
```

Zusammenfassend erfüllt die Risikoquantifizierung folgende Funktionen:

1. Quantifizierung der Wirtschaftlichkeit und der Belastbarkeit des Projektes,
2. Erarbeitung einer Projektstruktur, die die einzelnen Chancen und Risiken sachgerecht zuweist und damit einen nachhaltigen Projekterfolg unterstützt,
3. Festlegung eines Frühwarnsystems, das Plan-Abweichungen erkennt und damit die Handhabe liefert, um frühzeitig Gegenmaßnahmen durch einzelne Projektbeteiligte oder den Einsatz von Kreditsicherheiten einzuleiten.

Wir werden im folgenden Abschnitt zunächst skizzieren, wie eine Risikoquantifizierung erfolgen kann, bevor wir auf die anderen übergeordneten Sicherungsmechanismen eingehen.

> Was ihr nicht rechnet, glaubt ihr sei nicht wahr,
> Was ihr nicht wägt hat für euch kein Gewicht,
> Was ihr nicht münzt das meint ihr gelte nicht.
> (GOETHE, FAUST II, KAISERLICHE PFALZ, ZF. 4920-4923)

3.4.2. Projektbewertung und Risikoquantifizierung

Ziel einer Risikoquantifizierung ist, Wahrscheinlichkeit und den quantitativen Umfang möglicher negativer Abweichungen des Projektes im zeitlichen Ablauf zu ermitteln. Die hierzu in der Praxis entwickelten Methoden vollzogen dabei die betriebswirtschaftlichen Tendenzen nach und entwickelten sich von den statischen Methoden zu dynamischen Verfahren, die nunmehr die einzelnen Risiken im zeitlichen Ablauf berücksichtigen.

Abbildung 3.10.: Interner Zinsfuß/Debt Service Cover Ratio

	Sichtweise der Sponsoren	Sichtweise der Bank
	interner Zins (IRR) oder Kapitalwert	Debt Service Cover Ratio
Definition	Zinssatz, bei dem der Kapitalwert Null wird	Cashflow vor dem Schuldendienst im Verhältnis zum Schuldendienst
Anforderungen	Spanne zwischen 7% und 15%	Üblicherweise > 1,3

Hauptproblem der im Folgenden darzustellenden Verfahren ist die Prognose der zukünftigen Periodenerfolge, die sich - in den Planungen der Projektbeteiligten - häufig als eine einmalige Analyse der möglichen Entwicklung des Projektes darstellt. Dabei weisen diese Verfahren zwei Mängel auf: Zum einen wird die Wechselwirkung des Projekterfolgs mit den Interessen der verschiedenen Projektbeteiligten meist nicht thematisiert. Wir werden diesen Aspekt im Rahmen des Kapitels Risikoallokation näher betrachten. Außerdem werden Handlungsmöglichkeiten der Projektbeteiligten - v.a. der Projektgesellschaft - auf Veränderungen der Umwelt, die auf das Projekt einwirken, nicht abgebildet, so dass die eher statische und gerichtete Sicht der traditionellen Bewertungsverfahren ergänzt werden muss. Gleichwohl sind die Kennzahlenermittlung und die Projektsteuerung mittels der Kennzahlen die zentralen Elemente jeder Risikoquantifizierung.

Der primäre Finanzierungsgedanke einer Projektfinanzierung beinhaltet, dass der generierte Cashflow ausreichen soll, um einerseits den Schuldendienst zu decken und andererseits eine angemessene Absicherung gegen den Eintritt möglicher Risiken zu bieten[1]. Zur Umsetzung dieser Zielvorgabe werden die erwarteten Projekterlöse ermittelt und anschließend in Bezug zum ausstehenden Schuldendienst oder Kreditbetrag gesetzt[2].

Bei diesem Modell werden die Cashflows des Projekts unter Annahme der Plandaten periodenweise simuliert und es wird dann geprüft, inwiefern das Projekt in der Lage ist, seinen Verpflichtungen nachzukommen. Die ermittelte Über- oder Unterdeckung kann mit Hilfe des DSCR aggregiert dargestellt werden. Der Debt Service Cover Ratio (Schuldendienstdeckungsgrad) beschreibt dabei, inwieweit der Cashflow zur Deckung des Schuldendienstes ausreicht[3][4]. Da es üblich ist, während des laufenden Betriebes zur Erhöhung der Belastbarkeit des Projekts eine Schuldendienstreserve (SDR) aufzubauen, wird der DSCR im weiteren Verlauf der Arbeit wie folgt definiert:

$$DSCR = \frac{\text{Cashflow der Periode} + \text{Schuldendienstreserve}}{\text{Schuldendienst der Periode}} \qquad (3.1.)$$

Die so für die einzelnen Perioden ermittelten DSCR können in einem Graphen, der die gesamte Kreditlaufzeit abbildet, dargestellt werden, wodurch die für das Projekt kritischen Phasen leicht zu identifizieren sind.

Bei einem DSCR = 1,0 ist der Schuldendienst der Periode dementsprechend durch die Cashflows gedeckt. Um eine Absicherung gegen Schwankungen des Cashflows vorzunehmen, besteht von Seiten des finanzierenden Kreditinstituts im Allgemeinen der Anspruch, dass das Projekt in der Lage sein muss, auch im Worst-Case-Fall einen DSCR = 1,0 zu generieren. Die Anforderung an die als notwendig angesehene Überdeckung hängen von dem Umfang der Risikoüberwälzung ab, so dass eine bankseitige Forderung nach einem Mindestdeckungsverhältnis durch die projektspezifische Risikostruktur mit

---

1. W. Schmitt 1989, S. 161.
2. D. Tytko 1999, S. 155.
3. P.V. Nevitt, F.J. Fabozzi (2000), S. 53.
4. Die bei P.V. Nevitt und F.J. Fabozzi dargestellte Berücksichtigung steuerlicher Aspekte wurde aufgrund der hohen Abschreibungen, die die Projekte zu verzeichnen haben, und den daraus resultierenden steuerlichen Verlusten ausgeblendet.

beeinflusst wird. Je ausgeprägter die Risikoübernahme unter Berücksichtigung der Risikotragfähigkeit des betreffenden Risikoträgers ist, um so geringer kann die Überdeckung ausfallen.

Der Schuldendienstdeckungsgrad fordert lediglich eine pauschale Überdeckung für den Risikofall. Demnach gibt der DSCR noch keine Auskunft über die Entwicklung des Cashflows unter Risikoeinfluss. Inwieweit eine im DSCR enthaltene Sicherheitsmarge im Falle einer Risikorealisation ausreichend bemessen ist, wird zunächst noch nicht ersichtlich. Erst unter Anwendung von dynamischen Analysemethoden wird der DSCR zu einer Bewertungs- und Steuerungsgröße.

Der Einsatz des Cashflow-Modells und die Betrachtung des DSCR als zentrale Kenngröße unterstützt auch die in dieser Arbeit eingenommene Sichtweise, dass die aus Sicht der Kredit gebenden Bank elementare Fähigkeit des Projektes zur Leistung von Zins und Tilgung abgebildet wird.

Abbildung 3.11. : Grundlegendes Cashflow-Modell mit Base- und Worst-Case

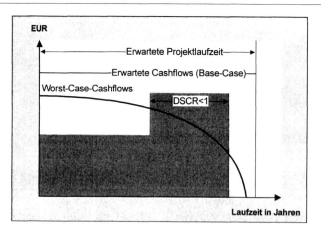

Neben der Bewertung der Ausgangssituation mit Plandaten kann mit dem Cashflow-Modell auch der Einfluss einzelner Risiken auf das Projekt bewertet werden. Mit Hilfe der Sensitivitätsanalyse wird dabei durch eine Variation der verschiedenen Input-Daten geprüft, inwiefern entstehende Veränderungen im Cashflow die Tragfähigkeit des Projektes beeinflussen. Ziel ist es, die Reaktionsempfindlichkeit des Projektes auf veränderte Umweltbedingungen aufzuzeigen. Auf diese Weise wird ersichtlich, welche Bedeutung jeweils der Absicherung eines Risikos zukommt.

Die Szenariotechnik zeigt auf Basis verschiedener als realistisch angenommener Datenkonstellationen - so genannten Szenarien - die Auswirkungen auf den Projekt-Cashflow auf, gemessen über den DSCR. Dadurch wird ersichtlich, wie sich die Wirtschaftlichkeit des zu untersuchenden Projektfinanzierungsvorhabens in Abhängigkeit hypothetisch unterstellter Entwicklungen wichtiger Einflussparameter verändert[1].

Als Vergleichsgröße dient das Base-Case-Szenario, das die verschiedenen Projektparameter mit ihrem wahrscheinlichsten Wert berücksichtigt. Ausgehend von dem Base-Case-Szenario lässt sich durch pessimistische Schätzungen ein Worst-Case-Szenario aufstellen. In diesem Szenario wird eine Projektsituation antizipiert, die bei einer ungünstigen Entwicklung der Cashflow-Determinanten eintritt und deshalb für die Fremdkapitalgeber von besonderer Bedeutung ist[2]. Denn anhand einer Worst-Case-Betrachtung kann festgestellt werden, ob auch bei stark negativen Entwicklungen das Projekt in der Lage ist, den Schuldendienst zu erbringen. Aus Sicht der fremd finanzierenden Bank ist ein besserer Verlauf als der Base Case nicht entscheidungsrelevant, da ihr Risikobegriff als negative Zielabweichung definiert ist und der Schuldendienst unabhängig davon erbracht werden muss, welches Ergebnis das Projekt generiert.

Darüber hinaus werden folgende Kennzahlen eingesetzt:

$$\text{Loan Life Cover Ratio} = \frac{\text{Barwert der zukünftigen Cashflows}}{\text{Ausstehende Kreditbeträge}} \quad (3.2.)$$

$$\text{Project Life Cover Ratio} = \frac{\text{Barwert der zukünftigen Cashflows der Projektlaufzeit}}{\text{Kreditstand}} \quad (3.3.)$$

Ziel der Berechnung dieser Kennzahlen ist es zu überprüfen, inwiefern das Projekt in der Lage ist, den Schuldendienst aus dem erwarteten Cashflow zu erbringen. Dabei werden bei den drei Überdeckungsrelationen unterschiedliche Zeiträume zur Betrachtung herangezogen. Während beim DSCR die Periode der Leistungserbringung und bei der *loan life*

---

1. K.-U. Höpfner 1995, S. 184 ff.
2. Die Ermittlung des Annahmensets für ein Worst-Case-Szenario sollte dabei real mögliche Entwicklungen abbilden, die aber immer noch den Sponsoren zu vermitteln sind. Alle denkbaren Risiken, die auf ein Vorhaben einwirken könnten, können auch in einem Worst-Case-Szenario nicht abgebildet werden, da ansonsten Sponsoren und Banken sich nicht auf eine gemeinsame Finanzierungsstruktur einigen würden: Im Rahmen der Asienkrise 1997 gab es eine Reihe von Telekom-Projektfinanzierungen, die Inlandswährungen generierten, allerdings den Kapitaldienst in USD leisten mussten. Würde man die damalige Erfahrung, dass der Kurs der Inlandswährung bis zu 80% gegenüber dem USD verlieren kann, auf zukünftige Projekte übertragen, würde dies in so hohen Eigenmittel-Anforderungen münden, dass ein neues Vorhaben für die Sponsoren gänzlich unattraktiv wäre.

cover ratio die Kreditlaufzeit entscheidend sind, wird bei der *project life cover ratio* die Projektlaufzeit als Beurteilungszeitraum zugrunde gelegt[1].

Die zentrale Kennzahl für die Kapitaldienstfähigkeit eines Projektes ist der Schuldendienstdeckungsgrad (Debt Service Cover Ratio), der das Verhältnis zwischen dem Cashflow und dem Kapitaldienst einer Periode darstellt. Der DSCR gibt an, um welchen Faktor der erwartete Cashflow den Kapitaldienst in jedem Jahr über- oder unterdeckt. Banken sind aufgrund ihrer Risikopräferenzen nur bereit, Projektkredite bei Überschreitung bestimmter Überdeckungsverhältnisse zur Verfügung zu stellen.

Je nach Risikoeinschätzung kann der festgesetzte Mindestdeckungsgrad stark variieren, wobei er umso höher sein wird, je größer die Risikoübernahme der Projektbanken ist[2]. Entsprechend schwanken die Überdeckungsverhältnisse in Abhängigkeit von den Erfahrungen der Branche und dem jeweiligen Risikoprofil eines Projektes. Wichtig ist die Frage, wie robust das Projekt gegenüber negativen Planabweichungen reagiert, welche Sicherungsmechanismen greifen, um daraus eine Mindestdeckungsrelation für die Vergabe von Projektkrediten zu ermitteln.

Die Bedeutung der Risikoabsicherung nach dem Kriterium des Schuldendienstdeckungsgrades zeigt auch eine Schwäche dieses Verfahrens: Sein Ausgangspunkt sind nicht die Risiken als solche und ihre Bemessung, sondern die Bemessung eines Risikopolsters, mit dem die verbleibenden Risiken pauschal abgesichert werden sollen. Solange das pauschal bestimmte Sicherheitspolster eine ausreichende Abfederung verschafft, mag dies genügen. Je dünner allerdings die Polster werden, umso stärker rücken wiederum die Einzelrisiken und die spezifischen Risikoinstrumente in den Vordergrund. Da sich diese, wie erwähnt, im zeitlichen Ablauf des Projektes wandeln, treten damit den zeitlichen Ablauf stärker betonende dynamische Methoden neben die eher statische Betrachtung des Schuldendienstdeckungsgrades in den Vordergrund, nämlich die Sensitivitätsanalyse, die Szenariotechnik, die simulative Risikoanalyse und neuerdings die Methode der Real- oder Handlungsoptionen.

Ziel der Sensitivitätsanalyse ist die Darstellung der Auswirkungen von Variationen des Wertes einzelner oder mehrerer Parameter auf das Entscheidungskriterium (z.B. Cashflow oder DSCR), um so zusätzliche Informationen über den Risikogehalt des Projektes zu gewinnen. Die Sensitivitätsanalyse kann dabei grundsätzlich in zweierlei Weise vor-

---

1. Ausführlicher D. Tytko 1999, S. 155 ff.
2. Vgl. H.-G. Belka: Die Projektfinanzierung als Finanzierungstechnik zur Realisation neuer Bergbauprojekte, Berlin, 1983, S. 104 f., zit. nach W. Schmitt (1989), S. 164 f.

genommen werden: Zum einen vom gewählten Beurteilungskriterium zum variablen Risikoparameter (Fragestellung: um wie viel darf der Risikoparameter schwanken, ohne den Zielwert beim gewählten Kriterium zu beinträchtigen? - Methode der kritischen Werte), zum anderen vom Risikoparameter zum Beurteilungskriterium (Fragestellung: Wie schwankt die Messzahl des Beurteilungskriteriums, wenn der Risikoparameter verändert wird? - Alternativenrechnung). Vorteilhaft ist dabei die Ermittlung, welche Änderungen des Datenkranzes sich besonders sensibel auf den Cashflow auswirken.

Nachteilig bei der Sensitivitätsanalyse ist der Umstand, dass sich in der Realität nur selten einzelne Parameter c.p. verändern, sondern Interdependenzen zwischen den Cashflow-Determinanten eher die Regel sind[1]. Weiter ist mit der Sensitivitätsanalyse noch nichts für die Frage der Eintrittswahrscheinlichkeit der verschiedenen Parametereinsätze gewonnen. Das Verfahren macht jedoch deutlich, auf welche Änderungen das Projekt - gemessen am Beurteilungskriterium - am sensibelsten reagiert und weist so darauf hin, welchen Risiken besonderes Augenmerk geschenkt werden muss.

Einen Schritt weiter geht die Szenariotechnik. Die Szenariotechnik stellt eine besondere Form der Sensitivitätsanalyse dar, bei der auf Basis verschiedener als realistisch angenommener Datenkonstellationen (Szenarien) die Auswirkungen auf den Cashflow aufgezeigt werden. Dadurch wird abgebildet, wie sich die Wirtschaftlichkeit des Vorhabens in Abhängigkeit der für die wichtigsten Einflussparameter hypothetisch unterstellten Entwicklungen verändern kann[2]. Die Untersuchung wird häufig auf drei Szenarien eingegrenzt[3]:

- Base Case (Unterstellung der wahrscheinlichsten Parameterwerte),
- Best Case (Unterstellung günstigster Parameterwerte) und
- Worst Case (Unterstellung ungünstigster Parameterwerte).

Anhand des Worst Case-Szenarios kann untersucht werden, ob die Projektgesellschaft bei extrem ungünstigen Projektentwicklungen in der Lage ist, die Schuldendienstleistungen aus ihrem Cashflow zu erbringen[4]. Ergeben die Auswertungen dieses Szenarios,

---

1. Vgl. H. Frank.: Project Financing - Ein Verfahren zur finanziellen Absicherung des Unternehmenswachstums, Wien, 1986, S. 158, zit. nach W. Schmitt (1989), S. 169.
2. D. Tytko 1999, S. 160.
3. A. Reuter; C. Wecker 1999, S. 57; W. Schmitt 1989, S. 171.
4. D. Tytko 1999, S. 160.

dass eine Unterdeckung des Schuldendienstes vorliegt, müssen die Banken über mögliche Modifikationen am entworfenen Finanzierungsplan nachdenken[1].

Allerdings sind die Fremdkapitalgeber in diesem Zusammenhang natürlich daran interessiert, die Eintrittswahrscheinlichkeit des worst case-Falls zu ermitteln.

Die Tatsache, dass auf der Grundlage der Sensitivitätsrechnung bzw. Szenariotechnik keine Aussage über die Eintrittswahrscheinlichkeit der unterstellten Cashflow-Konstellationen möglich ist, wird als gravierendstes Defizit dieser Untersuchungsmethode angesehen. Um dies zu kompensieren, können aufgrund vorhandenen Fachwissens subjektive Eintrittswahrscheinlichkeiten unterstellt werden[2].

Bei den vorherigen Methoden wurde von der Annahme ausgegangen, dass die Auswirkungen identifizierter Projektrisiken quantifizierbar sind. Diese Bedingung trifft aber bei einigen Risikofaktoren, die den Projekterfolg beeinflussen und daher in die Risikobetrachtung mit einzubeziehen sind, nicht zu. Dazu zählen beispielsweise die Beurteilung der Verfahrenstechnik sowie die Qualifikation des Projektmanagements. Hierbei handelt es sich um nicht quantifizierbare Risiken, die dadurch charakterisiert sind, dass ihre Auswirkungen auf den Projekterfolg nicht numerisch erfassbar sind[3]. Um diese Risiken bei der Projektbeurteilung zu berücksichtigen, wird die Methode der Risikoklassifikation genutzt[4]. Bei dieser Bewertungsmethode wird die Intensität der Ausprägung der einzelnen Risikofaktoren beschrieben, woraus sich beispielsweise ein Klassifikationsmuster[5], wie im Folgenden dargestellt, ergeben kann.

---

1. M. Schulte-Althoff 1992, S. 34.
2. D. Tytko 1999, S. 160 f.
3. D. Tytko 1999, S. 163 f.M. Gröhl 1990, S. 92 ff.
4. M. Gröhl 1990, S. 92 ff.
5. A. Reuter; C. Wecker 1999, S. 59.

Tabelle 3.12.: Klassifikationsmuster für Risikofaktoren

Intensitätsstufen Risikofaktoren	++	+	-	--
Qualität der Verfahrenstechnik				
Qualifikation des Managements				
Einschätzung der Contractors				
Qualifikation des Ingenieurs				

Die systematische Einbeziehung aller nicht quantifizierbaren Risiken erfordert das Zugrundelegen eines Vergleichsmaßstabes, der als Richtlinie für alle Projekte gilt. Der Wert eines solchen Beurteilungsrasters liegt im Zwang für den Urteilenden, schärfer zu analysieren und sein Urteil anderen verständlich zu machen. Auch lassen sich die Grenzen zwischen quantifizierbaren und nicht quantifizierbaren Risiken nicht trennscharf bestimmen.

3.4.3. Zusammenfassende Bewertung der Einzelrisiken und der Ausgestaltung der Risikoallokation

Die bisherige Darstellung hat deutlich gemacht, dass die Wirtschaftlichkeit eines Projektes zentral von der Cashflow-Stabilität bei Planabweichungen sowie der glaubwürdigen Einbindung der Projektbeteiligten abhängt. Diese Einflussgrößen müssen - soweit dies möglich ist - quantifiziert werden, um in einem nächsten Schritt das Risikoprofil des Projektes zu ermitteln, das wiederum Voraussetzung für die Ermittlung der Finanzierungsstruktur ist (siehe hierzu das folgende Kapitel). Die zusammenfassende Bewertung der verschiedenen Risiken soll im Folgenden anhand der folgenden Abfolge verdeutlicht werden, wobei wir zur Konkretisierung ein idealtypisches Photovoltaik-Vorhaben gewählt haben.

- Im ersten Schritt wird unterstellt, dass alle identifizierten Risiken eintreten.
- Die identifizierten, bei den einzelnen Risiken einzusetzenden Maßnahmen zur Minimierung und Abwälzung finden Anwendung.
- Die quantifizierten Auswirkungen der nicht Dritten zuzuweisenden Risiken werden aggregiert.

Das Ergebnis dieses Worst-Case-Szenarios ist ein bestimmtes Annahmen-Set, unter dem das zu finanzierende Projekt noch tragfähig sein muss, d.h. jeweils einen Schuldendienstdeckungsgrad aufweisen muss, der höher ist als 1,0. Sofern diese Konstellation gegeben ist, kann das Vorhaben als Projektfinanzierung realisiert werden, da der gleichzeitige Eintritt aller Risiken die Bedienung des Kapitaldienstes nicht gefährden würde.

Tabelle 3.13. : Zusammenfassende Darstellung der Einzelrisiken bei einem Photovoltaik-Projekt

Risiko	Risikoinstrumente / Auswirkungen	Abschlag von Plan-Annahmen:
Leistungsverlust der PV-Module	Verwendung ausschließlich kristalliner Module namhafter Hersteller, der industrieübliche Performancegarantie abgibt.	Mehrheitlich gehen die Technischen Gutachter davon aus, dass eine Degradation von mehr als 0,7 % p.a. bei heutiger Technologie unwahrscheinlich ist.
Einstrahlungsrisiko ("Elementarrisiko") und Gutachterrisiko	Einfordern qualitativ angemessener Gutachten, die nachvollziehbar das Einstrahlungspotential am Standort mit den jeweiligen Modulen untermauern. Wetterderivate haben sich in diesem Zusammenhang noch nicht durchgesetzt.	Aufgrund von Langzeitmessungen kann von einer Schwankungsbreite von ca. 9 % um das langjährige 20- Mittel ausgegangen werden. Gutachter geben bei eigenen Gutachten häufig Unischerheit an (häufig 5 %).
Verzögerte Fertigstellung oder Kostenüberschreitung	Abschluss eines Generalunternehmervertrages mit Garantie eines Fixpreises und eines Spätest-Fertigstellungstermins; bei Verzögerung über den 31.12. hinaus (Senkung der Vergütung um 5 %) entsprechende Reduzierung des GU-Preises, der das Projekt schadlos hält	kein Abschlag
Preisrisiko bei Änderung des EEG	Bei Entfall des EEG möglicherweise Wegfall der Geschäftsgrundlage	Szenario wird als unwahrscheinlich erachtet, kein Abschlag
Mangelhafte Betriebsführung	Betriebsführung darf nur in erfahrenen Händen liegen (angemessene Performance-abhängige Vertragsstruktur, eindeutige Eintrittsrechte für die Bank)	kein Abschlag
Steigerung der operativen Kosten	Vereinbarung langfristiger Wartungsverträge, möglichst mit Koppelung an die Einnahmenentwicklung des Projektes	Anfängliche, rechnerische Erhöhung der variablen, operativen Kosten um 30 % und sodann Inflationierung
Zinsänderungsrisiko	Abschluss geeigneter Zinssicherungsinstrumente, die wesentliche Teile der Darlehen (üblich: mindestens 2/3) langfristig absichern	Abhängig von der konkreten Ausgestaltung (üblich: ersten 10 Jahren sind vollständig gesichert)
Einwerbung des Eigenkapitals	Eigenmitteleinbringung muss gesichert sein (z.B. über bewertbare Platzierungsgarantie, Stundungserklärung für Eigenkapital oder echtes Eigenkapital)	kein Abschlag
Force Majeure Risiken	Abschluss industrieüblicher Versicherungen für die relevanten Risiken	kein Abschlag

Bei der obigen Darstellung sind folgende Aspekte wichtig:

- Zum Teil handelt es sich bei den möglichen Risikoinstrumenten um solche, die in jedem Fall und vollständig erfüllt werden müssen, ansonsten käme keine Projektfinanzierung zustande. Bestünde etwa Unsicherheit hinsichtlich der Eigenmitteleinbringung, so wäre die Gesamtfinanzierung unsicher und die Fremdkapitalgeber hätten das potentielle Risiko, sämtliche Fremdmittel eingebracht zu haben, ohne dass das Projekt fertig gestellt wird, da die Eigenmitteltranche nicht gebracht wird.
- Des weiteren bestehen Risiken, die sich praktisch nicht quantifizieren lassen, die aber gleichwohl ein reales Risiko für das Projekt darstellen können: Erweist sich der Betreiber als ungeeignet für den Betrieb eines Projektes, können die Auswirkungen auf den Cashflow erheblich sein, ohne dass sie im Vorfeld quantifiziert werden können[1].
- Ebenfalls gibt es Risiken, bei denen eine dritte Partei zwar Garantien übernimmt, diese aber so ausgestaltet sind, dass gleichwohl größere Restrisiken bei den Kapitalgebern verbleiben. Als typisches Beispiel ist das Risiko der Degradation aufzuführen: Zwar geben die Modul-Hersteller üblicherweise eine Performance-Garantie von 90% in den ersten 10 Jahren bzw. von 80% in den Jahren 11 bis 20. Diese Garantie wird aber typischerweise nach Einschätzung der technischen Gutachter bei kristallinen Modulen heutiger Bauart nicht greifen, sondern es sind deutlich höhere Performance-Werte wahrscheinlich.

Bezieht man die verschiedenen Risikoinstrumente mit ein und geht von einer Darlehenslaufzeit bis zu 20 Jahren aus, so erscheint ein für das Worst-Case-Szenario angemessener Gesamtabschlag auf die Plandaten, bei dem das Vorhaben noch tragfähig sein muss, in Höhe von 15% bis 20% realistisch und findet sich in dieser Bandbreite auch bei den verschiedenen deutschen Kreditinstituten, die diese Vorhaben finanzieren.

Ausgehend von einer zusammenfassenden Bewertung der Einzelrisiken kann nunmehr im nächsten Schritt eine angemessene Finanzierungsstruktur entwickelt werden.

---

1. Hier kann zum Beispiel zählen, dass es der Betreiber versäumt hat, sämtliche notwendigen Genehmigungen einzuholen und das Vorhaben nunmehr ohne rechtliche Basis operiert, so dass potentiell ein Totalschaden droht. Wahrscheinlicher sind aber Schlechtleistungen aufgrund mangelnder Qualifikation, die zu Einbußen bei der Produktion führen können.

3.4.4. Auswahl einer geeigneten Finanzierungsstruktur

Besteht Klarheit über das Risikoprofil des Projektes einerseits und die Einbindung der Projektbeteiligten als Risikoträger andererseits, stellt sich die Frage nach einer geeigneten Finanzierungsstruktur. Ohne auf die schier unüberschaubare Literatur zum Thema "optimale Kapitalstruktur" eingehen zu wollen, soll hier stattdessen auf den Ansatz der Praxis eingegangen und skizziert werden, wie sich aus dem Risikoprofil des Projektes und den Verpflichtungen der verschiedenen Projektbeteiligten eine geeignete Finanzierungsstruktur ermitteln lässt. Immer ist auch zu berücksichtigen, dass jedes Projekt mit anderen Kapitalanlagen konkurriert, Kapital mithin nur dann anziehen kann, wenn es auf dem Kapitalmarkt wettbewerbsfähige Konditionen bietet.

Ausgehend von einem bestimmten mit einem Projekt verbundenen Investitionsaufwand ergibt sich ein anfänglicher Finanzierungsaufwand, der durch eine geeignete Finanzierungsstruktur dargestellt werden muss. Die Frage nach einer geeigneten Finanzierungsstruktur bezieht sich auf mindestens vier Aspekte, nämlich 1. die Frage nach einem angemessenen Mix von Eigenkapital, Fremdkapital oder Zwischenformen dieser Idealtypen, 2. der Frage nach geeigneten Laufzeiten und Tilgungsstrukturen für die Darlehenstranchen, 3. dem Einsatz verschiedener Finanzierungsformen und 4. der Frage nach eventuell notwendigen Zinssicherungsinstrumenten. Den letztgenannten Aspekt werden wir im Zusammenhang mit klassischen Kreditsicherheiten behandeln, die beiden erstgenannten im Anschluss über ein Beispiel illustrieren. Weiter oben wurde dargelegt, dass Fremdkapitalgeber regelmäßig auf einen bestimmten Eigenkapitalbeitrag bestehen werden. Den unterschiedlichen Rollen und Interessen der Sponsoren entsprechend können deren Eigenkapitalbeiträge unterschiedliche Formen annehmen (z.B. Bareinzahlung, Bereitstellung von Ausrüstungsgegenständen, Einbringung von Konzessionen). Möglich sind aber auch Kapitalformen, die zwischen Eigenkapital und Fremdkapital liegen, die Eigenkapitalsurrogate. Bei der Mischung der verschiedenen Formen spielen steuerliche Überlegungen, die gewünschten Zins- und Tilgungstakte, die Platzierbarkeit am Kapitalmarkt und Beteiligungs- oder Verfügungsbeschränkungen eine Rolle. Geschäftsbankenkredite nehmen - trotz der Entwicklung neuartiger Finanzierungsinstrumente auf den Kapitalmärkten - immer noch den größten Anteil an Projektfinanzierungen in Anspruch. Geschäftsbankenkredite haben häufig eine Laufzeit bis zu zehn Jahren, bei hinreichender Planbarkeit auch längere Laufzeiten. Zur Finanzierung des Umlaufvermögens (Working Capital) werden die Kredite in Form von Kreditlinien zur Verfügung gestellt. Bei Projekten in Entwicklungsländern haben die lokalen Banken häufig hier ihren Schwerpunkt, zumal das working capital zumeist in Landeswährung benötigt wird, während die Finanzierung des Anlagevermögens Domäne international tätiger, ausländischer Banken ist.

Die Frage nach einer angemessenen Eigenkapital-Ausstattung wird durch die Art des geplanten Projektes, sein Risikoprofil sowie die Möglichkeiten und Fähigkeiten der Projektbeteiligten, Risiken zu übernehmen, bestimmt. Wir wollen anhand eines Beispiels einige Überlegungen zur Ausgestaltung der Finanzierungsstruktur verdeutlichen.

In unserem Beispiel stellt ein Sponsor ein Windenergie-Projekt vor, das in Deutschland im Jahr 2003 errichtet werden soll. Die Gesamtinvestitionskosten liegen bei MEUR 10,73, die finanziert werden sollen mit MEUR 2,69 Eigenkapital sowie mit zwei Darlehenstranchen über MEUR 3,7 (Laufzeit 10 Jahre) sowie über MEUR 4,5 (Laufzeit 15 Jahre). Die Darlehen sollen im ersten Betriebsjahr tilgungsfrei sein. Es wird ein Netto-Jahresenergieertrag von 16,95 GWh (nach technisch-physikalischen Abschlägen) erwartet, der Vergütungssatz beträgt an dem Binnenstandort für 20 Jahre 8,9 EUR Cents/kWh. Die Betriebskosten liegen mit anfänglichen TEUR 330 bei 21,9% der Einnahmen.

Nach der ersten Berechnung stellen sich die Kerndaten aus Sicht der Kapitalgeber wie folgt dar: Die interne Rendite (IRR) liegt bei 16,31%, der maximale verkraftbare Einnahmerückgang bei 9,4%.

	interne Verzinsung	Minimaler DSCR	Durchschnittlicher DSCR	Maximaler Einnahmerückgang
1. Anfängliches	16,3%	1,12	2,05	9,40%

Zunächst erscheint der Bank das Projekt mit Blick auf den geringen Min. DSCR von 1,12, der die geringe Belastbarkeit des Vorhabens bei dieser Finanzierungsstruktur anzeigt, nicht fremdfinanzierungsfähig: Die Einnahmen können dauerhaft lediglich auf 90,6% fallen, ohne dass die Bedienung des Kapitaldienstes gefährdet ist.

Die Bank schlägt vor, eine Schuldendienstreserve über 50% des Kapitaldienstes des Folgejahres aus dem Cashflow des Projektes aufzubauen, die dann zur Deckung des Kapitaldienstes zur Verfügung steht, wenn der operative Cashflow - z.B. aufgrund von Schwankungen im Windangebot - hierfür nicht ausreichend ist. Die obigen Daten ändern sich wie folgt:

	interne Verzinsung	Minimaler DSCR	Durchschnittlicher DSCR	Maximaler Einnahmerückgang
wie 1. und SDR von 50%	15,0%	1,62	2,56	20,20%

Die interne Rendite ist auf 15,0% gesunken, da die für den Aufbau der Schuldendienstreserve benötigte Liquidität nun nicht mehr anfänglich zur Ausschüttung an die Gesellschafter zur Verfügung steht. Gleichzeitig ist der Min. DSCR unter Einrechnung der Schuldendienstreserve gestiegen[1]. Bemerkenswert ist, dass die maximale Belastbarkeit des Vorhabens erheblich gestiegen ist, und zwar auf 79,8% des Einnahmenniveaus im Basisfalls.

Im Zuge der weiteren Verhandlungen möchte der Sponsor möglichst seine Rendite auf das Maß erhöhen, das er bereits in der Eingangsverhandlung hatte. Hierzu schlägt die Bank vor, dass der Sponsor die Schuldendienstreserve anfänglich um TEUR 200 erhöht, dafür aber seine Eigenmittel um TEUR 300 reduziert und die Finanzierungslücke durch eine gleichzeitige Erhöhung der 15-jährigen Darlehenstranche ausgleicht. Es ergeben sich folgende Werte:

	interne Verzinsung	Minimaler DSCR	Durchschnittlicher DSCR	Maximaler Einnahmerückgang
Dotierung SDR über TEUR 200	16,2%	1,59	2,58	18,50%

Die Interne Rendite entspricht annähernd dem Ausgangswert, die Belastbarkeit hat sich allerdings im Vergleich zum Eingangs-Szenario deutlich verbessert. Auf dieser Basis werden Sponsor und Bank schließlich handelseinig. Abschließend seien die

---

1. Dabei entspricht die Differenz von 1,62 zu 1,12 dem Wert der Schuldendienstreserve von einem halben Jahr. Bei dieser Betrachtung darf man sich allerdings nicht zu sehr auf die Werte im Basisfall konzentrieren. Sie enthalten nämlich zwei Komponenten: den in jeder Periode zu erwirtschaftenden Cashflow (Stromgröße) und die Schuldendienstreserve (Bestandsgröße). Treten negative Planabweichungen auf, ist insbesondere die Schuldendienstreserve schnell verbraucht. Es empfiehlt sich daher, das Augenmerk auf die maximale Belastbarkeit zu legen.

DSCR-Verläufe der drei Entwicklungsschritte im Diagramm wiedergegeben, wobei deutlich wird, dass die deutlichste Veränderung mit der Einführung der Schuldendienstreserve erzielt wurde.

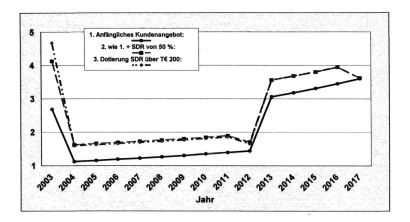

Aus dem Beispiel wird aber auch deutlich, dass sich eine geeignete Finanzierungsstruktur als Ergebnis eines Verhandlungsprozesses zwischen Sponsor und Fremdkapitalgeber ergibt. Während der Sponsor die interne Rendite des Projektes maximieren will - was einen möglichst geringen Eigenkapitalbeitrag und eine späte Rückführung der Darlehen impliziert -, ist die Bank an einer angemessenen Belastbarkeit des Projektes innerhalb einer vorgegebenen maximalen Darlehenslaufzeit interessiert, die wiederum um so höher ist, je mehr Eigenkapital in das Projekt eingebracht wird. Diesen Spagat zu lösen, ist eine der interessanten Aufgaben bei der Gestaltung der Finanzierungsstruktur.

Während sich die Eigenkapitalquote bei einem traditionellen Unternehmen als Resultat einer Reihe historischer Gegebenheiten und vergangener unternehmerischer Entscheidungen darstellt, muss für jedes Projekt eine eigenständige Entscheidung über den Eigenmittelanteil getroffen werden. Faktoren, die hier berücksichtigt werden, sind das Risikoprofil des Projektes, das Wollen und Können der Projektbeteiligten, Risiken zu übernehmen und - neben der Verhandlungsmacht der beteiligten Parteien - die spezifische Risikowahrnehmung der Kreditgeber.

Was aus Sicht der Fremdkapitalgeber eine angemessene Belastbarkeit darstellt, hängt von einer Reihe von Gegebenheiten ab. Die Windverhältnisse der Jahre 2001 bis 2003 fielen abhängig vom Standort bis zu 25% niedriger aus, als es der langjährige Durchschnitt hätte erwarten lassen können. Diese Entwicklung hat Einfluss auf die Akzeptanz von Investments sowohl was die Eigenkapitalgeber betrifft, die möglicherweise gar keine Ausschüttung erhalten haben, als auch die Fremdkapitalgeber, die möglicherweise ihr Anforderungsniveau erhöhen. Umgekehrt profitieren etwa Solar-Projekte von einer im Jahresvergleich weitaus weniger schwankenden Sonneneinstrahlung, die für die meisten Standorte in Deutschland unterhalb eines Wertes von 10% um den 20jährigen Mittelwert liegen soll. Biomasse-Projekte hingegen müssen zusätzlich das Lieferrisiko auffangen, das sich bei ihnen sowohl mit Blick auf die Menge als auch den Preis verstärkt.

Für ein deutsches Windenergie-Projekt kann sich der DSCR-Verlauf beispielhaft wie folgt darstellen:

Abbildung 3.12. : DSCR-Verlauf Windenergie

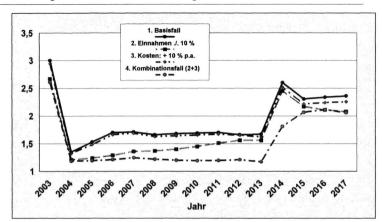

Die zentralen Kennzahlen ergeben sich wie folgt:

	Min. DSCR	Ø DSCR	Break-Even:
1. Basisfall	1,35	1,93	./.
2. Einnahmen ./. 10 %	1,21	1,70	bei 80,1 %
3. Kosten: + 10 % p.a.	1,33	1,88	plus 75 %
4. Kombinationsfall (2+3):	1,17	1,51	

Deutlich wird, dass die Sensitivität auf einen Anstieg der operativen Kosten relativ gering ist, während ein Einnahmenrückgang die stärkste Wirkung auf die Belastbarkeit des Vorhabens hat.

Demgegenüber steht der DSCR-Verlauf eines Biomasse-Projektes, das allerdings nur sehr eingeschränkt mit dem Vorgänger-Projekt vergleichbar ist, da die Rückführung innerhalb von 8 Jahren erfolgt.

Abbildung 3.13. : DSCR-Verlauf Biomasse

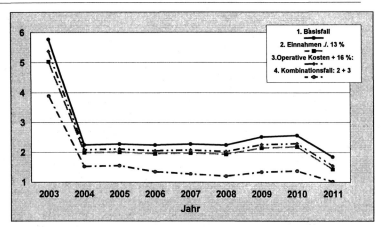

	Min. DSCR	Ø DSCR	Break-Even:
1. Basisfall	1,85	2,67	./.
2. Einnahmen ./. 13 %	1,44	2,30	bei 77,5 %
3. Operative Kosten + 16 %:	1,55	2,43	plus 39 %
4. Kombinationsfall: 2 + 3:	1,02	1,62	./.

Gleichwohl wird ersichtlich, dass die Sensitivität gegenüber Einnahmenrückgängen weniger stark ausgeprägt ist als bei einem typischen Windenergie-Projekt, allerdings die Sensitivität gegenüber Holzpreisschwankungen - dem primären Rohstoff - weitaus ausgeprägter ist. Mit anderen Worten: das Einnahmenrisiko wird hier in ein Preisrisiko auf der Beschaffungsseite überführt.

Auch die Darlehenslaufzeit ist eine bedeutende Gestaltungsvariable der Finanzierungsstruktur, wobei eine allgemeingültige Laufzeit für eine Projektfinanzierung für die verschiedenen Vorhaben nicht genannt werden kann. Als Richtgröße für Mautstraßen kann eine Laufzeit von 20 bis 25 Jahren genannt werden, bei Großkraftwerken bis zu 18 Jahre und bei Vorhaben im Bereich Windenergie bis zu 15 Jahren.

Grundlegende Bezugsgröße für eine Kreditlaufzeit ist die geplante Laufzeit des Projektes, die eine Maximallaufzeit für die Kreditrückführung darstellt. Die Gültigkeitsdauern erforderlicher Genehmigungen und Lizenzen, die technisch mögliche Lebensdauer der

Anlagen sowie die Laufzeit der Projektverträge beeinflussen den Betrieb und die Wirtschaftlichkeit des Projektes. Dabei spielt das Vertrauen in die Beständigkeit der Verpflichtungen aus den Projektverträgen ebenso eine zentrale Rolle wie erwartete Markt- und Branchenentwicklungen zu berücksichtigen sind. Zudem wird regelmäßig ein zeitliches Sicherheitspolster, etwa für notwendig werdende Tilgungsaussetzungen oder -streckungen, vereinbart.

In unmittelbarem Zusammenhang mit der Kreditlaufzeit stehen die Tilgungsmodalitäten für die verschiedenen Fremdkapitaltranchen, die der Höhe nach an die Belastbarkeit des Projekt-Cashflows einer Periode angepasst sein müssen. Dabei finden sich als idealtypische Ausprägungen zwei methodische Herangehensweisen:

1. In kontinentaleuropäischen geprägten Projektfinanzierungen finden sich eher im Zeitablauf leicht ansteigende Schuldendienstdeckungsgrade, was mit dem Einsatz von Ratendarlehen korrespondiert[1]. Rechnerisch ergibt sich so ein Polster, das in späteren Jahren immer größer wird.
2. Bei anglo-amerikanischen Projektfinanzierungen finden sich hingegen häufig im Zeitablauf konstante Schuldendienstdeckungsgrade, die wiederum den Einsatz von annuitätischen Darlehen voraussetzen[2]. Das Ziel eines konstanten DSCR dominiert hier die Ausgestaltung der Tilgungsstruktur und kann dazu führen, dass ergänzend Sonderrückzahlungen vereinbart werden. Durch einen solchen Mechanismus kann erreicht werden, dass die Rückführung des Fremdkapitals eng an dem Projekt-Cashflow erfolgt.

Der Tilgungsbeginn der verschiedenen Darlehen ist dabei ebenfalls ein wichtiges Gestaltungselement. Grundidee einer tilgungsfreien Zeit (so genannte *Grace Period*) ist, einerseits dem Projekt eine Anlaufphase einzuräumen, um ein Anfahren und Justieren der Anlage zu erlauben, und andererseits die vereinbarte Schuldendienstreserve aus dem Projekt-Cashflow aufzubauen. Grundsätzlich sollte die tilgungsfreie Zeit zum einen so bemessen sein, dass diesen beiden Zielen angemessen Rechnung getragen wird, und zum anderen berücksichtigen, dass der Kapitaldienst in den verbleibenden Perioden nicht übermäßig ansteigen darf. Die Erfahrung zeigt, dass über alle Tranchen eine tilgungsfreie Zeit von 12 bis 18 Monaten häufig eine angemessene tilgungsfreie Zeit ist.

---

1. Ratendarlehen zeichnen sich dadurch aus, dass die Tilgungsleistung zu den einzelnen Fälligkeitsterminen konstant bleibt. Durch die fortschreitende Tilgung des Darlehens reduziert sich die Zinsleistung, so dass der Kapitaldienst von einem Maximumwert sukzessive absinkt.
2. Annuitätendarlehen zeichnen sich durch einen gleich bleibenden Kapitaldienst aus. Um dies zu erreichen, steigt der Tilgungsanteil im Zeitablauf, während der Zinsanteil geringer wird.

Zur Sicherung einer für die Bedienung des Schuldendienstes ausreichenden Liquidität ist es zweckmäßig, ein Liquiditätspolster, die so genannte Schuldendienstreserve, von dem Projekt zu fordern. Freie Liquidität sollte bis zu einem gewissen Grad zur Liquiditätssicherung im Projekt gebunden bleiben und auf einem Schuldendienstreservekonto angelegt werden. Ist der operative Cashflow zu einzelnen Kapitaldienstterminen nicht ausreichend, den Kapitaldienst zu bedienen, kann auf diese Reserve zurückgegriffen werden.

Die verschiedenen Sensitivitäten informieren über das Risikoprofil eines Projektes und machen auch deutlich, wo Sicherungsmaßnahmen im Sinne des Risk-Sharing-Prinzips notwendig sind. Insofern handelt es sich bei der Risikoquantifizierung und der Auswahl einer geeigneten Finanzierungsstruktur nicht nur um ein übergeordnetes Sicherungsinstrument, sondern die quantitativen Ergebnisse erlauben Rückschlüsse auf die Ausgestaltung der Einzelrisiken, wie wir sie weiter oben behandelt haben.

Informationsstruktur

Eine effiziente Informationsstruktur ermöglicht es den Projektbeteiligten, ihre Chance-Risiko-Position frühzeitig zu bewerten und ggf. Risiko steuernde Maßnahmen ergreifen. Dafür wird ein umfassendes Informationssystem benötigt, das über den Projektverlauf fortlaufend berichtet. Zwei Aspekte sind zu unterscheiden: Zum einen die Möglichkeit, möglichst frühzeitig über bestimmte Entwicklungen zu erfahren. Zum anderen das Bestreben, dass Projektbeteiligte möglichst wahrheitsgemäß über ihre Informationen informieren.

Eine Reihe von Frühwarnsystemen steht in der Diskussion, wobei wir uns im Folgenden allein auf die Diskussion der Kennzahlen beschränken wollen[1]. Informationsquellen für ein Frühwarnsystem sind u.a. externe Analysen und Gutachten über den Projektfortschritt, die regelmäßig vorgelegt werden müssen. Außerdem haben die Sponsoren unverzüglich über negative Planabweichungen zu berichten. Kennzahlen stellen quantitativ darstellbare Sachverhalte in hoch verdichteter Form vor. Als beschreibende Größen können sie in Frühwarnsystemen verwendet werden, in dem sie als Zeitreihen dargestellt und mit den Plangrößen verglichen werden. Da die Kennzahlen bereits oben dargestellt worden sind, sei an dieser Stelle nur auf Indikator gestützte Frühwarnsysteme hingewiesen. Indikatorgestützte Frühwarnsysteme befassen sich mit der systematischen Suche relevanter, den Projekterfolg beeinflussender Entwicklungen, in dem risikorelevante

---

1. Weitere Frühwarnsysteme sind Indikatoren und schwache Signale.

Bereiche mit Hilfe qualitativer und quantitativer Indikatoren beobachtet werden. Beobachtungsobjekte sind primär externe Daten und Vergleiche.

Kreditbedingungen und Kreditauflagen
Aus dem Kreditvertrag ergeben sich verschiedene Kontroll- und Mitspracherechte des Kreditgebers, die sich in Kreditbedingungen und Kreditauflagen unterscheiden lassen. Während in den Kreditbedingungen die wesentlichen Elemente der Sicherheitenstruktur einer Projektfinanzierung vor Fertigstellung festgeschrieben sind, übernehmen Projektauflagen die Sicherungsfunktion nach Fertigstellung des Projektes.

Innerhalb der Kreditbedingungen bewirken insbesondere Kreditverwendungs- und Auszahlungsbedingungen einen Kontrollanspruch der Kreditgeber. Bei den Kreditauflagen sind die Kapitalstrukturauflagen, die Verfügungsbeschränkungen sowie die Informations- und Inspektionsrechte der Kreditgeber in diesem Zusammenhang relevant. Folgende wesentliche Rechte sind zu unterscheiden:

- Bedingung für die Valutierung der Darlehensbeträge ist der Nachweis des Abschlusses der in den Finanzierungsbedingungen vorausgesetzten Verträge, Zusicherungen und Genehmigungen. Zusätzlich ist die Zusicherung abzugeben, die Darlehensbeträge nur für den vereinbarten Verwendungszweck einzusetzen (**Kreditverwendungs- und Auszahlungsbedingungen**). Ziel der **Kapitalstrukturauflagen** ("*Financial Covenants*") ist es, das Existenzrisiko des Projektes in dem bei Abschluss des Kreditvertrages vereinbarten Rahmen zu halten. Dabei werden die Anforderungen, die an die Kreditwürdigkeit eines Kreditnehmers gestellt werden, in Auflagen festgeschrieben, deren Einhaltung die vereinbarungsgemäße Erfüllung des Darlehensvertrages sichern soll. Kapitalstrukturauflagen unterteilen sich in solche, die die Liquidität des Kreditnehmers sicherstellen sollen, und solche, die die Zusammensetzung der Kapitalquellen betreffen.

- **Verfügungsbeschränkungen** treten in Form von Gewinnverwendungsauflagen sowie Auflagen auf, die die Veräußerung und Belastung von Vermögen betreffen. Mitspracherechte ergeben sich dabei insbesondere aus Auflagen, die die Verfügung des Kreditnehmers über Teile des Anlage- oder Finanzvermögens an die Zustimmung des Kreditgebers bindet. Durch Festsetzung von Grenzwerten bei Ausgaben, deren Überschreitung die Zustimmung der Kreditgeber erforderlich macht, haben diese zumindest teilweise die Möglichkeit zu einer Budgetkontrolle.

- Die **Informationspflichten** des Kreditnehmers beziehen sich auf die periodisch wiederkehrende Vorlage von Jahresabschlüssen sowie von unterjährigen Performance-Berichten während der Betriebsphase sowie von Bautenstandsberichte während der Fertigstellungsphase. Darüber hinaus besteht die pauschal formulierte Pflicht, dem Kreditgeber alle Informationen zugänglich zu machen, die für ihn von Interesse sein könnten.

Im Falle des Vertragsbruchs oder unvorhergesehener Schwierigkeiten bei der Durchführung der Projektfinanzierung behalten die Kreditgeber sich i.d.R. das Recht vor, die Geschäftsleitung der Projektgesellschaft durch Bestellung eines Managements eigener Wahl zu übernehmen.

> Denn der Wille
> Und nicht die Gabe macht den Geber.
> LESSING, NATHAN DER WEISE, ZFN. 539 F.

Anreizkompatible Verträge

Wie oben angedeutet, können Informationsasymmetrien zwischen den Projektbeteiligten ein opportunistisches Verhalten des Beauftragten begünstigen, das nicht nur zu unerwünschten Marktergebnissen führt, sondern das Entstehen einer Transaktion überhaupt unmöglich macht. Sollen derartige Fehlentwicklungen vermieden werden, müssen die Projektverträge so ausgestaltet sein, dass der Beauftragte gleichzeitig seine eigenen Interessen und die des Auftraggebers verfolgt.

Insofern hängt die Kreditentscheidung neben der rein quantitativen Belastbarkeit des Projektes gegenüber Planabweichungen von der Bereitschaft und Fähigkeit der Projektbeteiligten ab, sich glaubwürdig zu verpflichten, etwa indem Einzelrisiken bewusst übernommen werden. Im Folgenden sollen einzelne Vertragsklauseln dargestellt werden, die genau dies versuchen. Eine Einteilung der Rechte erfolgt in "Modalitäten der Kapitalbereitstellung", "Vereinbarung von Informations-, Mitwirkungs- und Entscheidungsrechten".

Modalitäten der Kapitalbereitstellung

Im Rahmen einer Projektfinanzierung bestehen verschiedene Möglichkeiten, der Projektgesellschaft Kapital bereitzustellen: Meist handelt es sich um die Fragestellung, wann und in welcher Abfolge Eigen- bzw. Fremdmittel in das Projekt eingebracht werden: Im Regelfall werden die Fremdkapitalgeber darauf bestehen, dass die Eigenmittel vor den Fremdmitteln eingebracht werden, in Sonderfällen aber auch akzeptieren, dass Eigenmittel und Fremdmittel im gleichen Verhältnis je nach Baufortschritt eingebracht werden. Durch diesen Mechanismus soll erreicht werden, dass die Sponsoren ein nachhaltiges Interesse daran haben, das Projekt fertig zu stellen[1].

Eine andere Möglichkeit, die allerdings nur bei wenigen Projekten angewandt werden kann, ist die Vereinbarung, Finanzmittel nur in dem Maße zur Verfügung zustellen, bis eine bestimmte Entwicklungsstufe erreicht ist[1]. Werden die im Vorfeld definierten Ziele nicht erreicht, besteht für den Kapitalgeber die Möglichkeit, eine weitere Kapitalbereitstellung zu verweigern oder eine höhere Beteiligungsquote der Sponsoren zu fordern. Denkbar wäre ein solcher Mechanismus etwa bei der Realisierung von Offshore-Windparks, bei denen zunächst ein kleinerer Park realisiert wird und Erfahrungen gesammelt werden, bevor ein größerer Offshore-Windpark realisiert wird.

Die stufenweise Kapitalbereitstellung ist als Realoption anzusehen und ein Instrument zur Durchsetzung variabler Beteiligungsquoten. Jede Auszahlung durch die Kapitalgeber ist als eine Option auf eine Investition in der nächsten Stufe anzusehen. Die erste Investition wird durchgeführt, um dadurch in den Besitz einer Option zu gelangen, die die Möglichkeit bietet, Erfolg versprechende Anschlussinvestitionen durchzuführen, die ohne die ursprüngliche Investition nicht möglich gewesen wären. Der Projektgesellschaft werden durch die Konditionierung der künftigen Kapitalzufuhr an das Erreichen von Zwischenzielen positive Anreize geboten, die ihre opportunistischen Verhaltensweisen einschränken. Das Einverständnis der Projektgesellschaft mit einer derartigen Auszahlungsvariante ist zudem als glaubhaftes Signal zu würdigen, dass sie bestehende Informationsasymmetrien abzubauen versucht.

<u>Vereinbarung von Informations-, Mitwirkungs- und Entscheidungsrechten</u>
Die Projektgesellschaft verpflichtet sich im Rahmen des Darlehensvertrages, eine Reihe von Kreditauflagen zu beachten. Zu diesen Auflagen zählen im Wesentlichen Kapitalstrukturauflagen[2], Verfügungsbeschränkungen sowie Informationspflichten. Die Einhaltung dieser Auflagen durch die Projektgesellschaft soll sicherstellen, dass die vertraglich vereinbarte Rückzahlung der Kreditbeträge gesichert ist. Ein Anreiz zur Einhaltung von

---

1. W.H. Jürgens 1994, S. 117-120.
1. Die Möglichkeit der Anwendung bei Projektfinanzierungen ist allein deshalb begrenzt, da es sich bei Projekten um eng begrenzte und in sich abgeschlossene Vorhaben handelt, die - im Idealfall - einen einmaligen Kapitaleinsatz erfordern, aber im Regelfall nicht auf Erweiterungen und Wachstum ausgelegt sind. Grundsätzlich anders ist die Situation bei Venture-Capital-Finanzierungen, bei denen dieses Verfahren eine weitaus höhere Bedeutung hat.
2. Kapitalstrukturauflagen schreiben eine bestimmte Risikoschwelle des Kreditgebers fest. Ausgegangen wird dabei von der Annahme, dass die Robustheit eines Vorhabens und damit das Risiko der Darlehensrückzahlung auch abhängt vom Verschuldungsgrad (s. hierzu den Abschnitt 3.4.3). Weiter führt die Festsetzung einer bestimmten Eigenmittelquote dazu, dass die relativen Finanzierungslasten zwischen Projektträgern und Kreditgebern während der Darlehenslaufzeit im gleichen Maße bestehen bleiben. Damit wird dem Bedürfnis der Kreditgeber nach ausreichenden Pfandstellungen zur Sicherung der Rückzahlungsansprüche über die Laufzeit des Darlehens entsprochen.

Verhaltensbeschränkungen oder Informationspflichten ergibt sich aus der Kopplung der Projektauflagen mit den Kündigungsklauseln. Mit der Kündigung werden Darlehen und Zinsen fällig gestellt und können als Pfandstellung von Seiten der Projektgesellschaft interpretiert werden.

Verfügungsbeschränkungen treten primär in Form von Gewinnverwendungsauflagen sowie Auflagen auf, die die Veräußerung und Belastung von Vermögen betreffen. Eine wesentliche Funktion der Gewinnverwendungsauflagen besteht in der Vereinbarung einer bestimmten Stufenfolge der Verwendung des Cashflows (so genannter *Cash Flow Waterfall*). Im Rahmen dieser Abfolge ist geregelt, dass der Cashflow zunächst für Betriebskosten und Steuern, dann für den Kapitaldienst und die Dotierung der Schuldendienstreserve verwandt wird, bevor der verbleibende Cashflow an die Investoren ausgekehrt werden kann. Neben der Vereinbarung eines Cashflow-Waterfalls finden sich in den Darlehensverträgen Auflagen, die dem Darlehensnehmer Verfügungen über bestimmte Teile des Anlagevermögens verbieten. Dazu gehören das Verbot der Verschmelzung oder der Übertragung des Vermögens auf ein anderes Unternehmen sowie die Zustimmungspflicht bei Ausgaben, die eine bestimmte Grenze überschreiten.

Die Projektgesellschaft ist verpflichtet, bestimmte Informationen - insbesondere Jahresabschlüsse - periodisch vorzulegen. Darüber hinaus besteht die Möglichkeit, auf Basis aktueller Daten das Cashflow-Modell fortzuschreiben und so Fehlentwicklungen frühzeitig zu erkennen und Gegenmaßnahmen einzuleiten. Insbesondere die Fortschreibung des Cashflow-Modells ermöglicht eine gegenüber konventionellen Kreditfinanzierungen bessere, da zeitnahere Kontrolle durch die Kreditgeber.

Versicherungen und klassische Kreditsicherheiten

Versicherungen

Eine Projekt bezogene Risikoanalyse bedarf eines zugeschnittenen Versicherungsprogrammes während der Errichtungs- und Betriebsphase. Der Erwerb von Versicherungsschutz ist der entgeltliche Transfer bestimmter eigener Risiken in die Bilanzen Dritter. Dabei gilt bei Projektfinanzierungen ein gestuftes Subsidiaritätsprinzip: Zunächst sind Risiken vom Projekt zu tragen, danach von vertraglich verpflichteten Projektbeteiligten, dann von den Fremdkapitalgebern und schließlich von Versicherungen. Die Entscheidung ob, wann, zu welchen Konditionen und in welchem Umfang ein Risikotransfer vorgenommen werden muss, ist keine isolierte Entscheidung, sondern Teil eines geschlossenen Risikomanagementprozesses.

Zunächst einmal muss die Versicherung prüfen, ob ein Risiko überhaupt versicherbar ist, wobei verschiedene Prüfungsebenen zu unterscheiden sind: In einem ersten Schritt wird geprüft, ob die Risiken anreizkompatibel verteilt sind: Dies verlangt, dass Projektbeteiligte, die ein Risiko auch üblicherweise kontrollieren können, dies auch im konkreten Einzelfall tun. Umgekehrt: Eine Versicherung wird beispielsweise kaum ein Fertigstellungsrisiko übernehmen, wenn der Anlagenbauer dies nicht von sich aus unternimmt. Als weitere, versicherungs-mathematische Bedingungen werden dabei der Zufallsgrad eines Schadenseintritts, die eindeutige Zurechenbarkeit des Versicherungsfalls auf ein versichertes Ereignis und die Abschätzbarkeit der finanziellen Konsequenzen bei Risikoeintritt untersucht. Schließlich muss sichergestellt sein, dass die Risiken, die von den Versicherern übernommen werden, auch bei Rückversicherern plaziert werden können.

Aus Sicht der Projektgesellschaft hilft eine Kosten-Nutzen-Analyse bei der Entscheidung, ob eine Versicherung zur Risikoallokation eines bestimmten Risikos abgeschlossen werden sollte, denn die Versicherungsprämie belastet grundsätzlich den Cashflow. Ist der erwartete Nutzen aus der Versicherung jedoch höher als die Kosten, steht der Risikoallokation durch eine Versicherung nichts im Wege. Dabei ist insbesondere zu beachten, dass eine Projektgesellschaft typischerweise nur geringe Reserven hat, um einen Schadensfall zu tragen, es sei denn durch Versicherungsschutz.

Die wichtigsten Versicherungen einer Projektversicherung sind die Sachversicherung und die Betriebsunterbrechungsversicherung. Die Sachversicherung deckt i.a. Schäden durch Wasser, Feuer, Diebstahl, Vandalismus und Naturkatastrophen während der Errichtungs- und Betriebsphase. Eine Betriebsunterbrechungsversicherung bietet Sicherheit für den Fall, dass das Projekt zeitweise nicht betrieben werden kann.

Unterschiedliche Versicherungsverträge von privaten und staatlichen Versicherern werden in der Praxis als risikopolitische Strategie zur Kompensation von Schadensfällen aus eventuell eintretenden Projektrisiken abgeschlossen. Besonders zu erwähnen sind die staatlichen Exportkreditversicherungen verschiedener Länder, die - da sie nicht nur wirtschaftliche, sondern regelmäßig auch politische Risiken übernehmen - eine hohe Bedeutung bei internationalen Projektfinanzierungen haben. Ihre Bedeutung steht in engem Zusammenhang mit einem Erklärungsansatz für Projektfinanzierungen, die ihren Bedarf gerade bei internationalen Großprojekten in der Verknüpfung von Anlagenlieferung und Anlagenfinanzierung sieht. Zur Absicherung des Kreditrisikos bei Exportgeschäften stellen eine Reihe von Ländern ihren Exporteuren Ausfuhrgewährleistungen, Kapitalanlagegarantien und so genannte ungebundene Finanzkredite. Die staatliche Risikoabsicherung ist erst dort vonnöten, wo eine private Risikoabsicherung nicht erhältlich ist, also insbesondern wenn wesentlich politische Risiken versichert werden sollen oder wirtschaftliche Risiken aus anderen Gründen nicht marktgängig sind (z.B. aufgrund des großen Volumens oder der langen Laufzeit). In den Fällen, in denen eine staatliche Absicherung benötigt wird, sind die Exportkreditversicherungen von zentraler Bedeutung.

Auch mit einer staatlichen Exportkreditversicherung werden der Projektgesellschaft, Exporteuren und Banken nicht das gesamte Risiko abgenommen. Mit dem in Deutschland üblichen Hermes-Instrumentarium lassen sich grundsätzlich nur die deutschen Lieferanteile absichern. Hinzu kommt, dass der für Deutschland verbindliche OECD-Konsensus für öffentlich unterstützte Exportkredite vom ausländischen Besteller An- und Zwischenzahlungen in Höhe von 15% des Lieferwertes verlangt. Aus diesem Spannungsfeld zwischen den Grenzen der staatlichen Risikoabsicherung einerseits und dem Wunsch der Besteller nach einer zinsgünstigen Vollfinanzierung - möglichst aus einer Hand oder durch wenige große Banken - andererseits ergeben sich besondere Anforderungen für die finanzierenden Banken: Sie müssen regelmäßig die Finanzierung der 15%-igen An- und Zwischenzahlungen ohne Hermes-Deckung bereitstellen. Sie müssen darüber hinaus häufig ausländische und lokale Lieferanteile im eigenen Risiko finanzieren, sofern diese nicht in die Bundesdeckung einbezogen werden können. In Einzelfällen kann bei der Finanzierung ausländischer Lieferanteile auf die Deckung durch die betreffenden ausländischen Exportkreditversicherer zurückgegriffen werden. Eine Risikoabsicherung der lokalen Lieferungen und Leistungen hingegen ist häufig nicht möglich. Bestenfalls kann hier auf Garantien lokaler Banken zurückgegriffen werden.

Die Einnahmen aus Versicherungen sollten den Kreditgebern abgetreten sein. Von dieser Regel kann während der Fertigstellungsphase eine Ausnahme gemacht werden, wenn die Sponsoren sich zur Fertigstellung verpflichtet haben oder verpflichtet sind, die Darlehen vollständig zurückzuzahlen, sollte das Projekt nicht realisiert werden. Auch muss im Darlehensvertrag klar geregelt sein, unter welchen Umständen die entsprechenden Erlöse für den Wiederaufbau des Projektes verwandt werden sollen oder zur Rückführung der Darlehensverbindlichkeiten benutzt werden müssen.

Folgende Übersicht soll grundsätzlich die Möglichkeiten des Einsatzes von Versicherungen verdeutlichen:

Tabelle 3.14. : Möglichkeiten der Einbindung von Versicherungen

Versicherungsgegenstand	Versicherung gegen	Versicherungsmöglichkeit
Alle Risiken	Physische Verluste	groß
Funktions-Risiko	Mangelhaftes Design bzw. Unter-Performance	gering
Verlust von Gewinnen	Folgerisiko aus unternehmerischen Entscheidungen	praktisch nicht
politisch	Enteignung, Krieg, Moratorium	mittel / groß
Insolvenz	Bonität eines Dritten (z.B.Garanten)	überhaupt nicht / gering
Unerwartetes Ereignis	Reduktion der Absatzmenge	überhaupt nicht / gering

Klassische Kreditsicherheiten

Der Einsatz klassischer Kreditsicherheiten sichert den Projektkredit in dem Fall ab, dass ein Projekt nicht mehr den für die vertragsgerechte Rückzahlung ausreichenden Cashflow generieren kann und das Risiko eines Forderungsausfalls besteht.

Diese Sicherheiten werden in jedem Fall von der Projektgesellschaft verlangt, können aber auch von Dritten hereingenommen werden. Da die Aktiva der Projektgesellschaft hoch spezifisch sind, werden sie im Allgemeinen nicht unter dem Verwertungsaspekt gesehen, sondern allein deshalb verlangt, um zu vermeiden, dass ein Dritter Ansprüche gegen die Projektgesellschaft anmeldet, die den Ansprüchen der Kreditgeber vorgehen. Zu den von der Projektgesellschaft typischerweise geforderten Kreditsicherungsmöglichkeiten gehören u.a.:

- Pfandrechte für das bewegliche Anlagevermögen,
- Verpfändung von Gesellschafter-Darlehen,
- Grundpfandrechte an den Projektgrundstücken,
- Sicherungsübereignungen der Projektanlagen und Einrichtungen und
- Zessionen über sämtliche Rechte und Forderungen der Projektgesellschaft.

Materiell bedeutsam sind hingegen Sicherheiten, die von Dritten abgegeben werden. Eine wichtige Sicherheit, die von Dritten gewährt wird, sind Garantien. Der Garantievertrag beinhaltet die Zahlungsverpflichtung eines Garantiegebers, der gegenüber dem Garantieberechtigten für einen bestimmten zukünftigen Erfolg einsteht. Der Garantiegeber übernimmt allerdings nur die wirtschaftlichen Folgen für den Schaden. Seine Hauptleistungspflicht besteht im Schadenersatz, ohne dass es auf Verschulden oder Unmöglichkeit ankommt. Garantien beziehen sich meist auf genau spezifizierte Projektrisiken und sind neben Versicherungen die wichtigsten rechtlichen Strukturierungsmöglichkeiten für eine typische Risikoallokation. Beispiele für Garantievereinbarungen sind die oben dargestellten Formen der Erfüllungsgarantie, der Verfügbarkeitsgarantie, der Leistungsgarantie und der Fertigstellungsgarantie[1].

Risikomanagement: eine Rückschau

Die Behandlung von Projektrisiken zeigt, dass es sowohl möglich als im Interesse des nachhaltigen Projekterfolges auch nötig ist, bestimmte, spezifizierbare Risiken einzelnen Projektbeteiligten zuzuordnen. Die verschiedenen Risikoinstrumente und Risikoträger haben wir im Rahmen des Themen-Komplexes Risikomanagement umfänglich dargestellt. Über diese Zuweisung von Einzelrisiken zu einzelnen Projektbeteiligten wird zum einen erreicht, dass das Projekt von einer Reihe von Risiken freigehalten wird und zum anderen von den Risikoträgern glaubwürdig signalisiert, dass sie nachhaltig am Projekterfolg interessiert sind. Verbleibende, nicht zugeordnete Risiken müssen über übergeordnete Sicherungskonzepte aufgefangen werden. In diesem Zusammenhang kam der Risikoquantifizierung über eine Cashflow-Rechnung eine herausragende Bedeutung zu. Sie ermöglicht, ein effizientes Informationssystem zu etablieren, eine tragfähige Finanzierungsstruktur zu entwickeln und Informationsasymmetrien zwischen den Projektbeteiligten zu begrenzen. Der Qualität der Cashflow-Rechnungen kommt daher eine besondere Bedeutung bei[2].

Über die Fragestellungen nach einer adäquaten Abbildung des Projektablaufs und den damit verbundenen Cashflows hinaus, erweist sich die Aufgabe, anreizkompatible Verträge zu entwickeln, als eine der Kernaufgaben bei der Gestaltung von Projektfinanzierungen.

---

1. Für weitergehende Überlegungen siehe z.B. D. Tytko 1999, S. 68 ff.
2. Die Technik der Cashflow-Prognoserechnungen bietet in der Tat Raum für Verbesserungsansätze: Hier geht es darum, Informationsasymmetrien und die Chance-Risiko-Struktur der einzelnen Projektbeteiligten besser als bisher zu erkennen. Insbesondere die Erkenntnis, dass die Realität des Projektablaufs typischerweise von den Planwerten abweichen wird, dass es aber andererseits Handlungsmöglichkeiten der einzelnen Projektbeteiligten bei Planabweichungen gibt, zeigt an, dass die Berücksichtigung von Handlungsoptionen zu besseren Prognoseergebnissen führen kann.

3.5. Projektfinanzierungen in der Krise

Aufgrund ihrer Natur wird ein wesentlicher Teil der Ausgestaltung der Struktur einer Projektfinanzierung darauf verwandt, dass Risiken nicht eintreten können oder dass diese sich nicht negativ auf das Projekt auswirken können. Dies haben wir im Verlauf der bisherigen Arbeit gezeigt.

In einem ersten Schritt geht es dann darum, dass die Projektgesellschaft selbst auf der operativen Ebene Möglichkeiten findet, sich besser aufzustellen. Entscheidend ist bereits in dieser Phase herauszufinden, was die Ursachen für die Probleme sind und inwieweit sie von der Projektgesellschaft beeinflusst werden können. Da eine Projektfinanzierung üblicherweise nur ein Produkt oder eine Dienstleistung generiert und zudem als strukturierte Finanzierung in ein Vertragsgeflecht mit eindeutigen Verbindlichkeiten und Forderungen eingebettet ist, kann sie im Vergleich zu einem herkömmlichen Unternehmen nur beschränkt autonom handeln.

Reichen diese Anpassungen auf operativer Ebene nicht mehr, wird die Projektgesellschaft prüfen, ob und inwieweit einzelne Projektbeteiligte ihr gegenüber vertraglich verpflichtet sind und diese aus ihrer vertraglichen Verpflichtung heraus in Anspruch nehmen:

Der verpflichtete Projektbeteiligte stellt dem Projekt sodann Ressourcen zur Verfügung, so dass - im Idealfall - die Probleme des Vorhabens damit beseitigt sind und ein Wirtschaften gemäß dem planmäßigen Szenario ermöglicht wird. Die Praxis zeigt dabei, dass sich dieser Idealzustand nicht immer einstellt, sei es, weil der Verpflichtete nicht leisten kann oder will, oder sei es, weil der Sicherungsumfang nicht ausreichend dimensioniert wurde. Diese vertraglich festgelegten Realoptionen sind Gegenstand der Risikoallokation, die eines der zentralen Kennzeichen einer Projektfinanzierung ausmacht. Gleichwohl können Probleme eintreten, die eine Anpassung des Projektes verlangen, die über das hinausgehen, was im Vorfeld geplant und vertraglich fixiert worden ist (vgl. Abbildung 3.9. auf Seite 103).

In dieser Phase ist zu prüfen, welche Handlungsmöglichkeiten die Projektgesellschaft oder die anderen Projektbeteiligten angesichts einer von der ursprünglichen Planung abweichenden Entwicklung haben. Verschiedene, grundsätzliche Handlungsmöglichkeiten sollen im Folgenden anhand verschiedener Beispiele verdeutlicht werden, wobei die Spezifität der Beispiele auch zeigt, dass es sich nicht um eine abschließende Aufzählung der faktischen Handlungsmöglichkeiten im Einzelfall handeln kann:

Lokale Verlagerung des Projektes: Grundsätzlich handelt es sich bei Projektgesellschaften um sehr spezifische Investitionen, die zumeist auch irreversibel sind. Eine Verlagerung scheidet bei den meisten Projektfinanzierungen allein aufgrund der physischen Gegebenheiten aus, wie man sich mit Blick auf zum Beispiel Kraftwerke, Mobilfunknetze oder Mautstraßen leicht verdeutlichen kann. Allerdings gibt es auch Vorhaben, die - wenn auch mit Transaktionskosten verbunden - ihren Standort wechseln können und damit einen höheren Cashflow erwirtschaften können. Beispiel ist in diesem Zusammenhang ein Windenergieprojekt, bei dem man feststellt, dass es aufgrund eines fehlerhaften Windgutachtens an einem ungeeigneten Standort errichtet worden sind. Gelingt es, einen besser geeigneten Standort zu finden und die anderen Projektvoraussetzungen zu schaffen, kann es Sinn machen, die Anlagen abzubauen und an einem anderen Standort zu errichten. Da die Kosten für Abbau, Transport und Neu-Aufbau aber etwa in der Größenordnung von 25% der Gesamtinvestitionskosten liegen und für die notwendigen Verträge und Genehmigungen weitere Transaktionskosten anfallen, spielt diese Option eine nur untergeordnete Bedeutung.

Ertüchtigung der bestehenden Anlagen des Projektes, um die geplanten Cashflows zu erreichen: Bei einem Eisenerzprojekt in Venezuela Ende der 90er des letzten Jahrhunderts musste bei Aufnahme des Probebetriebes festgestellt werden, dass die verwandten lokalen Erze zu einer wesentlichen Erhöhung der Temperatur im Reaktor führten, die wiederum zu einer sehr kurzen Betriebsphase führten: Anstatt eine geplante Kampagnenlängen von 90 Tagen mit einer anschließenden Reinigungsphase von 10 Tagen zu erreichen, wurde nur eine Kampagnenlänge von weniger als 30 Tagen erreicht. Um das Problem zu lösen, wurde in den Reaktor ein Wassereindüsungssystem eingebaut, das zu einer wesentlichen Reduzierung der Reaktortemperatur führte und damit die geplante Kampagnenlänge realisieren konnte. In diesem Beispiel waren die Sponsoren noch in der Haftung und suchten nach Lösungsmöglichkeiten, das Projekt plangemäß betreiben zu können, ohne dass sie aus ihrer Fertigstellungsgarantie in Anspruch genommen werden sollten. Im Ergebnis verzögerte sich von Aufnahme des Probebetriebes, Erkennen der Ursache für die kurze Kampagnenlänge, Erarbeiten und Umsetzen eines Lösungssystems um ein Jahr, wobei die Bauzeitzinsen ebenfalls von den Sponsoren getragen wurden und die Banken einer Verschiebung der gesamten Tilgungsstruktur um ebenfalls ein Jahr zustimmten, so dass diese wirtschaftlich so gestellt waren wie zu Beginn der Transaktion.

Alternative Verwendung der Projektanlagen: Als bei einem Recycling-Vorhaben in den Neuen Bundesländern klar wurde, dass die wirtschaftliche Basis für den Recycling-Prozess entzogen war, konnte die Anlage für die thermische Verwertung von Rest- und

Wertstoffen aller Art verwandt worden. Ursprünglich war der Teilbereich der thermischen Verwertung eingeplant worden, um Stoffe, die für das Recycling ungeeignet waren, zu verbrennen und die Prozesswärme wesentlich für den Recycling-Prozess zu nutzen. Mit Entfall der wirtschaftlichen Nutzungsmöglichkeit des Recycling-Prozesses rückte die vorher gänzlich unberücksichtigte Möglichkeit in den Vordergrund, eine thermische Verwertung auch von ganz anderen Stoffen vorzunehmen, was aufgrund der weitreichenden Genehmigung der Anlage auch möglich war. Zwar konnten die für den chemischen Prozess erstellten Komponenten nicht mehr genutzt werden, so dass sich ein erheblicher Wertberichtigungsbedarf für die Banken ergab. Allerdings besteht über die beschriebene neue Verwendungsmöglichkeit die Chance, größere Teile der Darlehen wieder zurückzuführen.

Häufig werden Windenergieanlagen auf Inseln eingesetzt, wo sie aufgrund ihrer Eigenschaft einer lokalen Energieversorgung Vorteile gegenüber vielen anderen Energieerzeugungsformen aufweisen. Dabei ergänzen die Windenergieanlagen die auf den Inseln vorhandenen Dieselgeneratoren, die bislang für die Energieerzeugung zuständig waren. Alternativ können die Windkraftanlagen aber auch dazu verwandt werden, den Strom für die Gewinnung von Trinkwasser aus Meerwasser zu liefern, was wirtschaftlicher noch attraktiver sein kann. Damit kann der Strom für einen gänzlich anderen Zweck eingesetzt werden, so dass diese Projekte wahlweise zwischen der eigentlichen Stromerzeugung und der Trinkwassergewinnung wählen können.

Zwischenzeitliches Stilllegen des Projektes: Gerade bei Ressourcen-abhängigen Projekten, die ihre Produkte auf volatilen Absatzmärkten absetzen, kann es sein, dass die Marktpreise so niedrig sind, dass keine positiven Deckungsbeiträge erwirtschaftet werden können. Dies ist etwa der Fall bei Minenprojekten, bei denen die Explorationskosten im Prinzip feststehend und unabhängig von dem Weltmarktpreis für die Minenprodukte wie beispielsweise Kupfer sind. Im Rahmen der Asien-Krise von 1997 brach der asiatische Markt als Abnehmer für Minenprodukte praktisch weg, so dass auch der Preis so weit einbrach, dass ein Fortsetzen der Produktion wirtschaftlich keinen Sinn mehr machte. Eine Überlegung von einzelnen Sponsoren war, die Produktion zwischenzeitlich abzubrechen und zu einem Zeitpunkt wieder aufzunehmen, zu dem die Produktion wiederum wirtschaftlich möglich war. Technisch handelt es sich hier um eine Abbruchoption mit der Möglichkeit der Wieder-Inbetriebnahme. So sinnvoll dies aus heutiger Sicht - nach einem deutlichen Wiederbeleben der Rohstoffpreise - gewesen wäre, ließ sich dies im Zusammenhang mit Projektfinanzierungen im Regelfall nicht durchsetzen, da die finanzierenden Banken darauf Wert legten, den Kapitaldienst zu den vereinbarten Zeitpunkten zu erhalten.

Die beschriebenen Handlungsmöglichkeiten werden üblicherweise im Rahmen der Darstellung von Projektfinanzierungen nicht dargestellt, doch stellen sie durchaus die Realität von Projektfinanzierungen in der Krise dar.

3.6. Hinweise zur Analyse von Unternehmen, die bei Projektfinanzierungen beteiligt sind

Hinweise zur Analyse von Unternehmen, die bei Projektfinanzierungen beteiligt sind:

1. Zunächst ist die Bank über die üblicherweise vereinbarte unterjährige Berichterstattung weitaus zeitnäher über die wirtschaftliche Situation des Projektes informiert, so dass der Jahresabschluss nur noch einmal das wiederholt, was die Bank als Kreditgeber eh schon wusste.
2. Aus Sicht des Risikomanagements ist der Abgleich zwischen der tatsächlichen und der geplanten Performance des Projektes wichtiger als die Jahresabschlussanalyse. Ist die Performance wie geplant oder sogar besser, versteht es sich von selbst, dass Investoren und Fremdkapitalgeber keinen Handlungsbedarf für sich erkennen werden, da ihre ursprüngliche Planung aufgeht. Ist die Performance hingegen unter den Erwartungen, wird geprüft werden, was die Ursachen sind und wie ihnen begegnet werden kann. Zu den Maßnahmen kann auch gehören, dass Projektbeteiligte aus ihren vertraglichen Pflichten in Anspruch genommen werden, um Schaden vom Projekt zu wenden. In jedem Fall erfolgt der notwendige Soll-Ist-Abgleich dann aber zum einen nicht über den Jahresabschluss, sondern über die früher einsetzenden Projektberichte und zum anderen ist der Vergleichsmaßstab das der Planung zugrunde liegende Cashflow-Modell.
3. Hinzu kommt, dass Projektfinanzierungen häufig so gestaltet sind, dass sie befristet angelegt sind und insbesondere eine Re-Investition nur insoweit erfolgt, wie es zur planmäßigen Aufrechterhaltung der Performance notwendig ist. Außerdem werden die erwirtschafteten Cashflows nicht innerhalb der Projektgesellschaft thesauriert, sondern nach den Grundsätzen des Wasserfalls verteilt. Das bedeutet, dass erwirtschaftete Gewinne üblicherweise an die Sponsoren ausgeschüttet werden, anstatt die bilanzielle Basis der Projektgesellschaft zu stärken. Dies führt dazu, dass zum einen die Bilanz durch die fortschreitende Abschreibung von Jahr zu Jahr verkürzt wird und zum anderen die Eigenkapitalbasis immer geringer ausfällt.

Handelt es sich um Unternehmen, die mit Projektgesellschaften verbunden sind, sind wiederum zwei Fälle zu unterscheiden: Zum einen Unternehmen, die sich als Sponsoren an einem oder mehreren Projekten beteiligt haben und zum anderen Unternehmen, die als sonstige Projektbeteiligte in Projekte eingebunden sind.

Der Fall, dass sich Unternehmen an Projektfinanzierungen beteiligen, ergibt sich im Regelfall aus einer bewussten Unternehmensstrategie der Risikobegrenzung heraus, kann sich in Ausnahmefällen aber auch aus einer Zwangslage ergeben. Aus Sicht des Sponsors ergeben sich zwei unterschiedliche Phasen: Befindet sich das Projekt noch in der Fertigstellungsphase, haftet er im Regelfall so, als ob er einen Unternehmenskredit aufgenommen hätte. Denkbar ist aber auch, dass es der Generalunternehmer ist, der eine entsprechende Verpflichtung übernommen hat. In diesem Fall besteht von Anfang an für den Sponsor das Risiko lediglich darin, dass er sein eingesetztes Eigenkapital verlieren kann.

Erst mit Erreichen der Fertigstellung wird der Sponsor im Regelfall der Limited Recourse Finanzierung aus seiner Haftung gegenüber den Banken frei: Ergeben sich nun Schieflagen beim Projekt, kann der Sponsor nicht mehr belangt werden. Sein Risiko ist in dieser Phase darauf beschränkt, dass er sein Eigenkapital und damit auch das Eigentum am Projekt verlieren kann. Analysiert man die Bilanz des Sponsors, sollte man versuchen herauszufinden, in welche Projektfinanzierungen er eingebunden ist, in welcher Risikophase sich diese befinden (Errichtung oder Betrieb) und welche potentiellen Verpflichtungen sich aus den Projekten noch ergeben können (z.B. Nachschusspflicht von Eigenkapital). Umgekehrt ist selbstverständlich die Performance des Projektes von Bedeutung für den Sponsor und seine Vermögens-, Ertrags- und Finanzlage, da sein Investment in dem Projekt gerade diesen Hintergrund hatte.

Bei der Analyse der weiteren Projektbeteiligten sollte man darauf achten, wie die vertragliche Beziehung zwischen der Projektgesellschaft und dem Projektbeteiligten ausgestaltet ist und welche Rechte und Pflichten sich aus ihr ableiten lassen. Je nach Ausgestaltung des Vertrages und der Bedeutung des Projektes für den Projektbeteiligten kann sich zwischen ihnen auch ein gegenseitiges Abhängigkeitsverhältnis ergeben.

Ausblick

Ausgangspunkt unserer Arbeit war die Fragestellung, welche Voraussetzungen erfüllt sein müssen, damit Vorhaben als Projektfinanzierung realisiert werden können. Ohne auf Details nochmals eingehen zu wollen, lässt sich festhalten, dass die Prognostizierbarkeit des Cashflows und die angemessene Einbindung der zentralen Projektbeteiligten in das Projekt die zentralen Erfolgsfaktoren sind. Fragt man weiter, welche Faktoren die Prognostizierbarkeit und Auskömmlichkeit des Cashflows bestimmen, so ergibt sich aufgrund unserer Erfahrung folgende Prioritätenfolge, die mit kleineren Abstufungen für das Gros der Projektfinanzierungen gilt:

- Stabilität und Verlässlichkeit des rechtlichen und regulatorischen Umfeldes,
- Angemessene Chance-Risiko-Allokation für alle Projektbeteiligten,
- Einsatz ausschließlich bewährter Technik,
- Standortqualität (Ressourcenangebot).

Wenn man sich diese - zugegebenermaßen subjektive - Einschätzung zu Eigen macht, kann man für die Realisierung von Projekten nur den Rat geben, sich unbedingt Länder mit einem stabilen politischen und rechtlichen Umfeld auszusuchen. Planungsunsicherheiten sind Gift für Investitionsentscheidungen, die einen Zeitraum von meist mehr als zehn Jahren erfolgreich überstehen sollen. Für die meisten Projektfinanzierungen heißt das auch, dass zentrale Fragen bei ihrer Ausgestaltung als Gegensatzpaare erscheinen:

1. Die Verträge in der Betriebszeit - Preisfixierung oder Marktorientierung. Oftmals vermittelt die Möglichkeit einer Preisfixierung zentraler Verträge (z.B. des Absatzvertrages) den Eindruck der gewünschten Planungssicherheit. Entwickelt sich der relevante Markt aber so, dass es für den Vertragspartner unwirtschaftlich wird, den Vertrag zu erfüllen, kann die vermeintliche Planungssicherheit schnell verschwunden sein.

2. Die verwandte Technik - bewährt oder neu? Es ist ein eherner Finanzierungsgrundsatz, dass nur bewährte Technologie Gegenstand einer Projektfinanzierung sein darf, da ansonsten der Cashflow im hohen Maße instabil wäre. So richtig der Grundsatz auch ist, darf er doch nicht den Blick darauf verstellen, dass andererseits auch keine veraltete Technologie finanziert werden darf, die schnell nicht mehr wettbewerbsfähig sein kann.

3. Das methodische Verfahren der Risikoquantifizierung: "Versuche, die Zukunft zu berechnen" oder "Versuche, auf die Zukunft vorbereitet zu sein". Vielfach wird die Ausgestaltung einer Projektfinanzierung auf die Cashflow-Orientierung reduziert, die dann auch die Ausgestaltung der Finanzierungsstruktur bestimmt. Die Erfahrung zeigt aber zum einen, dass Projektfinanzierungen häufiger anders verlaufen als geplant und zum anderen, dass die Projektgesellschaft bei Planabweichungen Möglichkeiten genutzt hat, an die zum Planungsbeginn kaum jemand gedacht hat. Das Denken in Handlungsmöglichkeiten, in Realoptionen, erscheint als eine wesentliche Ergänzung der traditionellen Methode der Risikoquantifizierung bei einer Projektfinanzierung.

Für die Gestaltung einer Projektfinanzierung gibt es auf jede der oben genannten Fragen nicht per se den Königsweg, sondern es ist bei jedem Projekt spezifisch zu prüfen, welche strukturellen Ausgestaltungen angemessen sind. Ebenso sollte deutlich geworden sein, dass der Projekterfolg nicht allein von der Wirtschaftlichkeit des Projektes abhängt, sondern insbesondere von dem gemeinsam geteilten und umgesetzten Verständnis der Projektbeteiligten, dass der langfristige Projekterfolg davon abhängt, Chancen und Risiken im Rahmen der Möglichkeiten der Beteiligten fair zu teilen. Die Methode der Projektfinanzierung bietet die notwendige Flexibilität, um diese Wachstumschancen auch umzusetzen.

Checkliste: Wann kommt eine Projektfinanzierung in Frage, wann nicht?

Könnte man es schaffen, eine Checkliste zu entwickeln, die einmal und für alle Zeiten beschreibt, welche Vorhaben für eine Projektfinanzierung in Frage kommen, würde man als reicher Projektfinanzierer in die Annalen der Finanzierungspraxis eingehen. Tatsächlich gibt es - wahrscheinlich ob dieser Aussicht - auch Autoren, die sich an dieser Aufgabe versuchen, und beispielsweise Branchen ausmachen, die mehr oder weniger gut geeignet sind für eine Projektfinanzierung[1]. Auch wenn dieses Vorgehen zunächst charmant erscheint, da eine einfache Management-Regel an die Hand gegeben wird, greift es doch zu kurz und ignoriert, dass Menschen lernfähig sind und Strukturen üblicherweise angepasst werden, wenn sie sich als nicht tauglich erwiesen haben.

Zwei Beispiele: Bis zur Jahrtausendwende erschienen Kraftwerks-Projektfinanzierungen als ein Selbstgänger im Bereich Projektfinanzierungen, so gut waren die Erfahrungen in der Vergangenheit: Die Fertigstellung stellte kaum ein Problem dar, die verwandten Tur-

---

1. R. Tinsley 2000, S. 76 f. Der Autor warnt beispielsweise vor Vorhaben im Bereich Petrochemie, bei denen der Produktname auf "-lene" endet oder empfiehlt umgekehrt Glasfaser-Projekte.

binen liefen zuverlässig und die Produkte konnten problemlos auf den Märkten untergebracht werden. Die Erfahrungen im britischen Poolmarkt und einzelne Turbinen-Probleme wiesen deutlich darauf hin, dass auch Erfahrungen in die Irre führen können, wenn man nicht eine dynamische Sicht auf die verschiedenen Risikofaktoren vornimmt. Zweites Beispiel: Glasfaserverbindungen, die neue Kommunikationsmöglichkeiten ermöglichen sollten, erschienen ab Mitte der 90er Jahre als eine perfekte Möglichkeit, sichere Cashflows zu generieren, da die bestehenden Leitungen vielfach nicht den erweiterten Anforderungen genügten und die neuen Vorhaben als natürliches Monopol praktisch nicht angreifbar erschienen. Ärgerlicherweise erfolgte ein massiver Technologieschub, da über eine Neuprogrammierung der bereits bestehenden Leitungen eine Vervielfachung ihrer Leistungen erfolgte, der wiederum zur Folge hatte, dass die neuen Glasfaserkabel keinen Markt mehr hatten - diese Investitionen waren im wörtlichen Sinne versunken. Die Erfahrung mit existierenden Projektfinanzierungen sollte also zur Vorsicht mahnen und zur Bescheidenheit anhalten. Allerdings wird man Prinzipien ausmachen können, die die Erfolgswahrscheinlichkeit von Projektfinanzierungen erhöhen und solche, die sie verringern. Zentral ist sicher die Aussage, dass die Stabilität des Cashflows und damit der weitgehende Ausschluss der oben beschriebenen Risiken eine notwendige Voraussetzung für den Erfolg einer Projektfinanzierung ist. Daher kann ein Blick auf die folgende Checkliste einen ersten Anhaltspunkt geben, ob eine Projektfinanzierung in Frage kommt:

Tabelle 3.15. : Checkliste (1. Teil)

	Risikobewältigung	Empfehlung:
Technisches Risiko (Technology Risk)	1. Einsatz ausschließlich "bewährter Technologie" durch den Hersteller, 2. Der Hersteller gewährt eine Leistungsgarantie (Frage: Dimensionierung, Laufzeit)? 3. Anforderung: Zeitraum des technologischen Wandels ist länger als Kreditlaufzeit	zu 1.: Bestehen ausreichende Erfahrungen mit dieser Technologie an diesem Standort und in dieser Verwendung (Gegenbeispiel: Solarkraftwerke mit Dünnschicht- Technologie)? zu 3.: Diese Empfehlung ist angesichts einer vielfach zu beobachtenden Verkürzung von Produktlebens- zyklen nur schwer zu realisieren (Bsp. Mobiltelefonie) und ist - streng genommen - auch eine Anmaßung von Wissen.
Fertigstellungsrisiko (Construction Risk)	1. Technikerfahrung der Anlagenhersteller (Referenzanlagen)? 2. Spezielle Vertragsform des "lumpsum, fixed-timescale turnkey-Vertrages" eingesetzt (der Anlagenbauer ist zur schlüsselfertigen Lieferung zum Festpreis und zu einem bestimmten Zeitpunkt verpflichtet)? 3. Besteht eine ausreichend dimensionierte Fertigstellungs- garantie der Sponsoren? 4. Gibt es einen Verantwortlichen für die Gesamtfertigstellung? 5. Gibt es eine Nachschuss- verpflichtung der Sponsoren bei Kostenüberschreitungen?	Es sollten - sofern möglich - auch die Verträge mit den Subunternehmern überprüft werden: Bestehen auch für sie hinreichende Anreize, ihren Part vereinbarungsgemäß zu erfüllen?
Betriebsrisiko (Operating Risk)	1. Verfügbarkeit und Know-how der Arbeitskräfte? 2. Arbeitsmoral (Streikhäufigkeit, Lohnniveau)? 3. Angemessenheit des Betreibervertrages zwischen der Projekt- und der Betreibergesellschaft?	Probleme sind bei diesem Teilbereich eher seltener aufgetreten.
Versorgungsrisiko (Supply risk)	1. Langfristige Bezugsverträge (Lfz. mindestens gleich Kreditlaufzeit plus Puffer für Prolongationen) mit Preisbindung, zugesicherten Qualitäten und Quantitäten sowie einer Absicherung über Pönalen, 2. unter Umständen Deliver-or-Pay-Verträge (Zusage der Lieferung einer bestimmten Menge, widrigenfalls Zahlung einer Entschädigung), 3. Lieferalternativen vorhanden? 4. Reserve bei der Projektgesellschaft? 5. Verkehrs- infrastruktur angemessen?	Lieferengpässe traten im allgemeinen nur auf als Folge einer allgemeinen Wirtschaftskrise des Projektlandes.
Absatzrisiko (Offtake Risk)	1. Bestehen langfristige Produktabnahmeverträge auf Take-or-Pay-Basis (entweder werden die Quantitäten abgenommen oder die Projektgesellschaft kann für die Mindermenge eine Kompensation verlangen)? 2. Liegen Exportgenehmigungen vor? 3. Besteht ein Weltmarkt, auf dem die Projektprodukte abgesetzt werden können? 4. Einrichtung einer Kontenstruktur zur Aufnahme aller Projekterlöse mit Erlösverteilung nach dem Wasserfallprinzip (zuerst Betriebskosten, dann Schuldendienst, dann Dividenden).	1. Bei dem Abschluss von Abnahmeverträgen sollte verstärkt darauf geachtet werden, dass diese nicht gegen den Markt laufen. 2. Bei Märkten, die sich in einem Prozess der Deregulierung befinden, sollten die Wirtschaftlichkeitsrechnungen besonders kritisch überprüft werden (erfahrungsgemäß wird die preissenkende Wirkung überschätzt, die induzierte Nachfrageerhöhung aber überschätzt, v.a. Erfahrung bei Mobiltelefonie.

Tabelle 3.16. : Checkliste (2. Teil)

	Risikobewältigung	Empfehlung:
Finanzielles Risiko (Financial Risk)	1. Sicherung der Eigenmittelaufbringung (Bonität der Gesellschafter), 2. Fertigstellungsgarantie für die Bauphase (d.h. Garantie für die Rückzahlung der Fremdmittel bei Fehlschlagen des Projektes), 3. Kostenüberschreitungs- reserve, 4. Verfügbarkeit einer Schuldendienstreserve (meist in Höhe des nächstfälligen halbjährlichen Schuldendienstes) 5. Vereinbarung von Covenants, 6. Einschränkung von Folgeinvestitionen	recht unproblematisch
Politisches Risiko (Länderrisiko)	1. Vollständige Devisengenerierung des Projektes (Hedging-Instrumente), 2. Innenpolitische Stabilität (insbesondere Akzeptanz bei der lokalen Bevölkerung) 3. Führung aller Bankkonten Offshore, 4. Staatliche Exportkreditversicherung	I. Das Länderrisiko (konkret: Asienkrise) hat sich als das Risiko erwiesen, dem in der Praxis die größte Bedeutung zukam. Empfehlung: 1. Einschätzung der Ländersituation durch Länder-Ratings unverzichtbar, 2. Konzentration von Projekten in einzelnen Ländergruppen vermeiden. II. Bei allen Projekten sollte die Kongruenz zwischen Einnahmen- und Ausgabeseite angestrebt werden (Devisenwirksamkeit, praktisch nicht zu realisieren etwa bei Mobiltelefonie oder Mautstraßen).
Höhere Gewalt (Force Majeure)	marktübliches und versicherungssummenmäßig ausreichend dimensioniertes Versicherungspaket, mindestens mit Bauversicherung, Bauhaftpflicht und Sachversicherungen	Zwischen den Projektbeteiligten muss in jedem Fall explizit ausgehandelt werden, wie die Risikoaufteilung aussehen soll. Möglichst sollte versucht werden, für diese Risiken eine Versicherung zu finden.
Rechtsrisiko	1. Beauftragung externer Juristen mit der Vertragserstellung, 2. Rechtsauswahl eines bekannten Rechtskreises 3. Rechtliche Bestimmungen des Projektlandes westlichen Standards entsprechend, 4. Rechtsprüfung aller Verträge durch Legal Opinions renommierter Anwälte.	Das Rechtsrisiko steht in einem engen Zusammenhang mit dem Länderrisiko. Ex-post-Überraschungen sind auch hier möglich: In einem Fall wurde die Konkursordnung zwischenzeitlich so verwässert, dass ein Konkurs erst dann eintreten konnte, wenn der Schuldner subjektiv eingestand, illiquide zu sein.
Umweltrisiko	1. Umweltverträglichkeitsprüfung, 2 Einhaltung internationaler Umweltstandards, 3. Keine Altlastenproblematik 4. Umweltschonender Produktionsprozess, 5. Entsorgung von Reststoffen gesichert, 6. Keine Verschärfung von Umweltstandards absehbar.	Ein Aspekt, der deutlich unterstrichen werden muss: "Externe Effekte" sind ein sehr dehnbarer und oft subjektiver Begriff. Umweltgruppen haben oftmals Erfolg darin, die Öffentlichkeit wegen behaupteter gravierender Eingriffe des Projektes in die Umwelt zu mobilisieren. Dies führte z.B. zu einer Verlagerung der Planung für Offshore-Windparks weiter weg von der Küste.

In einem zweiten Schritt sollte untersucht werden, ob die zentralen Projektverträge so ausgestaltet werden, dass jeder der Vertragsparteien daran interessiert ist, sich im Interesse des Projektes zu verhalten. Dies ist selbst bei Kenntnis der Projektverträge allerdings nur sehr schwer möglich, da ein Projekt nicht losgelöst von der restlichen Welt in einem ansonsten risikofreien Orbit schwebt, sondern sich immer auch in einem Geflecht von dynamischen Märkten, politischen Zielvorstellungen und verändernden Anreizen behaupten muss, die die ursprünglichen Pläne schnell obsolet machen können.

Letztlich gelten die im Ausblick beschriebenen Gegensatzpaare auch hier: Natürlich gibt es eine Präferenz für bewährte Technik, für Festpreisverträge und für die traditionelle

Methode der Cashflow-Berechnung. Aber für alle genannten Bereiche lassen sich auch Beispiele finden, bei denen die Erfahrungen der falsche Ratgeber waren und die Entscheidungen für neue Technologie, für marktbasierte Verträge und für die Berücksichtigung von Handlungsoptionen besser gewesen wären.

Wenn beim Leser das Verständnis gewachsen wäre, dass Projektfinanzierungen jeweils individuelle Lösungen einer Finanzierungsfrage darstellen, wäre viel erreicht.

1. Moderne Projektfinanzierung: Das magische Dreieck von Rendite, Risiko und Liquidität

4.1. Portfolios, Diversifizierung und geforderte Renditen für den Einsatz von Eigenkapital[1]

4.1.1. Das CAPM-Modell[2]: Unsystematische und systematische Risiken

In den bisherigen Ausführungen war der Fokus der Argumentation auf die Vorteilhaftigkeit von Projekten gelegt worden. Hierbei haben wir gesehen, dass die Rentabilität von Projekten immer vor dem Hintergrund von Alternativen zu sehen ist. Um die Rentabilität messen zu können, standen die (erwarteten) Einzahlungsüberschüsse oder Cashflows im Mittelpunkt des Interesses. Um die alternative Verwendung von Geld messen zu können, wurde der Cashflow mit den sogenannten Opportunitätskosten abdiskontiert. Jeder Zahlungsstrom wurde mit Zins- und Zinseszinseffekten nach unten korrigiert, wobei der Diskont umso größer ausfiel, je länger die Laufzeit und je höher der alternativ zur Verfügung stehende Diskontsatz war. Die Alternative wird somit als Messlatte in das Kalkül eingeführt. Risiken wurden oben dahingehend eingeführt, als mit Hilfe des Konzeptes des Kapitalwertes verschiedene Szenarien in Bezug auf sich ändernde Größen, wie Diskontsatz oder Zahlungsströme, modelliert werden konnten[3].

Eine unmittelbare Verrechnung von Rendite- und Risikogesichtspunkten fand nicht statt. Einzig ein positiver Kapitalwert signalisierte eine relativ zur Alternative vorteilhafte Investition. Als Referenzzins wird in diesem Zusammenhang der risikolose Zinssatz gewählt, der über staatliche Anleihen garantiert wird. Auffällig in der oben angestellten Betrachtung ist die weitverbreitete Bearbeitung von Projektdaten mit statischen Kennziffern, die -wie oben ausgeführt- dem dynamischen Charakter eines Projektes in keinem Fall gerecht wird. Wenn Kriterien wie die Rückzahlungsperiode (wann ist die ursprüngliche Auszahlung amortisiert?) oder der Return on Investment (z.B. Verhältnis vom durchschnittlichen Nettoeinkommen zur Investitionssumme) verwendet werden, dann

---

1. Im Englischen spricht man von Hurdle Rates, die es gilt zu überwinden, damit Eigenkapitalgeber bereit sind, finanzielle Mittel für das Projekt bereit zu stellen.
2. CAPM steht für Capital Asset Pricing Model.
3. Die Betrachtungsweise im Rahmen des Kapitalwertes ist zumindest gewöhnungsbedürftig, da traditionell mit Kennzahlen die Rentabilität von Projekten abgeschätzt wird. Um aber die zukünftige Rentabilität von Projekten mit ihren prognostizierten Cashflows einschätzen zu können, ist es wichtig, nicht den bilanzierten sondern den ökonomischen Gewinn zu betrachten, der widergibt, inwieweit ein Projekt im Vergleich zu anderen Investments (Überschuss-)Renditen abwirft oder nicht. Mit anderen Worten, Projekte lassen sich nur vor dem Hintergrund alternativer Anlageformen beurteilen und nicht in einer gewissen „Nabelschau".

wird zum einen ein Cashflow in jeder Periode in der Zukunft gleichgewichtet und zum anderen werden z.T. willkürliche Grenzen in Bezug auf den Endzeitpunkt des Projektes mit seinen prognostizierten Cashflows gewählt. Im Kontext der Kapitalwertmethode und der Diskontierung von Cashflows wird diese unzureichende Verrechnung von Zahlungsströmen nicht vorgenommen. Cashflows werden zeitnah höher gewichtet als in ferner Zukunft. Zudem finden alle relevanten (marginalen) Cashflows des Projektes Eingang in die Berechnung des Kapitalwertes.

Empirisch ist die oben abgeleitete Handlungsempfehlung zur Beurteilung von Projektfinanzierungen oder Investitionen selbst in Ländern mit einer ausgeprägten Projektfinanzierungshistorie kaum verbreitet. Eine Befragung von Firmen im Hinblick auf die Evaluation und Bewertung von Projekten ergab folgendes Bild:

Tabelle 4.1. : Bewertung von Projekten durch britische Firmen [1]

	in %
Quantitative Untersuchungen	90
Verwendete Methoden	
- Bilanzielle Kennzahlen	13
- Diskontierte Cash Flows	53
- Einfache Rückzahlungsperiode	75
- Gesamtrendite	49
- Eigenkapitalrendite	12
- Andere Kriterien	3
Geforderte Rendite berechnet auf	
- Vor-Steuer-Basis	56
- Nach-Steuer-Basis	44
Berechnungen in realen Größen	35
Berechnungen in nominellen Größen	63
- Ansatz für die Inflationsrate im Durchschnitt	4,9
Verwendung Sensitivitätsanalysen	48

Um den geeigneten Diskontfaktor für zukünftige Cashflows anwenden zu können, müssen im Gegensatz zu oben Rendite- und Risikogesichtspunkte miteinander verknüpft werden. Dies ist bei anderen Methoden gar nicht oder nur unzulänglich möglich. Relevant für die Diskontierung von Cashflows sind -wie wir unten sehen werden- die gewichteten Kapitalkosten, wobei sowohl die Renditevorstellungen des Eigen- R_{EK} als

---

1. G. Pollio 1999, S. 33 (Doppelnennungen waren möglich).

auch Fremdkapitals R_{FK} eingehen. Die (geforderte) Gesamtrendite des Projektes bestimmt sich als gewichtete Rendite, wobei der finanzielle Leverage d (Fremdkapital FK im Verhältnis zum Eigenkapital EK) maßgeblich die Höhe der Gewichte vorgibt. Es gilt somit:

$$\frac{1}{(1+d)} \cdot R_{EK} + \frac{d}{(1+d)} \cdot R_{FK} = \frac{EK}{EK+FK} \cdot R_{EK} + \frac{FK}{EK+FK} \cdot R_{FK} \qquad (4.1.)$$

Man sieht aus der Gleichung 4.1. auf Seite 143 unmittelbar, dass die Gesamtrendite für die Rentabilität eines Projektes relevant ist. Nur wenn alle Finanziers eines Projektes ordnungsgemäß laut Vertrag mit Zahlungen zu jedem Zeitpunkt und Ort bedient werden können, wird das Projekt letztendlich erfolgreich sein, in dem Sinne, dass es einen positiven ökonomischen Gewinn abwirft. In allen anderen Fällen wird es unmittelbar zu Konflikten zwischen den Stakeholdern kommen, die wiederum „schädlich" für den Erfolg des Projektes sind. Der Diskontfaktor bestimmt sich somit im Rahmen der Kapitalwertmethode immer auf der Basis des Zuwachses an Gewinnen relativ zu alternativen Anlagemöglichkeiten des Geldes (positiver Kapitalwert), wobei die Shareholder oder Sponsoren eines Projektes die Interessen der anderen zu jedem Zeitpunkt im Auge behalten müssen. Mit anderen Worten, die Interessen der anderen Stakeholder haben als Nebenbedingungen in das Gewinnmaximierungskalkül der Shareholder einzugehen. Je nachdem wie hoch der finanzielle Leverage, desto höher ist das Gewicht der Fremdfinanzierung im Rahmen der Gesamtrendite eines Projektes. Fremdfinanzierungen genießen weltweit ein Steuerprivileg. Mit anderen Worten, der Zinsdienst für Fremdfinanzierungen kann i.d.R. bei der Ermittlung der Steuerbemessungsgrundlage für Gewinnsteuern abgezogen werden[1]. Die Nichtzahlung von Steuern bedeutet für das Projekt de facto eine Einzahlung, die den Cashflow des Projektes zu jedem Zeitpunkt erhöht. Auf der anderen Seite ist aber zu berücksichtigen, dass der höhere finanzielle Leverage die Insolvenzwahrscheinlichkeit ansteigen lässt. Höhere Kreditrisiken bedeuten aber auch zusätzliche Kosten, wie wir unten sehen werden.

Im Zusammenhang mit der Ableitung der geforderten Rendite (Hurdle Rate) für die Renditevorstellungen des Eigenkapitals finden Diversifizierungsgewinne Anwendung wie sie z.B. im Rahmen des Portfoliomanagements anfallen. Die Vorstellung eines rational handelnden Anlegers beinhaltet unmittelbar, dass der Anleger sein Risiko streut und Risikodiversifizierung durchführt, indem er in (geschickter) Weise verschiedene Anlage-

---

1. Eine Ausnahme z.B. bilden die kommunalen Gewerbeertragssteuern in Deutschland, bei deren Berechnung der Steuerbemessungsgrundlage die Hälfte des Zinsdienstes für langfristige Fremdfinanzierungen einfließen. Projekte müssen für diesen Teil des Fremdkapitalzinsen Gewerbeertragssteuern abführen.

möglichkeiten als Eigenkapitalgeber kombiniert. Hierbei ist unter einer geschickten Kombination von Projekten nicht zu verstehen, dass einzig die Anzahl der zu finanzierenden Projekte ansteigt. Vielmehr ist der Schlüssel einer geschickten Anlagepolitik die Auswahl der zu finanzierenden Projekte. Eine (alleinige) Kombination aus Elektrobranche und Maschinenbau fällt nicht darunter, da beide Branchen von dem gleichen (Haupt-)Risiko betroffen sind, die Konjunkturentwicklung. Bei einem Auf- und Abschwung über einen Konjunkturzyklus wird sich die Nachfrage nach den Produkten in ähnlicher Weise entwickeln. Beide Branchen produzieren Investitionsgüter, deren Nachfrage primär bei einer Veränderung der gesamtwirtschaftlichen Nachfrage steigt oder fällt.

$$\text{Rendite}_{\text{Portfolio}} = \alpha R_i + (1-\alpha) R_j \quad (4.2.)$$

$$\text{Varianz}_{\text{Portfolio}} = \alpha^2 \sigma_{R_i}^2 + (1-\alpha)^2 \sigma_{R_j}^2 + 2\alpha(1-\alpha) \cdot \text{COV}(i,j) \quad (4.3.)$$

Die Gleichung 4.2. auf Seite 144 und Gleichung 4.3. auf Seite 144 verdeutlichen den Grundgedanken der Vorteilhaftigkeit von Portfoliobildung. Während die erwartete Rendite von zwei Projekten die Summation der beiden erwarteten (Einzel-)Renditen R_i und R_j der Projekte i und j ist, ist die Varianz, über die für gewöhnlich Risiken in der Finanzwirtschaft gemessen werden, nicht die einfache Summe der beiden Einzelvarianzen. Hier ist zu beachten, inwieweit die Renditen sich gleichförmig verhalten. Besteht eine sogenannte positive Korrelation von Eins zwischen beiden Projekten, so ist die Gesamtvarianz einfach die Summe der Einzelvarianzen. Der Gedanke lässt sich leicht an zwei Würfeln verdeutlichen. Würfelt man mit zwei Würfeln, dann werden die Augenzahlen zufällig fallen, wobei sich die Summe sieben mit den meisten Kombinationen darstellen lässt. Die Zahl sieben ist somit am wahrscheinlichsten, aber man kann kein bestimmtes Muster an Kombinationen von Zahlen beobachten, wenn die Würfel nicht präpariert sind. Anders verhält es sich, wenn man nach dem Würfeln eines Würfels den anderen Würfel entweder auf die gleiche Zahl legt oder auf die gegenüberliegende Seite (Eingriff in das Experiment). Im ersten Fall nennt man die Würfel positiv korreliert, im zweiten Fall perfekt negativ korreliert.

Abbildung 4.1 · Mögliche Ergebnisse beim Würfeln von zwei Würfeln

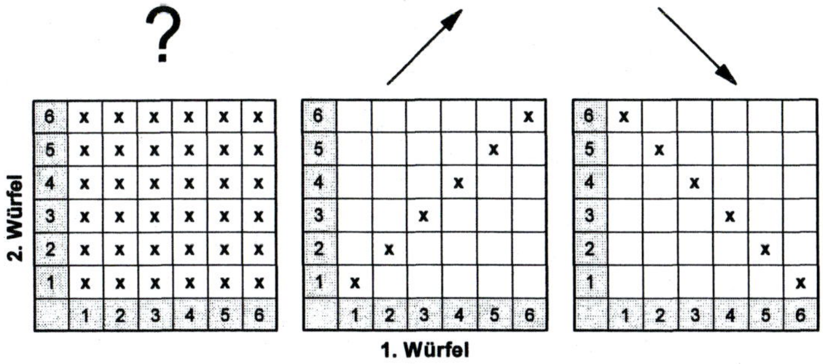

Im linken Diagramm der Abbildung 4.1. auf Seite 145 sieht man den Fall von unabhängigen Ereignissen. Alle Kombinationen von Augenzahlen der beiden Würfel sind denkbar. Man ist mit einer Punktewolke konfrontiert, die keine Ausrichtung aufweist. Man spricht in diesem Zusammenhang auch von stochastisch unabhängigen Ereignissen. In der Realität könnten dies Probebohrungen auf vermuteten Erdölfeldern sein, die in der Nordsee oder auf der Arabischen Halbinsel liegen. Die geologische und räumliche Verteilung lässt vermuten, dass kein systematischer Zusammenhang besteht. In den beiden anderen Fällen kann man eine eindeutige Ausrichtung der Ereignisse beobachten. Im mittleren Diagramm sind keine Diversifizierungsgewinne zu realisieren (vgl. Branche Elektrotechnik und Maschinenbau). In dem rechten Diagramm ist der sehr unrealistischen Fall des Ausschaltens von Risiken denkbar, da in diesem Fall, aufgrund der Konstruktion des Experiments, immer die gleiche Punktzahl in der Summe auf beiden Würfeln erscheint. Der Erwartungswert (arithmetische Mittel) beider Augenzahlen ist immer 3,5, die möglichen Ereignisse sind aber gleichverteilt wie beim Würfeln eines einzelnen Würfels. Mit anderen Worten, das Risiko ist im Falle der Gleichverteilung sehr hoch.

Auf diese Weise kann man Risiken ausschalten, die einem einzigen Projekt oder einer einzigen Anlagemöglichkeit innewohnen. Man nennt diese Art von Risikoquellen unsystematische Risiken. Darunter sind Managementfehler im Hinblick auf den operativen und finanziellen Leverage[1] zu verstehen. Hier kann man davon ausgehen, dass Manager nicht gleichzeitig in allen Branchen, Firmen oder Projekten zur gleichen Zeit, im Hinblick auf den operativen und finanziellen Leverage, die gleichen Fehler machen. Verneint man diese Aussage, dann wird sofort einsichtig, dass unsystematische Risiken durch die Anzahl der finanzierten Projekte diversifiziert werden können, während syste-

---

1. Unter dem operativen Leverage versteht man das Verhältnis von Fixkosten zu variablen Kosten eines Projektes. Der finanzielle Leverage spiegelt das Verhältnis von Fremdkapital FK zu Eigenkapital EK wider.

matische Risiken im Gegenzug nicht diversifiziert werden können. Diversifizierungsanstrengungen sind nur bis zu einem gewissen Punkt von Erfolg gekrönt. Weitere Kosten für die Reduktion des Gesamtrisikos machen in diesem Kontext keinen Sinn. Darunter fallen alle Risikoarten, die alle Projekte mehr oder weniger treffen können. Man spricht in diesem Zusammenhang auch von systematischen Risiken. Typischerweise sind alle Marktpreise unter diese Kategorie zu subsumieren. Darüber hinaus sind auch Zufall oder Naturkatastrophen (Force Majeure) unter dieser Kategorie einzuordnen, zudem politische Risiken in Form von sich ändernden Gesetzen sowie im Extremfall Enteignungen. Ein „Bodensatz" von systematischen Risiken lässt sich -wie angeführt- nicht vermeiden. Kein Projekt, oder ein Portfolio von Projekten, kann alle Risikoarten ausschalten.

Abbildung 4.2. : Diversifizierung eines Portfolios

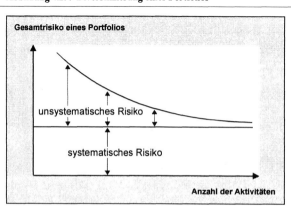

Abbildung 4.2. auf Seite 146 verdeutlicht die obigen Ausführungen. Mit der Anzahl der Projekte im Portfolio eines Eigenkapitalgebers sinkt das Gesamtrisiko des Portfolios. Die unsystematischen Risiken werden sukzessive eliminiert, während die systematischen Risiken, die in allen Projekten innewohnen, nur bis zu einem bestimmten Punkt reduziert werden können. Es gilt nun, diese Risiken adäquat zu entlohnen. In der Gleichung 4.3. auf Seite 144 geht das Risiko eines einzelnen Projektes nicht linear in die Bestimmung des Gesamtrisikos ein. Die Summe der Einzelrisiken von Projekten ist vielmehr nichtlinearer Natur. Abbildung 4.3. auf Seite 147 verdeutlicht noch einmal den Zusammenhang zwischen den beiden Risikoarten, die für die Risikobestimmung eines Bündels von Projekten für einen Eigenkapitalgeber (Sponsor) relevant sind:

Abbildung 1.3.1 Un- und systematische Risiken

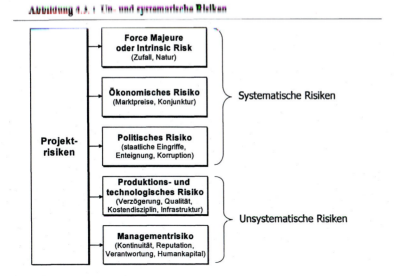

Wichtig in diesem Zusammenhang ist die Beobachtung, dass die Gesamtrendite und das -risiko einer Zusammenstellung von Projekten zu einem Portfolio für den Eigenkapitalgeber letztendlich relevant sind und nicht die Betrachtung von Aktivitäten nebeneinander für sich genommen. Vielmehr die geschickte Auswahl von Projekten ist entscheidend für das Ergebnis einer Anlagepolitik. Wichtig ist die genaue Analyse der den Aktivitäten innewohnenden Risiken, die nicht gehäuft auftreten sollten, da ansonsten keine Diversifizierungsgewinne aus der Anlagepolitik zu beobachten sind.

In der modernen finanzwirtschaftlichen Literatur hat in diesem Zusammenhang die CAPM-Gleichung[1] eine überragende Bedeutung für die Bewertung von Risiken gewonnen. In der Vorstellung des CAPM-Modells können alle systematischen Risiken auf eine Risikoart reduziert werden, die Konjunkturentwicklung. Man spricht in diesem Zusammenhang auch von einem Ein-Faktor-Modell. Ausgangspunkt der Überlegungen im Rahmen des CAPM-Modells ist ein wohldiversifiziertes Portfolio. Für gewöhnlich verwendet man an dieser Stelle einen Aktienindex (DAX) als Referenzportfolio, in dem alle denkbaren Branchen vertreten sind und systematische Risiken bis zu einem nicht weiter zu reduzierenden Niveau abgesenkt wurden. Unsystematische Risiken spielen in einem solchen Portfolio keine Rolle mehr. In der Literatur wird für gewöhnlich der Börsenindex wie der DAX als Stellvertreter für makroökonomische Risiken herangezogen. An der Entwicklung des DAX kann man den Einfluss der Konjunkturentwicklung auf ein diversifiziertes Portfolio genau studieren. In einem zweiten Schritt wird untersucht, wel-

---

1. CAPM steht für Capital Asset Pricing Model.

chen Beitrag neue Projekte oder Anlagemöglichkeiten zum Gesamtrisikos des bestehenden Portfolios leisten. Hier haben wir gesehen, ist es nicht wichtig, dass die Einzelvarianz[1] des neuen Projektes groß ist, sondern vielmehr die Tatsache, inwieweit das Gesamtrisiko aller Projekte sich verändert, wobei das Portfolio mit und ohne dem neuen Projekt betrachtet wird. Dies wird über die Regression von Branchenindizes mit dem Gesamtindex DAX abgebildet. Wir wissen, dass die Kovarianz als statistisches Maß relevant für die Beurteilung des Risikos eines neuen Projektes ist.

Abbildung 4.4. : Betas ausgewählter Branchen[2]

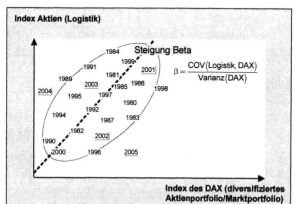

Branche	Beta	Branche	Beta
Fluglinien	1,80	Landwirtschaft	1,00
Elektronik	1,60	Lebensmittel	1,00
Konsumgüter (dauerhaft)	1,45	Banken	0,85
Vorleistungen	1,30	internationale Ölgesellschaft	0,85
Verlage	1,30	Tabak	0,80
Chemie	1,25	Telefon	0,75
Schifffahrt	1,20	Energie	0,60
Stahl	1,05	Gold	0,35
Metall, nicht Eisen	1,00		

Bei Projekten im Logistikbereich z.B. handelt es sich um sogenannte zyklische Aktivitäten, deren Erfolg oder Misserfolg eng mit der Entwicklung der (weltweiten) Konjunktur verknüpft ist. Man kann aufgrund empirischer Untersuchungen beobachten, dass sich Aktien der Logistikbranche im Schnitt in den letzten Jahrzehnten in Relation zum Index der DAX-Werte überdurchschnittlich entwickelt haben. Mit anderen Worten, stieg oder fiel der DAX in den letzten Jahrzehnten um ein Prozent, so war die Reaktion des Index für Logistikunternehmen stärker ausgeprägt. In der Abbildung 4.4. auf Seite 148 ist die Branche Schifffahrt z.B. mit einem Beta von 1,20 angegeben. Hier würde ein Anstieg des Börsenindex von einem Prozent den Anstieg von Aktienwerten der Schifffahrtbranche im Schnitt von 1,20 Prozent bedeuten. Umgekehrtes mit negativen Vorzeichen gilt für den Rückgang des Börsenindex um ein Prozent. In Abbildung 4.4. auf Seite 148 sieht man zudem, dass die Steigung der Geraden im linken Diagramm genau durch die Größe

---

1. Maßstab für das Risiko eines Projektes.
2. Vgl. R. H. Campbell (1996) und A. Damodaran 1997, S. 137. Es handelt sich hier um US-Daten, da weltweit im Vergleich zu den USA Börsendaten erst seit relativ kurzer Zeit erfasst werden. Aus didaktischen Gründen soll im Folgenden auf diese Zahlen zurückgegriffen werden, die in leicht abgewandelter Form auch in anderen Ländern zu beobachten sind.

geprägt ist, die für die Zusammenstellung von Portfolios von Projekten so wichtig ist, die Kovarianz COV(Logistik, DAX) zwischen den Aktienindizes der Logistikbranche und dem Referenzportfolio DAX. Unter bestimmten Annahmen, die an späterer Stelle im Rahmen einer Projektfinanzierung zu diskutieren sind, kann man zeigen, wie auf sogenannten effizienten[1] Kapitalmärkten Eigenkapitalgeber (Sponsoren) die Risikoprämie für neue Projekte berechnen. Hierbei sind zwei Komponenten wichtig, zum einen die Branche und zum anderen der Marktpreis des Risikos. Der Marktpreis des Risikos gibt hierbei die (Überschuss-)Rendite über die sichere Anlage in staatliche Anleihen an, wobei einzig die (durchschnittliche) Rendite aller DAX-Werte im Vergleich zu dem sicheren Anlagezinssatz der staatlichen Anleihe interessiert. Es ist von entscheidender Bedeutung, dass Eigenkapitalgeber aufgrund der juristischen Konstruktion nur das Residuum eines Zahlungsstromes erhalten, wenn alle anderen Interessen an einem Projekt befriedigt wurden. An letzter Stelle werden Eigenkapitalgeber im Falle einer Insolvenz Zahlungen erhalten. Sie sind damit höheren Risiken ausgesetzt als alle anderen Finanziers des Projektes.

$$R_j = \bar{R} + \beta_j (R_{DAX} - \bar{R}) \quad mit \quad \beta_j = \frac{COV(j, DAX)}{\sigma^2_{DAX}} \quad (4.4.)$$

Als Ausgangspunkt zur Berechnung der Risikoprämie für ein neues, riskantes Projekt ist verständlicherweise der sichere Zinssatz einer Anlage in staatliche Anleihen zu wählen. Garantiert ein neues Projekt eine Rendite unter diesem Niveau, wird es den Initiatoren schwer fallen, Sponsoren für die Finanzierung des Projektes zu akquirieren. Der Aufschlag über den Referenzzinssatz staatlicher Anleihen bestimmt sich desweiteren über das Beta β des Projektes. Hier ist relevant, in welcher Branche das Projekt angesiedelt ist. Zyklische Branchen weisen ein höheres Beta auf, da sie in einem diversifizierten Portfolio, wie dem DAX, die Konjunkturanfälligkeit des (erweiterten) DAX-Portfolios stark erhöhen. Nicht zyklische Branchen wie Energieprojekte allgemein oder Ölprojekte besitzen deutlich niedrigere Betas, da in diesem Fall der Konjunktureinfluss im (erweiterten) DAX-Portfolio deutlich in den Hintergrund tritt. Die Risikoprämie ist entsprechend niedriger zu wählen. In einem weiteren Schritt ist nun der Marktpreis des Risikos zu bestimmen, der wiederum von der Konstitution des Finanzsystems und der Integration der Finanzmärkte weltweit abhängt sowie von dem Länderrisiko des Projektstandortes beeinflusst wird. In der Gleichung 4.4. auf Seite 149 ist die CAPM-Gleichung zur Erfassung von Risiken für das Eigenkapital für den inländischen Fall Deutschlands abge-

---

[1] Markteffizienz bedeutet in diesem Zusammenhang, dass die Finanzmärkte zumindest alle verfügbaren öffentlichen Informationen verarbeitet haben. Systematische Prognosefehler sind demnach langfristig nicht zu beobachten. Prognosefehler, die Kursentwicklungen über- und unterschätzen, heben sich demnach in der langen Frist auf.

bildet. In der Realität haben Eigenkapitalgeber aber die Möglichkeit, ihr Risiko weltweit zu streuen. Das systematische Risiko bezieht sich dann nicht mehr allein auf den Börsenindex DAX als Stellvertreter makroökonomischer Risiken, sondern auf einen Weltmarktindex. Der Marktpreis des Risikos weltweit ist aber anders einzuschätzen als der Marktpreis des Risikos in Deutschland allein.

Abbildung 4.5.: Systematische Risiken und Diversifizierung

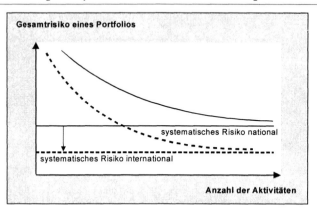

Abbildung 4.5. auf Seite 150 verdeutlicht das oben Gesagte. Da weltweit mehr Investitionen in Projekte möglich sind, bestehen auch weitere Diversifizierungsmöglichkeiten. Man kann empirisch zeigen, dass Länder mit hohen außenwirtschaftlichen Verflechtungen auch deutlich höhere gegenseitige Einflüsse in Bezug auf die Konjunkturentwicklung des jeweils anderen Landes besitzen. Wirtschaftsräume wie NAFTA, EU und ASEAN stehen stellvertretend für dieses Faktum. Einer höheren Integration der Wirtschaftsräume, und dementsprechend der Finanzmärkte, stehen eingeschränkte Diversifizierungsmöglichkeiten gegenüber. Eingeschränkt in dem Sinne, dass eine weltweite Diversifizierung von Projekten Diversifizierungsgewinne ermöglicht. Die Korrelation der jeweiligen Börsenindizes zu einem zu konstruierenden, weltweiten Börsenindex (z.B. S&P weltweit) variieren über die jeweiligen Regionen der Welt. Im Gegensatz zu Gleichung 4.4. auf Seite 149 muss man in diesem Fall nach einem Substitut für den Marktpreis des Risikos suchen, das gerade betrachtet wird. Den Marktpreis des Risikos mithilfe der (Über-) Rendite der durchschnittlichen Rendite von DAX-Werten über den sicheren, staatlichen Anlagezinssatz (R_{DAX}-R_{Staat}) zu bestimmen, greift zu kurz. Es gilt z.B. approximativ:

$$(R_{DAX} - \bar{R}) \cong \beta_{DAX,\,Welt} \times (R_{Welt} - \bar{R}_{Welt}) \qquad (4.5.)$$

Man kann als Faustregel nennen, dass die Börsenindizes in sich entwickelnden Länder eine deutlich niedrigere Korrelation zum weltweiten Börsenindex als entwickelte Länder aufweisen. Für sich entwickelnde Länder beträgt die Korrelation rd. 0,4 im Vergleich zu einem Weltbörsenindex, in entwickelten Länder rd. 0,6[1]. Dementsprechend schwanken die Börsenindizes weltweit unterschiedlich in Relation zu einem weltweit konstruierten Börsenindex. Hierin kommt zum Ausdruck, dass die Finanzmärkte weltweit unterschiedlich integriert sind und somit weitere Diversifizierungsgewinne realisierbar sind. Auf der anderen Seite gilt es zu bedenken, dass Börsenindizes in sich entwickelnden Ländern deutlich stärker schwanken. Sie weisen zudem i.d.R. deutlich höhere Länderrisiken auf. Beide Faktoren müssen gegeneinander aufgewogen werden. Ein Beispiel soll dies verdeutlichen[2]:

Tabelle 4.2. : Länderrisiken und Diversifizierungsgewinne

	in %
Weltbörsenindex	
- Standardabweichung Weltbörsenindex	4,0
- Marktpreis des Risikos weltweit	6,0
Land A	
- Standardabweichung Börsenindex A	6,0
- Korrelation mit Weltbörsenindex	0,6
Land B	
- Standardabweichung Börsenindex B	16,0
- Korrelation mit Weltbörsenindex	0,4

Aus den Angaben der Tabelle 4.2. auf Seite 151 und der Gleichung 4.5. auf Seite 150 lassen sich die Marktpreise der Risiken vor dem Hintergrund weltweiter Diversifizierungsmöglichkeiten neu ermitteln, wenn man sich folgenden statistischen Zusammenhang vor Augen führt[3]:

$$\beta_{DAX, Welt} = \frac{COV(DAX, Welt)}{\sigma^2_{Welt}} = \frac{\sigma_{DAX} \cdot \sigma_{Welt} \cdot \rho_{DAX, Welt}}{\sigma^2_{Welt}} = \frac{\sigma_{DAX}}{\sigma_{Welt}} \cdot \rho_{DAX, Welt} \quad (4.6.)$$

Für die (risikoangepassten) Länder-Betas $\beta_{DAX,Welt}$ lassen sich somit unmittelbar folgende Ausdrücke ableiten:

---

1. A. Buckley 2000, S. 474ff.
2. A. Buckley 2000, S. 479ff.
3. ρ bezeichnet dabei die Korrelation zwischen zwei Variablen, die über den „Gleichlauf" von zwei Variablen Auskunft gibt. Mit anderen Worten, es wird die Frage beantwortet, inwieweit ein systematischer Zusammenhang bei der Veränderung von z.B. zwei Börsenindizes existiert.

$$\beta_{A,\text{Welt}} = \frac{\sigma_A}{\sigma_{\text{Welt}}} \cdot \rho_{A,\text{Welt}} = \frac{6,0}{4,0} \cdot 0,6 = 0,9 \qquad (4.7.)$$

$$\beta_{B,\text{Welt}} = \frac{\sigma_B}{\sigma_{\text{Welt}}} \cdot \rho_{B,\text{Welt}} = \frac{16,0}{4,0} \cdot 0,4 = 1,6 \qquad (4.8.)$$

Mit Hilfe dieser (risikoangepassten) Länder-Betas, die sowohl die verbesserten Diversifizierungsmöglichkeiten in Form geringerer Korrelationen als auch die höheren Risiken in Form der höheren Kursschwankungen der Aktien widerspiegeln, lassen sich unmittelbar die Marktpreise des Risikos in den Ländern A und B ableiten:

$$\beta_{A,\text{Welt}} \times (R_{\text{Welt}} - \bar{R}_{\text{Welt}}) = 0,9 \cdot 0,06 = 0,054 \qquad (4.9.)$$

$$\beta_{B,\text{Welt}} \times (R_{\text{Welt}} - \bar{R}_{\text{Welt}}) = 1,6 \cdot 0,06 = 0,096 \qquad (4.10.)$$

Man sieht aus dem einfachen Beispiel, dass das Land B insgesamt die höheren Risiken beinhaltet, wenn man beide Risiken in Form von höheren Schwankungen der Aktienkurse und besseren Diversifizierungsmöglichkeiten berücksichtigt. Der Marktpreis des Risikos im Land A ist rd. 4,8% niedriger als im Land B. Die höheren makroökonomischen Risiken in Form der höheren Standardabweichung des Börsenindex im Land B sind letztendlich ausschlaggebend für diese Argumentation. Der Kapitalwert von Projekten in diesem Land wird bei gegebenen Cashflow-Prognosen tendenziell niedriger ausfallen als in Land A. Die höhere geforderte Rendite ist aber Ausdruck der deutlich höher eingestuften Risiken in diesem Land und nicht die Prognose einer deutlich höheren möglichen Verzinsung des Projektes. Der (tendenziell) höhere Diskontfaktor signalisiert nur, dass in diesem Land B ein deutlich höherer Cashflow für die gleiche Rendite nach Abzug der Risikokosten erzielt werden muss, die ansonsten in diesem Land B mit Hilfe von staatlichen Anleihen zu erzielen waren. Das höhere Zinsniveau von Russland z.B. im Gegenzug zu Deutschland wiederum ist i.d.R. Ausdruck eines höheren Länderrisikos. Bei Anlagen in Russland muss man sich dieses Spreads bewusst sein, da Anleihen in den Augen von Ratingagenturen ein höheres Kreditrisiko aufweisen. Risiken lassen sich Anleger aber über Risikoprämien entlohnen, wie wir gesehen haben.

Mit Hilfe der Gleichung 4.5. auf Seite 150 lässt sich die CAPM-Gleichung für Deutschland aus Gleichung 4.4. auf Seite 149 sofort umschreiben zu:

$$R_J = \bar{R} + \beta_J(R_{DAX} - \bar{R}) = \bar{R} + \beta_j \times \beta_{DAX, W_t ll} \times (R_{W_t ll} - \bar{R}_{Welt}) \qquad (4.11.)$$

Die geforderte Rendite des Eigenkapitals im Rahmen von Projekten ist immer vor dem Hintergrund internationaler Diversifizierungsmöglichkeiten zu betrachten. Als Marktpreis des Risikos ist die Differenz zwischen den erwarteten Renditen im Schnitt bei Aktien und einer durchschnittlichen Rendite für staatliche Anleihen weltweit anzusetzen. Wohl weisen z.B. Börsenindizes sich entwickelnder Länder i.d.R. hohe Varianzen auf, auf der anderen Seite bieten diese Länder aber eine gute Möglichkeit, Risiken in einem diversifizierten Portfolio aus Projekten zu streuen. Beide Aspekte sind im internationalen Kontext zu berücksichtigen. Würde man nur den Marktpreis des Risikos einzelner Länder ansetzen, dann würde man diesen beiden Aspekten nicht gerecht, da die Länderrisiken einzelner Länder zu stark gewichtet würden. Diversifizierungsgewinne im Rahmen weltweiter Portfolios von Projekten auf der anderen Seite würden zu stark vernachlässigt. Geht man von einem Marktpreis des Risikos für ein weltweites Portfolio aus Projekten von rd. 5,5 bis 6% aus und setzt die Betas für die nationalen Börsenindizes ins Verhältnis zu einem weltweiten Portfolio aus Aktien, dann kann man für die Risikoprämien in den einzelnen Regionen weltweit von folgenden Risikoprämien (Marktpreis des Risikos) jenseits des sicheren Anlagezinssatz für staatliche Anleihen ausgehen:

Tabelle 4.3. : Risikoprämien (Marktpreis des Risikos) für ausgewählter Länder[1]

Charakteristika	Beispiel	Prämie
Emerging Market mit großen Länderrisiken	Südafrika, China, Russland	7,5-9,5
Emerging Market mit begrenzten Länderrisiken	Singapur, Malaysia, Thailand, Indien, einige osteuropäische Märkte	7,5
entwickelte Länder mit liquiden Märkten	USA, Japan, U.K., Frankreich, Italien	5,5
Entwickelte Länder mit illiquiden Märkten und stabilen Ökonomien	Schweiz, Deutschland	3,5-4,5

Besitzt man die Daten aus den Abbildung 4.4. auf Seite 148 und Tabelle 4.3. auf Seite 153, dann kann man die geforderte Rendite von Eigenkapitalgebern im Rahmen von Projekten avisieren. Interessiert man sich für ein Projekt im Energiebereich in Russland

---

1. A. Damodaran 1997, S. 128. Der Ausdruck liquide Märkte bezieht sich auf die Tatsache, dass Finanzierungen in höherem Umfang über Finanzmärkte vorgenommen werden. In den USA und U.K. ist dies regelmäßig der Fall, während in Deutschland und der Schweiz Finanzierungen mehr über Finanzintermediäre vorgenommen werden.

(sichere Rendite sei 8%, (risikoangepasster) Marktpreis des Risikos 9,5%) und ein Projekt im Logistikbereich in Deutschland (sichere Rendite sei 5%, (risikoangepasster) Marktpreis des Risikos 4,5%), dann ergeben sich aus der oben formulierten Logik des CAPM-Modells folgende geforderte Renditen für die beiden Projekte.

$$R_{Russland} = 0,08 + 0,75 \cdot 0,095 \cong 0,152 \qquad (4.12.)$$

$$R_{Deutschland} = 0,05 + 1,20 \cdot 0,045 \cong 0,104 \qquad (4.13.)$$

Man sieht unmittelbar, wie die Logik des CAPM-Modells die geforderten Renditen für Eigenkapitalfinanzierungen prägt. Zum Ersten ist in dem obigen Beispiel das Zinsniveau in Russland höher, zum Zweiten ist die avisierte Branche in Russland weniger riskant als in Deutschland (zyklisch, Logistik), da es sich um eine nicht zyklische Branche (Telefon) handelt, die zum Großteil auch von Verhalten privater Konsumenten in Bezug auf die Telefoniergewohnheiten abhängig ist und nicht primär von der Konjunkturentwicklung. Zum Dritten ist das Länderrisiko von Russland im Vergleich zu Deutschland deutlich höher (höheres allgemeines Zinsniveau und Kreditspread). Zum Vierten sind die Aktienmärkte und somit unmittelbar auch der Börsenindex in Russland stärkeren Schwankungen ausgesetzt als in Deutschland. Alle vier Effekte führen dazu, dass die geforderte Rendite für das Energieprojekt in Russland deutlich höher ausfällt als die geforderte Rendite in Deutschland. Der Unterschied beträgt in diesem Fall rd. 5%, was in der Sprache des CAPM-Modells als Risikoprämie bezeichnet wird, wobei hier nur die beiden beschriebenen Projekte betrachtet werden. Nach der Gleichung 4.12. auf Seite 154 und Gleichung 4.13. auf Seite 154 müssen die prognostizierten Cashflows in den beiden Projekten mit den abgeleiteten geforderten Renditen seitens der Eigenkapitalgeber abdiskontiert werden[1]. Hier wird deutlich, dass im Vergleich zu einer sicheren Alternative das Projekt in Russland mit deutlich mehr Vorbehalten zu sehen ist als das Projekt in Deutschland. Die Risikoprämie fällt höher aus, während das Projekt per se in Russland weniger riskant ist. In der Summe dieser Fakten wird der ökonomische Gewinn oder Kapitalwert in Russland tendenziell niedriger ausfallen. Risikokosten müssen durch das Projekt erst verdient werden, bevor man von einem rentablen Projekt sprechen kann.

---

1. Wir werden sehen, dass die geforderte Gesamtrendite eines Projektes maßgeblich ist für die Diskontierung von prognostizierten Cashflows. An dieser Stelle soll aus Veranschaulichungsgründen von einer 100%-igen Eigenkapitalfinanzierung ausgegangen werden. Unten werden die Interessen der Fremdkapitalgeber mit in das Kalkül eingearbeitet. Der Kapitalwert stellt, im Unterschied zum Shareholder-Value-Ansatz, auf die Interessen aller am Projekt Beteiligten ab. Nur wenn man einen Ausgleich zwischen allen Interessen an einem Projekt findet, kann man von der Maximierung des Kapitalwertes für die Projekteigner sprechen. Die Projekteigner maximieren somit den Wert ihres Kapitaleinsatzes unter der Beachtung der Interessen anderer Beteiligter am Projekt.

Im internationales Kontext bereiten jenseits der richtigen Wahl des Diskontfaktors Wechselkursschwankungen Schwierigkeiten bei der Ermittlung von Kapitalwerten. Grundsätzlich lassen sich die Cashflows in ausländischen Valutas auf zwei Arten in EURO transformieren. Zum Einen kann man den prognostizierten Cashflow in der ausländischen Valuta mit Hilfe von Wechselkursprognosen in EURO umrechnen. Anschließend sind die so abgeleiteten Cashflows des ausländischen Projektes in EURO mit den relevanten Diskontfaktoren aus der Sicht Deutschlands abzudiskontieren. Alternativ kann man die prognostizierten Cashflows in der ausländischen Valuta mit den Diskontfaktoren abdiskontieren, die aufgrund der Gleichung 4.11. auf Seite 153 ermittelt wurden. Im einem weiteren Schritt ist der Kapitalwert des Projektes in ausländischer Valuta mit dem aktuell herrschenden Kassakurs in EURO umzurechnen. Diese Methode bietet sicher den Vorteil, dass man nicht über extrem lange Zeiträume Wechselkursentwicklungen prognostizieren muss (25 bis 30 Jahren), da dies schon in kurzer Frist problematisch sein kann. Für Projektfinanzierungen, die i.d.R. langfristig finanziert sind, bietet sich die zweite Methode an, da Zinsstrukturen in den einzelnen Ländern zum Zeitpunkt der Finanzierung von Projekten bekannt sind. Tendenziell bietet sich die erste Methode im Kontext integrierter Finanzmärkte an, auf denen die einschlägigen Paritäten wie Zins- oder Kaufkraftparität halten, während die zweite Methode im Rahmen segmentierter Finanzmärkte außerhalb der industrialisierten Länder wie den USA, Japan oder der EU anzuwenden wäre.

Tabelle 4.4. : Umrechnungsmethoden für Cashflows in ausländischer Valuta[1]

1. Methode		2. Methode
Schätze die zukünftigen Cash Flows in der Landeswährung	A	Schätze die zukünftigen Cash Flows in der Landeswährung
Umrechnung Cash Flows in EURO zum geschätzten Wechselkurs (z.B. Terminkurs)	B	Berechnung Kapitalwert mit Hilfe des ausländischen Zinses
Berechnung des Kapitalwertes mit Hilfe des inländischen Zinses	C	Umrechnung Kapitalwert in EURO zum aktuellen Kassakurs

---

1. P. Blattner 1999, S. 484 oder D. K. Eiteman; A. I. Stonehill; M. H. Moffett 2004, S. 536ff.

4.1.2. Die Bedeutung des Leverage-Effektes für eine Projektfinanzierung

Bisher sind wir in unserer Analyse, welcher Diskontfaktor zu verwenden ist, einzig von einer 100%-igen Eigenkapitalfinanzierung ausgegangen. In der Realität arbeiten Projektfinanzierungen mit einem relativ hohen finanziellen Leverage. Werte von Drei, Vier oder mehr sind durchaus denkbar. In der Aufstellung in Abbildung 4.3. auf Seite 147 haben wir gesehen, dass der Verschuldungsgrad oder Leverage unter die Kategorie unsystematische Risiken zu subsumieren ist. Durch die Entwicklung einer geschickten (weltweiten) Anlagestrategie lassen sich diese Risiken eigentlich eliminieren, nur systematische Risiken sind für einen Eigenkapitalgeber relevant, wenn es um die Ableitung von Risikoprämien geht. Unglücklicherweise sind aber mit steigendem Leverage zusätzliche Kosten für ein Projekt verbunden, die letztendlich nicht als unerheblich zu bezeichnen sind. Auszahlungen im Rahmen eines Projektes besitzen i.d.R. Fixkostencharakter. Darüber hinaus stellen diese Fixkosten in den meisten Fällen gleichzeitig auch Sunk Costs dar. Im Rahmen eines Projektes sind diese Fixkosten aufzubringen, unabhängig vom späteren kommerziellen Erfolg in der Zukunft. Darüber hinaus aber sind diese Fixkosten meist nicht zweitmarktfähig. Mit anderen Worten, die Fixkosten eines Projektes dienen oft einem ganz speziellen Zweck und sind auch nicht reversibel, wenn man z.B. an einen Brücken- oder Tunnelbau denkt. Eine Brücke lässt sich nicht ohne Weiteres abbauen und an anderer Stelle neu aufbauen. Wenn dies möglich ist, dann nur unter ökonomisch prohibitiv hohen Kosten. Fixkosten sind somit Sunk Costs und in aller Regel nicht vermeidbare Kosten, die nur in wenigen Fällen, nach dem Scheitern eines Projektes einem Zweitmarkt zugeführt werden können. Eine Ausnahme bilden z.B. hierbei Energieprojekte, wie die Entwicklung eines Ölfeldes, wo im Falle des Scheiterns des Projektes die Ölreserven, aufgrund des bisher ungelösten Energieproblems weltweit, einen Marktwert bei der Verwertung eines insolventen Projektes inne haben.

Aus dem Gesagten ergeben sich aber zwei Problemkreise, die die erfolgreiche Betreibung eines Projektes erschweren. Zum Einen besitzt ein Projekt je nach Höhe der Fixkosten eine optimale Betriebsgröße, zum Anderen wird im Falle eines hohen operativen Leverage der prognostizierte Cashflow eines Projektes deutlich riskanter. Das Phänomen der optimalen Betriebsgröße ergibt sich aufgrund der Tatsache, dass, im Falle von hohen Fixkosten, die Durchschnittskostenkurve des Projektes steigende Skalenerträge über einen weiten Bereich der Kostenkurve aufweist. Mit anderen Worten, die Durchschnittskosten des Projektes sinken bei steigender Nutzung des Projektes in der Zukunft. Ist die Nachfrage im Rahmen des Projektes zu gering, steigen die Durchschnittskosten des Projektes unmittelbar an, was sofort die Konkurrenzfähigkeit des Projektes in Frage stellt.

Abbildung 4.6 · Fixkosten und optimale Betriebsgröße

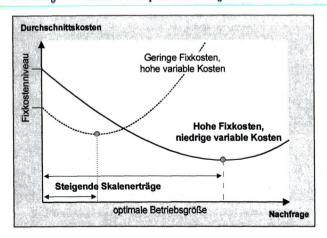

Der Eurotunnel ist ein Beispiel dafür. Die Kalkulation der Umsätze ging weitgehend von den oben beschriebenen Skalenerträgen aus. Zudem wurde unterstellt, dass die potentielle Konkurrenz zu dem Waren- und Personenverkehr auf der Schiene auf die Preisgestaltung der Eurotunnelbetreiber nicht oder kaum reagieren wird, was letztendlich nur Wunschdenken war. Die Folge ist unmittelbar, dass die Preise für den Eurotunnel gesenkt werden müssen, wenn die Konkurrenz, in Form der Fährgesellschaften über den Ärmelkanal, ihrerseits die Preise senkt, was einfachen Marktgesetzen gehorcht. Der Hintergrund dieser Preissenkung ist die oben beschriebene Kostendegression im Rahmen von hohen Fixkosten. Wenn der Eurotunnel nicht annähernd in den Bereich der optimalen Betriebsgröße gelangt, dann kann das langfristige Überleben des Eurotunnels nicht garantiert werden, zumal der hohe finanzielle Leverage die Liquiditätsprobleme aufgrund der steigenden Skalenerträge verschärft. Auch ein hoher finanzieller Leverage wirkt wie ein hoher operativer Leverage, wie Fixkosten, die nach der Fertigstellung des Projektes weder vermeidbar noch umkehrbar sind. Nach der aktuellen Nachrichtenlage belasten 9 Mrd. EUR Schulden die Betreibergesellschaft des Eurotunnel. Die Zinsforderungen belaufen sich aktuell auf rd. 450 Mio. EUR, während das Betriebsergebnis nur rd. 250 Mio. EUR beträgt. Rd. 840 Mio. EUR Umsatz steht hingegen ein Verlust von rd. 1,9 Mrd. EUR gegenüber. Diese Zahlen unterstreichen eindrucksvoll, warum das Problem der optimalen Betriebsgröße Projekte schnell obsolet werden lässt. Das Management eines Projektes sollte zu keinem Zeitpunkt dieses latent vorhandene Problem aus den Augen verlieren. Inwieweit Fixkosten in Form eines operativen oder finanziellen Leverage die Rentabilität beeinflussen, soll ein Beispiel verdeutlichen, wobei aus Veranschaulichungsgründen zwischen operativem und finanziellem Leverage nicht unterschieden wird. Einzig der Cashflow nach Zinsdienst soll betrachtet werden.

Tabelle 4.5. : Fixkosten, Sunk Costs und Leverage

Nachfrage	hoch	niedrig	hoch	niedrig
Umsatz	100	50	100	50
Fixkosten (50, 0)	50	50	0	0
Variable Kosten (10%, 80%)	10	5	80	40
Operativer Leverage	5	10	0	0
Cash Flow	40	-5	20	10

Tabelle 4.5. auf Seite 158 stellt vereinfacht zwei Projekte gegenüber, wobei ein Projekt hypothetisch mit hohen Fixkosten arbeitet, während das andere Projekt keine Fixkosten aufweist, was sicher eine extreme Annahme darstellt. Man sieht aus der Tabelle unmittelbar, dass der Cashflow nach Zinsdienst im Schnitt bei dem Projekt mit hohen Fixkosten höher ist, wenn man gleich hohe Wahrscheinlichkeiten für die Realisation einer hohen oder niedrigen Nachfrage unterstellt. Da aber Fixkosten unabhängig von der Nachfrage anfallen, wird der Cashflow des Projektes mit dem hohen Fixkostenanteil sofort drastisch sinken, wenn die Nachfrage z.B. über den Konjunkturzyklus ausbleibt. Die Innenfinanzierungsmöglichkeiten aus dem Cashflow verringern sich dramatisch, was wiederum die Insolvenzwahrscheinlichkeit des Projektes stark erhöht. Der operative Leverage steigt bei einem Nachfragerückgang regelmäßig an, z.T. drastisch. Die Varianz der Cashflows im Falle niedriger Fixkosten ist deutlich niedriger, was eine höhere Liquidität bei einbrechender Nachfrage und folglich einen Umsatzrückgang zur Folge hat. Das geringere Risiko wird aber in aller Regel durch einen niedrigeren erwarteten Cashflow erkauft.

An diesem Punkt kommt eine weitere Kostenart ins Spiel, die wie Opportunitätskosten nicht unmittelbar greifbar ist, sondern nur indirekt zum Tragen kommt. Sogenannte Insolvenzkosten -vor allem in indirekter Form- spielen bei Projekten mit hohen Volumina eine entscheidende Rolle. Unter indirekten Insolvenzkosten sind Kosten zu verstehen, die im Falle des Erfolgs eines Projektes nicht anfallen. Bei Liquiditätsproblemen kommt es regelmäßig zumindest zu Irritationen zwischen den Geldgebern. Banken werden nur bereit sein, neues Geld in Form von Liquiditätskrediten bereitzustellen, wenn sie über entsprechende Risikoprämien entlohnt werden. Es wird regelmäßig ein höherer Kreditzins verlangt. Fähige Mitarbeiter verlassen zuerst ein von der Insolvenz bedrohtes Projekt, was zu erheblichen Abflüssen an Humankapital führt und die brisante Situation zudem verschärft. Insolvenzgerüchte belasten auch die Beziehungen zu Lieferanten, Kunden und staatlichen Stellen, die ihre Interessen gefährdet sehen. Diese kurze Aufstellung mag verdeutlichen, dass im Falle einer drohenden Insolvenz meist ausgelöst durch Liquiditätsschwierigkeiten- Kosten auftreten, die im Normalfall nicht präsent sind. Liquiditätsprobleme aufgrund eines hohen operativen und finanziellen Leverage sind vorprogrammiert und in Projekten allgegenwärtig. Die Kostenfunktion eines Projektes ist somit nicht linear. Vielmehr ist zu beobachten, dass mit steigendem Leverage die Wahrscheinlichkeit des Auftretens von Insolvenzkosten ansteigt.

Diesem Fakt wird im Rahmen des CAPM-Modells durch die Unterscheidung zwischen einem Projekt-Beta, das für eine Branche mit einem typischen finanziellen Leverage abgeleitet wird, und einem Projekt-Beta Rechnung gezollt, das im Rahmen einer 100%-igen Eigenkapitalfinanzierung zu beobachten ist. Fremdfinanzierungen führen i.d.R. zu niedrigeren Steuerauszahlungen, was regelmäßig dem Cashflow zugute kommt. Auf der anderen Seite erhöht sich mit steigendem finanziellen Leverage die Insolvenzwahrscheinlichkeit. Höhere Kreditrisiken beinhalten zudem Risikokosten in Form von Insolvenzkosten, die es zu berücksichtigen gilt.

Es gilt folgender approximative Zusammenhang (*Hamada-Gleichung*) zwischen dem beobachtbaren Projekt-Beta β_L mit einem typischerweise positiven finanziellen Leverage und dem (hypothetischen) Projekt-Beta β_{UL} mit einem finanziellen Leverage von Null[1]:

$$\beta_{j,L} \cong \beta_{j,UL} \times \left\{1 + (1-\tau) \cdot \frac{FK}{EK}\right\} \qquad (4.14.)$$

Oben (Gleichung 4.12. auf Seite 154) haben wir gesehen, dass die Branche Telefon ein relativ niedriges Beta aufweist. Nimmt man darüber hinaus auch an, dass die Telefonbranche (Projekt-Beta von 0,75) in Russland typischerweise mit einem Leverage von 1 arbeitet und der Gewinnsteuersatz τ in Russland 30% sei, dann kann man mit Hilfe der Gleichung 4.14. auf Seite 159 das Projekt-Beta $\beta_{j,UL}$ im Falle einer 100%-igen Eigenkapitalfinanzierung ableiten, wobei $\beta_{j,L}$ an dieser Stelle typischerweise das Projekt-Beta mit einem positiven (hier branchenüblichen) finanziellen Leverage bezeichnet wird:

$$\beta_{j,UL} = \frac{\beta_{j,L}}{1 + (1-\tau) \cdot \frac{FK}{EK}} = \frac{0,75}{1 + 0,7 \cdot \frac{50}{50}} \cong 0,43 \qquad (4.15.)$$

---

1. A. Damodaran 1997, S. 135.

Angenommen, das interessierende Telefonprojekt in Russland arbeitet mit einem abweichenden finanziellen Leverage von 2 im Vergleich zum Branchendurchschnitt, dann muss man das Projekt-Beta β_L im Rahmen des neuen finanziellen Leverage auch neu berechnen:

$$\beta_{j,L} \cong \beta_{j,UL} \times \left\{1 + (1-\tau) \cdot \frac{FK}{EK}\right\} = 0,43 \times \left\{1 + (1-0,3) \cdot \frac{66,7}{33,3}\right\} \cong 1,03 \qquad (4.16.)$$

In der Terminologie des CAPM-Modells und der Ableitung der geforderten Eigenkapitalrendite geht der finanzielle Leverage des Projektes linear in die Berechnung des Projekt-Betas ein. Je weiter der tatsächliche finanzielle Leverage von dem branchentypischen finanziellen Leverage abweicht, um so höher sind die innewohnenden Kreditrisiken in Form von Insolvenzkosten zu gewichten. In dem obigen Beispiel weicht der finanzielle Leverage im Vergleich zum Branchendurchschnitt nach oben hin ab, was höhere Kreditrisiken signalisiert. In der Folge muss in diesem Fall mit einem höheren Projekt-Beta gearbeitet werden, das diesem Umstand Rechnung trägt. Im Falle des Projektes in Russland muss das Projekt-Beta um rd. 0,28 nach oben korrigiert werden. Mit anderen Worten, neben dem Branchenrisiko, Eigentümerrisiko und Länderrisiko spielt eine vierte Risikoart bei der Ableitung der geforderten Eigenkapitalrendite eine nicht unerhebliche Rolle, das Kreditrisiko. Der Grund liegt in dem Auftreten von Insolvenzkosten im Falle eines drohenden Konkurses. Die geforderte Eigenkapitalrendite am Beispiel des Telefon-Projektes in Russland schreibt sich unter Anwendung des in Gleichung 4.16. auf Seite 160 abweichend wie folgt:

$$R_{Rußland} = 0,08 + 1,03 \cdot 0,095 \cong 0,179 > 0,152 \qquad (4.17.)$$

Die geforderte Rendite für die Bereitstellung von Eigenkapital erhöht sich um rd. 2,7%. Der Grund für diese Anpassung nach oben liegt in den erheblich höheren Kreditrisiken aufgrund des höheren finanziellen Leverage von Zwei, im Vergleich zu sonst branchenüblichen Eins. Die CAPM-Gleichung kann man unter den hier gemachten Ausführungen letztendlich wie folgt schreiben:

$$R_j \cong \bar{R} + \beta_{j,UL} \times \left\{1 + (1-\tau) \cdot \frac{FK}{EK}\right\} \times \beta_{DAX,Welt} \times (R_{Welt} - \bar{R}_{Welt}) \quad (4.18.)$$

$$\text{mit } \beta_{j,L} \cong \beta_{j,UL} \times \left\{1 + (1-\tau) \cdot \frac{FK}{EK}\right\}$$

Gleichung 4.18. auf Seite 161 umschreibt nun, wie Eigenkapitalgeber im Rahmen einer weltweit angelegten Anlagestrategie ihre geforderte Rendite für die Investition in ein neues Projekt formulieren. Für die Risikoprämie ist im Rahmen einer weltweit angelegten Anlagestrategie die Überschussrendite von Eigenkapitalanlagen im Vergleich zu den im Schnitt zu erzielenden Renditen für staatliche Anleihen ausschlaggebend, wobei die einzelnen Börsenplätze weltweit im Vergleich zu einem weltweiten Börsenindex unterschiedlich reagieren. Sie können stärkere Schwankungen als der Weltindex aufweisen. Ist das Länder-Beta $\beta_{DAX,Welt}$ des Börsenplatzes sehr hoch, dann bestehen enge Verflechtungen der Volkswirtschaft mit dem Rest der Welt.

In diesem (risikoangepassten) Länder-Beta gehen zwei Faktoren ein. Zum einen die Schwankungsbreiten des Aktienindex und zum anderen die Diversifizierungsmöglichkeiten in einem weltweiten Aktienportfolio, wobei hier die Integration der Finanzmärkte in jedem Fall betrachtet werden muss. Darüber hinaus spielt das projektspezifische Beta $\beta_{j,UL}$ eine Rolle, und zwar in der Version einer 100%-igen Eigenkapitalfinanzierung. Die Branche, innerhalb der das Projekt verwirklicht werden soll, ist für die Beurteilung des Gesamtrisikos wichtig. Zyklische Branchen wie Logistik, Chemie oder Elektrotechnik sind kritischer zu sehen als Branchen, die weniger zyklisch reagieren wie z.B. Telefon oder Utilities. Dementsprechend sind die Risikoaufschläge zu kalkulieren. Zudem ist zu berücksichtigen, dass Branchen mit unterschiedlichen finanziellen Leverage arbeiten. Projekte können zufällig den gleichen finanziellen Leverage aufweisen wie die Branchendurchschnitte. In jedem Fall steigen mit steigendem finanziellen Leverage die Kreditrisiken eines Projektes regelmäßig an. Insolvenzkosten in Form von Opportunitätskosten fallen mit höherer Wahrscheinlichkeit an, und die Risikoaufschläge für das übernommene Gesamtrisiko eines Eigenkapitalgebers sind nach oben zu korrigieren. Das in Gleichung 4.18. auf Seite 161 abgeleitete Ergebnis wird in der Praxis auch durch folgenden Ausdruck approximiert[1]:

---

1. G. Pollio 1999, S. 84.

$$R_j \cong \bar{R}_{\text{Deutschland}} + \text{Kreditspread}_{\text{Land}} + 0,6 \cdot \beta_j \cdot (R_{\text{Land}}^{\text{Börsenindex}} - \bar{R}_{\text{Land}}^{\text{staatliche Anleihe}}) \quad (4.19.)$$

Der Risikoaufschlag wird hierbei über die übliche Prämie für das Länderrisiko bestimmt. Da Finanzmärkte in sich entwickelnden Ländern überproportional schwanken und wenig in die Weltfinanzmärkte integriert sind, wird der Marktpreis des Risikos des betreffenden Landes schwächer gewichtet (0,6), damit die oben angesprochenen Verzerrungen im Rahmen von internationalen Diversifizierungsstrategien nicht zu virulent werden.

4.2. Leverage, Überdeckungsgrad und Finanzierungsalternativen

Die Interessenslage der Eigenkapitalgeber haben wir oben mit Hilfe des CAPM-Modells abgeleitet. Wir haben gesehen, dass Eigenkapitalgeber darin interessiert sind, über hinreichend hohe Risikoprämien für die eingegangenen Risiken entlohnt zu werden. Hohe Risiken in Form von schwankenden Cashflows beinhalten implizit immer hohe Ausfallwahrscheinlichkeiten und generieren deswegen Insolvenzkosten in Form von Opportunitätskosten. Die Kostenfunktion eines Projektes, wie die jeder anderen Investition, ist nicht linear. Die Fremdkapitalgeber hingegen unterliegen ganz anderen Restriktionen als die Eigenkapitalgeber. Banken können bei ihren Finanzierungen einzig mit Zinsdienst plus Tilgung rechnen, solange das Projekt nicht insolvent ist und der Kredit oder das Darlehen vertragsgemäß bedient wird. Im Kreditgeschäft sind meist Liquiditätsprobleme Ausgangspunkt von Insolvenzen oder Restrukturierungen, die vielfach sehr teuer und langwierig sind, und somit nicht unerhebliche Opportunitätskosten verursachen. Ein stabiler Cashflow vor Zinsdienst und Tilgung ist im Interesse der Fremdkapitalgeber. Als Kriterien, wie sicher Cashflows eines Projektes in den Augen der Banken sind, dienen in der Praxis Konzepte wie Überdeckung von Zinsdienst und Tilgung durch die prognostizierten Cashflows (Debt Service Cover Ratio DSCR), Überdeckung des ausstehenden Kreditbestandes durch den Barwert der ausstehenden Cashflows (Loan Life Cover Ratio LLCR) und Überdeckung des aktuellen Kreditbestandes durch den Barwert der ausstehenden Cashflows über die Projektlaufzeit (Project Life Cover Ratio PLCR). Für die Überdeckung gelten folgende Definitionen:

$$DSCR = \frac{\text{Cash Flows}_{\text{Periode, vor Schuldendienst}}}{\text{Schuldendienst}} \qquad (4.20.)$$

$$LLCR = \frac{\text{Barwert}_{\text{Cash Flows, ausstehend}}}{\text{Kreditbestand}_{\text{ausstehend}}} \qquad (4.21.)$$

$$PLCR = \frac{\text{Barwert}_{\text{Cash Flows}}}{\text{Kreditbestand insgesamt}} \qquad (4.22.)$$

In der Praxis der Projektfinanzierung wird von Banken mit einem Überdeckungsgrad DSCR[1] von zumindest 1,5 gearbeitet, wenn der prognostizierte Cashflow relativ stabil ist. Muss man von einem instabilen (stark schwankenden) Cashflow ausgehen, wird als Minimum für den Überdeckungsgrad DSCR ein Wert von zumindest 2,0 unterstellt. Diese Werte werden im Bankenalltag als Richtschnur verstanden und sollen nicht dahingehend fehlinterpretiert werden, dass diese Werte in jedem Fall einzuhalten sind, da ansonsten die Projektfinanzierung nicht darstellbar ist. Banken verwenden vor allem den Überdeckungsgrad DSCR für den Schuldendienst in laufender Rechnung, um die Rentabilität eines Projektes aus ihrer Sicht beurteilen zu können. Um das an dieser Stelle aufgegriffene Argument zu verdeutlichen, soll die Interessenslage der Bank an einem Beispiel verdeutlicht werden. Angenommen, eine Investitionsauszahlung für ein Projekt soll 40 GE betragen, wobei die Investitionssumme linear über die Laufzeit verteilt werden kann. Die Umsätze belaufen sich in den nächsten vier Jahren auf 20 GE, die operativen Kosten betragen 10% von laufenden Umsatz, weitere Fixkosten jedes Jahr von 5 GE seien fällig. Der Gewinnsteuersatz betrage 50% und die Opportunitätskosten aus Vereinfachungsgründen 5%. Darüber hinaus sei der anfängliche finanzielle Leverage 4. Mit anderen Worten, das Projekt wird mit 20% Eigenkapital und 80% Fremdkapital finanziert. Der Kreditzins sei annahmegemäß 8%. Zudem sei angenommen, dass die geforderte Eigenkapitalrendite 10% betragen soll, was in Kombination mit dem unterstellten Kreditzins von 8% gewichtete Kapitalkosten[2] von 8,4% beinhaltet. Es sei ein tilgungsfreies Jahr vereinbart. In den Jahren Zwei bis Vier ist eine Annuität vereinbart, die den Kredit bis zum Ende des Jahres Vier implizit tilgt.

---

1. In der Folge wird sich die Argumentation auf den DSCR beschränken, der in der Praxis die größte Bedeutung besitzt.
2. Der Begriff wird im nächsten Kapitel ausführlich diskutiert. An dieser Stelle reicht es aus, mit dem gegebenen Wert von 8,4% [= 0,2(10%) + 0,8(8%)] zu arbeiten.

Tabelle 4.6. : **Beispiel für die Cashflow Rechnung einer Projektfinanzierung**

	Variable \ *Zeit*	0	1	2	3	4
+1	Umsatz	-	20	20	20	20
-2	variable Kosten	-	2	2	2	2
-3	Investition, fixe Kosten	**-40**	5	5	5	5
	Abschreibung	-	10	10	10	10
	Nettoeinkommen	-	3	3	3	3
-4	Gewinnsteuern 20%	-	0,6	0,6	0,6	0,6
=5	Cash Flow vor Schuldendienst	**-40**	**12,4**	**12,4**	**12,4**	**12,4**
	Diskontfaktor 8,4%	1,0000	0,9225	0,8510	0,7851	0,7274
	Barwert	-40,0	11,4	10,6	9,7	9,0
	Kapitalwert (kumulierte Barwerte)	-40,0	-28,6	-18,0	-8,3	+0,7
8	Max. Cash Flow EK nach Schuldendienst	**-8,0**	**+9,8**	**0**	**0**	**0**
9	interner Zinsfuss: **9,2%**; Kapitalwert bei 8,4%: **+0,7**					
10	Leverage (EK=8)	4,0	4,0	2,8	1,5	0
11	Annuität	-	0	12,4	12,4	12,4
12	Zinsendienst 8%	-	2,6	2,6	1,8	0,8
13	Tilgung (1. Jahr tilgungsfrei)	-	0	9,8	10,6	11,6
14	Restschuld	32,0	32,0	22,2	11,6	0
16	Überdeckung DSCR		**4,8**	**1,0**	**1,0**	**1,0**

Aus dem einfachen Beispiel kann man sofort ablesen, dass das Projekt vor dem Hintergrund der unterstellten Opportunitätskosten Sinn macht. Die Rendite dieses Projektes liegt jenseits von 5%, da der Kapitalwert positiv ist[1]. Das Projekt erwirtschaftet vor dem Hintergrund gewichteter Kapitalkosten von 8,4% rd. 0,7 GE mehr. Somit ergibt sich eine interne Verzinsung des Projektes, die jenseits von 8,4% liegt, in unserem Beispiel rd. 9,2%. Darüber hinaus ist sofort ersichtlich, mit welchen Betrag an Ausfällen zu rechnen ist, wenn das Projekt im Jahr 1,2,3 oder 4 scheitern sollte. Im ersten Jahr beläuft sich der Ausfall auf 28,6 GE, im zweiten auf 18,0 GE und im dritten auf 8,3 GE, und zwar in Barwerten gemessen. Erst im vierten Jahr weist das Projekt einen Überschuss über die geforderte Verzinsung gemäß dem Konzept der gewichteten Kapitalkosten auf. Ferner ist aus dem Beispiel ersichtlich, dass der unterstellte Tilgungsplan beim gegebenen Kreditzins in Bezug auf die Überdeckung Probleme aufwerfen kann. Die Überdeckung von 1,5 ist -

---

1. Sicher erzeugt der sehr „schiefe" Verteilung der Cashflows auf Seiten der Sponsoren mit (-8,0; 9,8; 0; 0; 0) falsche Anreize in Bezug auf die vertragsgemäße Erfüllung der verhandelten Verträge, zumal die interne Rendite mit 22,5% sehr „verlockend" erscheint. Da der (Gesamt-)Cashflow in der ersten Periode anfällt, besitzen die Sponsoren nach dieser ersten Runde einen immanenten Anreiz, sich zumindest „innerlich" von dem Projekt zu verabschieden. Ihre Anstrengungen im Rahmen des Projektes sollten grundsätzlich zurückgehen, was erhebliche Auswirkungen auf das Projekt besitzen dürfte. Auf die Problematik von Verträgen unter den Oberbegriffen Risikoallokation, vertragskonformes Verhalten und Anreizverträglichkeit von Verträgen wird unten genauer eingegangen.

abgesehen von dem tilgungsfreien Jahr Eins- in keinem der drei anderen Jahre gesichert. Im Gegenteil, der Überdeckungsgrad von Eins signalisiert den Banken, dass das Projekt auch bei geringsten Änderungen der Rahmendaten sofort illiquide werden würde. Eine Finanzierung mit einem so geringen Überdeckungsgrad und der entsprechend hohen internen Verzinsung des eingesetzten Eigenkapitals ist nicht darstellbar. Da das Projekt per Annahme einen konstanten prognostizierten Cashflow aufweist, sollte das Projekt nach der Praktikerregel eine Überdeckung von zumindest 1,5 aufweisen, was aufgrund des Kreditvertrages nicht gesichert ist. Wohl geht der Leverage sukzessive von vier auf einen Wert von Null im vierten Jahr zurück, aber der Rückgang kann nicht über die Tatsache hinwegtäuschen, dass nachvollziehbare Szenarien existieren, wo das Projekt einen Überdeckungsgrad von kleiner als 1,0 oder weniger besitzt[1]. Darüber hinaus ist in dem Beispiel offensichtlich, dass der Cashflow für das Eigenkapital nach Schuldendienst sehr zeitnah liegt, was Anreize impliziert, die für das Projekt problematisch werden können. Auf diesen Punkt wird im nächsten Kapital eingegangen.

Angenommen, das Projekt muss in den Jahren Zwei bis Vier aufgrund geänderter gesetzlicher Regelungen einen Umsatzeinbruch um jeweils 10% hinnehmen, dann schreibt sich Tabelle 4.6. auf Seite 164 wie folgt:

---

1. Anhand der beigefügten Diskette lassen sich in Bezug auf den Überdeckungsgrad verschiedene Szenarien anhand einer Windkraftanlage praxisnäher simulieren. An dieser Stelle reicht es aber aus, auf die Grundproblematik im Rahmen einer Projektfinanzierung für die Fremdkapitalgeber mittels einfachem Beispiel hinzuweisen. Man sieht an diesem Beispiel wiederholt die Vorteilhaftigkeit der Methode des ökonomischen Gewinns. Der Kapitalwert zeigt sofort an, in welchem Umfang auch geringfügige Änderungen an den prognostizierten Zahlungsströmen die Rentabilität des Projektes verändern.

Tabelle 4.7. : Umsatzrückgang und Kapitalwert

	Variable \ Zeit	0	1	2	3	4
+1	Umsatz	-	20	18	18	18
-2	variable Kosten	-	2	1,8	1,8	1,8
-3	fixe Kosten	-40	5	5	5	5
	Abschreibung	-	10	10	10	10
	Nettoeinkommen	-	3,0	1,2	1,2	1,2
-4	Gewinnsteuern 20%	-	0,6	0,2	0,2	0,2
=5	Cash Flow vor Schuldendienst	-	12,4	11,0	11,0	11,0
	Diskontfaktor 8,4%	1,0000	0,9225	0,8510	0,7851	0,7274
	Barwert	-40,0	11,4	9,4	8,6	8,0
	Kapitalwert (kumulierte Barwerte)	-40,0	-28,6	-19,2	-10,6	-2,6
8	Max. Cash Flow EK nach Schuldendienst	-8,0	+9,8	-1,4	-1,4	-1,4
9	interner Zinsfuß: 5,4%; Kapitalwert bei 8,4%: -2,6					
10	Leverage (EK=8)	4,0	4,0	2,8	1,5	0
11	Annuität	-	0	12,4	12,4	12,4
12	Zinsendienst 8%	-	2,6	2,6	1,8	0,8
13	Tilgung	-	0	9,8	10,6	11,6
14	Restschuld	32,0	32,0	22,2	11,6	0
16	Überdeckung DSCR		4,8	0,9	0,9	0,9

Ein 10%-iger Rückgang des prognostizierten Cashflows in den Jahren Zwei bis Vier kann die Kalkulation empfindlich stören. Man sieht, dass der Kapitalwert des Projektes sofort in den negativen Bereich rutscht, was eine Rendite signalisiert, die unter dem geforderten Niveau von 8,4% liegt. Die interne Verzinsung des Eigenkapitals ist aufgrund des Umsatzrückganges ebenfalls „negativ"[1], der Kapitalwert des maximal ausschaltbaren Cashflows nach Schuldendienst sinkt auf einen Wert von minus 2,6 GE. Ein Engagement ist vor diesem Hintergrund für die Sponsoren nicht angesagt, wenn man von gewichteten Kapitalkosten als Referenzpunkt von nur 8,4% ausgeht. An dieser Stelle wurden aber alle Risiken von oben ausgeblendet, die eine Risikoprämie über das sichere alternative Zinsniveau nahe legen. Auf diese Weise lassen sich eine Reihe von weiteren Szenarien konstruieren, die Aufschluss darüber geben, wie der Kapitalwert reagiert, wenn sich eine oder mehrere Variablen verändern. In der Realität mögen solche Gedankenspiele sicher nicht sehr praxisnah sein, nichtsdestoweniger können sie den Entschei-

---

1. Eine Aussage im Rahmen des internen Zinsfußes kann nur getroffen werden, wenn auf eine Auszahlung am Anfang in der Folge nur Einzahlungen in der Zahlungsreihe stehen. Ansonsten erhält man u.U. einen internen Zinsfuß, der eine imaginäre Zahl darstellt. Diese Zahl ist offensichtlich nur schwer zu interpretieren. Dies ist ein weiterer Grund, der für die Verwendung des Prinzips des ökonomischen Gewinns (Kapitalwertverfahren) spricht. Hier treten diese Anomalien nicht auf. Der Kapitalwert einer Zahlungsreihe ist entweder positiv, Null oder negativ.

dungsträgern Aufschluss darüber geben, inwieweit bestimmten Variablen größeres Augenmerk zu widmen ist und welchen weniger. Auch sind Kombinationen von Änderungen bei Variablen denkbar. Kritisch sind in jedem Fall die Erwartungen in Bezug auf die prognostizierten Einzahlungen aus dem Projekt, darüber hinaus erweisen sich Terminverzögerungen und Kostenüberschreitungen als problematisch, wenn man die empirischen Gründe für das Scheitern von Projekten in der Praxis vor Augen führt, wie sie im vierten Kapital abgehandelt wurden. In dem obigen Beispiel stellen Umsatzeinbußen von 10% das definitive Ende des Projektes dar, sowohl im Hinblick auf die Eigenkapitalverzinsung, als auch auf den Überdeckungsgrad. Das Projekt ist bei einem Überdeckungsgrad DSCR von kleiner als Eins illiquide. Das Projekt ist unter dem geänderten Szenario mehr als problematisch einzustufen. Der Kreditvertrag ist nicht darstellbar.

Analog wie für ein Projekt kann man die Methodik des Kapitalwertes auch auf die Finanzierung aus der Sicht der Bank anwenden, wenn man von der ursprünglichen Prognose in Tabelle 4.6. auf Seite 164 ausgeht. Unterstellt man ebenfalls Opportunitätskosten für die Bank von 5%, dann ergeben die Kreditauszahlung von 32 GE heute und Zins plus Tilgung in den nächsten vier Jahren den relevanten prognostizierten Cashflow, wobei davon auszugehen ist, dass das erste Jahr tilgungsfrei ist:

Tabelle 4.8. : **Kapitalwert des Projektes aus der Sicht der Bank**

	Variable \ *Zeit*	*0*	*1*	*2*	*3*	*4*
1	**Darlehen**	-32,0	-	-	-	-
2	**Zins+Tilgung**	-	2,6	12,4	12,4	12,4
3	**Diskontfaktor 7,5%**	1,0000	0,9302	0,8653	0,8050	0,7488
4	**Barwert**	-	2,4	10,7	10,0	9,3
5	**Summe von 4**	-32,0	-29,6	-18,9	-8,9	+0,4

Man sieht aus der Tabelle 4.8. auf Seite 167 sofort, dass das Projekt vor dem Hintergrund der unterstellten Opportunitätskosten von 7,5% insofern Sinn macht, als der Kapitalwert der Projektfinanzierung für die Bank positiv ist. Die Bank wird im Endeffekt 0,4 GE im Vergleich zu den geforderten (gewichteten) Kapitalkosten[1] von 7,5% mehr verdienen, als von ihren Finanziers gefordert. Aus der Tabelle wird zudem ersichtlich, dass die Bank in den ersten drei Jahren u.U. mit teilweise sehr hohen Verlusten (gemessen in Barwerten) rechnen muss, wenn das Projekt vorzeitig scheitert. Ein weiteres Problem aus der Sicht der Bank stellt die geringe Überdeckung des Projektes dar. Auch hier wer-

---

1. Die geforderten gewichteten Kapitalkosten seien hier mit 7,5% niedriger als bei dem Projekt unterstellt, da sich Banken billiger refinanzieren können.

den Kreditrisiken virulent, wie wir sie im Rahmen des CAPM-Modells und der Ableitung von Risikoprämien kennengelernt haben. Die Bank wird je nach Wahrnehmung dieser Kreditrisiken Prämien bei der Bestimmung von Kreditzinsen verlangen. Die Prämien werden analog zu den Eigenkapitalgebern exponentiell mit dem finanziellen Leverage des Projektes ansteigen.

In der Praxis kann man dieser „unangenehmen" Situation mit einer Modifizierung des Kreditvertrages begegnen. Meist werden gegen Sicherung Kreditvertragsklauseln eingebaut, die anfangs tilgungsfreie Zeiten einräumen. Zudem kann mit den Sponsoren vereinbart werden, dass im ersten Jahr eine Schuldendienstreserve aufgebaut wird, um bei plötzlich einbrechenden Cashflows des Projektes den Schuldendienst in der Zukunft zu garantieren. Dies impliziert für die Eigenkapitalgeber eine Verlagerung der anfallenden Cashflows in die Zukunft, wodurch die interne Verzinsung des Eigenkapitals zurückgeht. Eine vertragliche Kondition des Kreditvertrages, die nicht im Sinne der Eigenkapitalgeber ist, andererseits bei den hier abgeleiteten Überdeckungsgraden als Zugeständnis seitens der Eigenkapitalgeber absolut notwendig ist, um die Durchführung des Projektes zu garantieren. Auch an dieser Stelle ist Kooperation gefragt, um die Lebensfähigkeit des Projektes im Sinne der Stakeholder des Projektes zu garantieren. Angenommen, dem Projekt wird neben der einjährigen tilgungsfreien Zeit der Aufbau eines Schuldendienstreserve in Höhe 2,4 GE der Annuität aus dem laufenden Cashflow auferlegt, dann ist das obige Beispiel in Tabelle 4.6. auf Seite 164 sowie Tabelle 4.9. auf Seite 169 abzuwandeln.

Im Gegensatz zu Tabelle 4.6. auf Seite 164 sehen wir hier, dass die Überdeckung in den Jahren Zwei bis Jahr den geforderten Überdeckungsgrad von 1,5 auch garantiert, der im Rahmen eines stabilen Cashflows von Banken gefordert wird. Aber der Überdeckungsgrad steigt von 1,0 auf 1,2 an, wobei die Rendite der Projektfinanzierung sinkt. Der Kapitalwert sinkt von 0,7 GE im Ausgangsbeispiel auf 0,3 GE, wobei zu berücksichtigen ist, dass die Überschussreserve zinsbringend am Kapitalmarkt angelegt werden und hieraus Cashflows in Form eines Zinsdienstes erzielt werden kann. Die Kreditrisiken, die durch einen sehr niedrigen Überdeckungsgrad im Ausgangsbeispiel signalisiert werden, können mit Hilfe dieser vertraglichen Konstruktion reduziert werden. Das Projekt ist in der Lage, Liquiditätsreserven aufzubauen, die für den Fall unerwarteter Ausfälle beim Cashflow eingesetzt werden können. Zwischen Sponsoren und Banken sind entsprechende Vereinbarungen zu treffen, dass diese Liquiditätsreserven nicht durch die Sponsoren entnommen werden. Insofern wurde oben von „gegen Sicherheit" gesprochen. Obwohl der finanzielle Leverage lange auf einem Wert von 4 verharrt, beinhaltet dieses modifizierte Kreditarrangement für die Bank deutlichst verringerte Kreditrisiken.

Tabelle 4.9. : Beispiel für die Cashflow Rechnung Projektfinanzierung mit tilgungsfreier Zeit

	Variable \ Zeit	0	1	2	3	4
+1	Umsatz	-	20	20	20	20
-2	variable Kosten	-	2	2	2	2
-3	fixe Kosten	-40	5	5	5	5
	Abschreibung	-	10	10	10	10
	Nettoeinkommen	-	3	3	3	3
-4	Gewinnsteuern 20%	-	0,6	0,6	0,6	0,6
=5	Cash Flow vor Schuldendienst	-	10,0	12,4	12,4	14,8
	Diskontfaktor 8,4%	1,0000	0,9225	0,8510	0,7851	0,7274
	Barwert	-40,0	9,2	10,6	9,7	10,8
	Kapitalwert (kumulierte Barwerte)	-40,0	-30,8	-20,2	-10,5	+0,3
8	Max. Cash Flow EK nach Schuldendienst	-8,0	+7,4	0	0	+2,4
9	Interner Zinsfuss: **8,7%**; Kapitalwert bei 8,4%: **+0,3**					
10	Leverage (EK=8)	4,0	3,0	2,1	1,1	0
11	Schuldendienstreserve	-	2,4	2,4	2,4	0
12	Annuität	-	0	12,4	12,4	12,4
13	Zinsendienst 8%	-	2,6	2,6	1,8	0,8
14	Tilgung	-	0	9,8	10,6	11,6
15	Restschuld	32,0	32,0	22,2	11,6	0
17	Überdeckung DSCR		4,8	1,2	1,2	1,2

Die folgende Abbildung verdeutlicht die oben abgeleiteten Ergebnisse noch einmal. Der Überdeckungsgrad (Debt Service Cover Ratio oder DSCR) verläuft deutlich über dem ursprünglichen Niveau von Eins, was eine Finanzierung unmöglich gemacht hätte. Nach Einführung einer Schuldendienstreserve von 2,4 GE stellt sich die Liquidität des Projektes deutlich anders dar und kann u.U. in der Kreditentscheidung vertreten werden. Dieses Arrangement einer Schuldendienstreserve geht aber eindeutig zu Lasten der Sponsoren, die auf einen Teil ihrer Verzinsung verzichten müssen. Der Kapitalwert des Projekt Cashflows sinkt um 0,4 GE von 0,7 auf 0,3 GE. Hier wird deutlich, dass die verlagerte Liquidität Opportunitätskosten erzeugt und somit die Gesamtrendite und die Eigenkapitalrendite tendenziell „drücken", die Schuldendienstreserve zu einem niedrigeren Zinssatz am Kapitalmarkt als zu den geforderten gewichteten Kapitalkosten von 8,4% angelegt werden kann. Dies schmälert zum einen den Erfolg der Projektfinanzierung, zum anderen schafft dieses vertragliche Arrangement eine Plattform, die das langfristige Überleben der Projektfinanzierung wahrscheinlicher macht[1].

Abbildung 4.7.: Überdeckungsgrad, tilgungsfreie Zeit und Schuldendienstreserve

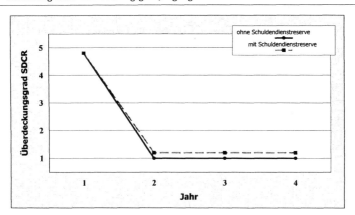

Man sieht sofort, dass die interne Verzinsung des Engagements der Sponsoren deutlichst zurückgeht. Die Absicherung gegen Schwankungen des Cashflows seitens der Banken geht eindeutig zulasten der Eigenkapitalgeber, die in diesem Fall aber immer noch eine (Überschuss-)Rendite über den sonst üblichen Alternativzins einstreichen. Dieses einfache Beispiel verdeutlicht, dass Kreditrisiken auch auf Seiten der Fremdkapitalgeber eine überragende Bedeutung besitzen. Beide Seiten müssen in diesem Fall daran interessiert sein, dass die Kreditrisiken adäquat verteilt werden, da ansonsten die Finanzierung durch Fremdkapitalgeber obsolet wird. Um dem Eigenkapitalgebern dennoch eine höhere Verzinsung ihres eingesetzten Kapitals garantieren zu können, können weitere vertragliche Vereinbarungen getroffen werden, die zum einen die interne Verzinsung wieder ansteigen lassen, auf der anderen Seite den oben angeführten Überdeckungsgrad weiter garantieren oder sogar verbessern helfen. Der mögliche Vorschlag der Bank kann bedeuten, die Schuldendienstreserve gegen einen geringen Eigenkapitalanteil einzuführen und im Gegenzug den langfristigen Anteil der Fremdfinanzierung zu erhöhen. Mit Hilfe dieses Arrangement kann man u.U. erreichen, dass sich die Situation für alle Beteiligten besser darstellt. Man spricht dann auch von einer paretooptimalen Situation. Dieser Punkt soll aber bis zum nächsten Kapitel zurückgestellt werden.

---

1. Die interne Verzinsung des Eigenkapitals bei einem Cashflow nach Schuldendienst fällt von 22,5% auf 13,2%, was die Projektfinanzierung für das Eigenkapital unter kurzfristigen Optimierungskalkülen weniger attraktiv erscheinen lässt. Auf der anderen Seite ist die Projektfinanzierung nach wie vor im Vergleich zu den geforderten 8,4% rentabel. Zudem kann ein 10%-iger Umsatzrückgang (1,4 GE) wie in Tabelle 4.7. auf Seite 166 aus der Schuldendienstreserve bedient werden, ohne dass die Projektfinanzierung sofort illiquide wird (Überdeckungsgrad von 1,08). Dieses Argument gilt solange, wie die Schuldendienstreserve langfristig den Umsatzrückgang auffangen kann. In dem obigen Beispiel nur knapp zwei Perioden.

Man kann konstatieren, dass die Fremdkapitalgeber analog den Eigenkapitalgebern einer Projektfinanzierung ihr Augenmerk verstärkt auf die einem Projekt innewohnenden Kreditrisiken richten. Wenn sie höhere Kreditrisiken in Form mangelnder Liquidität vermuten, dann werden sie die Projektfinanzierung nicht ohne Nachverhandlungen oder gar nicht durchführen. Indikator für eventuell auftretende Liquiditätsprobleme stellt der sogenannte Überdeckungsgrad des Cashflows vor Schuldendienst über den vereinbarten Schuldendienst dar (Debt Service Cover Ratio oder DSCR). Es wurde aus den Ausführungen deutlich, dass der Zahlungsstrom der Fremdkapitalgeber gänzlich anders aussieht als der der Sponsoren, was zu grundlegenden Konflikten führt. Aus diesem Grund ist es unerläßlich für die beteiligten Parteien einer Projektfinanzierung, sich in die Lage und Zielsetzung des jeweils anderen Beteiligten hineinzuversetzen, da die Projektfinanzierung ansonsten gänzlich zu scheitern droht.

4.3. Das Konzept der gewichteten Kapitalkosten

In den bisherigen Ausführungen dieses Kapitels haben wir gesehen, dass die Interessenslagen der Projektbeteiligten z.T. diametral voneinander abweichen. Sponsoren als Eigenkapitalgeber interessiert primär die Verzinsung ihres Engagements, wobei als Referenzzins der Zinssatz für (sichere) staatliche Anleihen dient. Darüber hinaus verlangen Eigenkapitalgeber Risikoprämien für die übernommenen Risiken in einem Projekt. Diese Risikoprämien bestimmen sich vor allem über die Branche, in der das Projekt realisiert wird, den Marktpreis des Risikos, wobei als Referenz für Eigenkapitalanlagen weltweite Investments dienen und nicht nur heimische Anlageformen, und den Kreditrisiken, die durch die Höhe des finanziellen Leverage bestimmt werden. Neben den Kreditrisiken, die regelmäßig mit steigendem Leverage ansteigen, müssen Sponsoren von Projekten berücksichtigen, dass Fremdfinanzierungen im Steuerrecht industrialisierter Staaten i.d.R. Privilegien genießen. Der Zinsdienst für Fremdfinanzierung kann bei der Ermittlung der Steuerbemessungsgrundlage „Nettoeinkommen vor Steuern und nach Zinsdienst" vorab angesetzt werden. Die zu zahlenden Gewinnsteuern reduzieren sich, was einer Einzahlung gleichzusetzen ist. Auf der anderen Seite sind Fremdkapitalgeber vor allem an der Liquidität des Projektes interessiert, da sie maximal Zinsdienst und Tilgung laut Kreditvertrag verdienen können. Die Liquidität eines Projektes wird aber im großem Umfang durch den finanziellen Leverage bestimmt. Es interessieren Fremdkapitalgeber somit primär Kreditrisiken. Falls sie Projektfinanzierungen mit einem hohen finanziellen Leverage durchführen, dann sind regelmäßig analog zu den Eigenkapitalgebern Risikoprämien über den „normalen" Kreditzins fällig. Im Zuge von Basel II und III werden diese Aspekte angemessener Risikoprämien für Kreditengagements weiter in den Vordergrund rücken. Die berechtigte Frage an dieser Stelle muss nun lauten, wie ist eine Projektfinanzierung mit Eigen- und Fremdkapital auszustatten, so dass die Rentabilität des Projektes in Form des Kapitalwertes maximal wird?

Da Kreditrisiken Insolvenzkosten um so wahrscheinlicher werden lassen, je größer der Leverage des Projektes ist, liegt die Vermutung nahe, dass Risikoprämien regelmäßig mit steigendem Leverage ansteigen werden. Es soll uns an dieser Stelle wieder ein Beispiel für ein Projekt in der Branche Schifffahrt interessieren, um den wichtigen Punkt zu verdeutlichen. Das Projekt soll in einem osteuropäischen Land errichtet werden, wobei ein Gewinnsteuersatz von 50% gelten soll. Der branchenübliche Leverage, mit dem das Projekt-Beta in dem betroffenen Land gemessen wird, sei Vier. Das Zinsniveau soll 7% betragen, wobei Banken für die Finanzierung dieses Projektes eine Marge von 1% verlangen. Zudem sind die Kreditzinsen annahmegemäß nach dem Leverage gestaffelt[1]:

Tabelle 4.10. : Kreditzinsen und Risikoprämien

Kreditzinsen	in %
- Zinsniveau allgemein	7,0
- Leverage kleiner als 1,0	8,0
- Leverage von 1,0	8,5
- Leverage von 3,0	9,0
- Leverage von 9,0	11,0

Aus den gegebenen Daten lässt sich nun sukzessive ableiten, welche Renditen von den beteiligten Finanziers verlangt werden. Die Ausgangsdaten müssen gemäß den Ausführungen im Rahmen des CAPM-Modells aufgearbeitet werden, wobei sich auch die Renditevorstellungen der Banken unter verschiedenen Szenarien in Bezug auf den finanziellen Leverage des Projektes ändern. Zuerst muss in diesem Beispiel aus dem beobachtbaren Projekt-Beta für die Schifffahrtsbranche das Projekt-Beta herausgearbeitet werden, das sich einstellen würde, wenn das Projekt zu 100% über Eigenmittel finanziert wird. Verwendet man Gleichung 4.14. auf Seite 159, dann besteht aufgrund der Daten des Beispiels folgender Zusammenhang zwischen dem Projekt-Beta mit $\beta_{j,L}$ und ohne positiven finanziellen Leverage $\beta_{j,UL}$ folgende Beziehung:

$$\beta_{j,UL} = \frac{\beta_{j,L}}{1+(1-\tau) \cdot \frac{FK}{EK}} = \frac{1,20}{1+0,5 \cdot \frac{80}{20}} = 0,40 \quad (4.23.)$$

---

1. Aus Gründen der Anschaulichkeit sollen hier nur bestimmte Verschuldungsgrade betrachtet werden.

Im Falle einer Projektfinanzierung, die in einem osteuropäischen Land in der Branche Schifffahrt vorgenommen wird, würde das Projekt-Beta ohne Fremdmittel 0,44 betragen. In einem weiteren Schritt kann man sich fragen, wie sich die geforderte Eigenkapitalrendite entwickeln würde, wenn der Leverage sukzessive ansteigt. Zu diesem Zweck ist die Information wichtig, dass der Standort des Projektes in einem osteuropäischen Land liegt. Verwendet man aus Vereinfachungsgründen die Vorgaben von Tabelle 4.3. auf Seite 153, dann wissen wir, dass für osteuropäische Länder ein Marktpreis des Risikos von rd. 7,5% anzusetzen ist. In Kombination mit den an dieser Stelle abgeleiteten Projekt-Beta für eine hypothetische 100%-Eigenkapitalfinanzierung lassen sich Schritt für Schritt die geforderten Eigenkapitalrenditen nach dem CAPM-Modell (Gleichung 4.5. auf Seite 150) ableiten, wenn der Leverage nach und nach erhöht wird.

Tabelle 4.11. : Geforderte Eigenkapitalrendite und Leverage

Geforderte Eigenkapitalrendite	in %
- Leverage von 0,0: 7%+0,40[1+(1-0,5)0]7,5%=	10,0
- Leverage von 1,0: 7%+0,40[1+(1-0,5)1]7,5%=	11,5
- Leverage von 3,0: 7%+0,40[1+(1-0,5)3]7,5%=	14,5
- Leverage von 9,0: 7%+0,40[1+(1-0,5)9]7,5%=	23,5

Es verwundert nicht, dass die geforderte Eigenkapitalrendite mit steigendem finanziellen Leverage überproportional ansteigt. Aufgrund des steigenden finanziellen Leverage steigt auch die Wahrscheinlichkeit überproportional an, dass das Projekt insolvent wird. Für den gerade betrachteten Leverage steigt die geforderte Eigenkapitalrendite von 11,5% über 14,5% auf 23,2% an. Dies sind die Vorstellungen der Sponsoren, wenn sie für das betrachtete Land und Branche Eigenmittel in das Projekt einbringen sollen und alle Risikoarten, die für das Eigenkapital relevant sind, nach dem CAPM-Modell angemessen entlohnt werden. Die Risikoprämie steigt im Vergleich zu dem sicheren alternativen Zinssatz staatlicher Anleihen, inklusive Kreditspread für das Land, von 3,3% über 8,2% auf 18,2% an. Da aber wir oben die Vorstellungen der Fremdkapitalgeber in Form der Kreditzinsen in Abhängigkeit des finanziellen Leverage vorgegeben haben, können wir an dieser Stelle die geforderte Gesamtrendite für das Projekt ableiten, so dass alle Finanziers in Bezug auf ihre Renditevorstellungen befriedigt werden. In der Folge sind nur die Daten aus den Tabelle 4.10. auf Seite 172 und Tabelle 4.11. auf Seite 173 zu kombinieren.

Tabelle 4.12. : Geforderte Gesamtrendite des Projektes

Geforderte Gesamtrendite	in %
- Leverage von 0,0: 1,00[7%+0,40[1+(1-0,5)0]7,5%]+0,00(1-0,5)[8%+0,0%]=10,0%+0%=	10,0
- Leverage von 1,0: 0,50[7%+0,40[1+(1-0,5)1]7,5%]+0,50(1-0,5)[8%+0,5%]=5,8%+2,1%=	7,9
- Leverage von 3,0: 0,25[7%+0,40[1+(1-0,5)3]7,5%]+0,75(1-0,5)[8%+1,0%]=3,6%+3,4%=	7,0
- Leverage von 9,0: 0,10[7%+0,40[1+(1-0,5)9]7,5%]+0,90(1-0,5)[8%+3,0%]=2,4%+5,0%=	7,4

Kombiniert man die Renditevorstellungen der Sponsoren und Banken gemäß ihrer Gewichte, dann kann man beobachten, dass die geforderte Gesamtrendite aller Finanziers des Projektes zuerst sinkt und ab einem bestimmten finanziellen Leverage wieder ansteigt. Der Grund dafür liegt auf der Hand. Geht man von der Vorstellung einer 100%-igen Eigenkapitalfinanzierung ab, dann wird billigeres Fremdkapital verwendet, das teures Eigenkapital ersetzt. Bei einem finanziellen Leverage des Projektes von Null, ist die geforderte Eigenkapitalrendite 10,0%, die des Fremdkapitals 8%. Aufgrund der niedrigeren Fremdkapitalzinsen und der Abzugsfähigkeit des Zinsdienstes bei der Ermittlung des Nettoeinkommens des Projektes sinken zuerst die Finanzierungskosten. Erhöht man den finanziellen Leverage in dem obigen Beispiel von Eins auf Drei, dann sinken die Kapitalkosten weiter, weil der höhere finanzielle Leverage in der Summe immer noch zu einer Substitution von teurem Eigenkapitals durch billigerem Fremdkapital führt. An dieser Stelle ist aber zu beachten, dass sowohl die Sponsoren als auch Banken das jetzt immer mehr in den Vordergrund tretende Kreditrisiko in ihr Kalkül einarbeiten. Die geforderte Eigenkapitalrendite steigt bei einem Anstieg des finanziellen Leverage von Null auf Eins von 10,0% auf 11,5%. Auch die Banken verlangen für ihre Finanzierungen eine „kleine" Kompensation für die eingegangenen Kreditrisiken aufgrund des steigenden finanziellen Leverage. Mit weiter steigendem finanziellen Leverage ändert sich das Bild zudem, da die höhere Wahrscheinlichkeit des Auftretens von Insolvenzkosten die Risikoprämien sowohl bei den Sponsoren als auch den Banken sukzessive überproportional ansteigen lassen. Wohl steigt die Eigenkapitalrendite mit steigendem finanziellen Leverage, doch der Preis für die gestiegene Eigenkapitalrendite, die mittels gestiegenem finanziellen Leverage erreicht wird, ist das steigende Kreditrisiko des Projektes. Netto verdienen die Finanziers nur die Opportunitätskosten, einzig die Risikokosten wurden in den Augen von Sponsoren und Banken angemessen entlohnt.

Es wird deutlich, dass die bekannte Argumentation, ein steigender finanzieller Leverage erhöht zwangsläufig die Eigenkapitalrendite der Sponsoren und ein möglichst hoher finanzieller Leverage für die Eigenkapitalgeber „gut" sei, nicht im Interesse der Sponsoren sein kann. Die geforderte Gesamtrendite, die allein garantiert, dass alle berechtigten

Interessen an einem Projekt in Bezug auf ihre Renditevorstellungen gemäß ihrem Anteil angemessen entlohnt werden, sinkt über einen bestimmten Bereich mit steigendem finanziellen Leverage. Der Steuereffekt der Abzugsfähigkeit des Zinsdienstes für Fremdkapital bei der Ermittlung des Nettoeinkommens dominiert. Ab einem bestimmten Punkt dominieren aber die Kreditrisiken aufgrund des steigendem finanziellen Leverage. Die Gesamtrendite sinkt in einem bestimmten Bereich, um anschließend wieder anzusteigen. In dem obigen Beispiel wäre offensichtlich ein Leverage von Drei optimal, da hier die Gesamtrendite mit 7,0% am niedrigsten ist. Dieser Diskontsatz garantiert tendenziell, bei gegebenen prognostizierten Cashflows, den höchsten Kapitalwert des Projektes. Das Projekt besitzt aufgrund der oben getroffenen Annahmen einen optimalen Leverage von Drei, der von den beteiligten Parteien eines Projektes anzustreben ist. Nur er garantiert einen maximalen Kapitalwert, wenn alle anderen Variablen konstant gehalten werden. Dieser optimale Leverage des Projektes hängt entscheidend von der Kombination verschiedener Variablen ab. Es ist wichtig zu wissen, wie die Sponsoren ihre geforderte Eigenkapitalrendite berechnen. Zudem benötigt man Informationen über den Umgang mit Kreditrisiken seitens der Banken. Kennt man diese Informationen, so sollten die Stakeholder des Projektes auf diesen optimalen Leverage hinarbeiten. Denn nur er verspricht den Beteiligten eines Projektes eine höchstmögliche Rendite und hilft die oben beschriebenen Konflikte zwischen Sponsoren und Banken zu entschärfen, nicht zu beseitigen. Aufgrund der gemachten Ausführungen wird deutlich, dass Projektfinanzierungen eine optimale Finanzierungsstruktur besitzen, die von den geforderten Renditen der Sponsoren und Banken und hier vor allem von den wahrgenommenen Kreditrisiken dominiert werden.

Abbildung 4.8. : Optimaler finanzieller Leverage eines Projektes

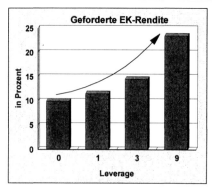
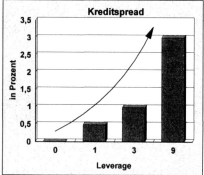
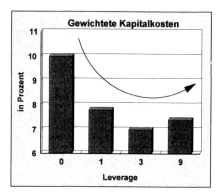

5. Moderne Projektfinanzierung: Agenten- und Transaktionskosten

5.1. Zum Begriff des Risikokapitals im Rahmen einer Projektfinanzierung

5.1.1. Die Funktionen des Kapitals im Rahmen eines Projektes: Finanzierung, Working Capital und Risikokapital

In den bisherigen Ausführungen wurde nur am Rande auf die Interessenslagen der Beteiligten an Projektfinanzierungen eingegangen. An dieser Stelle sollen in Anlehnung an das vorherige Kapitel die Erwartungen der Projektbeteiligten an das Projekt genauer beleuchtet werden. Hierbei werden wir uns einem Themengebiet nähern, das in den obigen Kapiteln einen breiten Raum einnahm, Projektfinanzierungen als Risikofinanzierungen. Da eine Projektfinanzierung allein auf den zu erwartenden Cashflow eines Projektes abstellt und die Banken oder andere Fremdkapitalgeber i.d.R. keine weiteren Möglichkeiten besitzen, sich im Falle eines Scheitern des Projektes schadlos zu halten, spielt die Risikoallokation innerhalb eines Projektes eine entscheidende Rolle. Zu diesem Zweck sollen noch einmal die zu erwartenden Cashflows der Beteiligten untersucht werden. Zu Beginn sollen staatliche Stellen außen vor gelassen werden. Einzig die Sponsoren und Banken als Fremdkapitalgeber sollen in Betracht gezogen werden. Um das Argument einfach halten zu können, sei wieder auf ein einfaches Beispiel zurückgegriffen, das ohne großen Aufwand in seiner Komplexität (mehr zeitliche Ebenen, mehr mögliche Ereignisse)[1] sofort erweitert werden kann. Die grundsätzlichen Ergebnisse ändern sich dadurch nicht.

Es sei ein Projekt unterstellt, dessen Investitionssumme von 100 GE durch Eigen- und Fremdkapital finanziert werden soll. Der Leverage betrage Vier, so dass 20 GE Eigenmittel für das Projekt vorhanden sind, 80 GE Fremdmittel. Zudem sei an dieser Stelle unterstellt, dass Kredite mit unterschiedlichen Rang an der Finanzierung des Projektes beteiligt sind, sie sollen als Senior (vorrangiger Kredit) und Junior Debt (nachrangiger Kredit) bezeichnet werden. 10 GE sei ein nachrangiger Kredit mit einem Nachrang gegenüber dem vorrangiger Kredit mit 70 GE, der von beiden Krediten zuerst aus dem Cashflow bedient wird. Die Bilanz des Projektes lässt sich somit wie folgt schreiben:

---

1. J. C. Hull, 1997, S. 343ff; J. C. Hull 2002, S. 218ff oder R. Jarrow; St. Turnbull 1999, S. 103ff.

Tabelle 5.1. : Bilanz einer Projektfinanzierung

Aktiva	in GE	Passiva	
Projekt	100,0	Eigenkapital	20,0
		Senior Debt (10%)	70,0
		Junior Debt (20%)	10,0
Summe	100,0	Summe	100,0

Zu den oben getroffenen Annahmen soll die Projektfinanzierung nur über ein Jahr[1] betrachtet werden und alternativ zu einem Investment in ein Projekt sollen alternative Anlagen zur Verfügung stehen, die mit einem Zins von 5% verzinst werden. Dieser Zinssatz soll wie oben die Verzinsung für staatliche Anleihen darstellen, die als sicher eingestuft werden (höchstes Rating). Wie in der obigen Bilanz angedeutet, sei ferner unterstellt, dass die beiden Kredite mit 10% und 20% verzinst werden sollen. Mit Hilfe der oben getroffenen Annahmen kann man sofort ein Zahlungsprofil der einzelnen Projektbeteiligten ableiten, je nachdem welchen Zahlungsstrom das Projekt in der Zukunft garantiert.

Abbildung 5.1. : Zahlungsstrom von Projektbeteiligten

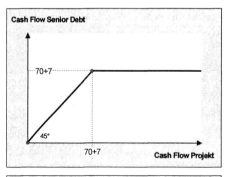
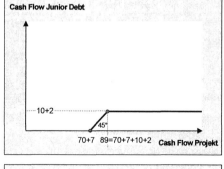
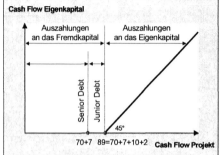
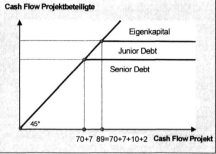

---

1. Auch diese Annahme lässt sich leicht aufheben (J. C. Hull 1997, S. 343ff oder R. Jarrow; S. Turnbull 1999, S. 103ff).

Aus der Abbildung 5.1. auf Seite 178 geht unmittelbar hervor, was im letzten Kapital im Zusammenhang mit speziellen Eigenschaften von Zahlungsströmen für Fremdkapitalgeber im Rahmen eines Projektes gesagt wurde. Bis zu dem vertraglich vereinbarten Kreditbetrag (Senior Debt 70 GE plus 7 GE und Junior Debt 10 GE plus 2 GE) müssen die Banken oder Fremdkapitalgeber von Projekten mit Ausfällen rechnen, wenn der prognostizierte Cashflow des Projektes ausbleibt. Im Speziellen ist der nachrangige Kredit (Junior Debt) früher von möglichen Ausfällen des Projekt Cashflows betroffen. Wenn bei einem Projekt ein Disaster[1] stattfindet, bei dem der Cashflow unter ein Niveau von 89 GE (=77+12) sinkt, dann muss das nachrangige Darlehen mit Ausfällen kalkulieren. Ab einem Niveau des Projekt Cashflows von nicht mehr als 77 GE tritt der Totalverlust bei Zinsdienst und Tilgung ein. Der vorrangige Kredit (Senior Debt) wird von möglichen Ausfällen erst ab einem Niveau des Cashflows von 77 GE betroffen sein. Man kann in diesem Zusammenhang dann von einer Katastrophe im Rahmen des Projektes sprechen, wenn der vorrangige Kredit von Ausfällen betroffen ist. Aufgrund der Rangfolge der Kredite unterscheiden sich die Interessen der Fremdkapitalgeber grundlegend. Nachrangige Kredite müssen sich im Falle eines Desasters im Rahmen des Projektes Gedanken machen, während vorrangige Kredite nur im Falle einer Katastrophe betroffen sind. Die Sponsoren wiederum werden dann mit Einzahlungen rechnen können, wenn alle anderen Ansprüche (hier: 89 GE) befriedigt wurden. Wenn der Cashflow des Projektes gänzlich ausbleibt (katastrophale Fall), dann müssen die Banken auf Zinsdienst und Tilgung verzichten, zudem verliert der Sponsor seinen begrenzten Einsatz in Form des Eigenkapitals. In der Summe ergibt dies einen maximal möglichen Verlust von 77 GE plus 12 GE plus 20 GE, was einem Wert von 109 GE entspricht.

Abbildung 5.2. : Vermögenstitel im Rahmen eines Projektes und vertragliche Cashflows

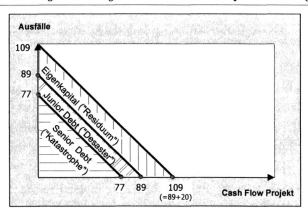

---

1. Dies soll im Folgenden einen geringfügigen Rückgang des Cashflows bezeichnen, während ein deutlicher Rückgang des Cashflows eines Projektes als Katastrophe bezeichnet wird.

Betrachtet man die Zahlungsströme für die Projektbeteiligten in Abbildung 5.1. auf Seite 178, dann fällt unmittelbar auf, dass sich alle Zahlungsströme als bedingte Zahlungsströme darstellen. Mit anderen Worten, Zinsdienst und Tilgung an die Banken werden nur dann vertragsgemäß bedient, wenn der Cashflow des Projektes ein bestimmtes Niveau überschreitet (77 oder 89). Auf der anderen Seite ist auch der Zahlungsstrom für die Dividenden ein bedingter Zahlungsstrom, da nur bei sehr hohen Cashflows des Projektes Ausschüttungen an die Eigenkapitalgeber vorgenommen werden können. Diese Bedingtheit der Cashflows der Projektbeteiligten findet sein Gegenstück in der Optionspreistheorie in der Finanzwirtschaft. Die einfachsten Optionen stellen der Call (Kaufoption) und Put (Verkaufsoption) dar. Bei einem Call erwirbt jemand das Recht, auf Verlangen etwas kaufen zu können, bei einem Put das Recht, auf Verlangen etwas verkaufen zu können. Unsere Zahlungsströme entsprechen aber inhaltlich genau den Definitionen von Call und Put. Betrachtet man bei die Kreditfinanzierungen, dann kann man sagen, dass der Vertragspartner auf Verlangen den Restwert des Projekt Cashflows an die Banken zurückgibt.

Mit anderen Worten, wenn der Cashflow des Projektes sehr hoch ist, dann wird der Put nicht ausgeübt. Es ist für die Sponsoren von Vorteil, das Projekt zu betreiben, da der Cashflow an das Eigenkapital nach Abzug von Zinsdienst und Tilgung positiv ist. Für die Banken bedeutet dies, dass nur im anderen Fall für Ausfälle im Rahmen des Projektes herangezogen werden. Mit anderen Worten, sie erleiden Verluste im Falle eines zu geringen Cashflows. Wenn das Projekt erfolgreich ist, dann können sie maximal nur Zinsdienst plus Tilgung als Einzahlung erwarten. Optionen oder Wahlrechte sind -wie wir oben gesehen haben (Realoptionen)- wertvoll und bei jedem Projekt zumindest grundsätzlich bedenkenswert, da wertvoll. Banken werden in diesem Zusammenhang aber dieses Kreditrisiko nicht unentgeltlich übernehmen, sondern eine „Entschädigung" für die möglichen Verluste aus der möglichen Ausübung von Rechten der Sponsoren verlangen. In der Sprache der Optionspreistheorie spricht man von einer Optionsprämie, die sich wiederum berechnen läßt. Banken, wie auch Versicherungen oder Garantien befinden sich in der gleichen Situation. Sie sind sogenannte Stillhalter eines Put, während die andere Seite als Inhaber bezeichnet wird. Auf Verlangen müssen sie für Verluste einstehen, die ihre Vertragspartner verursacht haben, während die Inhaber auf Verlangen die Verluste auf den Vertragspartner übertragen können[1].

Bevor wir dem Gedanken der Optionspreistheorie im Rahmen der Projektfinanzierung weiter nachgehen, soll an dieser Stelle auf die Bedeutung von Kapital im Rahmen einer

---

1. Vgl. auch Monatsberichte der Deutschen Bundesbank April 2004, S. 25.

Projektfinanzierung eingegangen werden. Kapital im Rahmen von allen Investitionen, aber vor allem bei Projektfinanzierungen, übernimmt drei verschiedene Funktionen, zum Ersten die Funktion „Finanzierung", zum Zweiten die Funktion „Working Capital" und zum Dritten die Funktion „Risikokapital"[1]. Die erste Funktion von Kapital dürfte relativ einleuchtend sein. Jede Projektfinanzierung beinhaltet am Anfang erhebliche Auszahlungen in Form von Fixkosten, die zudem den Charakter von Sunk Costs besitzen. Bei der zweiten Funktion steht die Liquidität des Projektes zur Debatte. Jede Projektfinanzierung benötigt in allen ihren Phasen finanzielle Mittel, um den laufenden Geschäftsbetrieb zu garantieren. Wenn Cashflows stark schwanken, dann sind finanzielle Mittel in Form von Kassenhaltung notwendig, um die Insolvenzwahrscheinlichkeit möglichst zu vermeiden. Desweiteren können grundsätzlich hohe Lagerhaltung finanzielle Mittel binden. Zuletzt stellen für alle Projekte nicht bezahlte Rechnungen ein Problem dar. In allen drei Fällen ist im Projekt Geld gebunden, das nicht rentabel arbeitet. Es fallen Opportunitätskosten an, die, wie oben im Fall der Schuldendienstreserve, den Kapitalwert eines Projektes reduzieren. Geld, das keine Zinsen abwirft, stellt für ein Projekt „totes Kapital" dar, das die Rentabilität des Projektes aufgrund sinkender ökonomischer Gewinne u.U. in Frage stellen kann. Verzögerungen bei der Fertigstellung eines Projektes fallen ebenfalls darunter. Wohl kann die Auszahlungssumme für das Projekt absolut gesehen konstant bleiben, die später realisierten Cashflows des Projektes verursachen aufgrund der z.T. sehr hohen Volumina nicht unerhebliche Opportunitätskosten, die es zu beachten gilt.

Risikokapital definieren Perold/Merton (1999) „als den kleinsten Betrag, den man investieren muss, um den Wert der (Netto-)Vermögensgegenstände eines Projektes[2] relativ zum Wert der (Netto-)Vermögensgegenstände einer alternativen Verwendung der Investitionsauszahlung zu versichern." Unter den (Netto-) Vermögensgegenständen verstehen die beiden Autoren die Differenz zwischen Aktiva und Passiva eines Investments[3]. Diese Definition von Risikokapital unterscheidet sich grundlegend von der Definition von Risikokapital, wie sie in der Literatur zur Regulierung von Banken aktuell Verwendung findet. Risikokapital ist auch nicht mit Finanzierungsmitteln zu verwechseln, die zum Anfang eines Projektes notwendig sind, um das Projekt zu realisieren. Risikokapital ist im Rahmen eines Projektes immer dann notwendig, wenn die Aktiva relativ zu den Passiva schwanken, oder umgekehrt. Immer wenn die (Markt-)Werte von Aktiva und Passiva eines Projektes nicht perfekt korreliert sind, dann ist Risikokapital notwendig, um eventuell auftretende Notlagen eines Projektes überwinden zu helfen. Unerwartete

---

1. R. C. Merton; A. F. Perold 1999, S. 505ff.
2. Formulierung der Autoren.
3. R. C. Merton; A. F. Perold 1999, S. 506.

Einbrüche im Cashflow stehen im Mittelpunkt des Interesses, wenn die Funktion von Kapital als Risikokapital interessiert.

Um die Argumentation der beiden Autoren verstehen zu können, wollen wir wieder auf das obige Beispiel zurückkommen. Oben wurde noch keine Prognose im Hinblick auf den zu erwartenden Cashflow gemacht. Angenommen, es wird erwartet, der Cashflow des Projektes schwankt zwischen 150 GE und 60 GE. Mit anderen Worten, der Cashflow des Projektes wird relativ zu einer alternativen sicheren Anlage zu 5% als sehr riskant eingeschätzt. Welcher Bedeutung kommt dann die obige Definition von Risikokapital in diesem Beispiel zu? Vergegenwärtigt man sich die obige Bilanz des betrachteten Projektes, dann sieht man unmittelbar, dass die Verbindlichkeiten des Projektes vertragliche fixe Vereinbarungen darstellen, die vertragsgemäß zu bedienen sind. Auf der anderen Seite ist der Ausgang der Projektfinanzierung mehr als ungewiß. Die prognostizierten Schwankungsbreiten bewegen sich zwischen 150 und 60. Unsere gewählte Bilanz eines Projektes beinhaltet genau die Definition von Risikokapital, wie sie die beiden Autoren vor Augen haben. Gesucht ist der minimale Betrag (an Versicherungen), der die Bilanz des Projektes gegen Risiken absichert. Mit anderen Worten, welcher Betrag an Risikokapital ist hypothetisch notwendig, damit die Finanzierungsmittel von insgesamt 100 GE ihrem eigentlichen Verwendungszweck heute zugeführt werden können?

An dieser Stelle kommen wir aber auf die einleitenden Worte im Rahmen der Optionspreistheorie und der Analogie zur Position von Banken im Rahmen einer Projektfinanzierung zurück. Implizit befindet sich eine Bank immer in der Position eines Stillhalters gegenüber den Sponsoren, ob die nun die vorrangigen oder nachrangigen Kredite ausgereicht haben. Diese Position beinhaltet aber Kreditrisiken, die über eine Risikoprämie abzugelten sind. Ohne entsprechende Kompensation führt eine jede Position eines Stillhalters eines Put unweigerlich in die Insolvenz. Haftpflichtversicherer, die keine Prämien von ihren Kunden verlangen, werden zwangsläufig den Konkurs ansteuern. Gleiches gilt aber auch für Banken, die, neben den üblichen Margen zur Abdeckung von operativen Kosten und Gewinnen, Risikoprämien für eingegangene Kreditrisiken verlangen müssen. Tun sie dies nur in unzureichendem Umfang, dann droht unweigerlich die Insolvenz in der langen Frist. Kurzfristig mögen (kurzfristige) Liquiditätskredite seitens der Notenbanken finanzielle Engpässe überwinden helfen. Die langfristig falsche strategische Ausrichtung führt zwangsläufig zu finanziellen Problemen.

Wie oben erwähnt, lassen sich aber Prämien grundsätzlich berechnen, wenn bestimmte Informationen zur Verfügung stehen. Man benötigt zur Ableitung der Prämien für Optionen Erwartungen an die (mögliche) Entwicklung des zugrunde liegenden Geschäftes, hier ist es die Erwartung an die Entwicklung des Cashflows eines Projektes. Die Grundidee oder der „Trick" bei der Bewertung von Optionen besteht darin, dass man unterstellt, das zwei Anlageformen gleichzeitig auf Finanzmärkten zur gleichen Zeit nachgefragt werden. Wenn man aber einen (risikoneutralen) Anleger unterstellt, dann ist dieser in einem diversifizierten Portfolio z.B. einzig am Erwartungswert einer Anlage interessiert. In dem unten abgetragenen Beispiel bedeutet dies nun, dass die sichere alternative Anlagemöglichkeit im Schnitt eine Rendite wie die Anlage von Geld in der Projektfinanzierung abwerfen muss. Da aber die Projektfinanzierung riskant ist, kann man auf diese Weise die Vorstellungen der Anleger in Bezug auf die (wahrscheinliche) Entwicklung in der Zukunft offenlegen.

Abbildung 5.3. : Mögliche Entwicklung eines Projekt Cashflows

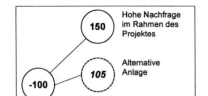

Zu diesem Zweck setzt man einfach den (sicheren) Ertrag der alternativen Anlagemöglichkeit von 105 mit dem Erwartungswert der Projektfinanzierung gleich[1]:

$$(1 + 0,05)100 = 105 = p \cdot 150 + (1-p) \cdot 60 \quad \mathit{mit} \quad p = \frac{105 - 60}{150 - 60} = 0,5 \qquad (5.1.)$$

Immer, wenn (risikoneutrale) Anleger denken, dass die beiden möglichen Auszahlungen der Projektfinanzierung gleichwahrscheinlich sind, dann werfen die sichere alternative Anlage und Projektfinanzierung den gleichen erwarteten Ertrag ab, eben die bekannten 105. Hat man auf diese Weise die (impliziten) Vorstellungen eines (risikoneutralen) Anlegers enthüllt, dann lassen sich unmittelbar die Barwerte für die Verluste bei einem unerwarteten Rückgang des Projekt Cashflows ermitteln. Im Zentrum des Interesses steht hier die Ableitung des Risikokapitals einer Projektfinanzierung, das neben den rei-

---

1. Der Leser möge bei der Ableitung berücksichtigen, dass die Werte so gewählt wurden, dass die resultierenden Wahrscheinlichkeiten 0,5 sind. Welche (wahrscheinlichen) Vorstellungen über die Zukunft Anleger im Hinterkopf haben, muss nicht in jedem Fall gleichverteilt sein. Das Ergebnis stellt einen von vielen möglichen Fällen dar.

nen Finanzierungsmitteln und dem Working Capital notwendig ist. Vergegenwärtigen wir uns sich noch einmal die Definition für Risikokapital, dann wissen wir, dass dies der kleinste Betrag ist, um das Nettovermögen des Projektes gegen (unerwartete) Verluste zu versichern. Mit anderen Worten, gäbe es eine Möglichkeit, die für das Projekt benötigten finanziellen Mitteln in der Summe zu versichern, dann würde unsere Bilanz in Tabelle 5.1. auf Seite 178 vollständig gegen unerwartete Nachfrageschwankungen versichert. Die Finanzierungsfunktion von Kapital wäre gesichert und es wäre unmittelbar klar, welches Risikokapital zusätzlich notwendig wäre, um das Überleben des Projektes zu sichern.

Das oben beschriebene Projekt benötigt heute 100 GE finanzielle Mittel, was inklusive Opportunitätskosten in einem Jahr 105 GE entspricht. Wählt man diesen Betrag als Basis unserer Überlegungen im Rahmen der Optionspreistheorie, läßt sich eine Prämie ableiten, so dass das Projekt gegen die prognostizierten Schwankungen in der Nachfrage und somit im Cashflow abgesichert ist. Für die Ableitung der Put-Prämie muss man aufgrund der obigen Annahmen einzig die abgeleitete (risikoneutrale) Wahrscheinlichkeit mit den Auszahlungen im Falle eines Rückganges des Cashflows multiplizieren. Um den Barwert zu ermitteln, muss in einem zweiten Schritt dieser Wert mit 5% abdiskontiert werden.

Abbildung 5.4. : Putprämien und Versicherung der Finanzierungsmittel

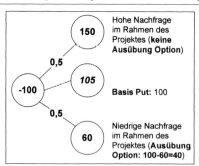

Im Falle einer Versicherung der Finanzierungsmittel von 100 GE über einen Put (Put_{100}), muss die Basis der Option auf 105 GE festgelegt werden. Sie sollen gerade risikofrei gestellt werden, um die Finanzierung des Projektes in jedem Fall zu garantieren. Ein Put wird bei hoher Nachfrage im Rahmen des Projektes und dementsprechend hohen Cashflows nicht ausgeübt, da der Cashflow ausreicht, um alle Ansprüche der Finanziers eines Projektes zu befriedigen. Wenn der Cashflow bei geringer Nachfrage niedrig ausfällt, dann greift die Versicherung über den Put. Als Versicherungsleistung steht in diesem Falle (hypothetisch) eine Summe von 50 GE zur Auszahlung an. Die (risikoneutrale) Wahrscheinlichkeit für dieses Ereignis haben wir oben mit Hilfe des Konstruktes eines risikoneutralen Anlegers abgeleitet. Sie beträgt 0,5, die Opportunitätskosten 5%. Als Optionsprämie für den Put ergeben sich somit bei der vollständigen Versicherung der Investitionssumme des Projektes:

$$\text{Prämie}_{100} = \frac{0,5(105-60)}{1,05} \cong 21,4 \qquad (5.2.)$$

Um die Finanzierungsfunktion von Kapital im Rahmen einer Projektfinanzierung sicherzustellen, wie sie oben vorgestellt wurde, ist eine Prämie zu zahlen, die 21,4 GE entspricht. Diese Summe aber stellt den Betrag des Risikokapitals dar, der für die Absicherung der Gesamtinvestitionsauszahlung für das Projekt notwendig ist. Aufgrund der getroffenen Annahmen entspricht dieser Betrag dem Risikokapital dieser Projektfinanzierung und ist in einer risikoangepassten Bilanz gesondert auszuweisen. Mit Hilfe der Prämienzahlung für den Put mit Basis 105 GE (Investitionssumme plus Opportunitätskosten) kann man die Bilanz der Projektfinanzierung gegen Schwankungen im Cashflow nach unten absichern, so dass die aufgebrachten finanziellen Mittel von 100 GE heute vollständig für die Finanzierung des Projektes zur Verfügung stehen und nicht auch für unerwartete Verluste einzuplanen sind.

Selbstverständlich handelt es sich hier um ein hypothetisches Argument. Nichtsdestoweniger kann dieses Gedankenexperiment in Kombination mit einem Instrument des modernen Finanzmanagements die wichtige Unterscheidung der Funktionen von Kapital im Rahmen eines Projektes transparent machen. Die nächste Frage muss nun lauten, wie dieser Betrag auf die Projektbeteiligten aufzuteilen ist. Mit anderen Worten, wer der drei Beteiligten im Rahmen der Projektfinanzierung hat im Rahmen der Allokation von Risiken welche Summe an Risikokapital zu tragen. Da wir als Fremdfinanzierungen einen nachrangigen und vorrangigen Kredit unterstellt haben, kann man sich analog fragen, welche Prämie für eine Versicherung (Put_{80}) zu zahlen ist, um die gesamte Verschuldung des Projektes gegen einen unerwarteten Rückgang des Cashflows zu versichern. Die Gesamtbetrag der Verschuldung beträgt 77 plus 12, was für die Finanzierung des Projektes notwendig ist. In einem letzten Schritt kann diese Argumentation einzig auf den vorrangigen Kredit angewandt werden (Put_{70}), um dessen Finanzierungsfunktion in jedem Fall zu garantieren. Die Basis für diese beiden weiteren impliziten Versicherungen (Puts) belaufen sich somit auf 84 und 73,5. Für die Prämien ergeben sich aufgrund der gleichen Vorgehensweise zu oben folgende Werte:

$$\text{Prämie}_{80} = \frac{0,5(84-60)}{1,05} \cong 11,4 \qquad (5.3.)$$

$$\text{Prämie}_{70} = \frac{0,5(73,5-60)}{1,05} \cong 6,4 \qquad (5.4.)$$

Aufgrund der abgeleiteten Optionsprämien für eine implizite Versicherung über einen Put können wir sofort schließen, welche Partei im Rahmen der beschriebenen Projektfinanzierung welchen Teil des Risikokapitals zu tragen hat. Man muss einfach bei Null beginnend die Prämien gegenseitig voneinander abziehen, wobei die jeweilige Differenz den Bankfinanzierungen oder der Sponsorfinanzierung zuzurechnen ist. In unserem Beispiel entspricht das Risikokapital, das der vorrangige Kredit aufzubringen hat, um die Finanzierungsfunktion der 70 GE zu garantieren, einem Betrag von 6,4 GE. Beim nachrangigen Darlehen ist die Prämie 5,0 GE (11,4 GE minus 6,4 GE) und beim Eigenkapital 10,0 GE (21,4 GE minus 11,4 GE).

Tabelle 5.2. : **Projektfinanzierung und Risikokapital**

Risikokapitalallokation	in GE
- Eigenkapital: 21,4-11,4=	10,0
- Junior Debt: 11,4-6,4=	5,0
- Senior Debt: 6,4-0=	6,4

Mit diesem Prozedere konnte man das gesamte Risikokapital ableiten, das zur Sicherstellung der Finanzierungsfunktion von Kapital notwendig ist. Zudem ist die Zurechnung des Gesamtbetrags auf die einzelnen Projektbeteiligten möglich. In der Folge ist nun die Bilanz des Projektes um das Risikokapital zu verlängern, um den Risikogehalt der Projektfinanzierung offen zu legen. An dieser Stelle unterscheidet sich die jetzt abzuleitende risikoangepasste Bilanz von der Bilanz innerhalb der Buchhaltung eines Projektes. Die Funktionen des Kapitals in Form von Finanzierung, Working Capital und Risikokapital werden explizit durch Opportunitätskosten erfasst und ausgewiesen. Die Eigenkapitalrendite wird somit immer unter Ansetzung von Opportunitätskosten abgeleitet.

Tabelle 5.3.: Risikoangepasste Bilanz der Projektfinanzierung

Aktiva	in GE	Passiva	
Projekt	100,0	Finanzierung	100,0
Versicherung	21,4	- Eigenkapital	20,0
- Eigenkapital	10,0	- Senior Debt (10%)	70,0
- Senior Debt	6,4	- Junior Debt (20%)	10,0
- Junior Debt	5,0	Risikokapital	21,4
Summe	121,4	Summe	121,4

In der risikoangepassten Bilanz des Projektes wird schnell deutlich, dass die Banken im Rahmen ihrer Kredite trotz der hohen Kreditzinsen von 10% und 20% Probleme bei der Darstellung der Kredite haben. Der Zinsdienst des Projektes des vorrangigen und nachrangigen Kredites von 7 GE und 2 GE wird vom Risikokapital schnell „vernichtet". Die Putprämie von 6,4 GE bzw. 5,0 GE bezeichnet den in GE heute ausgedrückten zu erwartenden Verlust, wenn die eingebrachten finanziellen Mittel von 70 GE und 10 GE vollständig ihre Finanzierungsfunktion übernehmen sollen. Unter der oben beschriebenen Konstellation würde das vorrangige und nachrangige Darlehen einen negativen ökonomischen Gewinn ausweisen. Beide Bankfinanzierungen sind unter ökonomischen Gesichtspunkten einschließlich zu berücksichtigende implizite (hypothetischen, aber dennoch realen) Versicherungsleistungen für die Sponsoren sowie Opportunitätskosten nicht darstellbar. Für den risikoangepassten Kapitalwert von Bankkrediten kann man folgenden Ausdruck anwenden[1]:

$$\text{Kapitalwert}_{\text{Kredit}}^{\text{mit Risikokosten}} = \text{Kapitalwert}_{\text{Kredit}}^{\text{ohne Risikokosten}} - \text{Optionsprämie}^{\text{Put}} \quad (5.5.)$$

Für die beiden Bankfinanzierungen ergeben sich dementsprechend folgende risikoangepasste Kapitalwerte:

$$\text{Senior Debt} = \frac{1,10 \cdot 70}{1,05} - 70 - 6,4 = -3,1 < 0 \quad (5.6.)$$

$$\text{Junior Debt} = \frac{1,20 \cdot 10}{1,05} - 10 - 5,0 = -3,6 < 0 \quad (5.7.)$$

---

1. R. A. Brealey; S. C. Myers 1996, S. 667f.

Man sieht an dieser Stelle, dass die Argumentation unter Berücksichtigung der drei Funktionen des Kapitals innerhalb einer Projektfinanzierung in Bezug auf die (ökonomische) Rentabilität des Projektes schnell obsolet werden kann, wenn das einem Projekt innewohnenden Risikokapitals nicht oder unzureichend berücksichtigt. Argumentationen im Rahmen von Kapitalwerten benötigen wohl Inputs über den Zeitpunkt der zu erwartenden Cashflows. Zudem sind Opportunitätskosten im Kalkül zu berücksichtigen. Benötigte finanzielle Mittel konkurrieren in einer Marktwirtschaft immer mit alternativen Verwendungen von Geld. Marktpreise stellen somit Opportunitätskosten dar, die angeben, wie sich die Knappheit auf den Finanzmärkten darstellt. Der ökonomische Gewinn einschließlich dieser Opportunitätskosten ist relevant für die Beurteilung der Rentabilität eines Projektes. In unserem Beispiel werden die „stattlichen" Kreditzinsen von 10% und 20% schnell von den Risikokosten im Rahmen der Sicherstellung der Finanzierungsfunktion mehr als kompensiert. Das Projekt weist aus der Sicht der Banken eine negative (ökonomische) Rendite auf und ist somit unter den gegebenen Rahmenbedingungen nicht finanzierbar.

Bevor wir uns aber der Frage zuwenden, inwieweit dieses sehr riskante Projekt dennoch zu „retten" ist, soll an dieser Stelle auf die traditionelle Darstellung der Rentabilität eingegangen werden. Traditionell wird die Eigenkapitalrendite eines Projektes als Erfolgsmaßstab herangezogen. Unterstellt man, dass das Projekt einen Umsatz von 30 GE hat, die operativen Kosten sich auf 30% belaufen, die Investition mit 10 GE p.a. abgeschrieben werden kann und Working Capital für die Sicherstellung des laufenden Geschäftsbetriebes 10% des Umsatzes zu kalkulieren ist, dann kann man sofort das Nettoeinkommen vor Steuern ableiten:

Tabelle 5.4.: Nettoeinkommen vor Steuern der Projektfinanzierung

	GE
Umsatz	30,0
Operative Kosten	9,0
Zinsendienst	9,0
Abschreibung	10,0
Nettoeinkommen	**2,0**
Eigenkapitalrendite	10%

Die Eigenkapitalrendite unter den getroffenen Annahmen beläuft sich bei dieser Projektfinanzierung auf 10%. Analog zur risikoangepassten Bilanz kann man an dieser Stelle das risikoangepasste Nettoeinkommen vor Steuern ableiten, das das oben abgeleitete Risikokapital berücksichtigt und den Sponsoren des Projektes die (implizite) risikoangepasste Eigenkapitalrendite offenlegt. Zu diesem Zweck benötigt man zusätzliche Informationen über die (ex ante) Kosten des Risikokapitals von 21,4 GE. Angenommen, man fragt einen Anleger zu welchem Spread er bereit ist, diese Summe von 21,4 GE zur Verfügung zu stellen und er nennt einen Spread von 21 GE (Bid oder Geldkurs) und 23,1 GE (Ask oder Briefkurs), dann belaufen sich die Risikokosten für das ausgewiesene Risikokapital auf 2,1 GE oder rd. 10%. In der Regel werden auf Finanzmärkten finanzielle Mittel zu einem höheren Kurs (Briefkurs) verkauft als sie angekauft werden (Geldkurs). Über die Differenz finanzieren sich Teilnehmer auf Finanzmärkten. Sie bezahlen aus dem Spread fällige operative Kosten, beziehen darüber auch ihren Gewinn und lassen sich auf diese Weise auch Kreditkosten abgelten. Mit Hilfe dieser Information läßt sich sofort das risikoangepasste Nettoeinkommen des Projektes ableiten:

Tabelle 5.5. : Risikoangepasste Nettoeinkommen der Projektfinanzierung vor Steuern

	GE
Umsatz	30,0
Operative Kosten	9,0
Zinsendienst	9,0
Abschreibung	10,0
Risikokosten 10% von 10,0	1,0
Nettoeinkommen	**1,0**
Eigenkapitalrendite (EK=20)	5%

Aus der Sicht der Sponsoren verschlechtert sich die Rentabilität des Projektes nach Einführung des Begriffes Risikokapital drastisch. Die Eigenkapitalrendite verringert sich gegenüber dem Fall ohne („verbuchtes") Risikokapital um 5%. Die zu zahlende Risikoprämie ist unter Berücksichtigung der drei Funktionen von Kapital relativ hoch, was auch aus der Sicht der Sponsoren nicht akzeptabel ist, wenn man das Kriterium der Eigenkapitalrendite den Ausführungen zugrunde legt. Für die Liquidität des Projektes (insgesamt) nach Zinsdienst und für die anfallenden Kapitalkosten des Projektes lässt sich aus der Sicht der Sponsoren Folgendes aussagen:

Tabelle 5.6. : Liquiditätsstatus und Kapitalkosten der Projektfinanzierung (total)

Liquiditätsstatus	GE
Umsatz	30,0
Operative Kosten	9,0
Zinsendienst	9,0
Working Capital	3,0
Risikokosten 10% von 21,4	2,1
Cash Flow nach Zinsen	**6,9**

(Ökonomische) Kapitalkosten	GE
Finanzierungskosten (sicher) 5% von 100	5,0
Risikokosten 10% von 21,4	2,1
Working Capital 5% von 3	0,2
Summe	**7,3**

Der Cashflow nach Zinsdienst unter Berücksichtigung fälligem Risikokapitals für das ganze Projekt weist 6,9 GE aus, die gesamten Kapitalkosten hingegen summieren sich auf 7,3 GE, wenn man die drei Funktionen des Kapitals berücksichtigt, Finanzierung (abgesichert), Working Capital und Risikokapital. Die (implizite) Verzinsung der drei Arten von benötigten Kapital ist gesondert anzusetzen. Da die Finanzierungskosten von 100 GE über die Einführung von Risikokapital in Form einer Prämie für einen Put abgesichert wurden, sind (ökonomisch gesehen) nicht die Kreditzinsen anzusetzen, sondern die Opportunitätskosten von 5%. Bei der Berechnung der Opportunitätskosten des Risikokapitals werden die Kosten durch den Spread (Bid und Ask) bestimmt. Da die Projektfinanzierung vom heutigen Standpunkt aus betrachtet wird und ökonomische Gewinne in Form des Kapitalwertes relevant für die Beurteilung der Rentabilität sind, muss an dieser Stelle der Spread Eingang in das Argument finden. Entscheidungen unter Risiko sind immer unter Berücksichtigung der Zeit zu verstehen. Ex ante sind Lösungen gefragt und nicht ex post Besserwisserei. Ex post sind alle Fakten bekannt und eine Entscheidung ist überflüssig geworden. Die (ökonomische) Rentabilität des gesamten Projektes bestimmt sich aber über die erwartete Rentabilität vor dem Hintergrund der prognostizierten Cashflows. Der Spread für das Risikokapital variiert dabei von Projekt zu Projekt, je nachdem welche Risikoarten im Projekt gleichzeitig existieren. Insofern unterscheidet sich die Argumentation im Kontext der Kapitalwertmethode oder des ökonomischen Gewinnes von der sonst üblichen Argumentation im Kontext von Bilanzkennzahlen. Die Existenz von Opportunitätskosten in vielfältiger Form tangieren die Entscheidungen innerhalb einer Projektfinanzierung entscheidend. Opportunitätskosten begegnen den Beteiligten einer Projektfinanzierung in vielfältiger Form: Alternativer sicherer Anlagezins, Insolvenzkosten, Working Capital oder Risikokosten. Alles Kostenarten, die nur unzureichend bei der Aufstellung von Bilanz sowie Gewinn- und Verlustrechnung Berücksichtigung finden, sind aber nichtdestoweniger ausschlaggebend für den Erfolg einer Projektfinanzierung.

Im Folgenden soll versucht werden, die vertraglichen Bindungen der Projektbeteiligten so zu verändern, dass sich für alle Interessen an einem Projekt ein Vorteil entsteht. Man spricht in diesem Zusammenhang auch von einer paretooptimalen Allokation, eine Partei stellt sich besser, während alle anderen Parteien dem neuen Arrangement zumindest indifferent gegenüberstehen oder sich ebenfalls besserstellen. Bisher wurde eine wichtige Partei im Rahmen einer Projektfinanzierung ausgeklammert, der Staat. Staatliche Stellen greifen in eine Projektfinanzierung in vielen Fällen an unterschiedlichen Punkten ein. Hier soll nur die Funktion des Staates als Garant im Kontext von Projektfinanzierungen interessieren. Staaten sind im Rahmen eines Projektes i.d.R. an Spillovers interessiert, die sich in einem Zuwachs an Arbeitsplätzen oder verbesserter Infrastruktur niederschlagen, wobei der Abwägungsprozess der Vor- und Nachteile einer Projektfinanzierung, die meist in Form externer Effekte auftreten, außen vor gelassen werden soll.

5.1.2. Zur Frage der optimalen Risikoallokation im Rahmen einer Projektfinanzierung

Garantien wie auch Gläubiger oder Versicherungen befinden sich de facto in der Position eines Stillhalters eines Put. Auf Verlangen müssen die staatlichen Stellen die garantierte Summe in das Projekt einbringen. Dies stellt eine bedingte Verbindlichkeit dar. Wenn der Cashflow des Projektes niedrig ausfällt, verpflichten sich staatliche Stellen, eine vorher bestimmte Summe in das Projekt einzubringen, um angefallene Schäden zu kompensieren. Angenommen, die Garantie belaufe sich in dem obigen Beispiel auf 15 GE, dann ist die minimale (garantierte) Auszahlung des Projektes im Falle eines zu geringen Cashflows bei ausbleibender Nachfrage 75 (=60+15).

Abbildung 5.5. : Mögliche Ausfälle, Finanzierung und staatliche Garantien

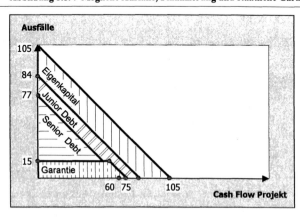

Wenn der Staat in Höhe von maximal 15 GE im Kontext des Projektes als Garant auftritt, dann wird sein Zahlungsversprechen nicht herangezogen, wenn der Cashflow des Projektes zumindest 75 GE beträgt. In einem Bereich von 75 GE bis 60 GE steigt der zu zahlende Betrag aufgrund der abgegebenen Garantie linear auf maximal 15 GE an. Danach sind unabhängig des resultierenden Cashflows die vertraglich zugesicherten 15 GE fällig. Gleichzeitig verringern sich die möglichen Ausfälle für die Bankenfinanzierungen in der Summe. Mit der Garantie lassen sich analog zu oben die Putprämien für die Versicherung der Finanzierung neu berechnen.

$$\text{Prämie}_{100} = \frac{0,5(105-60-15)}{1,05} \cong 14,3 \qquad (5.8.)$$

$$\text{Prämie}_{80} = \frac{0,5(84-60-15)}{1,05} \cong 4,3 \qquad (5.9.)$$

$$\text{Prämie}_{70} = 0 \qquad (5.10.)$$

Die Putprämie bei einer Basis von 73,5 GE (Senior Debt) ist Null, da die Option bei einer Realisation des Cashflows von 60 GE plus der garantierten Zahlung durch den Staat von 15 GE nicht im Geld ist. Mit anderen Worten, die Option wird nicht ausgeübt, da die Basis kleiner als die Realisation des Cashflows unter Einschluss der Garantie ist. (Implizite) Versicherungsleistungen kommen auf den vorrangigen Kredit nicht zu, da die Finanzierung durch den möglichen Rückgang des Cashflows inklusive Garantie nicht tangiert ist. Das (implizite) Risikokapital für den nachrangigen Kredit fällt entsprechend kleiner aus, da 5 GE von dem maximal denkbaren Ausfall von 10 GE auf Verlangen durch die staatliche Garantie abdeckt wird. Der nachrangige Kredit hat einzig 4,3 GE als Prämie für die implizite Versicherung einzukalkulieren. Für die Sponsoren ändert sich die Situation nicht, da die staatliche Garantie ihre (impliziten) Versicherungsleistungen in keiner Weise beeinflusst. Die Sponsoren haben wie gehabt ein Risikokapital von 10,0 GE zu beachten. Die risikoangepasste Bilanz des Projektes unter Einschluss der staatlichen Garantie modifiziert sich dahingehend, dass das (Gesamt-)Risikokapital unverändert bei 21,4 GE liegt, einzig die Träger des Risikokapitals ändern sich. Das Risikokapital ist in Höhe von 10,0 GE dem Eigenkapital zuzurechnen, in Höhe von 4,3 GE dem nachrangigen Kredit und in Höhe von 7,1 GE dem staatlichen Garanten. Es gilt für die potentiell denkbare Versicherungsleistung seitens staatlicher Stellen in diesem Beispiel:

$$\text{Prämie}_{\text{Garantie}} = \frac{0,5 \cdot 15}{1,05} \cong 7,1 \qquad (5.11.)$$

Die risikoangepasste Bilanz lässt sich demnach unter Berücksichtigung der staatlichen Garantie unmittelbar wie folgt modifizieren:

Tabelle 5.7. : Risikoangepasste Bilanz des Projektes mit Garantie seitens des Staates

Aktiva	in GE	Passiva	
Projekt	100,0	Finanzierung	100,0
Versicherung	21,4	- Eigenkapital	20,0
- Eigenkapital	10,0	- Senior Debt (10%)	70,0
- Senior Debt	0,0	- Junior Debt (20%)	10,0
- Junior Debt	4,3	Risikokapital	21,4
- Garantie	7,1		
Summe	121,4	Summe	121,4

Die Wirkung einer staatlichen Garantie ist offensichtlich. Der vorrangige Kredit profitiert von der staatlichen Garantie, da der Staat in diesem Fall das Risiko im Falle einer „Katastrophe" in Bezug auf den Cashflow mit auffängt. Je nachdem wie hoch die Garantie ist, kann auch der nachrangige Kredit ebenfalls von der staatlichen Garantie profitieren. Garantien decken zuerst Risiken im Bereich „Katastrophe" ab, um i.d.R. teilweise auch Risiken im Bereich „Desaster" abzudecken. Sponsoren profitieren im obigen Beispiel nicht von der staatlichen Garantie, so dass ihr Nettoeinkommen vor Steuern wie auch ihr risikoangepasstes Nettoeinkommen vor Steuern nicht tangiert ist. Bei den Banken und ihren Kreditfinanzierungen ändert sich die Rendite grundlegend. Das implizit zu tragende Risikokapital fällt deutlich geringer aus. Risikokapital in Höhe von 7,1 GE ist nun von staatlichen Stellen auf Verlangen zu tragen. Die Frage seitens des Staates muss nun lauten, ob Spillovers in Form von neuen Arbeitsplätzen, höheren Steuereinnahmen oder verbesserter Infrastruktur das Risikokapital aufwiegen oder nicht. Nur wenn der Staat diese Frage positiv beantwortet, wird er sich bei der Projektfinanzierung engagieren. Dennoch wird die Projektfinanzierung beim jetzigen Stand des Beispieles nicht realisiert werden. Wohl hat sich die Risikoallokation verändert, aber der nachrangige Kredit beinhaltet trotz der staatlichen Garantie keinen positiven Kapitalwert bei einem Projektengagement, was im Gegenzug für das vorrangige Kredit nun gegeben ist. Der Anteil des Risikokapitals ist beim vorrangigen Kredit auf Null gesunken, der Kapitalwert des vorrangigen Kredites ist eindeutig positiv, der interne Zinsfuß beträgt offensichtlich 10%.

$$\text{Senior Debt}_{\text{mit Garantie}} = \frac{1,10 \cdot 70}{1,05} - 10 - 0 = 3,3 > 0 \qquad (5.12.)$$

$$\text{Junior Debt}_{\text{mit Garantie}} = \frac{1,20 \cdot 10}{1,05} - 10 - 4,3 = -2,9 < 0 \qquad (5.13.)$$

Die bisher vorgetragene Variante einer Projektfinanzierung ist nicht lebensfähig, denn die notwendigen finanziellen Mittel stehen nicht zur Verfügung. Da die Wahl der Basis den Wert des Put in Bezug auf das gesamte Fremdkapital, wie auch dem vorrangigen Kredit, entscheidend beeinflusst, kann man auf diese Weise die Risikoallokation verändern. Eine geringere Basis bei den Teilen der Fremdfinanzierung (73,5 GE und 84 GE) bedeutet aber, dass die Sponsoren einen höheren Eigenkapitaleinsatz leisten müssen, um die Rentabilität aller Projektbeteiligten zu garantieren, da nur dann die Finanzierung insgesamt zustande kommt. Ein vermehrter Eigenkapitaleinsatz muss zwangsläufig zulasten der Sponsoren gehen. Die risikoangepasste Eigenkapitalrendite (vor Steuern) geht zurück, da zum einen der Eigenkapitaleinsatz höher ausfällt, zudem die Kapitalkosten für das zu tragende Risikokapital ansteigen und darüber hinaus der Zinsdienst für das Fremdkapital zurückgeht. Die ersten beiden Effekte dominieren, wie man leicht zeigen kann. Daraus entsteht unmittelbar ein Interessenkonflikt, der ein Projekt u.U. sofort blockieren kann. Falls die Beteiligten an einem Projekt andere vertragliche Regelungen finden können, die den Interessenkonflikt auflösen, dann kann sich eine paretooptimale Risikoallokation einstellen.

Abbildung 5.6. : Projektfinanzierung und Risikomanagement

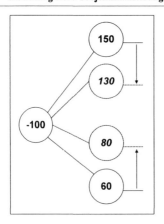

Eine andere Möglichkeit, das Projekt für alle Beteiligten rentabel zu gestalten, bietet das Instrument des Risikomanagements. Ein erfolgreiches Risikomanagement für ein Projekt kann nur bedeuten, dass die Schwankungsbreiten des Projekt Cashflows niedriger ausfallen. Geht man davon aus, dass sich die Cashflows in einem prognostizierten Bereich von 75 bis 125 bewegen, dann kann man analog zu oben wieder die (risikoangepassten) Wahrscheinlichkeiten ableiten[1]:

$$(1+0,05)100 = 105 = p \cdot 130 + (1-p) \cdot 80 \quad mit \quad p = \frac{105-80}{130-80} = 0,5 \quad (5.14.)$$

Im Gegensatz zu oben werden bei diesen prognostizierten Cashflows die Vorstellungen dahin verändern, als sie dem hohen Cashflow eine niedrigere Wahrscheinlichkeit zuordnen, dem niedrigeren Cashflow eine höhere. Darüber hinaus soll weiter unterstellt werden, dass der Anteil des vorrangigen Kredites an der Gesamtfinanzierung um 5 GE erhöht wird, wenn innerhalb des Projektes Risikomanagement durchgeführt wird[2]. Die Bilanz des Projektes schreibt sich dann wie folgt:

Abbildung 5.7.: Bilanz der Projektfinanzierung mit neuen Konditionen

Aktiva	in	GE	Passiva
Projekt	100,0	Eigenkapital	15,0
		Senior Debt (10%)	75,0
		Junior Debt (20%)	10,0
Summe	100,0	Summe	100,0

Ferner sei unterstellt, dass sich im Rahmen eines Risikomanagements die Garantiesumme des Staates von 15 GE auf 10 GE reduziert. Analog zu oben, was der Leser leicht nachvollziehen kann, kann man an dieser Stelle die Putprämien für die einzelnen Finanzierungsbestandteile des Projektes und Garantie des Staates ableiten.

---

1. Aufgrund der speziellen Konstruktion der Schwankungen resultieren an dieser Stelle die gleichen (risikoneutralen) Wahrscheinlichkeiten, wie sie oben in Gleichung 5.1. auf Seite 183 abgeleitet wurden. Dies ist aber reiner Zufall, i.d.R. erhält man andere Wahrscheinlichkeiten.
2. Hier handelt es sich um ein ähnliches Argument, wie im Rahmen der Einführung einer Schuldendienstreserve im vorherigen Kapital.

$$\text{Prämie}_{100} = \frac{0{,}5(105-80-10)}{1{,}05} \cong 7{,}1 \qquad (5.15.)$$

$$\text{Prämie}_{85} = 0 \qquad (5.16.)$$

$$\text{Prämie}_{75} = 0 \qquad (5.17.)$$

$$\text{Prämie}_{Garantie} = \frac{0{,}5 \cdot 10}{1{,}05} \cong 4{,}8 \qquad (5.18.)$$

Da die Garantie hier aufgrund des eingeführten Risikomanagements einen Cashflow bei niedriger Nachfrage von 90 GE garantiert, sind beide Puts in Bezug auf die Bankfinanzierungen nicht im Geld (Basis (75)1,05 und (85)1,05)[1]. Die staatliche Garantie stellt beide Kredite frei von der Bereitstellung von Risikokapital. Im Gegensatz zu oben ist das Risikokapital niedriger, das dem Staat zuzurechnen ist, anstatt 7,1 GE beträgt das Risikokapital nur 4,8 GE. Auch das Risikokapital, das auf das Eigenkapital entfällt, sinkt von 10,0 GE auf 7,1 GE. Die beiden Kredite hingegen erzielen die avisierte interne Verzinsung von 10% und 20%. Ausfälle müssen die Banken unter dem hier unterstellten Szenarium nicht befürchten. Der Kapitalwert beider Bankenfinanzierungen ist unter Berücksichtigung des anfallenden Risikokapitals positiv, wie leicht zu zeigen ist. Das insgesamt notwendige Risikokapital zur Absicherung der Finanzierung von 100 GE heute ist deutlich zurückgegangen. Anstatt 21,4 GE sind aufgrund des Risikomanagements nur noch 11,9 GE notwendig[2]. Die risikoangepasste Bilanz schreibt sich dann wie folgt:

---

1. Hierbei ist zu berücksichtigen, dass der Eigenkapitaleinsatz der Sponsoren um 5 GE gesenkt wurde, der vorrangige Kredit um 5 GE erhöht wurde.
2. Auf die einzelnen Maßnahmen im Rahmen eines Projektrisikomanagements wurde und wird an anderer Stelle ausführlich eingegangen.

Abbildung 5.8. : Risikoangepasste Bilanz des Projektes mit neuen Konditionen

Aktiva	in GE	Passiva	
Projekt	100,0	Finanzierung	100,0
Versicherung	11,9	- Eigenkapital	15,0
- Eigenkapital	7,1	- Senior Debt (10%)	75,0
- Senior Debt	0,0	- Junior Debt (20%)	10,0
- Junior Debt	0,0	Risikokapital	11,9
- Garantie	4,8		
Summe	111,9	Summe	111,9

Die Allokation des Risikokapitals hat sich an dieser Stelle grundlegend geändert. Einzig Staat und Sponsoren ist Risikokapital zuzurechnen, aber in deutlich geringerem Umfang als im Ausgangsbeispiel. Die Banken verdienen die avisierten Kreditzinsen, da der Staat hier Risiken im Bereich „Katastrophe" und „Desaster" vollständig übernimmt und teilweise das Residuum der Sponsoren versichert (0,7 GE). Dass dieses Arrangement Vorteile für die Banken und den Staat bedeuten, ist leicht einzusehen. Für den Staat gilt das oben Gesagte, er muss die Verpflichtungen aus der Garantie den möglichen Spillovers gegenüberstellen. Für die Sponsoren hat sich die Situation ebenfalls grundlegend geändert, wenn man von der geänderten Risikoallokation ausgeht. Das risikoangepasste Nettoeinkommen vor Steuern steigt an. Obwohl der Zinsdienst geringfügig ansteigt, profitieren die Sponsoren von den reduzierten Eigenkapitalanforderungen seitens der übrigen Beteiligten einer Projektfinanzierung.

Tabelle 5.8. : Risikoangepasste Nettoeinkommen vor Steuern mit neuen Konditionen

	GE
Umsatz	30,0
Operative Kosten	9,0
Zinsendienst	↑ 9,5
Abschreibung	10,0
Risikokosten 10% von 7,1	↓ 0,7
Nettoeinkommen	**0,8**
Eigenkapitalrendite (EK=15) ↓	↑ 5,3%

(Ökonomische) Kapitalkosten	GE
Finanzierungskosten (sicher) 5% von 100	5,0
Risikokosten 10% von 11,9	1,2
Working Capital 5% von 3	0,2
Summe	↓ **6,4**

Liquiditätsstatus	GE
Umsatz	30,0
Operative Kosten	9,0
Zinsendienst	9,5
Working Capital	3,0
Risikokosten 10% von 11,9	1,2
Cash Flow nach Zinsen	↑ **7,4**

Das obige Beispiel mag extrem konstruiert sein, es wird aber offensichtlich, dass die Risikoallokation einer Projektfinanzierung von den vertraglichen Arrangements entscheidend beeinflusst werden. Vertragliche Vereinbarungen, die einen geringeren Eigenkapitaleinsatz seitens der Sponsoren verlangen, können vor dem Hintergrund eines Risikomanagements vorteilhaft für alle Beteiligten des Projektes sein, müssen aber nicht. Jetzt ist die Aussage im Rahmen der Schuldendienstreserve verständlich. Die Einführung einer Schuldendienstreserve in Kombination mit einem geringeren Eigenkapitaleinsatz bei gleichzeitigem (aktiven) Risikomanagement kann das Engagement für alle Projektbeteiligte u.U. vorteilhaft sein. Maßnahmen im Rahmen eines Risikomanagements sind wohl immer kostspielig, so dass es abzuwägen gilt, ob sie durchgeführt werden sollen. Realoptionen z.B. verursachen heute zusätzliche Kosten, die aber leicht durch die Vermeidung des Totalverlustes mehr als kompensiert werden können, auch wenn man Opportunitätskosten in das Argument mit einschließt. Projektfinanzierung ist in diesem Sinne „gelebtes Risikomanagement". Änderungen an den Vereinbarungen eines Projektes verändern die Verteilung von Risikokapital schnell, so dass u.U. die neue Risikoallokation für die beteiligten Interessen eines Projektes von Vorteil sind. An dieser Stelle soll aber nicht verschwiegen werden, dass in der Praxis eine Reihe von Problemen auftreten, wenn die Aktionen und Qualitäten der Projektbeteiligten nur unvollkommen beobachtet werden können. Dies ist aber Gegenstand des nächsten Kapitels. In jedem Fall ist festzuhalten, dass Risikomanagement das benötigte Risikokapital innerhalb eines Projektes deutlich vermindern hilft. Es entstehen in der Folge Verhandlungsspielräume, die die Projektbeteiligten nutzen können, damit sich alle Interessen an einer Projektfinanzierung besserstellen können (paretooptimaler Zustand). Wohl gemerkt, die obigen Ausführungen sollten nicht dazu dienen, dass in jedem Fall ein Risikomanagement exzessiv in einem Projekt durchgeführt werden soll. Einzig die Möglichkeiten, riskante Projekte darzustellen, erhöhen sich stark.

5.2. Trade Off: Anreize versus Risikoübernahme

Sponsoren und Banken

Bisher wurde in der Argumentation einzig die Risikoallokation betrachtet und die daraus resultierenden Anreizstrukturen vernachlässigt. Allen Verträgen wohnen aber Probleme der adversen Selektion und moralischem Risiko inne, wenn die entscheidenden Parameter für den Erfolg eines Projektes nicht oder nur unvollkommen beobachtbar sind. Adverse Selektion tritt für gewöhnlich vor Vertragsabschluß auf, wenn wichtige Merkmale der Sponsoren oder anderer Vertragsbeteiligter nicht oder nur unvollkommen beobachtbar sind, moralisches Risiko für gewöhnlich nach Vertragsabschluß, wenn Projektbeteiligte vom Vertragstext abweichen und dieses Abweichen im Zweifel auf einen Dritten oder den Zufall geschoben werden kann. In den obigen Ausführungen haben wir gesehen, dass die Sponsoren und Banken vollkommen andere Zielvorstellungen verfolgen, Eigenkapitalgeber sind an dem Zahlungsstrom eines Calls interessiert, der ihnen eine positive (ökonomische) Verzinsung garantiert, während Fremdkapitalgeber ihren Zahlungsstrom nach unten hin begrenzen wollen, im Idealfall erhalten sie Zinsdienst und Tilgung. Hier wird die Position eines Stillhabers eines Puts wichtig. Liquiditätsaspekte der Projektfinanzierung treten in den Vordergrund.

In den Verhandlungen tritt zwischen Sponsoren und Banken sofort ein grundlegender Konflikt auf. Sponsoren sind an einer möglichst geringen Basis interessiert, weil dies für sie einen geringeren Eigenkapitaleinsatz nach sich zieht. Auf der anderen Seite wollen die Banken ihre Finanzierung nach unten hin abgesichert wissen und fordern traditionell einen höheren Eigenkapitaleinsatz, wenn die Risiken des Projekt Cashflows sehr hoch sind. Auf der anderen Seite erhöht ein riskanterer Projekt Cashflows den notwendigen Bestand an Risikokapital, was für alle Projektbeteiligten von Nachteil ist. Sponsoren hingegen, da sie in der Position des Inhabers eines Calls sind, profitieren von der höheren Varianz des Projekt Cashflows, da sie regelmäßig nur den Cashflow einstreichen können, der über Zinsdienst und Tilgung für die Banken hinausgeht. Man kann wohl zeigen, dass dieser grundlegende Konflikt durch ein Risikomanagement im Rahmen des Projektes so entschärft werden kann, dass alle Projektbeteiligten u.U. von diesem Instrumentarium profitieren. Voraussetzung dafür ist ein signifikanter Rückgang des benötigten Risikokapitals. Dennoch unterliegen diese Regelungen nach Abschluß des Vertrages über eine Projektfinanzierung latent der Gefahr opportunistisches Verhalten, wenn es den Sponsoren gelingt, über die wahren Zustände des Projektes einen „Schleier" zu legen. In diesem Fall tritt das Problem des moralischen Risikos auf, da Sponsoren i.d.R. über die besseren Informationen über den Projektstand verfügen. Hier werden Banken es nicht vermeiden können, zusätzliche Kosten in Form von Kontrolle auf sich zu nehmen, um die Sponsoren glaubwürdig von sogenannten opportunen Verhalten abzuhalten. Mit anderen Worten, Banken können nur unter Aufwendung von Transaktionskosten vertragsschädigendes Verhalten unterbinden, was wiederum dem ökonomischen Prinzip unterliegt. Kontrolle wird nur solange Sinn machen, solange die Kontrollkosten die Vorteile aus dem vertragskonformen Verhaltens nicht mehr als aufwiegen.

Jede Veränderung der Risikoallokation beinhaltet -wie wir gesehen haben- eine veränderte Interessenslage der Projektbeteiligten. Jede andere Aufteilung des Risikokapitals auf Sponsoren, Banken und Staat beinhaltet im Gegenzug eine Veränderung im Kapitalwert der Cashflows der Projektbeteiligten. Die risikoangepasste Rendite der Projektbeteiligten verändert sich und somit der Anreiz, am Erfolg des Projektes aktiv mitzuarbeiten. Hieraus können sich demotivierende Effekte ergeben, wenn eine Seite der Projektbeteiligten einseitig zu seinen Gunsten Verträge interpretiert. Die Allokation des Risikokapitals ist die eine Seite der Medaille, die daraus resultierende risikoangepasste Rendite und damit verbundene Anreize, aktiv am Erfolg des Projektes zu arbeiten, die andere. Wenn Sponsoren vorab nach Fertigstellung „ihren Lohn" verlangen und anschließend aus dem Projekt aussteigen wollen, wie es im Immobilienbereich bei Bauträgerfinanzierungen der Normalfall ist, dann ist Gefahr in Verzug für die anderen Projektbeteiligten. Vertragliche Konstruktionen, die dem Staat die Übernahme des Projektes nach 25 bis 30 Jahren zusichern, machen Sinn, wenn im Gegenzug die Sponsoren an das Projekt gebunden sind und ihnen im Gegenzug eine angemessene risikoangepasste Rendite garantiert wird. Projektfinanzierungen bieten analog zu sogenannten Senioritätsentlohnungsschema im Rahmen des Personalmanagements die Möglichkeit, die Sponsoren an das Projekt zu binden. Wenn der Kapitalwert des Cashflows für die Beurteilung der Vorteilhaftigkeit des eigenen Engagements relevant ist, dann kann man die Entlohnungsstruktur analog zur Schuldendienstreserve anstellen. Man überträgt einen Teil des Cashflows von heute in die Zukunft und bindet sie so an den Erfolg des Projektes. Die Folge ist ein gesteigertes Interesse der Sponsoren am langfristigen Gelingen des Projektes. Auf der anderen Seite müssen die anderen Projektbeteiligten erreichen, dass der Cashflow der Sponsoren nicht dramatisch „einbricht" und somit den Anreiz der Senioritätsentlohnung zunichte macht. Hier befindet man sich auf einem sehr schmalen Grad, der sehr leicht zu kontraproduktiven Ergebnissen führen kann.

Abbildung 5.9.: Sponsoren und Senioritätsentlohnung

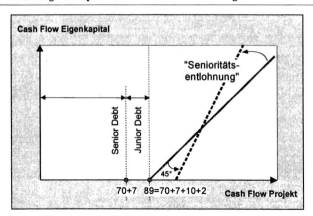

Daüber hinaus kann man davon ausgehen, dass Sponsoren ein Interesse daran haben, am Projekterfolg und somit am Residuum beteiligt zu sein. Dies ist eine um so stärkere Quelle für die Motivierung „hart zu arbeiten", je stärker der Cashflow für die Sponsoren schwankt. Dadurch steigen aber implizit die Drohungen für die Fremdkapitalgeber, wenn Sponsoren ihre Investitionen riskanter gestalten, ohne dass die Fremdkapitalgeber rechtzeitig auf diese Risiken aufmerksam werden. Eine minimale Kontrolltätigkeit, die aufgrund der großen Volumina gerechtfertigt ist, wird in jedem Projekt zu beobachten sein.

Sponsoren und Staat

Den grundlegenden Trade Off zwischen Risikoübernahme und Anreizstruktur kann man bei den Verhandlungen von Sponsoren und Staat beobachten. Hier geht es regelmäßig um die Verteilung von Kosten der Entwicklung von Projekten. Hierbei ist aber entscheidend, wie diese Aufteilung der Kosten geregelt wird, um Risikoübernahme zu garantieren und zudem Anreize nicht zu zerstören. Um das Argument[1] einfach zu halten, wollen wir uns im Folgenden auf die Aufteilung der Kosten im Rahmen eines Projektes beschränken. Das Argument kann aber sofort auf die Aufteilung möglicher Cashflows aus der Vergabe von Lizenzen ausgeweitet werden. Angenommen, folgende Regel im Rahmen der Kostenteilung bei der Erstellung eines Projektes sei gegeben:

$$\text{Preis} = v \cdot (1{,}10 \cdot C - w) + w \quad (5.19.)$$

---

1. J. McMillan 1992, S. 106ff.

Die Parameter in dem obigen Vertrag bezeichen mit C die tatsächlich anfallenden Kosten (ex post), die für den Lizenzgeber (ex ante) als unbekannt unterstellt werden. Der Lizenznehmer soll regelmäßig über bessere Informationen ex ante verfügen als der Lizenzgeber. Die Variable w bezeichnet den Preis, den der Lizenzgeber maximal bereit ist, bei der Ankündigung bestimmter Kosten C für das Projekt zu zahlen. Der Parameter v stellt sicher, dass der Lizenznehmer bei einer wider Erwarten anderen Kostenstruktur als angekündigt an der Differenz zwischen angekündigten und tatsächlichen Kosten beteiligt ist. Mit anderen Worten, der Lizenzgeber und -nehmer sind an den tatsächlichen und angekündigten Kosten beteiligt, wenn der Parameter v zwischen Null und Eins liegt. Ein Problem innerhalb eines Projektes sind immer unverhersehbare Kostensteigerungen z.B. aufgrund nicht bekannter geologischer Gesteinsformationen, die auch mit den besten technischen Hilfsmitteln aktuell nicht zu 100% erforschbar sind. Die Frage ist nun, wie Abweichungen der avisierten von den aktuellen Kosten zwischen den Vertragsparteien aufzuteilen sind. Lizenzgeber wollen möglichst genaue Kalkulationen ihres Kostenbeitrags, Lizenznehmer wollen unerwartete Ereignisse möglichst auf den Lizenzgeber abgewälzt wissen.

Mit Hilfe der Gleichung 5.19. auf Seite 201 kann man alle Vertragsformen konstruieren, die für gewöhnlich in der Praxis von Projektfinanzierungen zwischen Staat und Sponsor Anwendung finden. Wenn man v auf Null setzt, dann resultiert ein Fixpreisvertrag, in dem der Sponsor das Risiko einer Kostenüberschreitung zu 100% übernimmt und somit einen starken Anreiz besitzt, die Kostenentwicklung zu beobachten. Im Gegenzug bedeutet ein v von Eins, dass der Vertrag einen Kostenaufschlag (hier von 10%) beinhaltet. Der Lizenznehmer geht hier kein Risiko ein, bei Kostenüberschreitungen werden die neuen Kosten einfach auf den Lizenzgeber überwälzt. Der Lizenznehmer hat weder einen Anreiz, Kosten zu begrenzen, im Zweifel werden sie an den Lizenzgeber weitergegeben, noch übernimmt er irgendwelche Risiken in Bezug auf die Überschreitung der Kosten. Setzt man den Parameter v zwischen Null und Eins, dann spricht man von einem Anreizvertrag, bei dem Risiken in Bezug auf die Überschreitung avisierter Kosten geteilt werden und zudem ein Anreiz zur Vermeidung excessiver Kostenüberschreitung besteht.

Abbildung 5.10. : Risikoübernahme und Anreizstrukturen bei Projektfinanzierungen

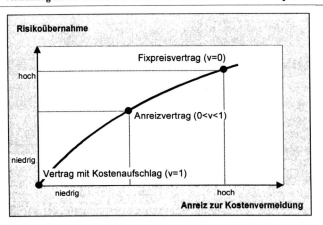

In der Abbildung 5.10. auf Seite 203 wurden nur zwei von drei Funktionen von Verträgen behandelt, einzig die Übernahme von Risiken im Rahmen des Vertrages und der Anreiz im Sinne der vertraglichen Vereinbarungen (Verursachung möglichst geringer Kosten) zu handeln vorgestellt. Verträge übernehmen aber regelmäßig auch die Aufgabe, Anreize nicht nur im Hinblick auf die Vermeidung von Kosten zu setzen, sie sollen gleichzeitig auch Anreize aufstellen, bei asymmetrischer Informationsverteilung die „Wahrheit" zu sagen. Wohl ist aus der Sicht staatlicher Institutionen ein Fixpreiskontrakt einem Vertrag mit Kostenaufschlag in Bezug auf Risikoallokation und Vermeidung von Kostenüberschreitungen vorzuziehen, auf der anderen Seite ist per se nicht geklärt, ob ein Fixpreisvertrag auch einen Anreiz bietet, vorab die „richtigen" Kosten zu signalisieren. Um dies beurteilen zu können, sind weitere Überlegungen notwendig.

Der „Clou" der obigen allgemeinen Vertragskonstruktion in Gleichung 5.19. auf Seite 201 ist die Kopplung der tatsächlichen Kosten an die angekündigten Kosten eines Projektes. Angenommen, für ein Projekt sind Kosten von 3 GE oder 5 GE prognostiziert und der Lizenznehmer hat überlegene Informationen, welche der beiden Zahlen die wahrscheinlichere ist, dann kann man durch geschickte Anwendung der obigen Formel diese Information den Lizenznehmern entlocken. Die Lösung des Problems ist die einfache Tatsache, dass man die Lizenznehmer „beim Wort nimmt" und ihren Ankündigungen Glauben schenkt. Wenn niedrige Kosten für das Projekt angekündigt werden, dann garantiert man als Lizenzgeber den Sponsoren eine Entlohnung, die relativ unabhängig von den tatsächlichen Kosten zu sehen ist. Wenn die Ankündigung aber hohe mögliche Kosten signalisieren, dann wird man den Lizenznehmern einen Vertrag anbieten, bei dem die tatsächlichen Kosten einen höheren Anteil einnehmen. Die konkreten Formulierungen der angebotenen Verträge könnten wie folgt aussehen:

Tabelle 5.9. : Anreizverträge und Projektfinanzierung

Unter beiden Angeboten seitens der Lizenzgeber können die Lizenznehmer ihrerseits aufgrund ihrer überlegenen Information entscheiden, ob sie dem Lizenzgeber die „Wahrheit" sagen oder nicht. Wenn sie z.B. wissen, die Kosten belaufen sich auf 3 GE, haben sie zwei Möglichkeiten dem Lizenzgeber zu signalisieren: Sie können wahrheitsgemäß 3 GE offenbaren oder nicht wahrheitsgemäß 5 GE. Die Frage ist nun, welche Konsequenzen aufgrund der obigen Vertragsangebote diese Strategien im Hinblick auf die „wahrheitsgemäße" Offenlegung von Informationen beinhalten. Zu diesem Zweck sind einfach die möglichen Strategien der Lizenznehmer mit den oben unterbreiteten Angeboten in Bezug auf die Kosten des Projektes zu konfrontieren.

Tabelle 5.10. : Anreizverträge und Informationsenthüllung

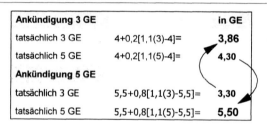

Die Aufstellung in der obigen Tabelle zeigt deutlich, dass der Lizenznehmer unabhängig von seinem Wissen über die tatsächlichen Kosten immer einen Anreiz besitzt, vorab die Wahrheit zu sagen. Man spricht in diesem Zusammenhang auch von anreizverträglichen Kontrakten. Der Lizenznehmer wird im voraus seine Informationen wahrheitsgemäß enthüllen. Wenn er z.B. weiß, dass die tatsächlichen Kosten 3 GE sind, dann werden vorab nicht Kosten 5 GE signalisieren, da er in diesem Fall eine geringere Entlohnung in Höhe von 0,56 GE (3,86 GE minus 3,30 GE) einstreichen kann. Er würde durch die Übertreibung der Kosten keinen Gewinn erzielen können. Ähnlich sieht es im umgekehrten Fall aus. Hier würde er im Falle der Ankündigung von 3 GE anstatt der vermuteten 5 GE einen Nachteil von 1,20 GE auf sich nehmen müssen (5,50 GE minus 4,30 GE). Der in Gleichung 5.19. auf Seite 201 aufgezeigte Vertragsentwurf hat den Vorteil, dass die ursprünglich (ex ante) angekündigte Summe ex post nicht zu zahlen ist, da der Vertrag eine Teilung der Abweichung der tatsächlichen Kosten von den angekündigten Kosten vorsieht. Fallen die Kosten geringer aus als angekündigt, dann muss der Lizenznehmer mit niedrigeren Einzahlungen rechnen, da die Kosteneinsparung gemäß des Teilungsparameters v unter den Vertragsparteien aufgeteilt wird.

Im umgekehrten Fall kann der Lizenznehmer mit höheren Einzahlungen als ursprünglich vereinbart rechnen. Aber auch in diesem Fall erhält er nicht alle zusätzlichen Kosten ersetzt, der Lizenzgeber übernimmt nur einen bestimmten Anteil der zusätzlichen Kosten. Wählt man nun die Vertragsparameter in geschickter Weise und knüpft man die resultierenden Auszahlungen an die Versprechen der Lizenznehmer, dann kann man vorab die Vertragsparteien dazu bewegen, die Wahrheit zu enthüllen. Zudem ist zu berücksichtigen, dass das oben beschriebene Vertragsangebot im Falle sinkender Gesamtkosten auch eine Rendite verspricht (0,86 GE oder 28,7% und 0,50 GE oder 10,0%). Konfrontiert man diese Ergebnisse im Rahmen eines Anreizvertrages mit den beiden anderen idealtypischen Vertragsformen (Festpreisvertrag und Kontrakt mit Kostenaufschlag), dann kann man unmittelbar sehen, warum man diesen „extremen" Vertragsformen mit Vorsicht zu begegnen sollte.

Tabelle 5.11.: Anreizverträglichkeit, Fixpreisvertrag und Kostenaufschlag

	Fixpreisvertrag v=0	in GE	Kostenaufschlag v=1	in GE
Ankündigung 3 GE				
tatsächlich 3 GE	4+0,0[1,1(3)-4]=	4,00	4+1,0[1,1(3)-4]=	3,30
tatsächlich 5 GE	4+0,0[1,1(5)-4]=	4,00	4+1,0[1,1(5)-4]=	5,50
Ankündigung 5 GE				
tatsächlich 3 GE	5,5+0,0[1,1(3)-5,5]=	5,50	5,5+1,0[1,1(3)-5,5]=	3,30
tatsächlich 5 GE	5,5+0,0[1,1(5)-5,5]=	5,50	5,5+1,0[1,1(5)-5,5]=	5,50

Unter einem Fixpreisvertrag mit v=0 wird ein Lizenznehmer immer die hohen Kosten signalisieren, da er unabhängig von den tatsächlichen Kosten mit einer höheren Einzahlung rechnen kann (5,5 GE > 4,0 GE). Bei einem Kontrakt mit einem festen Kostenaufschlag stellt sich Indifferenz zwischen der wahrheitsgemäßen Ankündigung der Kosten und nicht wahrheitsgemäßen ein. Hier wird der Lizenznehmer im Zweifel auch die „kostenintensivere" Variante ankündigen, da er sich zumindest nicht schlechterstellt als im anderen Fall. In jedem Fall gilt für die in Tabelle 5.11: auf Seite 205 abgetragenen Verträge die oben ausgeführten Anmerkungen, Verträge mit Kostenaufschlag begünstigen tendenziell „Kostenexplosionen". Weder muss der Lizenznehmer Risiken übernehmen noch bestehen Anreize zu vertragskonformen Handeln im Sinne des Lizenzgebers. Bei Fixpreisverträgen übernehmen die Lizenznehmer excessiv Risiken und besitzen einen Anreiz, die Kostenentwicklung im Auge zu behalten. Das Problem hierbei ist aber die oben abgeleitete fehlende Anreizverträglichkeit des Vertragssystems. Vorab werden sie die falsche Kostenstruktur ankündigen, was unmittelbar zu den besprochenen Problemen führt. Wichtig ist aber zu konstatieren, dass Verträge, wenn sie im Sinne der Vorteilhaftigkeit für beide Vertragsparteien geschrieben werden sollen, immer zwei Komponenten im Vertragswerk beinhalten müssen.

Zum einen müssen die tatsächlichen Kosten geteilt werden, zum anderen müssen im Gegenzug die Ankündigungen der Vertragspartei mit den überlegenen Informationen in den Vertrag aufgenommen werden und Abweichungen vom Vertragstext im oben beschriebenen Sinne sanktioniert werden, sowohl Abweichungen im positiven Sinne (Kosteneinsparung wird geteilt) als auch im negativen Sinne (Kostenerhöhung wird geteilt). In letzter Konsequenz erhält man Verträge, wo der Agent (Lizenznehmer) im Sinne des Prinzipals (Lizenzgeber) handelt.[1] Fixpreisverträge und Verträge mit einem festen Kostenaufschlag beinhalten für den Lizenznehmer immer einen Anreiz zur „Lüge". Für ihn ist es zumindest nicht von Nachteil, seine überlegenen Informationen nicht offenzulegen. Auf der anderen Seite sei an dieser Stelle nicht unerwähnt, dass Anreizverträge immer zumindest teilweise Risiken von Lizenzgeber auf den Lizenznehmer transferieren, was u.U. eine Risikoallokation beinhaltet, die die Anreizstrukturen zusammenbrechen lassen, weil z.B. die Risikokosten die Rentabilität des Engagements der Sponsoren stark negativ beeinträchtigt. Hier gilt es immer genau den Trade Off zwischen Anreizen und Risikoübernahme auszubalancieren. Risikoaspekte sind von anreizverträglichen Verträgen nicht zu trennen, es sei denn, beide Parteien verfügen über die gleichen (unvollkommenen) Informationen. In Verträgen kann man für gewöhnlich nicht alle kontingenten Ereignisse erfassen. Probleme der adversen Selektion und des moralischen Risikos sind bis zu einem gewissen Grad immer präsent. In dem Sinne ist im Rahmen einer Projektfinanzierung immer nach zweitbesten Lösungen zu suchen und nicht nach erstbesten[2]. Verträge müssen in allen Fällen drei Funktionen erfüllen: Durchsetzung von bestimmten Qualitätsstandards, Allokation von Risiken und Sicherung von Anreizverträglichkeit. In diesem Sinne ist die Konstruktion einer Projektfinanzierung prädestiniert, diese Funktionen auszufüllen. Die Durchsetzung von Qualität bedeutet in

---

1. Anreizverträgliche Kontrakte können geschrieben werden, sie müssen aber nicht in jedem Fall existent sein. Nicht in jedem Fall können Kombinationen der Parameter v und w gefunden werden, die die Gleichungen in Tabelle 5.10. auf Seite 204 garantieren.
2. Das Argument kann man ohne Weiteres auch auf die Aufteilung von vermuteten Cashflows netto übertragen werden. Hier gilt im Grundsatz die gleiche Regel von oben. Wird ein hoher Cashflow versprochen, dann ist ein geringer garantierter Cashflow w Bestandteil des Vertrages und der Beteiligungsparameter v am tatsächlichen Cash Flow wird hoch angesetzt. Im umgekehrten Fall wird ein hoher minimaler Cashflow w garantiert, der Beteiligungsparameter v entsprechend niedrig angesetzt.

diesem Zusammenhang, dass sich die Vertragspartner an den Vertragstext halten und ihren Einsatz in das Projekt einbringen. Bei der Risikoallokation gilt es, die Risiken den Vertragspartnern zuzuordnen, die am besten in der Lage sind, die Risiken zu übernehmen. Bei der Anreizverträglichkeit von Verträgen gilt, dass die Parteien im Sinne der anderen Seite ihren Vertragspflichten nachkommen und die „Lüge" keine Rolle spielt.

Sponsoren, Banken und staatliche Stellen

Die hier aufgezeigte Problematik zieht sich mehr oder weniger durch alle Vertragsbeziehungen in einer Projektfinanzierung. Wichtig für Projektfinanzierungen sind glaubwürdige Vertragsgestaltungen, die eine (ökonomisch) sinnvolle Grundlage für das Arbeiten im Projekt erlauben. Problematisch sind vor allem im internationalen Kontext Beziehungen zu staatlichen Organen, da diese gemäß des Völkerrechtes hoheitlich entscheiden können und im Zweifel ihre gemachten Versprechen im Sinne opportunen Handels nachträglich ändern. Es ist vermessen anzunehmen, dass garantierte Festpreise für alle Zeiten eine unwiderrufliche Konstante darstellen. Wenn das Umfeld einer Projektfinanzierung sich ändert, dann verändern sich auch die optimalen Strategien der Projektbeteiligten und generieren einen Anreiz von ursprünglichen Vereinbarungen abzuweichen oder zumindest in Nachverhandlungen einzusteigen.

Dass die Krise des kalifornischen Strommarktes kein Einzelfall ist, mag ein Blick auf den britischen Strommarkt des Jahres 2000 zeigen: Der britische Gesetzgeber sah Mitte der 90er Jahre einen Bedarf an neuen Stromerzeugungskapazitäten, die - insoweit eine Parallele zum kalifornischen Strommarkt - über private Stromerzeuger möglichst kostengünstig erzeugt werden sollten. Zu diesem Zweck wurde ein so genannter Electricity Pool gegründet, in den hinein der Stromverkauf der Stromerzeuger erfolgte. Die Abrechnung aller Stromerzeuger erfolgte einheitlich über einen Poolpreis, der damit für die Wirtschaftlichkeit der Projekte von zentraler Bedeutung war. Ein das die Projekte, die in diesem Pool lieferten, beeinträchtigendes Marktrisiko wurde weder von den Marktgutachtern, noch von den Sponsoren, die durchaus erhebliche Eigenmittel zur Verfügung stellten, für möglich gehalten. Historische Poolpreise ließen einen wirtschaftlichen Kraftwerksbetrieb vermuten und die Bedienung des Kapitaldienstes schien - jedenfalls, was diesen Risikokomplex anbelangte - nicht gefährdet zu sein. Allerdings hatte der Poolpreis den Anreiz, dass eine Reihe von Stromerzeugern - mehr oder weniger zeitgleich - auf den Markt kamen, um an den erwarteten auskömmlichen Gewinnchancen zu partizipieren. Relativ schnell wurde aber auch deutlich, dass in rascher Folge so viel Kapazitäten aufgebaut worden waren, dass es aus volkswirtschaftlicher Sicht einen Angebotsüberhang gab. Um dieser Entwicklung entgegenzuwirken und auch für Neu-Investitionen nicht das falsche Preis-Signal zu geben, wurde das Preisbildungssystem im englischen Strommarkt geändert, so dass die Strompreise um 40% einbrachen. Merchant-Projekte waren gegenüber diesem Preiseinbruch - trotz einer üblicherweise hohen Eigenmittelausstattung und damit resultierend einem relativ geringen Kapitaldienst - nicht hinreichend robust und gerieten in eine Schieflage, die eine Reihe von langdauernden Restrukturierungen auslösten.

Dieses einfache Beispiel mag dem Leser einen Eindruck davon vermitteln, welche Probleme entstehen, wenn Fixkosten zumeist in Form von nicht vermeidbaren Kosten auf ein sehr „labiles" politisches Umfeld treffen. Oben wurde versucht, diese Problematik durch sogenannte Länder-Betas zumindest teilweise in die Kalkulation des Kapitalwertes einer Projektfinanzierung einzuarbeiten. Tendenziell höhere Länderrisiken beinhalten immer eine höhere geforderte Eigenkapitalrendite und reduzieren demnach den ökonomischen Gewinn eines Projektes. Das Projekt wird tendenziell uninteressanter für einen Sponsor, da hohe Risikokosten den Cashflow netto verringern. Vor allem im internationalen Kontext wird versucht, diese Problematik der Glaubwürdigkeit von Regierungen durch den Eintritt eines weiteren Vertragspartners zu begegnen.

Supranationale Institutionen treten neben ausländischen Regierungen regelmäßig als Garanten im Nachrang gegenüber der heimischen Regierung auf. Die Idee dieser Konstruktion ist uns von oben bekannt. Supranationale Institutionen stellen im diesem Kontext teilweise de facto Risikokapital zur Verfügung. Wenn der (erste) Garant in Form der heimischen Regierungen aus opportunen Handeln heraus ausfällt oder eine Garantieleistung erschöpft ist, dann müssen auf Verlangen supranationale Institutionen für die Garantie einspringen. Da aber Projektfinanzierungen in Ländern mit Hilfe von supranationalen Garantien nicht nur einmalig getätigt werden, werden aufgrund vertragsabweichenden Verhaltens heimischer Regierungen die Garantien supranationaler Institutionen in Zukunft im verringerten Umfang abgegeben werden oder eventuell ganz ausbleiben. Die heimische Regierung wird in der langen Frist in ihrer Glaubwürdigkeit Schaden erleiden. Projektfinanzierungen werden regelmäßig nur unter prohibitiv hohen Kosten darstellbar sein, was langfristig nicht im Sinne der heimischen Regierung sein kann. Auch in diesem Zusammenhang der Garantien von heimischen Regierungen und supranationalen Institutionen spielt die Risikoallokation von Risikokapital eine wesentliche Rolle. Analog zu den beschriebenen vor- und nachrangigen Bankkrediten kann man durch die Kombination von Risikokapital und langfristigen Beziehungen zwischen supranationalen Institutionen und heimischen Regierungen Anreize schaffen, sich nicht opportun zu verhalten. Mit anderen Worten, die heimische Regierung besitzt in diesem Zusammenhang einen Anreiz, den Vertragstext zu erfüllen, da supranationale Institutionen langfristig nicht gewillt sein werden, ihr de facto über Garantien eingesetztes Risikokapital im großen Umfang zu verlieren.

Abbildung 5.11.: **Staatliche und supranationale Garantien bei Projekten**

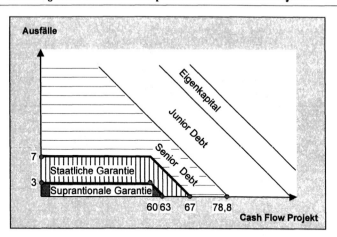

Wenn supranationale Garantien in einem Projekt eine Rolle spielen, dann treten diese Garantien i.d.R. im Nachrang zu den Garantien der heimischen Regierung auf. Geht man von dem letzten Beispiel von oben aus, dann kann die staatliche Garantie 7 GE betragen, die der supranationalen Garantie 3 GE. Wenn die heimische Regierung nicht zahlen kann oder nicht will, dann wird die supranationale Garantie regelmäßig virulent. Auf Verlangen sind die versprochenen Gelder fällig, und zwar in einem Intervall von 60 GE bis 63 GE steigt die Leistung aufgrund der Garantie sukzessive linear an. Bei einem Cashflow unter 60 GE werden die vertraglichen 3 GE fällig. Damit vermindert sich der Wert der staatlichen Garantie. Neben dem eingeführten Risikomanagement tritt die supranationale Garantie für eventuell auftretende Verluste teilweise ein. Ein Teil des Risikokapitals wird von der supranationalen Institution getragen. Es ergibt sich eine neue Risikoallokation des Risikokapitals, das die Chancen für den Erfolg des Projektes steigert, wenn die oben gemachten Einwände beachtet werden. Die risikoangepasste Bilanz der Projektfinanzierung schreibt sich demnach wie folgt[1]:

---

1. Die Werte des zuzurechnenden Risikokapitals lassen sich analog zu oben über die Prämie eines Puts berechnen. Als risikoangepasste Wahrscheinlichkeit gilt wieder 0,5. Die Argumentation ist an dieser Stelle sicher extrem gewählt. In der Form, dass das Fremdkapital zur Gänze vom Risikokapital freigestellt wird.

Tabelle 5.12. : Supranationale Garantie und risikoangepasste Projektbilanz

Aktiva	in GE	Passiva	
Projekt	100,0	Finanzierung	100,0
Versicherung	11,9	- Eigenkapital	15,0
- Eigenkapital	7,1	- Senior Debt (10%)	75,0
- Senior Debt	0,0	- Junior Debt (20%)	10,0
- Junior Debt	0,0	Risikokapital	11,9
- Staatliche Garantie	3,4		
- Supranationale Garantie	1,4		
Summe	111,9	Summe	111,9

6. Resümee

6.1. Zur Vorteilhaftigkeit von Projektfinanzierungen und ihren Grenzen

Grundsätzlich kann man konstatieren, dass vier Faktoren[1] typisch im Rahmen von Projektfinanzierungen sind. Zum Ersten muss es den Projektbeteiligten gelingen, den Projekt Cashflow von den Sponsoren zu trennen, wobei der Projekt Cashflow und die Bonität und Sicherheiten der Sponsoren ganz anderen Feldern zuzuordnen sind. Zum Zweiten handelt es sich bei Projekten regelmäßig um langlebige und kapitalintensive Einzelprojekte, die sich meist einzigartig darstellen und für die meist keine Referenzprojekte existieren. Zum Dritten sollten im Rahmen von Projekten gute Prognosemöglichkeiten -vor allem des Cashflows- vorliegen. Zu diesem Zweck sind langfristige Verträge als Substitut von fehlenden Diversifizierungsmöglichkeiten im Rahmen eines einzigen Projektes notwendig. Ansonsten werden unsystematische Risiken zunehmend dominant bei der Beurteilung von Projekten. Zum Vierten ist im Rahmen einer Projektfinanzierung wichtig, dass das Projektende klar begrenzt ist. Hieraus ergeben sich Chancen für die Projektbeteiligten, im Rahmen ihrer Verhandlungen die Verteilung von Risiken und Anreizen so zu verhandeln, dass im Ganzen eine vorteilhafte Allokation der zu erwartenden Cashflows entsteht. Diese kritischen Faktoren beinhalten aber wiederum, dass Projektfinanzierungen nur im Kontext von großen Investitionsvolumina gerechtfertigt sind. Risiken müssen aufgrund der fehlenden Diversifizierungsmöglichkeiten über vertragliche Klauseln kompensiert werden.

Projektfinanzierungen bieten eine Reihe von Vorteilen[2]. Regelmäßig sind staatliche Institutionen im Besitz der Rechte an z.B. natürlichen Öl- oder Gasvorkommen. Staatliche Institutionen können Sponsoren einen langfristigen Vertrag anbieten, der ihnen aufgrund der Vertragslaufzeit eine „Rente"[3] garantiert. Sponsoren werden durch dieses Konstrukt an das Projekt mit relativ langen Laufzeiten gebunden. Als Kompensation für die lange Bindung an einen Vertrag können Sponsoren eine Rendite einstreichen, die über dem marktüblichen Niveau liegt. Das Projekt wird auf diese Weise langfristig rentabel im Sinne des Kapitalwertverfahrens. Fremdkapitalgeber, wie Banken, besitzen einzig Sicherheiten in Form langfristiger Verträge mit den damit verbundenen Cashflows und sind daher an einem stabilen Zahlungsstrom interessiert, der möglichst gegen „Einbrüche" des Cashflows abgesichert ist. Gut verhandelte Verträge im Rahmen einer Projekt-

---

1. D. K. Eiteman; A. I. Stonehill; M. H. Moffett 2004; S. 367 und R. A. Brealey; S.C. Myers, 1996, S. 695f.
2. J. D. Finnerty 1996, S. 24ff und R. A. Brealey; S.C. Myers, 1996, S.697.
3. Unter Renten versteht man Gewinne seitens von Firmen, denen keine Inputs in Form von Kapital oder Arbeit gegenüberstehen. Man kann auch von (Über-)Gewinnen oder Extraprofiten sprechen.

finanzierung besitzen einen hohen Stellenwert. Nur im Rahmen von genau abgesteckten Rahmenbedingungen, und somit einigermaßen stabilen Cashflows, lassen sich Projekte mit den oben angesprochenen Volumina überhaupt durchführen. Die Stabilität des Cashflows ist somit Grundvoraussetzung, dass Projekte mit hohen operativen und finanziellen Leverage überhaupt realisiert werden können. Banken können in diesem Rahmen regelmäßig einen höheren finanziellen Leverage darstellen, als sie bei traditionellen Bankfinanzierungen üblich sind, wenn die Rahmenbedingungen des Projektes abgesteckt sind.

Wenn langfristige Verträge mit implizit garantierten Renten auf ein funktionierendes Risikomanagement im Kontext von Projekten treffen, lassen sich Risikoallokationen unter den Projektbeteiligten finden, die im Sinne einer paretooptimalen Allokation für alle von Vorteil ist. Da alle Funktionen (Anreiz für vertragskonformes Handeln, effiziente Risikoallokation und Anreiz zur Offenlegung von Informationen) von Verträgen niemals gleichzeitig verwirklicht werden können, bieten Projektfinanzierungen einen Rahmen, im dem versucht werden kann, den drei Funktionen von Verträgen weitgehend gerecht zu werden. Projektfinanzierungen stellen im besten Fall eine zweitbeste Lösung dar. Projektfinanzierungen bieten einen verlässlichen Rahmen, innerhalb dessen Investitionen dargestellt werden können, die sonst nicht finanzierbar sind. Sie besitzen aufgrund ihres hohen operativen Leverage über weite Bereiche der Kostenfunktion steigende Skalenerträge, wobei unmittelbar das Problem der optimalen Betriebsgröße und riskanter werdender Cashflows virulent wird. Aufgrund von Skalenerträgen lassen sich größere Einheiten realisieren, die zu deutlich niedrigeren Durchschnittskosten in der Nähe von Rohstofflagern führen können.

Finanzierungen der einzelnen Investitionen im Rahmen des obigen Beispiels können hingegen problematisch sein. Das Schnüren von Paketen kann die Verhandlungen zwischen den Projektbeteiligten durchaus erleichtern. Finanzierungen von Sponsoren, die gemeinsam ein Projekt besitzen, können sich auf der anderen Seite kostspielig gestalten. Transaktionskosten in Form von Verhandlungskosten vor Fertigstellung des Projektes oder Kontrollkosten nach der Fertigstellung des Projektes machen vor diesem Hintergrund Sinn. Banken können aufgrund der vertraglichen Konstruktion finanzielle Leverage von 70% oder u.U. mehr finanzieren. Auch wenn zeitweise der Cashflow zu gering ausfällt, muss dies nicht sofort das Scheitern des Projektes bedeuten. Eine Anpassung der vertraglichen Daten durch die Projektbeteiligten kann das Projekt retten. Eine Finanzierung direkt über Finanzmärkte beinhaltet diese Option nicht, da die starke Regulierung von Finanzmarktfinanzierungen -vor allem im Hinblick auf die Offenlegung von Informationen- den Vertragsparteien bei Projekten kaum einen Spielraum bei Gestaltung von Verträgen bieten. Banken besitzen gerade in diesem Bereich komparative Vorteile.

Aufgrund der Erwartungen an den Cashflow und dem bekannten Ende einer Projektfinanzierung ist es für die Projektbeteiligten möglich, mit Hilfe von vertraglichen Vereinbarungen wie z.B. der Schuldendienstreserve einen Cashflow für die Projektbeteiligten zu generieren, der Risiken dort ansiedelt, wo sie am besten absorbiert werden können. Steht die Absicherung von Währungsrisiken im Vordergrund, dann sind Banken mit ihrem Know How gefragt, im Rahmen des Fertigstellungsrisikos sind natürlich Sponsoren in der Pflicht. Die hohen Volumina bei Projektfinanzierung sind regelmäßig für einzelne Sponsoren oder Staaten nicht realisierbar, da das Projektrisiko die (finanzielle) Zukunft der Sponsoren oder Staaten in Frage stellen kann. Arrangements im Rahmen von Projektfinanzierungen bieten in diesem Kontext Vorteile, da das Projektrisiko durch Verhandlungen auf alle Projektbeteiligten verteilt werden können. Sponsoren müssen in diesem Rahmen regelmäßig auf Rendite verzichten, was aber auf der anderen Seite durch die Möglichkeit der Realisierung des Projektes mehr als aufgewogen wird.

Wenn das Standing von Projektbeteiligten besser ist als das der Sponsoren, dann besitzt eine Projektfinanzierung einen weiteren Vorteil im Vergleich zu traditionellen Bankfinanzierungen. Die Kapitalkosten lassen sich im Rahmen von Projektfinanzierungen senken, was bei einer Finanzierung durch die Sponsoren allein nicht denkbar ist. Darüber hinaus lassen sich bei Projekten aufgrund des „sicheren" Endes die Ausschüttungen an die Sponsoren so gestalten, dass der freie Cashflow repräsentiert wird. Er allein bestimmt, welche finanziellen Mittel regelmäßig in das Projekt reinvestiert und welche Dividenden gezahlt werden können. Eine Vermengung von freien Cashflows und dem Cashflow von Sponsoren wird somit verhindert. Aufgrund der vielfältigen Verflechtungen, die in modernen Firmen aufgebaut wurden, ist es oftmals extrem schwierig festzustellen, welche Bonität oder welches Standing eine Firma besitzt. Sicherheiten lassen sich im Wert nur sehr unvollkommen bestimmen, da meist die gleichen Risikoquellen zum Zuge kommen, die der Kreditfinanzierung zugrunde liegen (z.B. Immobilienfinanzierungen). Durch Projektfinanzierungen wird diese Möglichkeit obsolet, die „wahren" Verhältnisse zu verschleiern. Zu geringe Investitionen in Projekte mit positiven Kapitalwert und gleichzeitig hohem finanziellen Leverage werden dadurch umgangen.

Ferner ist die Finanzierungsstruktur von Projekten regelmäßig einfacher nachvollziehen als die von Sponsoren als Ganzes. Im Falle von Restrukturierungsmaßnahmen lassen sich die finanziellen Verhältnisse von Projekten leichter offenlegen als im Falle von Unternehmen. Was aber nicht heißen soll, dass Restrukturierungsmaßnahmen im Rahmen von Projektfinanzierungen nahezu kostenlos und einfach sind. Allein der Aufwand zur Restrukturierung wird sich relativ gesehen „im Rahmen" bewegen. Das vielzitierte

Argument, dass Projektfinanzierungen Off Balance Aktivitäten sind, muss aber in diesem Zusammenhang mit Vorsicht angeführt werden. Ratingagenturen werden regelmäßig auf alle Aktivitäten von Sponsoren achten, wenn sie ihre Bonität einzuschätzen haben. Es ist zu kurz gedacht, das nach dem Sprichwort „aus den Augen aus dem Sinn" Ratingagenturen solche Eventualverbindlichkeiten bei ihrem Urteil unter den Tisch fallen lassen.

Auf der anderen Seite beinhalten Projektfinanzierungen auch Nachteile. Hier sind zuerst die hohen Transaktionskosten zu nennen, die im Kontext der Vertragsgestaltung und der Überwachung der Verträge auftreten. Projektfinanzierungen stellen ein kompliziertes Geflecht von vertraglichen Beziehungen dar, das prohibitiv hohe Kosten der Kontrolle wie auch regelmäßig Anreize im Rahmen der adversen Selektion und des moralischen Risikos beinhaltet. Auch impliziert der hohe finanzielle Leverage und das Abstellen einer Projektfinanzierung auf vertragliche Vereinbarungen, dass kein direktes Versprechen einer Zahlung seitens der Sponsoren vorliegt. Vertragliche Störungen beinhalten aber unmittelbar die Verzögerung oder das Ausbleiben von Cashflows, was den Kapitalwert der finanziellen Ansprüche reduziert (Opportunitätskosten). Da in Verträgen nicht alle Kontingenzen eingearbeitet werden können -adverse Selektion oder moralisches Risiko lassen sich niemals ganz eliminieren- besteht immer das Problem, wie der Erfolg eines Projektes beschrieben werden soll. Es bestehen Freiheitsgrade bei der Bestimmung der vertraglich vereinbarten Zustandes des Projektes. Um diesen Problemen vorab gerecht zu werden, sind Banken und Fremdkapitalgeber gezwungen, sich über Risikoprämien das hier innewohnende Risiko entlohnen zu lassen. Im Allgemeinen bewegen sich diese Prämien international zwischen 50 und 250 Basispunkten, was die ökonomische Rentabilität je nach Projekt entsprechend belastet. Die Höhe der Risikoprämien ist dabei wesentlich eine Funktion des Länderrisikos sowie der wahrgenommenen Cashflow-Stabilität der jeweiligen Projektfinanzierung.

Das behandelte Beispiel im vorherigen Kapital, anhand dessen die Funktionen von Kapital diskutiert wurden, macht die obigen Ausführung verständlich. Projektfinanzierungen per se sind riskant, da nur der Cashflow einer einzigen Investition interessiert und Diversifizierungsgewinne nicht existent sind. Unsystematische Risiken treten automatisch in den Vordergrund, wenn man sich von der Vorstellungswelt des CAPM-Modells löst. Projektfinanzierungen auf der anderen Seite können die Interessen der Projektbeteiligten so bündeln und neu ausrichten, dass für alle Vorteile entstehen. Im vorherigen Beispiel wurde deutlich, dass vertragliche Arrangements sukzessive die (ökonomische) Rentabilität für die Projektbeteiligten verbessern hilft. Die klare Abgrenzung der Cashflows, auch wenn sie per se riskant sind, im Hinblick auf die Verwendung durch die Finanziers eines

Projektes, sowie auch den Endtermin des Projektes eröffnen Strategien in der Behandlung von Verträgen, die im Rahmen von traditionellen Finanzierungen nicht möglich sind. Die Einführung einer Schuldendienstreserve ist ein Beispiel für eine vertragliche Vereinbarung, die den Überdeckungsgrad des Projektes verbessern hilft. Liquiditätsprobleme in der kurzen Frist gefährden Projekte nicht unmittelbar und sichern den Cashflow des Projektes nach unten hin ab, was Banken und Fremdkapitalgebern zugute kommt. Zum anderen schafft eine Schuldendienstreserve ein Cashflow Profil für die Sponsoren, das steiler angestellt ist. Mit anderen Worten, Sponsoren besitzen einen immanenten Anreiz, das Projekt langfristig zu betreiben. Auch die direkte Auszahlung der Cashflows an die Projektbeteiligten bietet Vorteile, da Reinvestitionsmaßnahmen während des Projektbetriebes unwahrscheinlich sind. Eventuell notwendige Ersatzinvestitionen sollten vorab verhandelt sein, zumindest aber im Rahmen von Szenarien grundsätzlich behandelt worden sein.

6.2. Über die Bedeutung von unsystematischen Risiken bei Projekten

Dreh- und Angelpunkt im Rahmen einer Projektfinanzierung bleibt aber die optimale Aufteilung der Projektrisiken auf die Projektbeteiligten. Die Risikoallokation beinhaltet unmittelbar Anreizstrukturen im Hinblick auf Agentenkosten wie auch der Enthüllung von Informationen, was im Rahmen von Projekten virulent sein kann. Wir haben gesehen, dass ein Risikomanagement für alle Projektbeteiligten von Vorteil sein kann. Ein funktionierendes Risikomanagement erleichtert die vertragliche Ausgestaltung von Kontrakten im Rahmen von Projektfinanzierungen. Darüber hinaus reduziert ein wirksames Risikomanagement die Notwendigkeit von Risikokapital im Kontext einer Projektfinanzierung. Die optimale Allokation der Risiken auf die Projektbeteiligten nach dem Grundsatz, dass Risiken bei den Projektbeteiligten anzusiedeln sind, wo sie am leichtesten aufgefangen werden können, spielt somit eine zentrale Rolle bei der Vertragsgestaltung. Man kann auch sagen[1], Projekte ohne vernünftiges Risikomanagement -genauer ohne vernünftigen Umgang mit Risiken[2]- beinhalten den Verlust von Geld. Es treten ohne Risikomanagement Insolvenzkosten verstärkt in den Vordergrund. Die Kostenstruktur eines Projektes ist unter Berücksichtigung von Insolvenz- und Opportunitätskosten nicht mehr linear. Schätzungen für die USA[3] sprechen von direkten und indirekten Insolvenzkosten von 2,8% bis 7,0% des Vermögens eines Projektes oder Firma.

---

1. R. M. Stulz 2003, S. 74.
2. Über die Wahrnehmung von Risiken und den vernünftigen Umgang mit Risiken wird am Ende des Kapitals Acht eingegangen.
3. R. M. Stulz 2003, S. 58.

Abbildung 6.1.: Projekt Cashflow und Insolvenzkosten

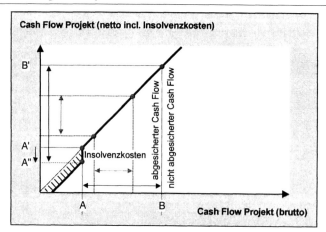

Aus der Abbildung 6.1. auf Seite 216 wird deutlich, warum ein Risikomanagement auch für Sponsoren von Interesse sein sollte. Ohne Absicherung mittels Risikomanagements kann die Varianz des Projekt Cashflows sehr groß sein. In der Folge kann der Projekt Cashflow nicht mehr zu jedem Zeitpunkt die Liquidität des Projektes garantieren. Zahlungsverzögerungen oder gar -ausfälle beinhalten aber immer (zumindest) Opportunitätskosten, wie oben angeführt. Mit steigender Varianz des Cashflows (nicht abgesicherter Cashflow) steigt die Wahrscheinlichkeit, dass der Cashflow unter ein minimales Niveau sinkt, womit die Illiquidität des Projektes droht. In Abbildung 6.1. auf Seite 216 wurde unterstellt, dass Insolvenzkosten in Form von Fixkosten anfallen. Der Verlauf des Cashflows weist über den gesamten Bereich eine Diskontinuität auf. In Höhe der unterstellten Fixkosten sinkt der Cashflow ab. Netto stehen den Projektbeteiligten unter Berücksichtigung der Insolvenzkosten nachher weniger Cashflow zur Verteilung zur Verfügung. Der Cashflow netto ist in der Summe riskanter als ohne Insolvenzkosten, die Varianz des Cashflows netto ist größer als im Fall des Cashflows brutto. Wird hingegen ein Risikomanagement durchgeführt, dann steht der Cashflow netto nicht zur Debatte. Cashflow brutto und Cashflow netto sind im Hinblick auf den erwarteten Cashflow und dem Risiko des Cashflows mit einer hohen Wahrscheinlichkeit identisch (abgesicherter Fall). Riskantere Cashflows beinhalten aber immer Risikokosten, die sich in einer höheren Risikoprämie niederschlagen. Der Diskontfaktor muss höher angesetzt werden, ansonsten werden die Projektbeteiligten netto Geld verlieren. Der Kapitalwert eines Projektes fällt entsprechend niedriger aus.

Darüber hinaus impliziert ein Risikomanagement unter einem Steuerregime progressiv verlaufender Grenzsteuersätze im Schnitt niedrigere Steuerauszahlungen bei der Einkommenssteuererklärung. Würde das Einkommen stärker schwanken, dann würde das (Netto-)Einkommen nach Steuern auch niedriger ausfallen.

Abbildung 6.2. : Projekt Cashflow und progressives Steuersystem

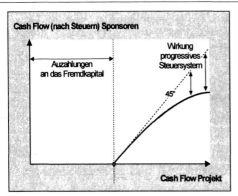
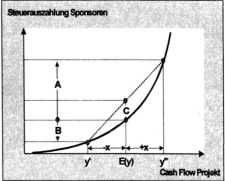

Unterstellt man drei verschiedene Niveaus des Projekt Cashflows von y', y'' und dem erwarteten Cashflows E(y), dann können die Sponsoren des Projekts mit verschiedenen Einkommensniveaus rechnen, die unterschiedliche Steuerauszahlungen zur Folge haben. Geht man vom erwarteten Cashflow E(y) aus, dann führt ein Anstieg des Cashflows um den Betrag (+x) zu einem höheren Anstieg der Steuerauszahlungen als ein gleich großer Rückgang des Cashflows um den Betrag (-x). Hier sinken die Steuerauszahlungen, aber um einen geringeren Betrag (B<A) als im Fall eines Ansteiges des Cashflows (ansteigende Grenzsteuersätze). In der Summe sind die Steuerauszahlungen höher als im Fall nicht schwankender erwarteter (sicherer) Cashflows E(y). In der Addition können sich die Sponsoren Steuerauszahlungen in Höhe von C sparen. Der (Netto-) Cashflow nach Steuern ist im Fall eines Risikomanagements höher, was unmittelbar den Sponsoren zugute kommt. Auch in diesem Fall fallen die Vorteile des Risikomanagements ins Auge. Beide Effekte (Insolvenzkosten und Steuereffekte) sind im vorherigen Kapitel nicht thematisiert worden. Hier bezog sich das Risikomanagement einzig auf die drei Funktionen des Kapitals. Einzig die Reduktion des Risikokapitals führte hier zu Verhandlungsräumen für die Projektbeteiligten. Die beiden hier angeführten Vorteile des Risikomanagements vergrößern den Verhandlungsspielraum der Projektbeteiligten zudem, wenn die Projektbeteiligten sich dieser Effekte bewusst werden. Analog zu oben handelt es sich auch hier primär um Opportunitätskosten, die unmittelbar nicht messbar sind oder erfasst werden können. Nichtsdestoweniger sind beide Effekte des Risikomanagements zu jedem Zeitpunkt allgegenwärtig und unterstreichen die Notwendigkeit eines funktionierenden Risikomanagements seitens der Sponsoren.

Vor allem im Hinblick auf den hohen operativen und finanziellen Leverage ist ein Risikomanagement im Rahmen des Risikokapitals eines Projektes von Bedeutung. Unter den gemachten Ausführungen zu Projektfinanzierungen mit all ihren Merkmalen (fester Endzeitpunkt des Projektes und vom Sponsor separierter Cashflow) wird deutlich, dass der finanzielle Leverage einer Projektfinanzierung höher ausfallen kann als üblich[1]. Ein Risikomanagement reduziert regelmäßig die Prämie für die Versicherung eines Projekt Cashflows über einen Put. Mit anderen Worten, das Projekt benötigt für den Erfolg weniger Versicherungen in Form von Risikokapital. Mit einem verringerten Betrag an Risikokapitals werden auch weniger Risikokosten in Form von Opportunitätskosten relevant, was die (ökonomische) Rentabilität von Projekten regelmäßig erhöht. Die anzusetzenden Diskontfaktoren für die Sponsoren und Banken sinken, was den Kapitalwert der Cashflows für die Projektbeteiligten ansteigen lässt. Auch hier existiert ein positiver Effekt, der einem Risikomanagement zuzurechnen ist. Es wird an dieser Stelle einsichtig, das die oben postulierte Vorteilhaftigkeit eines Risikomanagements im Rahmen eines Projektes hier offen zutage tritt. Ohne Risikomanagement würde der Kapitalwert von Projekten sehr schnell in den negativen Bereich absinken, zumindest bei einigen Projektbeteiligten.

An dieser Stelle muss man sich vor allem vor Augen führen, dass Projekte einen hohen operativen Leverage besitzen. Die Fixkosten sind zudem meist Sunk Costs. Mit anderen Worten, nicht vermeidbare Kosten erschweren von Hause aus Einigungen im Rahmen der Vertragsverhandlungen von Projektbeteiligten. Wenn eine Vertragspartei vom Vertragstext abweicht, werden Fixkosten in Form von Sunk Cost sofort virulent. Hold Up Probleme nach Vertragsabschluß werden automatisch auftauchen und können vor und nach Vertragsabschluß nur gemeinsam überwunden werden[2]. Abhängigkeiten betreffen alle Projektbeteiligten gleichermaßen. Die Argumentation gilt in beiden Richtungen, z.B. Sponsoren und Banken. Risikomanagement reduziert an dieser Stelle drastisch den Betrag an Risikokapital, den die Projektbeteiligten in der Summe zu tragen haben. Gleiches gilt auch, wenn man das Kalkül von staatlichen und supranationalen Garanten betrachtet. Auch hier wird der reduzierte Betrag an Risikokapital spürbar. Garanten können aufgrund vorliegender Spillovers leichter das Fremdkapital von Kreditrisiken und

---

1. Agentenkosten können vermieden werden, wenn der Cashflow des Projektes offengelegt wird. Innerhalb eines Unternehmen besitzen Manager einen Anreiz, auch Investitionen mit einem negativen Kapitalwert durchzuführen, wenn sie ihre eigene Position im Unternehmen stärken. Dies können Manager regelmäßig dann durchführen, wenn die Kontrolle des Managements unvollkommen ist, da die Konsequenzen des Handelns von Manager und somit die Cashflows von einzelnen Investitionen im Verbund oftmals schwer zu trennen und kontrollieren sind.
2. Hold Up Probleme bezeichnen Abhängigkeiten, die im Rahmen von nicht vermeidbaren Kosten nach Vertragsabschluß sofort gegenwärtig sind. Entweder erreichen alle Projektbeteiligten gemeinsam den Erfolg des Projektes oder sie sind schnell von den Drohungen im Rahmen des Projektrisikos tangiert.

somit Risikokapital zumindest teilweise freistellen. Das Projekt kann mit einem höheren finanziellen Leverage betrieben werden. Würden die Sponsoren den Funktionen von Kapital weniger Gewicht beimessen, dann ist ein Projekt durch die Fremdkapitalgeber und Garanten u.U. nicht von Vorteil und somit nicht darstellbar.

Akzeptiert man die obige Argumentation im Rahmen der Vorteilhaftigkeit eines Risikomanagements, dann wird sofort einsichtig, dass die Ableitung der risikoangepassten Diskontfaktoren im vorherigen Kapital mit Vorsicht zu betrachten ist. Im Kontext des CAPM-Modells wurden in einem (möglichst international) diversifizierten Portfolio nur systematische Risiken thematisiert. Unsystematische Risiken waren insofern nicht relevant, da sie in einem geschickt diversifizierten Portfolio sukzessive an Bedeutung verlieren. Nur ein nicht weiter reduzierbarer Sockel an systematischen Risiken spielt bei Sponsoren eine Rolle und wird über eine Risikoprämie abgegolten. Die Risikoprämie bezieht sich auf die Branche des Projektes, die Tatsache, dass Sponsoren als Eigenkapitalgeber nur das Residuum einstreichen können. Wird das Projekt mit einem positiven finanziellen Leverage betreiben, sind mögliche Kreditrisiken und das Steuerprivileg von Fremdfinanzierungen zu berücksichtigen. Das CAPM-Modell arbeitet implizit mit einer Reihe von Annahmen, um die Ergebnisse von oben ableiten zu können. Wichtige Annahmen stellen z.B. die Abwesenheit von Insolvenzkosten oder die Nicht-Existenz eines verzerrenden Steuersystems (progressive Wirkung) dar. Weicht man von diesen Annahmen ab, dann muss sich sofort fragen, welche Rolle dann unsystematische Risiken im Rahmen eines Projektes spielen[1].

Grundlage der Argumentation im Kontext des CAPM-Modells ist der Begriff der Markteffizienz. Hierunter versteht man, dass zumindest alle öffentlich zugänglichen Informationen in Preisen auf Finanzmärkten verarbeitet sind. Prognosefehler werden in diesem Rahmen sowohl positiv als auch negativ auftreten, in der Summe werden sich die Prognosefehler in der langen Frist gegenseitig aufheben. Mit anderen Worten, in der langen Frist werden Marktteilnehmer im Schnitt die zukünftigen Preise richtig prognostizieren. Prognosefehler können damit nur zufälliger Natur sein. Folgt man dieser Argumentation im Kontext des CAPM-Modells, dann würde ein Risikomanagement vollkommen überflüssig sein, da sich Änderungen von Preisen auf Finanzmärkten nur aufgrund unerwarteter Risiken einstellen werden. Aber Risikomanagement in Richtung unerwarteter Risiken zu betreiben, macht insofern keinen Sinn, da man sich aufgrund der Definition

---

1. Es soll an dieser Stelle nicht der Eindruck erweckt werden, dass das CAPM-Modell aufgrund der Einwände überhaupt keine Relevanz besitzt. Nichtsdestoweniger stellt das CAPM-Modell einen Referenzrahmen dar. Die oben abgeleiteten Diskontfaktoren können als (Mindest-)Verzinsung interpretiert werden, die in jedem Fall erzielt werden müssen, damit ein Projekt profitabel arbeiten kann.

unerwarteter Risiken die Frage stellen muss, wo hier ein Risikomanagement Vorteile bietet. Letztendlich kann in einer Welt des CAPM jeder Teilnehmer auf Finanzmärkten sein Risiko mit Instrumenten absichern, die allen Marktteilnehmern gleichermaßen zur Verfügung stehen (perfekte Finanzmärkte). Vorteile in Form von reduzierten Insolvenzkosten oder reduzierter durchschnittlicher Steuerzahlungen aufgrund eines progressiven Steuersystems sind nicht gegenwärtig.

Gerade diese (nicht nachvollziehbare) Unterscheidung erwarteter und unerwarteter Ausfälle spielt in jüngster Zeit im Risikomanagement eine dominierende Rolle. Geht man von der Annahme wegen der (sofortigen) Rechenbarkeit von der Normalverteilung des Projekt Cashflows aus, dann bezeichnet das sogenannte Capital at Risk als Maß für das Risiko, dass ein Projekt Cashflow nicht unter einen bestimmten kritischen Wert sinkt. Der Begriff des Capital at Risk mit einer Wahrscheinlichkeit von 5% bedeutet, dass ein unerwarteter Rückgang des Cashflows nur in 5% aller Fälle größer ausfällt als durch das Capital at Risk prognostiziert wird. Das Problem von Normalverteilungen mit einem erwarteten Projekt Cashflow und einer damit verbundenen Varianz ist die Tatsache, dass Erwartungswerte nur nach unendlicher Zeit beobachtbar sind, wenn überhaupt. Angenommen, bei einem Zufallsexperiment kann mit einer Wahrscheinlichkeit von 99% eine Einzahlung von 100 GE beobachtet werden, in 1% aller Fälle ein Ausfall von 5000 GE[1]. Das Experiment soll insgesamt 100 mal wiederholt werden, wobei die Opportunitätskosten aus Vereinfachungsgründen mit Null angesetzt werden sollen. Man kann leicht zeigen, dass der Erwartungswert dieses Experiments 49 GE ist und somit nach dem Kriterium des Kapitalwertes einen positiven Wert aufweist und demnach durchzuführen ist, wenn der Investor risikoneutral agiert.

Unglücklicherweise kann man sich aber nicht sicher sein, dass das negative Ereignis dann eintritt, wenn man vorher 50 mal 100 GE als Einzahlung erhalten hat. Alle folgenden Abfolgen des Experiments sind nämlich denkbar und weisen den gleichen Erwartungswert und die gleiche Varianz auf. Ohne weitere Informationen über die Schiefe der Verteilung sind keine detaillierteren Aussagen möglich.

---

1. Das Argument arbeitet hier ohne die Annahme der Normalverteilung.

Tabelle 6.1. : Erwartete und unerwartete Verluste (Capital at Risk)

Kombinationen	1. Runde	2. Runde	3. Runde	...	99. Runde	100. Runde
1	-5000	100	100	(96 mal)	100	100
2	100	-5000	100	(96 mal)	100	100
...	...	...	...		...	...
99	100	100	100	(96 mal)	-5000	100
100	100	100	100	(96 mal)	100	-5000

Man sieht aus Tabelle 6.1. auf Seite 221 sofort, dass das Auftreten des Ausfalls von 5000 GE für das gesamte Experiment ein Problem darstellt, wenn keine hinreichende Ausstattung mit Geld existiert. Wenn das Experiment regelmäßig über 50 Runden je 100 GE als Einzahlung erwirtschaftet hat, dann stellt die anschließende Auszahlung kein Problem dar. Wenn die Auszahlung in einem von 100 möglichen Fällen in der 52. Runde oder später auftritt, dann stellt diese Auszahlung von 5000 GE ebenfalls keine Bedrohung im Rahmen des Experiments dar. In der ersten Runde ist der Verlust von 5000 GE besonders schmerzhaft, da hier das Projekt, wenn keine finanziellen Mittel bereit stehen, mit hoher Wahrscheinlichkeit insolvent werden würde. Obwohl das Experiment in der langen Frist einen positiven Kapitalwert aufweist, kann es in der kurzen Frist durchaus illiquide werden. Das Experiment müßte ohne weitere finanziellen Mittel vorzeitig eingestellt werden, obwohl es ökonomisch gesehen rentabel wäre. Die zusätzlich benötigten finanziellen Mittel, die die Liquidität in der kurzen Frist sichern helfen sollen, verursachen aber zumindest Opportunitätskosten. In Höhe der geforderten Rendite der Sponsoren oder Banken sind Kapitalkosten bei der Berechnung der Rentabilität des Experiments anzusetzen. Hierbei ist im Rahmen der Argumentation des Capital at Risk zu beachten, dass das obige Experiment von einem Sponsor nicht in 100% aller Fälle zu versichern ist, sondern er muss entscheiden, bis zu welchem Punkt er die (unerwarteten) Verluste absichern will und kann.

Angenommen, er wählt ein Konfidenzniveau von 95%, dann muss der Sponsor in der Logik des Capital at Risk in 95% aller Fälle hinreichend kapitalisiert sein, um (unerwartete) Verluste abfedern zu können. Geht man von Tabelle 6.1. auf Seite 221 aus, dann muss man 95 von 100 Fälle abzählen. Die ersten fünf mögliche Ausprägungen des Experiments sind demnach nicht relevant für das Argument, erst ab der sechsten Runde sollen (unerwartete) Verluste durch zusätzlich bereitgestelltes Kapital abgesichert sein. In den ersten fünf Runden resultiert jeweils eine Einzahlung von je 100 GE, in der Summe 500 GE. Man benötigt also 4500 GE zusätzliche finanzielle Mittel, um (unerwartete) Verluste absichern zu können. Zusätzliche finanzielle Mittel von 4500 GE garantieren somit, dass 95 von 100 möglichen Ausprägungen des Experiments ohne Illiquidität bewältigt werden können. Nur die ersten fünf Möglichkeiten wären mit einem höheren Einsatz als 4500 GE zu bewältigen. Wenn die geforderte Rendite 10% wäre, verursacht die Möglichkeit eines (unerwarteten) Verlustes in 95 von 100 Fällen Kapitalkosten von 450 GE. Vor dem Hintergrund des Erwartungswertes von 45 GE repräsentiert das Risiko eines (unerwarteten) Rückgangs der Auszahlungen um 5000 GE so hohe Opportunitätskosten, dass das Experiment als riskant und somit als nicht durchführbar zu klassifizieren ist.

Auf den ersten Blick ähnelt diese Argumentation stark dem oben beschriebenen Konzept des Risikokapitals. Aber im Gegensatz zu dem weit verbreiteten Konzept des Capital at Risk nähert sich das Konzept des Risikokapitals nicht statisch dem Problem von unerwarteten Rückgängen des Projekt Cashflows. Capital at Risk ist ein rein finanzmathematisch formuliertes Konzept, das den Besonderheiten eines Projektes wenig Beachtung schenkt. Wir haben oben gesehen, dass der finanzielle Leverage eine überragende Bedeutung im Hinblick auf die Insolvenzwahrscheinlichkeit besitzt. Um Banken den Einstieg in ein Projekt lukrativ zu gestalten, ist es notwendig, dass Sponsoren glaubwürdig signalisieren können, dass die Liquidität des Projektes, gemessen durch den Überdeckungsgrades DSCR, durch vertragliche Maßnahmen hinreichend abgesichert ist (DSCR zumindest von 1,5 oder mehr). Der minimal notwendige Cashflow bestimmt sich über den finanziellen Leverage. Das Konzept des Capital at Risk orientiert sich aber einzig an der Riskanz von Cashflows. Hieraus können sich aber Probleme ergeben, wenn das Konzept des Capital at Risk in dieser Weise eindimensional angewendet wird.

In der folgenden Abbildung sieht man, dass wohl das Capital at Risk positiv ist und somit nach dem Konzept des Capital at Risk positive Kapitalkosten für die Abfederung von (unerwarteten) Verluste anfallen. Dies bedeutet aber nicht, dass Insolvenzkosten anfallen, da der Projekt Cashflow ein kritisches Niveau (z.B. Zins plus Tilgung) erreicht hat. Die Insolvenzwahrscheinlichkeit ist bei dem unten ermittelten Capital at Risk Null. Nur wenn das Niveau des kritischen Cashflows höher wäre, wäre die Insolvenzwahrscheinlichkeit positiv. Die Höhe des Capital at Risk per se gibt keinen Aufschluss darüber, inwieweit das Niveau des kritischen Cashflows unterschritten wird. In der folgenden Abbildung kann der Projekt Cashflow u.U. unter ein kritisches Niveau sinken. Die Insolvenzwahrscheinlichkeit ist positiv. Die Wahrscheinlichkeit, dass der Projekt Cashflow unter die Insolvenzgrenze sinkt, ist somit positiv (Fläche A), während das Capital at Risk einen positiven Betrag ausweist, der maximal in 95 von 100 Fällen ausfallen kann und durch einen (unerwarteten) Rückgang des Projekt Cashflows verursacht wird. In Rahmen dieses Konzeptes werden Kapitalkosten für das Going On des Projektes kalkuliert, die in diesem Zusammenhang obsolet sind. Die Problematik der finanzmathematisch formulierten Modelle liegt in der fehlenden Begründung eines funktionierenden

Risikomanagements, wie es im Rahmen des Konzeptes des Risikokapitals vorgenommen wird. Hier dient Risikokapital einzig dazu, die Funktion des Kapitals als Finanzierungsmittel eines Projektes mit Sicherheit zu gewährleisten. In diesem Kontext wird sehr wohl gefragt, was der kritische Projekt Cashflow ist und welche Einflussfaktoren ihn determinieren.

Abbildung 6.3.: Capital at Risk, Risikokapital und Projekt Cashflows

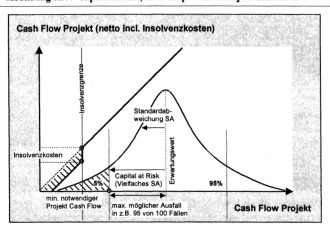

Polemisch kann man formulieren, dass das Konzept des Capital at Risk die Notwendigkeit von risikopolitischen Maßnahmen einzig aus der Riskanz von Projekt Cashflows ableitet und nicht nach einer sinnvollen Begründung eines Risikomanagements sucht. Finanzmathematisch formulierte Risikomodelle unterliegen sehr leicht dieser Problematik. Für die Überlebensfähigkeit von Projekten spielt aber gerade die Begründung eines Risikomanagements im Rahmen der Vertragsverhandlungen eine dominante Rolle. Der Vorteil von Projektfinanzierungen bestimmt sich über die Kalkulierbarkeit von Cashflows wie sie bei Unternehmensfinanzierungen nicht existent ist. Wohl ist die Varianz des Projekt Cashflows stark abhängig von den Schwankungen der relevanten Marktpreise oder eventuell einzukalkulierenden Kostenüberschreitungen, aber die Endlichkeit und Separierbarkeit der Projekt Cashflows impliziert Vorteile, die es auszunutzen gilt und diese problematischen Punkte zu überwinden hilft.

Es genügt somit nicht allein, Risikomanagement per se durchzuführen und nicht nach den Gründen für ein Risikomanagement zu suchen. Unterschlägt man diesen Aspekt, dann kann man leicht zu übereilten Schlußfolgerungen gelangen. Zumal auch im Rahmen eines Risikomanagements das ökonomische Prinzip gilt, zusätzliche risikopolitische Maßnahmen sind durchzuführen, wenn der Nutzen aus den Maßnahmen die damit verbundenen Kosten zumindest aufwiegt. Wir haben oben gesehen, dass Risikomanagement mit einer geringeren Varianz der Projekt Cashflows einhergeht und im Gegenzug weniger Risikokapital in das Projekt einzubringen ist, was den Verhandlungsspielraum erhöht. Auf der anderen Seite werden tendenziell Insolvenzkosten vermieden, was den zu verteilenden Projekt Cashflow sicherer gestaltet, auch wird der Cashflow der Sponsoren nach Steuern höher ausfallen, wenn die Einkommen der Sponsoren einer progressiven Besteuerung unterliegen. Im Rahmen eines Risikomanagements sind eine Vielzahl von Maßnahmen denkbar, die z.T. oben angesprochen wurden. Es sind zum einen konventionelle Maßnahmen denkbar wie die Versicherung von Währungsrisiken oder ein funktionierendes Cash Management, das offene Rechnungen zeitnah eintreibt, zum anderen sind auch optionale Maßnahmen durchaus überlegenswert, wie wir sie bei der Diskussion von Realoptionen kennengelernt haben.

Tabelle 6.2. : Mögliche risikopolitische Maßnahmen im Rahmen eines Projektes[1]

Risikoart	Hedging-Tool	Ursprung Hedging
Entwicklungs-	und/oder	Fertigstellungsrisiko
Angebot und Verfügbarkeit Rohstoffe, etc.	Vertrag: Angebot oder Zahlung	Anbieter
Adäquate Kommunikation	Netzwerk für Projekt	Sponsoren
Vertragserfüllung Vertragspartner	Machbarkeitsstudie	Sponsoren
Force Majeure	Versicherung	Versicherungsagentur
Kostenüberschreitung	Fertigstellungsgarantie, Kreditlinie	Gläubiger
Verzögerungen	Fertigstellungsgarantie	Vertragspartner
Operative Risiken		
Energieangebot	Langfristige Lieferverträge	Energieanbieter
Output	Vertrag: Kauf und Zahlung	Nachfrager des Outputs
Transport	Langfristige Transportverträge & Infrastruktur	Sponsoren
Vertragserfüllung des Entwicklers	Machbarkeitsstudie, Vertragskonditionen (Anreize)	Sponsoren
Neue Technologien	Lizenzvereinbarung	Lizenzgeber/Sponsoren
Interessenskonflikt zwischen Sponsoren	Verträge zwischen Sponsoren vorab	Sponsoren
Ressourcen	Machbarkeitsstudie	Sponsoren
Force Majeure	Versicherung	Versicherungsagentur
Finanzrisiken		
Devisenkurs	Optionen, Futures, Swaps, etc.	Finanzinstitute
Inflationsrate	Langfristige Verträge (Kauf und Verkauf)	Anbieter und Nachfrager
Zinssätze	Feste Zinskonditionen, Zinsderivate, etc.	Finanzinstitute, Gläubiger
Politische Risiken		
Verfügbarkeit von Lizenzen und Genehmigungen	Gute Zusammenarbeit mit Regierungen	Sponsoren
Ausbeutung	Arbeitsteilung mit lokalem Sponsor, int. Agenturen	Sponsoren
Länderrisiko	Machbarkeitsstudie, Versicherung	Versicherungsagenturen
Moratorien, Enteignung	Machbarkeitsstudie	Sponsoren

---

1. G. Pollio 1999, S. 125.

In der CAPM-Welt der risikoangepassten Diskontfaktoren gibt es eine Reihe von weiteren Punkten, die zu diskutieren sind. Wohl postuliert das CAPM-Modell eine Regression zum Mittelwert. Mit anderen Worten, die Prognose von Cashflows wird sich langfristig auf ein „normales" Niveau einpendeln, kurzfristig sind aber sehr wohl deutliche Abweichungen denkbar, die langfristig aber keinen Bestand haben. Für die Rentabilität eines Projektes in der langen Frist hat diese Bemerkung weitreichende Folgen. In der Krise ist zu beachten, ob ein Einbruch bei Marktpreisen temporärer Natur ist oder langfristig begründet ist. Ölpreise weisen deutliche Schwankungen auf, langfristig wird aber im Trend ein Ansteigen zu vermuten sein. Zumindest solange das Energieproblem entwickelter Industrienationen nicht gelöst wurde und in weiten Bereichen der industrialisierten Staaten Öl die Grundlage von Produktion und Mobilität bildet. Nur technischer Fortschritt, der die Verwendung von Öl obsolet macht und zudem kommerziellen Erfolg verspricht, wird den Kapitalwert von Projekten in der Ölbranche nachhaltig negativ beeinflussen. Die prognostizierten Projekt Cashflows sind dann nach unten zu korrigieren. In allen anderen Fällen muss im Trend von einem Ansteig des Ölpreises im Schnitt der Opportunitätskosten (entspricht dem allgemeinen Zinsniveau) ausgegangen werden (Hotelling-Regel[1]). Auch wenn der Kapitalwert in der kurzen Frist aufgrund von Preisabschlägen sinkt, muss dies den langfristigen Erfolg des Projektes nicht in Frage stellen. Einzig Liquiditätsprobleme sind von den Projektbeteiligten durch Nachverhandlungen zu lösen.

In der Praxis muss man sich aber auch fragen, was ist der „Normalzustand", der von dem CAPM-Modell postuliert wird. Die Korrelationen erhält man aus Werten der Vergangenheit, die in einem zweiten Schritt in die Zukunft extrapoliert werden. Mit anderen Worten, wenn in der Zwischenzeit kein Strukturbruch auftritt und man von konstanten Rahmenbedingungen auf Finanzmärkten ausgehen kann, kann man die in der Vergangenheit ermittelten Daten auf die Zukunft übertragen und verwenden. Empirisch kann man beobachten, dass die Varianzen von Indizes oder Finanztiteln in der Zeit nicht konstant sind. Gerade in Krisenzeiten erweisen sich die oben postulierten Diversifizierungsgewinne sehr schnell als problematisch. Korrelationen steigen für gewöhnlich in Finanzkrisen sehr stark an, was dazu führt, dass diversifizierte Portfolios oder Geldanlagen in der Krisen gerade den Effekt zu Tage treten lassen, den man durch die Risikostreuung vermeiden wollte. Zudem hängen die ermittelten Korrelationskoeffizienten sehr stark vom Betrachtungszeitraum ab, über den sie berechnet werden.

---

1. B. P. Pashigian 1995, S. 605ff.

Abbildung 6.4. : Korrelation zwischen Marktindizes (Bonds)[1]

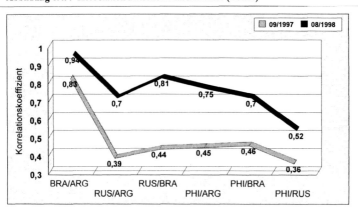

Die obigen beiden Tabellen belegen, dass sich in Krisenzeiten die Korrelationen zwischen Finanzanlagemöglichkeiten weltweit sehr stark verändern. Mit einer Ausnahme erhöhen sich die Korrelationskoeffizienten stark, so dass Diversifizierungsgewinne sehr schnell obsolet werden. Auffällig ist diese empirische Beobachtung im Kontext von Emerging Markets, wo die Diversifizierungsgewinne aufgrund der geringen Integration der heimischen Finanzmärkte schnell ins Gegenteil verkehren. Ein international wohl diversifizierter Sponsor sieht sich hier mit Risiken konfrontiert, die in „normalen" Zeiten nicht auftreten. Geht ein Sponsor aber von den niedrigen Korrelationskoeffizienten in Tabelle 6.4. auf Seite 226 aus, dann hat er ohne Berücksichtigung von Krisen mit einem zu geringen Diskontfaktor bei der Ermittlung von Kapitalwerten gearbeitet. Seine Risikoprämie fällt ohne Einbeziehung von möglichen Krisen zu gering aus. Mit anderen Worten, der Kapitalwert des Projektes fällt zu hoch aus und signalisiert eine (ökonomische) Rentabilität, die u.U. überhaupt nicht vorhanden ist. Darüber hinaus muss von der Logik her auch der operative Leverage Eingang in die Ermittlung der Betas finden[2]. Analog zur Argumentation im Rahmen des finanziellen Leverage sind die Betas nach oben zu korrigieren, wenn der operative Leverage eines Projektes von dem branchenüblichen Durchschnitt abweicht. Unsystematische Risiken spielen im Kontext einer Projektfinanzierung per Definition sehr wohl eine Rolle. Die Ausführungen zum Konzept des Capital at Risk und der Diversifizierung von Portfolios im Rahmen des CAPM-Modells mögen deutlich machen, dass die einseitige Anwendung dieser Konzepte ohne Reflexion ihrer Grundlagen sehr schnell Schlüsse nahelegen, die sich bald als obsolet erweisen. Beide Konzepte verwenden zudem oftmals die Normalverteilungsannahme,

---

1. P. Blattner 2003. S. 320.
2. D. R. Emery; J. D. Finnerty 1997, S. 313ff.

um damit Rechenbarkeit zu garantieren. Spätestens an diesem Punkt sollte der Leser die Konzepte mit Vorsicht interpretieren.

Die Normalverteilungsannahme unterstellt aber immer, dass die Geschichte eines Projektes kein Gedächtnis hat. Wenn man z.B. einen Würfel wiederholt in die Luft wirft, dann sind die Ereignisse des Münzwurfes voneinander unabhängig zu sehen. In der Summe der Spielrunden mit dem Würfel ergibt sich als Resultat eine Normalverteilung, die mit der Anzahl der Würfe immer geringere Varianz aufweist. Eine Regression zum Mittelwert von 3,5 ist zu beobachten, wenn das arithmetische Mittel der Münzwürfe interessiert. Nur die Münze hat kein Gedächtnis. Mit anderen Worten, der letzte Münzwurf hat in der Abwesenheit von Manipulationen keinen Einfluss auf den aktuellen Münzwurf. Dieses Bild kann man aber sicher nicht auf das Konzept der Projektfinanzierung übertragen. Entscheidungen sind sehr wohl miteinander verbunden. Die vertraglichen Konstruktionen dienen gerade dazu, den heutigen Erfolg in Form des Kapitalwertes für den Sponsor mit den zukünftigen Projekt Cashflows zu verknüpfen. Die Projekt Cashflows sind gerade wegen der vielfältigen vertraglichen Regelungen nicht stochastisch unabhängig. Entscheidungen und Verträge nehmen sehr wohl auf die zukünftigen mögliche Kontingenzen Einfluss. Durch die Abgrenzung der Projekt Cashflows sowohl im Hinblick auf die Sponsoren und deren Bonität und Sicherheiten als auch im Hinblick auf den Endzeitpunkt des Projektes resultieren Interdependenzen zwischen den Cashflows heute und in der Zukunft, die Arrangements ermöglichen, die im Falle des Münzwurfbeispieles nicht denkbar sind. Einzig das „Schicksal" in Form des Würfels (oder Zufall) entscheidet über den Erfolg oder Mißerfolg des Projektes.

6.3. Projektfinanzierungen als angewandtes strategisches Risikomanagement

Vertragliche Verknüpfungen von heutigen und zukünftigen Projekt Cashflows ermöglichen es den Projektbeteiligten de facto Sanktionsmöglichkeiten aufzubauen, damit die Funktionen von Verträgen (Anreiz zur Vertragserfüllung und wahrheitsgemäßen Offenbarung von Informationen sowie effiziente Risikoallokation) zumindest annähernd zum Tragen kommen. Vertrauen, Glaubwürdigkeit und Zuverlässigkeit spielen jenseits der oben geforderten Anpassung von Diskontfaktoren an den Risikogehalt von Projekten eine sehr große Rolle bei Projektfinanzierungen.

Abbildung 6.5. : Game of Trust und langfristige Beziehungen

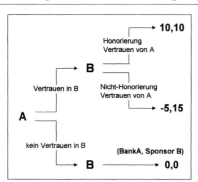

Die in Abbildung 6.5. auf Seite 228 abgebildete Verhandlungssituation eines Vertrauensspieles[1] ähnelt stark dem oben eingeführten Beispiel von Tabelle 4.6. auf Seite 164. In dem sicher extrem gewählten Beispiel war der Cashflow für die Sponsoren so konstruiert, dass in der ersten Runde fast der gesamte zu erwartende Cashflow für die Sponsoren anfällt. Die Verteilung der Cashflows der Sponsoren von (-8,0; +9,8, 0; 0; 0) impliziert Anreizstrukturen wie sie in der obigen Tabelle dargestellt sind. A hat hier zwei Möglichkeiten zu handeln: Zum einen kann er B vertrauen, der im Weiteren entscheiden kann, ob er das Vertrauen von A honoriert oder enttäuscht. Die zweite Alternative von A ist der zukünftigen Entscheidung von B nicht zu trauen. Wenn A die zweite Variante wählt, dann wird kein Vertrag zustande kommen und beide Vertragsparteien gehen leer aus. Im anderen Fall hängt die Auszahlung von A (erste von beiden Zahlen am Ende des Diagramms) von der Entscheidung von B ab. Wenn aber B zum Zuge kommt, dann ist sofort ersichtlich, dass B sich für die Nicht-Honorierung des Vertrauens von A entscheidet, da B in diesem Fall eine höhere Einzahlung erhält (15>10), während A an dieser Stelle sogar Verluste erleidet. Da aber A grundsätzlich bekannt ist, welche Möglichkeiten B besitzt, wird er sich auf dieses Spiel nicht einlassen, da er in jedem Fall Verluste

---

1. D. M. Kreps 2001, S. 231.

hinnehmen muss. Aus der Sicht des A ist es rational, von vorne herein B nicht zum Zuge kommen zu lassen. Seine Auszahlung ist in diesem Fall Null, was in jedem Fall besser ist als ein Verlust von minus 5. Das obige Spiel wird auf keinen Fall in die zweite Runde eintreten, wo B seine Entscheidung treffen kann. Man spricht in diesem Fall auch von einem teilspielperfekten Spiel. Die oben beschriebene Situation tritt in vielen vertraglichen Arrangements auf. Sie gilt auch für die Beziehung zwischen Sponsoren und Banken im Rahmen einer Projektfinanzierung.

Der Risikobegriff hat sich in diesem Kontext offenbar grundlegend geändert. Risiko stellt nicht mehr ein (exogenes) Ereignis dar, sondern wird (endogen) durch die Handlungen der Beteiligten aktiv beeinflusst. Nicht die Ableitung von Korrelationen aus Daten der Vergangenheit, die auf die Zukunft übertragen werden, sind relevant für die Entscheidungen, sondern die aktive Interpretation des Umfeldes der Projektfinanzierung. Minimale Änderungen des Umfeldes der Projektfinanzierungen (hier: Cashflow) können zu ganz anderen Resultaten führen. Das Instrument, um strategische Beziehungen zu analysieren, stellt die Spieltheorie dar. Spiele sind dabei durch den Begriff[1] **PARTS + I** gekennzeichnet. Spiele zeichnen sich durch eine gegebene Anzahl von Spielern aus, die ganz unterschiedliche Zielsetzungen besitzen und sich in ihrer Zusammensetzung und Zielorientierung verändern können (**Players**). Spieler sind im Besitz verschiedener möglicher Aktionen (**Actions**). Das Spiel gehorcht bestimmten Spielregeln (**Rules**). Taktiken der Spieler münden in Auszahlungen für die Spieler (**Tactics**), die sich immer bewußt sein müssen, dass sich jedes Spiel an jedem Ort und zu jedem Zeitpunkt in einem größeren Rahmen (**Scope**) bewegt, der sich fortdauernd ändern kann. Zudem muss der Informationsstand (**Information**) der Spieler in diesem Zusammenhang als wichtiges zusätzliches Element gesondert erwähnt werden, da der Kenntnisstand der Spieler über die einzelnen Elemente eines Spieles den Spielausgang grundlegend ändern kann.

Die kurzen Ausführungen oben zeigen deutlich, worin sich die hier beschriebene Vorgehensweise in einem strategischen Umfeld von den bisherigen Ausführungen unterscheidet. Eine einzelne Projektfinanzierung findet sich hier in einem Geflecht von Beziehungen wieder, das es zu managen gilt. In dem Beispiel von Abbildung 6.5. auf Seite 228 spielt die glaubwürdige Selbstbindung des Sponsors B eine ganz entscheidende Rolle, wenn das Spiel (Game of Trust) mehr als einmal gespielt wird. Die Selbstbindung des Sponsors kann aber nur dann glaubwürdig sein, wenn diese Selbstbindung mit Kosten verbunden ist. Im konkreten Fall ist aus dem aktuellen Cashflow eine bestimmte Summe x auszuklammern (z.B. Schuldendienstreserve) und in die Zukunft zu

---

1. B. J. Nalebuff; A. M. Brandenburger (1996).

transferieren, um dem Versprechen Nachdruck zu verleihen (vgl. Tabelle 4.9. auf Seite 169). Wird dies von dem Sponsor abgelehnt, dann wird sich die Bank in diesem einfachen Spiel heute nicht auf irgendwelche Vereinbarungen einlassen. Nicht Konkurrenz allein kann das Verhalten von Vertragsparteien begründen, sondern Begriffe wie Koordination und Kooperation spielen bei Projektfinanzierungen eine große Rolle. Darüber hinaus wird das obige Problem nicht ohne intensive Kommunikation zu lösen sein.

Die Lösung des obigen Spieles wurde nicht statisch abgeleitet, sondern dynamisch in dem Sinne, dass die Vertragsparteien bedingte Entscheidungen ableiten. Je nach Situation oder Verlauf der Geschichte bis zu einem bestimmten Zeitpunkt in der Zukunft werden andere Handlungen präferiert. Unter strategischen Aspekten machen statische Reaktionen auf Handlungen anderer Parteien keinen Sinn, da sich das Umfeld des Spieles schnell zu Ungunsten der Bank oder des Sponsors verändern kann. Spieler, die grundsätzlich auf bestimmte Situationen immer mit den gleichen Reflexen reagieren, sind leicht berechenbar. Strategien lassen sich somit vor diesem Hintergrund nur bedingt ableiten. "**Think Forward and Calculate Back**"[1] heißt die Formel, die hier Anwendung finden muss. Strategische Vorausschau wie auch die Rückwärtsinduktion sind wichtige Elemente strategischen Denkens. Mit anderen Worten, in einer ersten Runde muss das Spiel richtig gelesen werden. Fragen nach der Anzahl der Spieler und deren Motivation wird virulent. Auch ist es ganz wichtig wahrzunehmen, wie die anderen Spieler die eigene Person vermutlich sehen. Die eigenen Strategien hängen immer von den Strategien anderer Projektbeteiligter ab. Die Auszahlung an die Parteien innerhalb eines Projektes wird dadurch entscheidend beeinflusst. Erwartungen über Erwartungen anderer Personen kommen hier ins Spiel. Oftmals ist es für den Ausgang eines Spieles wichtiger, welche Einschätzung die anderen Spieler von einem selber besitzen als Spielregeln oder andere Bestandteile eines Spieles. Strategisches Denken löst sich aber von der Vorstellung, dass Ergebnisse im Rahmen der Allokation von Risiken allein durch die Markteffizienz und Betas im Kontext des CAPM-Modells bestimmt werden. Abgeleitete Betas bieten sicher einen ersten Anhaltspunkt in punkto Orientierung bei Verhandlungen im Rahmen von Projektfinanzierungen. Sie allein können den Erfolg eines Projektes nicht erklären.

Hierbei spielt die Zeitschiene eine wichtige Rolle. Unerwartet können sich Präferenzen von Kunden ändern, genauso die verwendete Technologie aufgrund neuer Ideen oder die Regulierung von bestimmten Branchen im Rahmen einer neuen Regierung, nichtsdestoweniger gibt die Spieltheorie einen Anhaltspunkt, wie Spiele grundsätzlich zu lesen und

---

1. R. L.Smith; J. K. Smith 2000, S. 101.

zu lösen sind[1]. Das Würfeln allein, wie es in vielen Methoden des Risikomanagements aktuell Anwendung findet (z.B. Capital at Risk), kann Interdependenzen und Interaktionen im Rahmen einer Projektfinanzierung wahrlich nicht erklären. Wir haben oben gesehen, dass vielfältige Querbeziehungen zwischen den Projektbeteiligten das Verhandlungsergebnis und somit zwangsläufig auch den Erfolg einer Projektfinanzierung tangieren. Anreizverträge wie auch Schuldendienstreserven erfüllen in diesem Zusammenhang eine wichtige Aufgabe. Die zeitliche Verteilung der Cashflows, die trotz vielfältiger Risiken leichter vorgenommen werden können, steht im Mittelpunkt der Betrachtung der Vorteilhaftigkeit eines Projektes für alle Beteiligten. Die Endlichkeit von Cashflows wie auch die Separierbarkeit eben dieser stellen im Rahmen strategischer Verhandlungen einen entscheidenden Vorteil dar, einem Projekt zum Erfolg zu verhelfen. Nichtsdestoweniger hängt der Ausgang der Verhandlungen im Rahmen eines Projektes ganz virulent von den Aktionen der Projektbeteiligten ab. Der Erfolg kann in diesem Zusammenhang nicht isoliert von den anderen involvierten Projektbeteiligten betrachtet werden.

Abbildung 6.6.: Logik des strategischen Risikomanagements

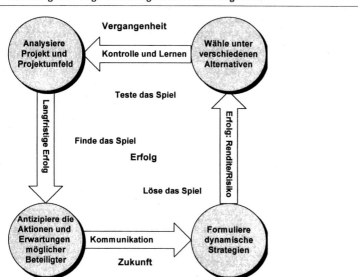

Vielmehr gilt es, die Bestandteile eines Spieles permanent im Auge zu behalten, da -wie wir gesehen haben- auch kleinste Änderungen in den Bestandteilen eines Spieles gravierende Auswirkungen auf die Auszahlungen haben können, die letztendlich für die Pro-

---

1. V. Bieta; J. Kirchhoff; H. Milde; W. Siebe (2002) und deren ausführlichen Diskussionen für den Umgang mit Risiken im Rahmen der Spieltheorie, u.a. im Vergleich zu traditionellen Methoden des Risikomanagements.

jektbeteiligten resultieren. Insofern muss auch eine Projektfinanzierung unter dem Aspekt der Strategie betrachtet werden. Es ist irrig anzunehmen, dass sich Projektbeteiligte bei sich ändernden Rahmenbedingungen eines Spieles passiv verhalten. Vielmehr sind Anpassungen zu beobachten. Ein Beispiel für diese Tendenz ist z.B. im Bereich Windkraftanlagen zu beobachten. Eine Umsetzung einer sukzessiv reduzierten Entlohnung des eingespeisten Stromes führt unweigerlich zu anderen Ergebnissen für die Projektbeteiligten. Die zusätzliche Abgabe von Garantien von supranationalen Institutionen kann die Garantie eines Staates in sich entwickelnden Ländern deutlich glaubwürdiger erscheinen lassen, wenn die Glaubwürdigkeit zukünftiger Garantien des Staates ganz entscheidend von dem Wohlwollen der supranationalen Institution abhängt. Von Sanktionen ganz zu schweigen. Im Rahmen strategischer Betrachtungen, wie sie die Spieltheorie vornimmt, ist gerade die Einflussnahme auf die Bestandteile eines Spieles von herausragender Bedeutung. Die „wahre Kunst" des Spieles besteht darin, die Rahmenbedingungen des Spieles zu verändern, um das Spielergebnis zum Vorteil für einen selber zu verändern. Dies wiederum aber muss nicht nur Konkurrenzverhalten implizieren. Vielmehr sind Kommunikation gepaart mit Kooperation und Koordination von Aktionen der Projektbeteiligten von entscheidender Bedeutung.

Strategisches Risikomanagement im Rahmen einer Projektfinanzierung reduziert sich auf drei Kernelemente: Finde das Spiel, löse das Spiel und teste das Spiel. Das Umfeld eines Projektes ändert sich permanent, eine ständige Analyse der Bestandteile eines Spieles ist notwendig[1]. Das Umfeld eines Projektes ist niemals statisch zu sehen, es können sich Regulierungsvorschriften verändern, der Marktpreis kann andauernd sinken, es können neue Spieler auf den Plan treten, usw. Auch könnten zu Beginn der Verhandlungen bestimmte Risiken falsch eingeschätzt worden sein, so dass Anpassungen im Vertragswerk notwendig sind, damit die Risikokosten nicht extrem einseitig bei einzelnen Parteien verbleiben.

Risiken tauchen nicht unerwartet auf, sie werden nur nicht in dem Maße wahrgenommen und gewichtet, wie es ihrer Bedeutung zustehen würde. Der Anschlag vom 11. September 2001 auf das World Trade Center mag exemplarisch dafür stehen. Terrorangriffe waren auch vor diesem Termin ein Thema, das sicher unterschätzt wurde. Dennoch war dieses Risiko präsent und sicher nicht im Sinne eines exogenen Risikos zu interpretieren. Einzig die Auswirkungen in einer immer arbeitsteiligeren Welt im globalen Kontext wurden eindeutig unterschätzt. Zudem auch die zugeordneten Wahrscheinlichkeiten für das Eintreten dieses (extremen) Ereignisses.

---

1. V. Bieta; J. Kirchhoff; H. Milde; W. Siebe 2002, S. 217ff.

Ein Spiel zu lesen, heißt immer, das Spiel unter verschiedenen Gesichtspunkten zu kalkulieren. Da Erwartungen über Erwartungen anderer Spieler wichtig sind, muss sich ein jeder Projektbeteiligter in die Lage der anderen Beteiligten am Projekt versetzen, da ein wesentliches Element des Erfolgs eines Projektes von Koordination und Kooperation der Aktionen sowie Vertrauen und Glaubwürdigkeit abhängen. In der Sprache der Spieltheorie kann man sagen, eine Projektfinanzierung ist kein Null-Summenspiel. Die Auszahlungen an die Projektbeteiligten hängen ganz entscheidend vom Wohlwollen aller Beteiligten ab, und zwar gegenseitig. Im Rahmen von Projektfinanzierungen sollen Investitionen verwirklicht werden, die aufgrund der hohen Fixkosten und dem damit verbundenen Problem der optimalen Betriebsgröße und der (extrem) ansteigenden Risiken in Bezug auf den Cashflow unter normalen Finanzierungsbedingungen gar nicht oder sehr unwahrscheinlich verwirklicht werden können. Wie gesagt, alle Projektbeteiligten müssen ein immanent starkes Interesse am Projekt haben, sonst muss es zwangsläufig scheitern. Ein starkes Interesse an einem Projekt kann aber nur bedeuten, dass die Cashflows (monetär und nicht monetär) in einem Maße anfallen, dass alle Projektbeteiligten im Sinne des ökonomischen Prinzips von dem Projekt im Sinne des Paretokriteriums profitieren. Hierbei ist aber festzustellen, dass es sich nicht um eine erstbeste Lösung handeln kann, da Probleme der adversen Selektion und des moralischen Risikos präsent sind. Auf der anderen Seite begünstigen die „klare" Vorstellung im Hinblick auf den zu erwartenden Cashflow und dessen innewohnenden Risiken Vertragsabsprachen.

Um das richtige Spiel zu finden, ist es aber ebenfalls wichtig, dass das Umfeld und die Einbettung des Projektes in einem größeren Spiel (z.B. Diskussionen im Bereich Umwelt) antizipiert werden und nach Möglichkeit die resultierenden Auswirkungen. Im Rahmen einer Projektfinanzierung kann nur der langfristige Erfolg für alle Beteiligten von Bedeutung sein. Dies mag in einer Welt schwer fallen, die sich immer schneller zu drehen scheint. Gerade weil sie sich vermeintlich immer schneller dreht, ist die sorgfältige, unter langfristigen Aspekten, geführte Analyse des Spieles und seines vermutlichen weiteren Verlaufes sehr wichtig und wird immer wichtiger. Stabile Cashflows sind für alle Projektbeteiligten sehr wichtige Inputs bei den Verhandlungen über die Verteilung der Cashflows. Kommunikation ist ebenfalls eine wichtige Voraussetzung, damit die Verhandlungen zu einer zufriedenstellenden Lösung führen. Dynamische Strategien sind hierbei zu ermitteln, die explizit auch Verfahrensweisen in Bezug auf mögliche Konflikte mit einbeziehen. Konflikte sind aufgrund der Komplexität von Projektfinanzierungen und den damit verbundenen Risiken vorprogrammiert. Über mögliche Konfliktquellen vorab nachzudenken, kann zumindest nicht schaden. Spätere Verständigungen über die Lösung von Konflikten werden dann u.U. mit relativ hoher Wahrscheinlichkeit sehr kontraproduktiv sein.

Auch sollte im Rahmen des strategischen Risikomanagements allen Projektbeteiligten klar sein, dass ein Projekt immer unter Rendite- und Risikogesichtspunkten zu beurteilen ist. Wir haben gesehen, dass hohe Renditen immer mit hohen Risiken einhergehen. Die Frage muss nun lauten, ob die Projektbeteiligten unter den aktuellen und zukünftig vermuteten Rahmenbedingungen bereit sind, diese Risiken zu tragen. Es ist immer mit risikoangepassten Renditen zu argumentieren, wobei Realoptionen und ein wenig veränderter Umgang mit Risiken u.U. schnell zu Lösungen führen können. Die Quantifizierung der Risiken wird nur in den wenigsten Fällen in eindeutiger Weise gelingen, nichtsdestoweniger muss zumindest in der Tendenz klar werden, in welchen Dimensionen sich die Risiken bewegen. Wahlmöglichkeiten einzubauen, kann einen Status Quo sicher nicht schlechter erscheinen lassen. Wahlmöglichkeiten kann man ausüben, man muss aber nicht. Somit ist der Wert von Optionen zumindest nicht negativ. Im Zweifel lässt man Optionen verfallen. Im Gegenzug sind aber Kosten fällig, die es im Rahmen des ökonomischen Prinzips abzuwägen gilt. Kosten fallen z.B. bei Realoptionen regelmäßig in Form von Opportunitätskosten an, zudem sind meist auch zusätzliche Kosten heute fällig. Der entscheidende Vorteil von Realoptionen ist mit Sicherheit die Vermeidung des Totalverlustes, was durchaus sehr schmerzhaft für alle Projektbeteiligten sein kann. Wenn unter den verschiedenen Alternativen gewählt wurde, werden die Projektbeteiligten nicht umhin kommen, das Ergebnis laufend zu kontrollieren und aus der Vergangenheit zu lernen. Der ursprünglich verhandelte Vertrag wird in den wenigsten Fällen ohne Anpassungen auskommen. Mögliche Risikoquellen sind einfach zu vielfältig vorhanden. Eine Anpassung an die Empirie oder Praxis ist unumgänglich und nur in wenigen Fällen auch vermeidbar.

Abbildung 6.7.: Strategische Prinzipien

Allen Spielen sind somit bestimmte Prinzipien gemein. Zum Ersten ist zu nennen, dass die Antizipation der Strategien anderer Projektbeteiligter unumgänglich ist. Ohne die laufende Überprüfung des eigenen Bildes von den Projektbeteiligten wird ein Gelingen eines Projektes eher zufälliger Natur sein. Dies setzt aber zum Zweiten ein Bewusstsein von sich selber und den Anderen voraus. Ohne Bewusstsein über die aktuelle Spielsituation werden Entscheidungen eher willkürlichen Charakter besitzen. Zum Dritten ist in einem Spiel wichtig, wie oft das Spiel gespielt wird. Ein Sprichwort umschreibt den Sachverhalt sehr gut: „Man trifft sich im Leben meist zweimal." Inwieweit eine Strategie auch in der Zukunft rational (Orientierung an der Auszahlung) ablaufen wird, kann hinterfragt werden, wenn sich in einer Runde eine Partei auf Kosten der anderen Projektbeteiligten übermäßig „bereichert" hat. Zum Vierten spielen in Spielen immer zwischenmenschliche Phänomene eine große Rolle. Vertrauen, Reputation und Glaubwürdigkeit lassen sich nur erzielen, wenn sich Vertragsbeziehungen über einen längeren Zeitraum erstrecken und ein Abweichen von einer glaubwürdigen Strategie mit Kosten verbunden ist. Die reine Ansage glaubwürdiger Strategien ist per se (extrem) unwahrscheinlich und wird demnach ohne Konsequenzen bei den anderen Projektbeteiligten bleiben. Wenn Staaten mit Sponsoren Anreizverträge abschließen, dann macht es keinen Sinn, Verträge nachträglich zu ändern, da die Änderungen meist demotivierend wirken. Eine vorab vereinbarte Teilungsregel ist in jedem Fall zu präferieren, da ansonsten das Problem des Ratchet Effektes[1] zum Tragen kommt.

---

1. P. Milgrom; J. Roberts 1992, S. 232ff.

Ändert man Verträge im Fall des Erfolges eines Projektes während der Laufzeit in dem Sinne, dass die Einzahlungen zuungunsten der Sponsoren (relativ) verändert werden, dann kann ein Effekt eintreten, der demotivierend ist. Sponsoren besitzen einen Anreiz, den wahren Erfolg zu verschleiern, wenn sie das Verhalten staatlicher Institutionen antizipieren. Im schlechtesten Fall werden sie ihren Einsatz reduzieren, wenn sie die Kosten der Anstrengung allein zu tragen haben, die Einzahlungen aber teilen müssen, und zwar in einer Form, wo die andere Partei überproportional davon profitiert. Dieser Effekt wurde zuerst im Rahmen von 5-Jahres-Plänen sozialistischer Planwirtschaft beobachtet, wo eine Planüberfüllung zu einer Sanktion in Form höherer Vorgaben in der Zukunft oder höheren aktuellen Zahlungen an die Zentrale führte. Die Kosten des höheren Einsatzes musste das Kombinat vor Ort tragen, die „Früchte der Arbeit" mussten geteilt werden. Anreize zu härterer Arbeit wurden damit zerstört. Im Endeffekt wurde der Durchschnitt als Maß mit dieser Art von Nachverhandlungen durchgesetzt. Für Projektfinanzierungen muss dies bedeuten, dass wie im Falle der Anreizverträge ex ante die Abweichung der tatsächlichen Ein- und Auszahlungen vertraglich zwischen den beiden Vertragsparteien geteilt werden. Nachträgliche Veränderungen in Bezug auf die Teilung von Einzahlungen eines Projektes können ansonsten kontraproduktiv sein.

6.4. Risikowahrnehmung und Investitionsentscheidung: Behavioral Finance[1] und Risikofaktor Mensch

Wir haben im letzten Abschnitt davon gesprochen, dass Erwartungen über Erwartungen anderer Beteiligter an einem Projekt von entscheidender Bedeutung sind, ob eine Strategie von Erfolg gekrönt ist. Hierbei spielt offensichtlich die Wahrnehmung der anderen Projektbeteiligten eine große Rolle. Damit eng verbunden auch sicherlich die Wahrnehmung von Risiken im Kontext der Ableitung der prognostizierten Cashflows. Um eine vernünftige Entscheidung treffen zu können, sind drei Fragestellungen von entscheidender Bedeutung. Die erste Frage muss lauten, wie sollte eine Entscheidung vernünftigerweise getroffen werden? Gewöhnlich wird diese Frage mittels formaler Methoden beantwortet. Instrumente wie Logik, Spieltheorie, Statistik oder Optimierungsmethoden stellen Varianten dar, mit denen vernünftig Entscheidungen unter Risiko zu treffen sind. In Verlauf des Buches wurde an dieser Stelle auch auf das CAPM-Modell oder die Optionspreistheorie zurückgegriffen. Zentraler Begriff in diesem Zusammenhang ist die Rationalität der Entscheidungsträger.

---

1. Einen Überblick zu der Literatur findet man bei R.H. Thaler (1992), J.R. Nofsinger (2002) oder M.H. Bazerman (2002).

Unter Rationalität wird bei finanzwirtschaftlichen Fragestellungen die Maximierung einer bestimmten Zielfunktion unter Nebenbedingungen verstanden, verknüpft mit dem Begriff der Markteffizienz von Finanzmärkten und der Transitivität der Präferenzen der Entscheidungsträger. In einer Marktwirtschaft, wo zu jedem Zeitpunkt und an jedem Ort Knappheit eine dominierende Rolle spielt, sind freie finanzielle Mittel dort zu verwenden, wo sie unter Berücksichtigung von Opportunitätskosten die höchste risikoangepasste Rendite abwerfen. Öffentlich zugänglich verfügbare Informationen werden bei am Eigennutz interessierten Agenten zu Aktivitäten führen, die sich letztendlich in den Marktpreisen wiederfinden. Erwarten die Marktteilnehmer eine Abwertung einer Währung, dann macht es z.B. Sinn, Währungen auf Termin (vermeintlich) teuer zu verkaufen. Ein Verkauf auf Termin in größerem Umfang muss sich aber in einem niedrigeren Devisenterminkurs heute niederschlagen. Erwartungen können sich in diesem Kontext u.U. als selbsterfüllend erweisen.

Die Transitivität der Präferenzen, die einer jeden rationalen Entscheidung zugrunde liegt, schließt sogenannte zyklische Präferenzen aus. Wenn eine Alternative A der Alternative B und die Alternative B der Alternative C vorgezogen wird, dann muss logischerweise die Alternative A gegenüber der Alternative C vorgezogen werden. Wenn ein Agent in diesem Beispiel die Variante C gegenüber der Variante A präferiert, dann ist die Entscheidung irrational, da gilt: A > B > C > A (zyklisch). Zyklische Präferenzen verhindern aber rationale Entscheidungen in dem Sinn, dass eine optimale Entscheidung getroffen werden kann. In der Praxis kann man aber gerade im Zusammenhang mit der Transitivität von Präferenzen einige Anomalien beobachten, die im Hinblick auf die optimale Entscheidung im Rahmen einer Projektfinanzierung wichtig werden. Unter psychologischen Aspekten sind im Kontext von mentalen Tunnel[1] Fragen wie „Was ist anschaulich oder eingängig?", „Was ruft Assoziationen mit Bekanntem hervor?" und „Ist die Tatsache oder Meinung mir genehm oder nicht?" von Bedeutung. Der Verarbeitung von Informationen kommt in diesem Kontext eine zentrale Rolle zu.

Ein einfaches Beispiel soll dies verdeutlichen. Angenommen, in einer Stadt fahren 85% aller Taxis mit einem grünen Anstrich, 15% aller Taxis mit einem blauen Anstrich. Nach einem Unfall mit Fahrerflucht wird ein Taxi mit blauer Farbe ermittelt, zudem kann ein Zeuge ausfindig gemacht werden, der bestätigt, dass das Taxi eine blaue Farbe hatte. Um die Aussage des Zeugen zu untermauern, werden dem Zeugen in der Nacht zum vermeintlichen Tatzeitpunkt mehrere Taxis mit unterschiedlichen Farben präsentiert. Es

---

1. Mentale Tunnel beschreiben Fehler in der Entscheidungsfindung, die Agenten im Rahmen ihrer Wahrnehmung von Problemstellungen unterlaufen, sei es aus Gewohnheit oder Denkfaulheit.

fahren jeweils 50% blaue und grüne Taxis am Tatort vorbei, wobei der Zeuge in 80% aller Fälle richtigerweise ein blaues Taxi erkennen konnte (4 von 5). Die Frage in diesem Zusammenhang muss für einen Staatsanwalt lauten, ob der ermittelte Taxifahrer mit seinem blauen Taxi wegen Fahrerflucht angeklagt werden soll. Eine Quote von 80% richtigen Aussagen seitens des Zeugen im Rahmen des Ortstermins sollte gemeinhin ausreichend sein, um die Ermittlungen der Polizei untermauern zu können. Tatsächlich muss aber diese vermeintlich richtige anschauliche Argumentation verneint werden. Wichtig in diesem Zusammenhang ist die Verteilung der Grundgesamtheit. Neben 80% richtigen Antworten des Zeugens im Rahmen des Ortstermins spielt auch die Aufteilung der Taxis in 85% grüne und 15% blaue innerhalb der Stadt eine sehr wichtige Rolle.

Tabelle 6.3. : **Missachtung der Grundgesamtheit (Konfidenz 80%)**

	grün	blau	Summe
grün	68	17	85
blau	3	12	15
Summe	71	29	100

Wenn der Zeuge beim Ortstermin 80% richtige Antworten im Hinblick auf blaue Taxis gibt, dann entspricht diese Quote in Bezug auf die Gesamtzahl der blauen Taxis 12 Taxis. In 20% aller Fälle behauptet der Zeuge, dass er ein blaues Taxi gesehen hat. Tatsächlich fuhr aber ein grünes Taxi vorbei. Aber eine Quote von 20% entspricht im Hinblick auf die Gesamtzahl der grünen Taxis 17 Taxis, wenn man die Gesamtzahl der Taxis in der Stadt auf 100 festlegt. Der nächste Schritt in diesem Beispiel ist aber offensichtlich. Man muss die Anzahl X=12 der richtig erkannten Taxis mit der Gesamtzahl X+Y aller Taxis, die als richtig blau (X) oder falsch grün (Y) beobachtet werden, ins Verhältnis setzen. Die Lösung für die gesuchte Wahrscheinlichkeit p dieses Beispiels lautet[1]:

$$p(\text{Taxi blau}|\text{blau erkannt}) = \frac{X(\text{blau}|\text{blau})}{X(\text{blau}|\text{blau}) + Y(\text{grün}|\text{blau})} = \frac{0,12}{0,12 + 0,17} = 0,4138 \quad (6.20.)$$

Vor dem Hintergrund der Gesamtzahl der Taxis in der Stadt, die grün oder blau sind, muss die vermeintlich hohe Wahrscheinlichkeit für die richtige Nennung der Taxifarbe im Rahmen des Ortstermins relativiert werden. In nur 41,38% aller Fälle kann der Zeuge die Ermittlung der Polizei bestätigen. Aber eine Anklage mit einer Wahrscheinlichkeit

---

1. Die erste Nennung bezeichnet die Farbe des Taxis, das vorbeifuhr, während die zweite Zahl die Ansage des Zeugen wiedergibt.

von unter 50% einzureichen, ist wenig Erfolg versprechend. Die Wahrscheinlichkeit eines falschen Urteils ist offensichtlich. Es muss der Spruch „Im Zweifel für den Angeklagten" gelten. Die relativ niedrige Wahrscheinlichkeit der Richtigkeit der Antworten des Zeugens rechtfertigen keine Anklage. Regelmäßig müssen ex post Wahrscheinlichkeiten im Lichte neuer Informationen auf der Grundlage von ex ante Wahrscheinlichkeiten von 85% und 15% neu angepasst werden. Als (rationales) Instrument, die Wahrscheinlichkeiten neu zu berechen, wird in der Entscheidungstheorie die sogenannte Bayessianische Regel[1] angewendet. Würde hingegen die Wahrscheinlichkeit, dass der Zeuge ein blaues Taxis korrekt erkennt z.B. auf annähernd 87% steigen, dann wäre der Verdacht der Fahrerflucht aufgrund rationaler Entscheidungskriterien untermauert und eher im Sinne einer statistischen „Logik" glaubwürdig. Eine Anklage sollte vorgenommen werden. Die Tabelle 6.3. auf Seite 238 schreibt sich in der Annäherung wie folgt:

Tabelle 6.4. : Missachtung der Grundgesamtheit (Konfidenz 87%)[2]

	grün	blau	Summe
grün	74	11	85
blau	2	13	15
Summe	76	24	100

Die Trefferquote des Zeugen vor dem Hintergrund der Grundgesamtheit der Taxis in der Stadt erhöht sich signifikant, wenn er bei dem Ortstermin in 87 von 100 Fällen die richtige Farbe benennen kann. Die bedingte Wahrscheinlichkeit auf der Grundlage der mögliche Fälle, wo er richtig liegt (13) und wo er eine falsche Antwort gibt (11), erhöht sich. Eine Wahrscheinlichkeit von 54,17% prognostiziert vorab eine Wahrscheinlichkeitsverteilung, bei der der Indizienbeweis in mehr Fällen zu einem richtigen Urteil (blaues Taxi und als blau erkannt) führt. Mit einer Wahrscheinlichkeit von „nur" 45,83% irrt der Zeuge und eine falsche Anklage kommt zustande (grünes Taxi als blau erkannt). Aufgrund der Statistik ist eine Anklage gerechtfertigt, es sei denn, der zuständige Staatsanwalt hat eine andere Wahrscheinlichkeit im Kopf, bei der er tätig wird (z.B. 75%). Dann verhindert seine Risikoaversion, möglicherweise eine falsche Anklage zu erheben, eine Anklage in den meisten Fällen, was unter Risikoaspekten zumindest thematisiert werden sollte.

---

1. M. Piatelli-Palmarini 1997, S. 95ff.
2. Zahlen wurden in diesem Tableau gerundet.

Ein weiteres einfaches wie anschauliches Phänomen, das in die Kategorie Heuristik oder mentaler Tunnel fällt, ist folgendes Beispiel:

Tabelle 6.5. : Beobachtungen, Anschaulichkeit und Korrelation

	high	low	Summe
high	80	40	120
low	40	20	60
Summe	120	60	180

Bei zwei Experimenten wurde ermittelt, ob eine hohe Qualität als Ergebnis des Experiments zu beobachten war oder nicht. Die Tabelle gibt die absolute Anzahl der Beobachtungen an, die gleichzeitig in beiden Experimenten festgestellt werden konnte. Sehr häufig trat die Kombination (high, high) mit einer absoluten Zahl von 80 auf, sehr wenig die Kombination (low, low) mit 20. Ein kreuzweises Auftreten einer hohen und niedrigen Qualität konnte in 40 Fällen beobachtet werden. Auf den ersten Blick würde man vermuten, dass eine hohe Korrelation zwischen den Qualitäten beider Experimente vorliegt. Verwendet man aber den Pearson-Koeffizient $r_{Pearson}$ als angemessenes Instrument zur Ermittlung der Abhängigkeit der Qualität beider Experimente, dann weiß man, dass die Nennungen kreuzweise zu multiplizieren und voneinander abzuziehen sind. Diese resultierende Zahl ist mit der Wurzel des Produktes aller Randwahrscheinlichkeiten zu gewichten[1]. Eine Korrelation würde in dieser Definition nur dann vorliegen, wenn das Ereignis (low, low) eine deutlich höhere Anzahl von Fällen auf sich vereinen würde. In diesem Beispiel ist aber die Korrelation $r_{Pearson}$ zwischen beiden Experimenten Null[2]. Die Lösung des obigen Beispiels schreibt sich demnach als:

$$r_{Pearson} = \frac{(80 \cdot 20)-(40 \cdot 40)}{\sqrt{120 \cdot 60 \cdot 120 \cdot 60}} = 0 \qquad (6.21.)$$

Heuristiken (engl. Heuristics) und mentale Tunnel (engl. Biases) sind oft auftretende Phänomene[3] im Rahmen von (rationalen) Entscheidungen. Der Begriff Heuristik hat sei-

---

1. U. Hellmund; W. Klitsch; K. Schuhmann 1992, S. 183.
2. Der Begriff Wahrscheinlichkeit setzt sich aus den beiden lateinischen Worten „probare" und „ilis" zusammen. „Probare" kann man mit testen, beweisen oder billigen übersetzen, während „ilis" möglich sein bedeutet (vgl. auch P.L. Bernstein 2002, S. 66ff). Bei Anworten im Rahmen von Korrelationsaussagen sollte man sich immer bewußt sein, dass es sich um eine (Schein-)Korrelation handelt und nicht um eine kausale Beziehung.
3. M. Piatelli-Palmarini 1997, S. 21ff.

nen Ursprung im Griechischen „heuriskein", was übersetzt „finden" heisst. Mit Heuristiken versucht man, mentale Kniffe anzuwenden, die eine Lösung auffinden sollen. Es ist somit eine Methode, Problemstellungen zu lösen. Das englische Wort für mentaler Tunnel (Bias) kann frei mit Vorurteil, Voreingenommenheit, Neigung oder Gefangenheit in seiner Meinung übersetzt werden. Mentale Tunnel implizieren, dass Probleme, die gegenwärtig sind, hartnäckig geleugnet werden. Man kann auch von „Scheuklappen" sprechen. Die Sichtweise auf Probleme ist in bestimmter Weise falsch ausgerichtet. Im ersten Fall von Heuristiken versucht man die Komplexität eventuell mit Hilfe von Erfahrungen oder Intuition zu vereinfachen oder gar zu umgehen, im zweiten Fall wird eine adäquate Erfassung des Problems systematisch umgangen, um vermeintliche (innere) Harmonien aufrechtzuerhalten. Anschaulichkeit, Assoziationen oder genehme Meinungen sind in diesem Zusammenhang wichtige Begriffe, die es im Kontext von Projektfinanzierungen zu beleuchten gilt[1].

6.4.1. Verlustaversion

Experiment: Wählen Sie innerhalb der beiden Einzelexperimente jeweils eine Variante 1 oder 2 aus, die Sie für angemessen halten. Die Wahl könnte z.B. lauten A1 und B1 oder A2 und B1, usw.

Tabelle 6.6. : Experiment Verlustaversion

	in %
Experiment A	
1. Lotterie mit Einzahlung von 1000 GE	10
oder Null	90
2. Einzahlung von 100 GE	100
Experiment B	
1. Lotterie mit Auszahlung von 10000 GE	1
oder Null	99
2. Auszahlung von 100 GE	100

Wenn man Personen befragt, welche der Varianten 1 oder 2 sie wählen wollen, kann man in der Realität beobachten, dass im Experiment A die befragten Personen die Variante zwei wählen, während sie im Experiment B die erste Variante benennen. Im Experiment A bevorzugen die Befragten die sichere Variante, im Experiment B die riskantere. In der Finanzwirtschaft gibt es aber eine einfache Regel für den Umgang mit Risiken, die leicht einsichtlich ist. Bei gleicher erwarteter Rendite wähle die Variante, die das gerin-

---

1. Die folgenden Experimente stellen Standardbeispiele der Literatur dar, wie sie z.B. bei T. Hens (2002), G. Belsky; T. Gilovich (1993) oder D. Kahneman; M.W. Riepe (1998) zu finden sind.

gere Risiko beinhaltet, bei gleichem Risiko wähle die Variante, die die höhere Rendite aufweist. Man bezeichnet diese Regel als Dominanzprinzip, das eine solche Evidenz besitzt, dass sie nicht weiter erläutert werden muss. Kein vernünftiger Mensch kann gegen diese Regel Einwände erheben, es sei denn, er ist sehr risikofreudig. Beide Experimente weisen für beide Varianten die gleichen Erwartungswerte auf. Im Experiment A ist der erwartete Ertrag offensichtlich 100 GE, im Experiment B minus 100 GE. Das oben angeführte Dominanzprinzip besagt aber, man sollte bei gleicher erwarteter Rendite die Variante wählen, die das geringere Risiko oder Varianz aufweist. Warum die befragten Personen bei gleicher experimenteller Anordnung bei unterschiedlichen Vorzeichen anders entscheiden, ist nicht mit rationalem Verhalten zu erklären. In beiden Fällen ist die sichere Variante mit einer Varianz von Null zu wählen und nicht bei negativen Einzahlungen die Wahrscheinlichkeit von 99% nichts zu verlieren mit dem Verlust von 10000 GE zu verknüpfen. Die erwarteten Kosten beider Varianten des Experiments B sind minus 100 GE. Einzig der Risikogehalt ist unterschiedlich. Die Risikoeinstellung verändert sich offensichtlich bei einem Übergang von Einzahlungen zu Auszahlungen. Personen werden risikofreudiger, wenn Verluste drohen, obwohl objektiv kein Anlass dafür existiert.

Diese Vermengung von Begriffen wie Verlusten und Kosten kann im Falle von Projektfinanzierungen sehr schnell zu erheblichen Problemen führen. Am Ende dieser Vermengung von Verlusten und Kosten sowie dem Übergang zu risikofreudigerem Verhalten bei Auszahlungen steht regelmäßig die Aussage „*Too Big to Fail*". Projekte werden regelmäßig weitergeführt, obwohl eine Argumentation auf Grundlage von Kosten eine Weiterführung des Projektes in keinem Fall nahe legt. Fixkosten, die gleichzeitig Sunk Costs darstellen, sind Kosten, die nicht umkehrbar sind, die irreversibel sind und auf Zweitmärkten nicht wieder erlöst werden können. Zudem sind Sunk Costs in der Vergangenheit angefallen und im Rahmen von ökonomischen Prinzipien für aktuelle Entscheidungen als irrelevant zu bezeichnen. Einzig das Minimum der Durchschnittskosten bestimmt über den Verbleib am Markt. Gewinnmaximierung sollte auf Märkten nach dem ökonomischen Prinzip vorgenommen werden. Aktivitäten sind bis zu einem Punkt gerechtfertigt, wo der Nutzen der Aktivität die Kosten zumindest abdeckt. Ein Projekt ist zu groß, als dass es scheitern darf, führt regelmäßig zu einer Situation, die den Totalverlust begünstigt und die Gesamtverluste erheblich -meist zu Lasten der Steuerzahler- ansteigen lässt.

Eine geänderte Risikoeinstellung im Rahmen von Ein- und Auszahlungen ist ein äußerst problematischer Punkt bei der Beurteilung des Projekterfolges. Eine Argumentation im Rahmen des Kapitalwertverfahrens, des Risikokapitals oder des CAPM-Modells z.B.

kann diese voreiligen Schlussfolgerungen wie „*Too Big to Fail*" verhindern helfen. Zu glauben, mit 99%-iger Wahrscheinlichkeit einen Verlust zu vermeiden oder gar einen vorher angefallenen Verlust kompensieren zu können, steht auf sehr wackligen Beinen, wenn bei einer zugegeben geringen Wahrscheinlichkeit von 1% ein Verlust von 10000 GE auftreten kann. Rationale Entscheidungskriterien weisen eindeutig den Weg. Die sichere Variante ist zu wählen (Dominanzprinzip) und nicht der vermeintlich fast sichere Verlust von Null. Nur diese fast sichere Wahrscheinlichkeit ist nicht 100%, sondern nur eben 99%. Ein einprozentiger Unterschied kann aber im Einzelfall mit verheerenden Folgen für das Projekt verbunden sein.

Abbildung 6.8.: Graphische Veranschaulichung des Begriffes Verlustaversion (risikoneutraler Fall)

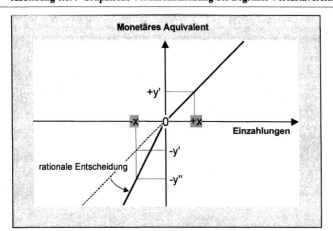

Eine Einzahlung von plus x wird im Fall der Verlustaversion anders wahrgenommen als eine Auszahlung von minus x. Ist die betrachtete Person risikoneutral, dann ist nur der erwartete Wert einer Lotterie relevant für die eigene Entscheidung. Wenn aber Verluste ($|y''| > y' = x$) höher gewichtet werden, obwohl der Erwartungswert der Ein- und Auszahlungen im absoluten Betrag gleich ist (x), dann sollte die Entscheidung konsistent in dem Sinne sein, dass in beiden Fällen gleich entschieden wird. In jedem Fall sollte man die Wahl der sicheren Variante wählen, unabhängig von dem Vorzeichen der Cashflows. Eigentlich müsste die Winkelhalbierende Grundlage eines risikoneutralen Entscheiders sein. Projektfinanzierungen sollten in diesem Zusammenhang immer einen Krisenplan vorab vereinbaren. Vor allem der Ausstieg aus dem Projekt sollte Gegenstand der Verhandlungen sein, wenn sich z.B. mehrere Variablen einer Projektfinanzierung simultan wider Erwarten verschlechtern, so dass der Kapitalwert negativ wird und hohe Ausfälle drohen und keine Besserung in Sicht ist. Die Situation des Eurotunnels mag dieses Phänomen unterstreichen. Ein Umsatz von rd. 840 Mio. EUR bei gleichzeitig ausgewiesenem Verlust von rd. 1,9 Mrd. EUR kann bei der existenten Konkurrenz in Form der

Fährgesellschaften kaum für „bessere Zeiten" stehen. Die Konsequenzen trotz eines aktuellen Verschuldungsstandes von 9 Mrd. EUR sollten aber evident sein. „Ein Ende mit Schrecken ist besser als Schrecken ohne Ende", auch wenn die Konsequenzen z.T. erhebliche negative Spillovers beinhalten können. Referenzpunkte für die Beantwortung der anstehenden Entscheidung stellen aber immer die Opportunitätskosten dar. Die Beantwortung der Frage „*Was wäre, wenn...*", was mit dem Begriff Opportunitätskosten deckungsgleich ist, sollte auch in dieser Situation als Grundlage der Entscheidung dienen. Alternativen sind immer durchzuspielen, wenn Entscheidungen anstehen.

6.4.2. Kontrollillusion

Experiment: Angenommen, eine Münze soll hundert Mal in die Luft geworfen werden. Die Münze sei fair. Mit anderen Worten, die Münze ist nicht präpariert und besitzt jeweils eine 50%-ige Chance, dass Kopf oder Zahl oben zu liegen kommt. Es ist ein (Wett-)Einsatz von jeweils einem EURO bei jedem Wurf einzusetzen. Im Fall einer Übereinstimmung wird der Einsatz verdoppelt, im Fall keiner Übereinstimmung wird der (Wett-)Einsatz von einem EURO eingezogen. Das Experiment wird ein zweites Mal wiederholt, wobei die Münze präpariert sein soll. In 51 von 100 Fällen zeigt die Münze Kopf, in 49 von 100 Fällen Zahl. Dies soll allen Beteiligten am Experiment vor dem zweiten Durchgang bekannt sein. Schreiben Sie nun für die beiden Spieldurchgänge eine Folge aus Kopf und Zahl auf, bei der sie denken, möglichst viel gewinnen zu können.

Wenn die Münze präpariert ist, dann tritt ein bemerkenswertes Phänomen auf. Die befragten Personen entwickeln plötzlich ein sehr hohes Aktivitätsniveau. Auffällig oft wechseln die Personen ihre Strategie von Kopf auf Zahl und umgekehrt, wobei in 51 Fällen Kopf und in 49 Fällen Zahl genannt werden. Der Wechsel zwischen den beiden Antworten ist auffällig, obwohl die Personen in diesem Spiel eine überlegene Strategie besitzen, unabhängig, ob die Münze präpariert ist oder nicht. Legt man sich auf Kopf fest, dann wird man im ersten Fall in 50 von 100 Fällen (sicher) richtig liegen, im zweiten Fall in 51 von 100 Fällen. Die optimale Gewinnstrategie ist in diesem Experiment passiver Natur. Offensichtlich besitzen Personen ein starkes Bedürfnis, ein Experiment oder Projekt aktiv kontrollieren zu können, obwohl eventuell eine passive Strategie die (sicher) bessere Variante darstellt. Trifft das Phänomen der Kontrollillusion auf das Phänomen des Optimismus, dann ist Gefahr in Verzug. Mögliche negative Folgen innerhalb eines Projektes werden ausgeblendet oder zumindest mit einer zu geringen Wahrscheinlichkeit belegt. Die gleiche Argumentation hält auch in Bezug auf das Zusammentreffen von Kontrollillusion und Pessimismus. Ein übermäßiges Aktivitätsniveau verursacht natürlich sehr hohe Kosten, ohne das Problem nur annähernd einer Lösung näher zu bringen.

Kontrollverluste gehen psychologisch gesehen oft mit den Phänomenen wie Selbstüberschätzung und/oder Optimismus einher. Treffen beide Phänomene aufeinander, dann kann man fast sicher davon ausgehen, dass Gefahr in Verzug ist. Wenn das Phänomen der Selbstüberschätzung vorliegt, tritt eine menschliche Eigenschaft in den Vordergrund, die zuerst nach Evidenz fragt und nicht nach der Widerlegung der Evidenz einer Problemlösung. Eingänglichkeit oder Vorurteile spielen in diesem Zusammenhang eine dominante Rolle. Die Frage wird nicht mehr im Rahmen von Vor- und Nachteilen gestellt, auch spielen Alternativen keine oder nur eine untergeordnete Rolle. Alternativen sind dann genehm, wenn sie in das geforderte Bild passen. Man kann auch sagen, der mentale Rahmen bestimmt das Ergebnis und nicht die Fakten (Framing).

Im Falle von optimistischen oder pessimistischen Menschen werden Wahrscheinlichkeiten falsch gewichtet. Optimisten mögen vielleicht stark dadurch motiviert werden, dass sie im Extremfall nur den besten aller Fälle annehmen (Pangloss-Werte), langfristig wird diese Strategie der systematischen Ausblendung von möglichen Ereignissen schwerwiegende Folgen haben, wenn sich das Gegenteil einstellt. Für pessimistische Einschätzungen gilt das oben Gesagte, nur mit umgekehrten Vorzeichen. In beiden Fällen führt die systematisch falsche Zuordnung von Wahrscheinlichkeiten für die positiven und negativen Folgen von Entscheidungen im Schnitt zu den falschen Entscheidungen. Es werden in beiden Fällen (Optimismus und Pessimismus) auch die Möglichkeiten einer sich verändernden Umwelt falsch prognostiziert und eingeschätzt. Szenarien oder Alternativen zur Abschätzung von Risiken spielen ebenso wenig eine Rolle wie Prognosen und die Konfrontation der Prognosen mit der späteren Realität oder den beobachtbaren Fakten. Es ist erstaunlich, wie kurz das Gedächtnis von Personen ist, wenn sie intuitiv merken, dass ihre Prognosen vorab mehr als problematisch waren. Dies gilt auch ungeachtet der Tatsache, dass negative Aussagen in Gruppen in vielen Fällen sozial geächtet sind, da sie vermeintlich die Ordnung der Gruppe untergraben. Aber genau das Gegenteil wird eintreten. Die „harmonisch organisierte Gruppe" wird systematisch negative Konsequenzen ihres Handelns ausblenden und langfristig Auflösungserscheinungen an den Tag legen, auch wenn der Tag fern sein kann. Ein „Vorgaukeln" von bestimmten Wahrscheinlichkeiten kann vor dem Hintergrund der Realitäten langfristig nicht aufrecht erhalten werden.

Das Phänomen des Optimismus kann man leicht aufdecken, wenn man Personen fragt, ob sie ihre Fahrqualitäten als Autofahrer im Vergleich zu den anderer Verkehrsteilnehmer unter oder über dem Durchschnitt einordnen. Man kann im Kontext von Wissensspielen bei Fragen, die der Befragte als sein Spezialgebiet angibt, das Spiel zusätzlich abändern, indem man ihn fragt, welchen zusätzlichen Einsatz er bereit ist, bei jeder Frage aus den einzelnen Wissensgebieten einzusetzen. Bei einer richtigen Antwort wird der Einsatz verdoppelt, bei einer falschen Antwort wird der Einsatz eingezogen. Auffällig ist in diesem abgewandelten Wissensspiel die Tatsache, dass Personen im Schnitt bei ihren vermeintlichen Spezialwissensgebieten überproportional Geld einsetzen und zum gleichen Zeitpunkt auch überproportional viel Geld verlieren. Das Phänomen der Selbstüberschätzung ist in diesem Zusammenhang präsent. Dieses Phänomen tritt auch bei spezialisierten Fondsanbietern auf, die nach einem Band für den DAX gefragt werden, in dem sich der DAX in einem Monat mit einer Wahrscheinlichkeit von 98% tatsächlich bewegen wird. Auffällig oft werden die Bänder von den Finanzspezialisten zu eng gesetzt. In der Realität sind die Bänder deutlich breiter. Mit anderen Worten, die Volatilität von Börsenindizes wird regelmäßig unterschätzt, obwohl die Daten dauernd erfasst und veröffentlicht werden.

Das Aufeinandertreffen all dieser Phänomene wie Selbstüberschätzung, Optimismus und Kontrollillusion, vielleicht gepaart mit einem nachträglichen Bedauern über die vergangenen Entscheidungen, sind eine hoch explosive Mischung im Rahmen von Projektfinanzierungen. Projektfinanzierungen bewegen i.d.R. sehr hohe Fixkosten, die regelmäßig nicht vermeidbare Kosten darstellen und somit meist nicht umkehrbar sind. Heuristiken oder mentale Tunnel im Rahmen von Vertragsverhandlungen können in der Folge sehr schnell Katastrophen heraufbeschwören, die für alle Projektbeteiligten zum Totalverlust führen können. Ein gründliches Nachdenken über die oben angesprochenen Fallen im Kontext von Entscheidungen ist unabdingbare Voraussetzung für eine rationale Entscheidung, die durchaus zu einer Katastrophe führen kann. Alle Eventualitäten können nicht prognostiziert werden, aber Krisenpläne und eine vernünftige Einschätzung von Risiken sollten der Standard für alle Arten von Entscheidungsfindungen sein. Die attraktive Präsentation der Spiele tangiert offensichtlich stark die Entscheidung der Testpersonen. Dieses Problem der Präsentation von Problemen (Framing) kann man anhand der folgenden Lotterien noch deutlicher veranschaulichen.

Tabelle 6.7.: Relative Attraktivität von Spielen[1]

	in GE	in %	in GE	in %
A	5000	95	105000	5
B	5000	50	15000	50
C	1000	10	11000	90
D	1000	90	91000	10
E	2000	50	18000	50
F	0	50	20000	50
G	-2000	90	118000	10
H	-5000	50	25000	50

Alle obigen Spielen weisen einen identischen Erwartungswert von 10000 GE auf. Wenn das Spielergebnis einzig am Erwartungswert beurteilt wird, müsste eigentlich Indifferenz zwischen den Spielen vorherrschen. Im Falle der Risikoaversion wird das zweite Spiel bevorzugt und alle anderen Varianten des Spieles sollten nach der Varianz der Spiele angeordnet werden. Empirisch kann man aber zeigen, dass dieses (rationale) Entscheidungskriterium des Dominanzprinzips auch hier durchbrochen wird. Folgende Kombinationen werden von den Testpersonen typischerweise bevorzugt:

Tabelle 6.8.: Relative Attraktivität von Spielen und Spielergebnis

A	Verknüpfung hoher Verluste mit moderaten Gewinnen
B	Trennung hoher Gewinne von moderaten Verlusten
C	Verknüpfung hoher Gewinne mit moderaten Verlusten
D	Trennung hoher Verluste von geringen Gewinnen

Testpersonen, hier professionelle Fondsmanager, vermischten sehr oft die Ein- und Auszahlungen, anstatt sich auf das Produkt aus den Zahlungsströmen mit den dazu gehörigen Wahrscheinlichkeiten zu konzentrieren. In der Folge wurden hohe Verluste nicht in dem Maße wahrgenommen, da die dazu gehörigen Wahrscheinlichkeiten sehr klein waren. Es wurden offensichtlich keine (rationalen) Entscheidungskriterien wie der Erwartungswert und die Varianz zu Rate gezogen, sondern nach intuitivem Anschauen entschieden. Eine vernünftige Anlageentscheidung kann sich am Dominanzprinzip orientieren oder nach der Regel verfahren, dass ein höheres Risiko mit einer höheren Rendite verbunden sein muss. Hier war die Entscheidungssituation wieder ganz einfach, da für die Rangfolge bei einer risikoscheuen Testperson offensichtlich einzig die Varianz relevant ist, um eine

---

1. D. Kahneman; M.W. Riepe, 2002, S. 11f.

vernünftige Rangfolge zu generieren, was aber offensichtlich auch von professionellen Anlegern übersehen wird. Hohe Wahrscheinlichkeiten werden in diesem Kontext offensichtlich in den Augen der professionellen Fondmanager untergewichtet, geringen Wahrscheinlichkeiten wird aber zu hohes Gewicht mental zugeordnet. In der Folge stellen sich Rangfolgen bei dem obigen Spiel ein, die kontraproduktiv sind. Wenn Wahrscheinlichkeiten gefunden wurden, denen man vertrauen kann, dann sollten sie vernünftig zum Einsatz kommen und nicht eine Verbindung konstruiert werden, die nicht existent ist. Erwartungswerte und Varianzen geben über ein Rendite-Risiko-Profil einer Projektfinanzierung Aufschluss.

6.4.3. Gesetz der kleinen Zahl

Experiment: Eine Gruppe von Testpersonen soll eine Münze, die nicht präpariert ist, 100 Mal in die Luft werfen und die zufällige Abfolge von Kopf und Zahl notieren. Eine Kontrollgruppe soll eine alternative Reihe von Kopf und Zahl notieren, die ihrer Meinung nach rein zufällig in diesem Experiment zu beobachten ist.

Auch hier wird der geneigte Leser nach den obigen Experimenten die Lösung finden. In der Empirie stellt sich wieder ein bemerkenswertes Ergebnis bei den Testpersonen ein. Wenn man die Reihe der zufälligen Münzwürfe mit der zweiten Reihe von vermuteten Folgen von Kopf und Zahl im Falle einer fairen Münze vergleicht, kann man konstatieren, dass bei dem zufälligen Werfen der Münze deutlich mehr Folge aus Kopf oder Zahl allein auftreten als bei der Kontrollgruppe. Hier werden die Ereignisse Kopf oder Zahl eher zufällig im Sinne von 50:50 aufgeschrieben. Dass aber die Gleichverteilung der beiden Ereignisse von Kopf oder Zahl im konkreten nächsten Wurf das Resultat des vorherigen Wurfes abbildet, wird regelmäßig unterschätzt. Folgen aus KKKKKZ werden als unwahrscheinlicher eingeschätzt als KZZKZK. Man denkt, die erste Variante weist eine geringere Wahrscheinlichkeit auf als die zweite. Da aber der Münzwurf kein Gedächtnis hat, ist diese Annahme für die nächsten sechs Würfe obsolet. Beide Folgen können auftreten, einzig wenn man alle 100 Münzwürfe insgesamt betrachtet, wird man die Gleichverteilung annähernd reproduzieren. Eine kleine Stichprobe aus sechs Würfen repräsentiert aber keine Grundgesamtheit. Der Schluss von sechs Würfen auf „unendlich" viele Würfe im Sinne des Erwartungswertes ist als voreilig zu bezeichnen. Erwartungswerte und Varianzen in der Statistik sind Kunstprodukte, die mit der näheren Zukunft aber nicht viel gemein haben müssen. Einzig eine Regression zum Mittelwert kann man beobachten, wenn sich der Erwartungswert in der Zwischenzeit nicht verändert, was aber im Falle des Münzwurfes offensichtlich nicht der Fall ist, wenn die Münze in der Zwischenzeit nicht manipuliert wird. Für beide Fälle bestimmt sich die Eintrittswahrscheinlichkeit über $0,5^6$ oder rd. 1,56%.

Es ist offensichtlich im Rahmen von Heuristiken und mentalen Tunnel zu beachten, dass Zeit bei Entscheidungen eine ganz wichtige Rolle spielt. Eine Unterscheidung zwischen der langen Frist, die immer der Referenzpunkt bei Verhandlungen von Projektfinanzierungen sein muss, und der kurzen Zeit mit durchaus sehr starken Abweichungen von prognostizierten erwarteten Kapitalwerten müssen peinlich auseinander gehalten werden. Professionelle Fondsmanager wurden in diesem Zusammenhang nach ihrer Vermutung gefragt, wie sich die Zeiten von Verlust- und Gewinnphasen mit sinkenden und steigenden Aktienkursen in den letzten 71 Jahren zueinander ins Verhältnis zu setzen sind. Zudem sollte abgeschätzt werden, inwieweit die Gewinne absolut gesehen die Verluste mehr als aufgewogen haben. Diese Einschätzung sollte auch für die letzten fünf Jahren abgegeben werden[1]. Zudem sollten sie ihre Meinung über die vermutliche Entwicklung der Aktienkurse in den nächsten fünf Jahren abgeben.

Die Antworten waren bei den einzelnen Testpersonen stark von den Erfahrungen mit Krisen sinkender Aktienkurse verknüpft. Testpersonen, die sowohl eine Hausse als auch eine Baisse an Aktienbörsen mehrmals durchlaufen hatten, konnten die Parameter deutlich besser einschätzen. Vor allem waren sie sich des Phänomens der Regression zum Mittelwert bewusst, dass nach einer ausgeprägten Hausse an Börsen Kursrückgänge wahrscheinlicher sind (Regression zum Mittelwert). Sie extrapolierten die Daten für die letzten fünf Jahre deutlich vorsichtiger als Börsenneulinge, die aufgrund der mangelnden Erfahrungen deutlich optimistischer an das Experiment herangingen. Die konkreten Zahlen stellten sich zu dem Zeitpunkt des Experiments wie folgt dar[2]:

---

1. Das Experiment wurde in einer Phase der Hausse an den Aktienmärkten weltweit durchgeführt.
2. D. Kahneman; M.W. Riepe 2002, S. 16f.

Tabelle 6.9. : Experiment lange und kurze Frist

		in %
Zeitraum 71 Jahre	Anteil der Gewinnphasen am Gesamtzeitraum	62
	Anteil der Verlustphasen am Gesamtzeitraum	38
	Verhältnis durchschnittliche Verluste zu durchschnittliche Gewinne	97
Zeitraum 5 Jahre	Anteil der Gewinnphasen am Gesamtzeitraum	90
	Anteil der Verlustphasen am Gesamtzeitraum	10
	Verhältnis durchschnittliche Verluste zu durchschnittliche Gewinne	63

Betrachtet man nur die kurze Frist von fünf Jahren, dann kann man leicht zu dem Schluss kommen, dass ein „goldenes Zeitalter" angebrochen ist. Sogenannte selbsterfüllende Erwartungen können leicht zu einer Übertreibung der Aktienkurse in der Realität führen. Die Experimente zeigten deutlich, dass eine hohe Korrelation zwischen der Einschätzung von Risiken und Erfahrungen mit Krisen in der Vergangenheit bestand. Testpersonen mit wenig Börsenerfahrungen waren geneigt, schneller von der kleinen Stichprobe von fünf Jahren auf die Grundgesamtheit zu schließen als erfahrene Börsenteilnehmer. Für eine Projektfinanzierung gilt die gleiche Aussage. Von einer (kurzen) Folge positiver Ereignisse, die den Kapitalwert eines Projektes erhöhen, kann man nicht schließen, dass das Projekt in der langen Frist insgesamt rentabler ist. Umgekehrtes gilt für negative Abweichungen von den Erwartungen. Verlustaversion kann in diesem Zusammenhang aufgrund der asymmetrischen Behandlung von Ein- und Auszahlungen im Rahmen eines mentalen Tunnel das Problem verschärfen. Man muss sich immer vor Augen führen, was ist der langfristig zu erzielende Cashflow, welchen Kapitalwert kann ich aufgrund dieses Falles erzielen und welche aktuell beobachtbaren Marktphänomene sind kurz- und langfristiger Natur.

Auch sollte man niemals ex ante Entscheidungen mit ex post „Besserwisserei" verwechseln. Im Rahmen eines Projektes sind Prognosen mit sich später einstellenden Realitäten zu verknüpfen und aus den Abweichungen die richtigen Schlüsse zu ziehen. Nachträgliches Bedauern über die in der Vergangenheit getroffenen Entscheidungen können Phänomene wie Verlustaversion verstärken und eine Entscheidung vollends irrational machen. Bedauern (engl. Regret) verstärkt immer das Empfinden von Verlusten. Fehlende Einsicht in die Fehlerquellen kombiniert mit Elementen wie Selbstüberschätzung und Optimismus stellen eine „Giftmischung" dar, die mit einer (Fast-)Sicherheit zu einer Katastrophe führen kann. Innerhalb einer Projektfinanzierung mit ihren erheblichen Risikoquellen sollten diese mentalen Tunnel keine Rolle spielen, wenn möglich. Nach den getroffenen Entscheidungen in der Vergangenheit muss man mit den Konsequenzen leben und sich fragen, welche Fehler sind in der Zukunft vermeidbar und vor allem wie zu vermeiden. Vor allem neigen Personen allzu leicht dazu, Fehler als exogen zu klassifizieren anstatt die Fehlersuche bei sich selber zu suchen. Prognosefehler sind zu jedem Zeitpunkt die Realität einer Projektfinanzierung. Die Frage nach Qualität der Prognose ist wichtig und wie man mit Prognosefehlern in der Zukunft umgeht. Aufgrund der Komplexität der Projektrisiken sollen (Punkt-)Prognosen die Ausnahme von der Regel bleiben. Hier wird wieder virulent, sich zu vergegenwärtigen, was rationale Entscheidungsfindungsmechanismen darstellen und wie sie einzusetzen sind. Auch die Frage nach den Grenzen dieser Instrumente muss erlaubt sein.

6.4.4. Problem der Invarianz und Mehrdeutigkeit

Experiment: Eine Entscheidung muss über zwei Stufen hinweg getroffen werden. Auf der ersten Stufe bestimmt ein Zufallsprozess die Wahrscheinlichkeit, mit der Sie auf der zweiten Stufe eine Entscheidung fällen dürfen. In 75% aller Fälle soll hier das Spiel zu Ende sein, in 25% aller Fälle können Sie auf der zweiten Stufe entscheiden, ob Sie sicher eine Einzahlung von EUR 3.000 einstreichen wollen oder eine 80% Chance auf eine Einzahlung von EUR 4.000 wahrnehmen wollen. In 20% aller anderen Fälle verdienen Sie EUR 0. Ihre Entscheidung, was Sie auf der zweiten Stufe machen wollen, müssen Sie vorab treffen. Entscheiden Sie sich jetzt für eine Variante.

Das Problem der Invarianz tritt immer dann auf, wenn die Präsentation (Framing) des Spieles Einfluss auf die Wahl der Strategie hat. Ein ähnliches Phänomen konnten wir bei der Präsentation verschiedener Spiele im Kontext der Tabelle 6.7. auf Seite 247 beobachten. In diesem Spiel wurden die Varianten nicht nach einem rationalen Kriterium wie dem Dominanzprinzip angeordnet, sondern nach Intuition. Bestimmte Varianten schieden ohne Ansehen des Risikogehaltes aus, da sie „dem Auge nicht schmeichelten". Andere Varianten wurden von den professionellen Fondsmanagern vorgezogen, obwohl ihr Verhalten rational nicht nachvollziehbar war.

Auch in diesem Experiment kann man beobachten, dass Probanden dazu neigen, die vermeintlich sichere Variante mit einer Einzahlung von EUR 3.000 zu präferieren. Analog zu dem Fall der Verlustaversion werden partiell Wahrscheinlichkeiten mit Einzahlungen verknüpft, obwohl dies zu sehr problematischen Ergebnissen führen kann. Vermeintlich glauben befragte Personen, mit der Wahl von sicher EUR 3.000 auf der zweiten Stufe Risiken aus dem Weg zu gehen. Die Präsentation (Framing) des Problems übt offensichtlich Einfluss auf die Antwort der Befragten im Rahmen des Experiments aus. Der Erwartungswert der Lotterie auf der zweiten Stufe ist offensichtlich EUR 3.200 und liegt somit ein wenig über der sicheren Einzahlung von EUR 3.000 auf der zweiten Stufe. Eine 20%-ige Wahrscheinlichkeit für einen Totalverlust im Rahmen der Lotterie auf der zweiten Stufe wirkt magisch. Der Blick verengt sich auf dieses Paar und suggeriert zusätzliche Risiken (mentaler Tunnel). Schreibt man das Problem anders, indem man die Wahrscheinlichkeiten auf den beiden Stufen verknüpft, dann sieht man unmittelbar, dass in diesem Experiment zwischen zwei Lotterien zu wählen ist: EUR 3.000 mit einer Wahrscheinlichkeit von 25% und EUR 4.000 mit einer Wahrscheinlichkeit von 20%. Auch die sichere Einzahlung auf der zweiten Stufe ist letztendlich Bestandteil einer (größeren) Lotterie.

Die Erwartungsnutzentheorie postuliert, dass die Wahrscheinlichkeiten unabhängig von den Ereignissen zu sehen sind, die man beobachten kann. Zudem sind Wahrscheinlichkeiten linear anzuwenden. Mit anderen Worten, die zugeordneten Wahrscheinlichkeiten müssen sich zu Eins aufaddieren. Die Gewichtung wird gemäß der Größe der Wahrscheinlichkeit absolut gesehen vorgenommen. Ein Wert von 50% ist doppelt so wahrscheinlich wie 25%. Dementsprechend wird das Produkt von Ein-/Auszahlung und der Wahrscheinlichkeit ceteris paribus von 50% doppelt so groß ausfallen wie im Fall von 25%. Tatsächlich konnte man bei der Befragung feststellen, dass die Wahrscheinlichkeiten mit unterschiedlichen Gewichten wahrgenommen wurden, wie es die Abbildung 6.9. auf Seite 252 wider spiegelt.

Abbildung 6.9. : Erwartungsnutzen und lineare Wahrscheinlichkeiten

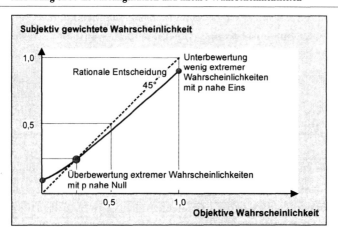

Obwohl rationale Entscheidungskriterien eine lineare Gewichtung unabhängig von den Ereignissen oder Einzahlungen nahe legen, kann man in der Praxis beobachten, dass viele Agenten sich nicht nach diesen Kriterien richten, sondern einem mentalen Tunnel unterliegen. Der Erwartungsnutzen schreibt vor, dass die Bewertungen der Ein-/Auszahlungen mit ihren Wahrscheinlichkeiten multipliziert werden müssen, wobei Wahrscheinlichkeiten und Ein-/Auszahlungen unabhängig voneinander zu bestimmen und zu prognostizieren sind. Im Falle eines risikoneutralen Akteurs müssen einzig Wahrscheinlichkeit und Einzahlung multipliziert werden (Gleichung 6.22. auf Seite 253 und Gleichung 6.23. auf Seite 253). Ein risikoneutraler Entscheidungsträger orientiert sich bei seiner Entscheidung einzig an den erwarteten Einzahlungen. In dem oben beschriebenen Experiment wird ein risikoneutraler Entscheidungsträger die Lotterie EUR 4.000 mit einer Wahrscheinlichkeit von 20% wählen, da die erwartete Einzahlung mit EUR 800 größer als EUR 750 ist.

$$\text{Erwartungswert}_{\text{Lotterie}} = 0,25 \cdot (0,8 \cdot 4000 + 0,2 \cdot 0) + 0,75 \cdot 0 = 800 \quad (6.22.)$$

$$\text{Erwartungswert}_{\text{sicher}} = 0,25 \cdot (1,0 \cdot 3000) + 0,75 \cdot 0 = 750 \quad (6.23.)$$

Im Falle der Risikoaversion (Gleichung 6.24. auf Seite 253 und Gleichung 6.25. auf Seite 253) gewichtet ein Entscheidungsträger einen konstanten Zuwachs an Einzahlungen mit steigenden absoluten kumulierten Einzahlungen immer geringer. Bernoulli spricht in diesem Kontext von einer invers zum Vermögen sich verändernden Wertschätzung von Einkommenszuwächsen[1]. Die resultierende konkave Nutzenfunktion präferiert in der Tendenz sichere Einzahlungen gegenüber unsicheren Einzahlungen. Mit anderen Worten, wenn man Risikoaversion eines Entscheidungsträgers mit einer Wurzelfunktion darstellt, dann beinhaltet ein Einkommen von EUR 4 einen Nutzenindex von 2. Soll der Nutzen auf 3 ansteigen, dann ist immerhin ein Einkommen von EUR 9 notwendig, um den Nutzenzuwachs zu realisieren. Ein Nutzenzuwachs ist nur mit einem überproportionalen Einkommenszuwachs zu erzielen. Überträgt man das Gesagte auf das Experiment von oben, dann gilt:

$$\text{Erwartungswert}_{\text{Lotterie}} = 0,25 \cdot (0,8 \cdot \sqrt{4000} + 0,2 \cdot 0) + 0,75 \cdot 0 \cong 12,6 \quad (6.24.)$$

$$\text{Erwartungswert}_{\text{sicher}} = 0,25 \cdot (1,0 \cdot \sqrt{3000}) + 0,75 \cdot 0 \cong 13,7 \quad (6.25.)$$

Ein risikoaverser Entscheidungsträger wird in dem oben beschriebenen Fall die Lotterie mit einer Einzahlung von EUR 3.000 und einer Wahrscheinlichkeit von 25% präferieren.

---

1. P.L. Bernstein 2002, S. 127ff.

Wohl bewertet er eine Einzahlung von EUR 4.000 höher als eine Einzahlung von EUR 3.000. Da aber die Wahrscheinlichkeit im Falle von EUR 3.000 um 5% höher ist, resultiert ein höherer Erwartungsnutzen. Rationales Verhalten beinhaltet wie oben die getrennte Abschätzung von Wahrscheinlichkeiten und die Bewertung von Einzahlungen. In einem weiteren Schritt werden beide Einschätzungen verknüpft und nicht vorher. Mentale Tunnel blenden das Gesamtproblem schnell aus, so dass eine vermeintlich sichere Alternative suggeriert wird, wenn man schon auf der ersten Stufe dem Zufall ausgesetzt ist, dem man nicht ausweichen kann. Der Blick verengt sich wie im Falle der Verlustaversion auf die vermeintlich relevante zweite Stufe des Entscheidungsproblems. Es wird die Tatsache ausgeblendet, dass beide Alternativen auf der zweiten Stufe Lotterien darstellen, da die erste Stufe wichtig ist. Das Gesagte wird umso deutlicher, wenn man sich fragt, welche sichere Einzahlung x auf der zweiten Stufe notwendig ist, um den gleichen Nutzen zu stiften wie die Lotterie mit einer Einzahlung von EUR 4.000 und einer Wahrscheinlichkeit von 80%.

$$((0,8 \cdot \sqrt{4000} + 0,2 \cdot 0) = 1,0 \cdot \sqrt{x}) \Rightarrow x = 2560 \qquad (6.26.)$$

Ein risikoaverser Entscheidungsträger wäre aufgrund des Bernoulli-Prinzips bereit, rd. EUR 440 abzugeben, ohne dass er eine Nutzeneinbuße im Vergleich zu der Lotterie auf der zweiten Stufe erleidet. Die Lotterie auf der zweiten Stufe mit einer Einzahlung von EUR 2.560 und einer Wahrscheinlichkeit von 100% ist äquivalent mit einer Lotterie mit einer Einzahlung von EUR 4.000 und einer Wahrscheinlichkeit von 80%. Aus diesem Grund stellt die Einzahlung von EUR 3.000 anstatt EUR 2.560 eine Verbesserung dar. Der risikoaverse Entscheidungsträger entscheidet unter den oben beschriebenen Rahmenbedingungen anders als ein risikoneutraler Entscheidungsträger, wenn er alle Aspekte der Entscheidung miteinander verknüpft. Die Verknüpfung findet aber im Erwartungsnutzenkalkül statt und nicht vorher.

Wir haben im Kontext des CAPM-Modells zumindest in der Annäherung eine Methode vorgestellt, die verschiedene Aspekte von Risiken im internationalen Rahmen zusammenführt. Risiko der Branche, das Eigentümerrisiko, operativer und finanzieller Leverage und Risiko, internationale Diversifizierungsgewinne sowie Länderrisiken waren Gegenstand der Untersuchungen, um einen ersten Anhaltspunkt für das Risiko einer Projektfinanzierung zu erhalten. Natürlich muss man über den Stellenwert des CAPM-Modells diskutieren und selbstverständlich beeinflussen Realoptionen den Kapitalwert einer Projektfinanzierung, ihn aber zu ignorieren heißt, wichtige Informationen ex ante ohne Not zu verwerfen. Dies kann aber nicht Grundlage einer rationalen Entscheidung sein. Allen Modellen, so unvollkommen sie sein mögen, und allen Informationen zu misstrauen, wenn bestimmte Meinungen genehm sind oder vermeintliche Expertenmeinungen im Mittelpunkt des Interesses (Ankereffekt) stehen, greift in jedem Fall zu kurz. Prognosen bewegen sich auffällig im Bereich von bekannten Prognosen, wenn man Testpersonen z.B. den Wert von Immobilien schätzen lässt und ihnen als Informationsquelle den Immobilienteil einer überregionalen Tageszeitung zur Hand gibt. Regelmäßig werden unerwartete Änderungen der Präferenz in Bezug auf eine Lage, die Realisierung von technischen Fortschritt oder die geänderte Regulierung seitens des Staates z.B. in Form von geänderten steuerlichen Abschreibungsmöglichkeiten unterschätzt. Die aktuell präsenten Daten zu Immobilienmärkten gehen regelmäßig mit einem zu hohen Gewicht ein. Dies gilt auch für Projektfinanzierungen, wo aktuelle und damit zeitnahe Informationen mit einem zu hohen Gewicht in das Kalkül eingearbeitet werden. Vielmehr spielen Szenarien in einem strategischen Risikomanagement eine deutlich größere Rolle als aktuell angedacht. Der Spielausgang kann durch fast jede kleine Änderung im Datenkranz einer Projektfinanzierung verändert werden, was z.T. deutliche Auswirkungen im Ergebnis zeitigt.

Regelmäßig eine Aversion gegenüber Ambiguität von Spielergebnissen an den Tag zu legen, macht im Rahmen einer Projektfinanzierung keinen Sinn. Wie es auch keinen Sinn macht, „blind" ohne eingehende Risikoanalyse und Abwägung der präsenten Risiken Geld zu investieren. Sponsoren bei Projektfinanzierungen unterliegen zudem oft dem Trugschluss der Planbarkeit von Projekten. Wohl stellen viele Projekte per Definition einmalige Investitionsmöglichkeiten dar, die es in der vorliegenden Form nicht oder nur annähernd in der Vergangenheit gab. Auf der anderen Seite von der Einmaligkeit der Entscheidungssituation darauf zu schließen, dass alle Gesetze der Rationalität wie auch der Heuristik oder mentalen Tunnel außer Kraft gesetzt sind, ist genauso irreführend. Wohl sind die Prognosen im Rahmen eines unbekannten Projektes riskanter im Sinne einer höheren Schwankungsbreite, aber die Projektrisiken per se nicht unbekannt oder unerwarteter Natur. Oben wurden eine Reihe von Projektrisiken klassifiziert und innerhalb bekannter Projektklassen diskutiert. Auch für unbekannte Projekte ohne Geschichte sind die oben angeführten Bemerkungen anzuwenden. Eventuell muss auch über einen anderen Umgang mit Risiken nachgedacht werden. Im Rahmen von Projektfinanzierungen wird mehr über zukünftige Planungen nachgedacht als über die Vergangenheit von bekannten Projekten und deren Fehlerquellen. Bestimmte Projekte sind schon in der Bibel wegen „Kleinigkeiten" gescheitert. Allein die Verständigung über verschiedene Kultur-Cluster hinweg kann jenseits von Sprachproblemen schnell zu Problemen führen.

6.5. Hinweise für einen „besseren" Umgang mit Projektrisiken[1]

Anstatt einer Zusammenfassung der Ergebnisse sollen an dieser Stelle einige Ratschläge für die Organisation von Entscheidungen im Kontext von Projektfinanzierungen gegeben werden, die die Checkliste für Projektrisiken am Ende des dritten Kapitels ergänzen sollen (vgl. Tabelle 3.15. auf Seite 138 und Tabelle 3.16. auf Seite 139). Die hier angeführte Liste ist sicher nicht vollständig, dennoch kann sie einen Eindruck davon vermitteln, welche Faktoren bei höchst komplexen und riskanten Entscheidungen besonders zu beachten gilt. Neben dem normativen Teil von Entscheidungen (wie sollten Entscheidungen getroffen werden?) und dem deskriptiven Teil von Entscheidungen (wie werden Entscheidungen in der Praxis gefällt?) muss erläutert werden, wie eine Entscheidung am besten abzuleiten ist, wenn Rationalität sowie Heuristik und mentale Tunnel bei einem Entscheidungsträger virulent sind. Hier gilt es einfache Regeln zu befolgen, die eine Entscheidung sicher auf ein solides Fundament stellen.

1. Starte Deine Schätzungen von einem Basisfall aus. Extreme Schätzungen nehme sowohl in positiver als auch negativer Hinsicht nur dann vor, wenn zuverlässige Daten diese Schätzung untermauern.
2. Hat in Deinen Augen Ereignis x das Ereignis y zur Folge, so frage immer nach den Gründen für diese Aussage oder Vermutung.
3. Die Abfolge von extremen Ereignissen über einen langen Zeitraum hinweg ist eher unwahrscheinlich, da es das Phänomen der Regression zum Mittelwert gibt. Die wichtige Frage in diesem Zusammenhang ist die Lage und Stabilität des Mittelwertes.
4. Frage Dich im Verlauf eines Projektes immer, ob eine Reihe von (unerwartet) positiven Cashflows das Produkt des Zufalls ist oder das Deiner eigenen Anstrengung. Konfrontiere immer ex-ante-Prognosen mit der Realität, wie sie ex post eingetreten ist. Vergleiche die Prognose niemals mit dem besten aller möglichen Fälle in dieser konkreten Situation (Pangloss-Werte).
5. Mache Dir die Projektrisiken eventuell auch in der letzten Konsequenz klar. Risiken beinhalten immer Chancen, aber auch Drohungen, die es zu prognostizieren und einzuordnen gilt. Mögliche Risikoaversion seitens von Projektbeteiligten ist gesondert zu berücksichtigen, da Anreizverträge u.U. eine ineffiziente Risikoallokation generieren.

---

1. Die Ausführungen lehnen sich eng an N. Barberis; R. Thaler (2003) und D. Kahneman; M.W. Riepe (2002) an, wobei deren Ausführungen mit den oben abgeleiteten Ergebnissen ergänzt wurden.

6. Eingängigkeit ist meist kein guter Ratgeber, da verborgene Gründe für das Scheiterns oder des Erfolges eines Projektes gerne übersehen werden. Kalkuliere alle Projektrisiken und versuche die Konsequenzen der einzelnen Risikoarten aufzuzeigen.
7. Schätzungen vor dem Hintergrund von Ankern (z.B. Expertenmeinungen) befinden sich meist zu nahe am Anker. Hier können systematische Verzerrungen der eigenen Meinung in Richtung einer bestimmten Ausprägung beobachtet werden.
8. Spezialisten denken allzu oft in ihrer eigenen Welt, die für Außenstehende nur sehr schlecht nachzuvollziehen ist. Wechsle Deinen Standpunkt und denke in strategischen Kategorien.
9. Meist weiß man im Rahmen von (unbekannten) Projekten weniger als man sich selber eingestehen will. Konfrontiere Deine Prognosen immer mit der Realität und sei ehrlich mit Dir selber.
10. Versuche langfristige Verträge abzuschließen, die glaubwürdige Versprechen oder Verhaltensanweisungen für die Projektbeteiligten beinhalten.
11. Entscheidungen sollen nicht am Output gemessen werden, sondern an den vorab gemachten Prognosen. Anreizverträge berücksichtigen diese Eigenschaft von „guten" Entscheidungen. Sei offen für Lernprozesse (Aufnahme von neuem Wissen, neuen Informationen oder alternativen Sichtweisen bei Projekten).
12. Spreche mit Deinen Vertragspartnern auch ein mögliches Bedauern durch, wenn das Projekt zu scheitern droht. Ein Krisenplan sollte auch Gegenstand der Verhandlungen sein.
13. Binde Dich glaubwürdig, wenn Selbstkontrolle in der Zukunft wenig wahrscheinlich ist.
14. Optionen werden leicht mit höheren Wahrscheinlichkeiten gewichtet als sie tatsächlich besitzen. Der Grund liegt oftmals in der Nachvollziehbarkeit von Argumenten oder Fakten. Das Unbekannte beunruhigt Personen emotional, was u.U. keine gute Entscheidungsgrundlage ist.
15. Verluste wiegen doppelt so viel wie Gewinne. Verlustaversion und die Ungleichbehandlung von Ein- und Auszahlungen sollten Dir immer präsent sein.
16. Sicherheit wird im Rahmen von Projektfinanzierung oft zu hoch gewichtet. Gehe Projektrisiken kalkuliert ein, denn ohne Risiken kann man keine hohe Rendite erzielen.
17. Ignoriere im Laufe eines Projektes Sunk Costs, auch wenn dies Andere nicht tun. Nicht vermeidbare Kosten spielen nur bei der Frage nach dem Verbleib am Markt (Minimum der Durchschnittskosten) eine Rolle, für Deine Gewinnmaximierung sind sie ohne Bedeutung (ökonomisches Prinzip).

18. Überprüfe Dein Projekt nicht allzu häufig, da ansonsten mentale Tunnel vorprogrammiert sind.
19. Sei fair, wenn Du nicht fair sein kannst', dann erscheine wenigstens fair. Da die Erwartungen, Vorstellungen und Hoffnungen der anderen Projektteilnehmer immer Bestandteil Deiner Strategie sind, sollten auch Vorstellungen im Hinblick auf Gerechtigkeit u.U. eine Rolle bei Deinen Entscheidungen spielen.
20. Wenn möglich, verhandle immer von Angesicht zu Angesicht. Dies schafft Vertrauen.
21. Referenzpreise können oft eine zu große Rolle spielen, wenn Ankereffekte zu dominant werden. Auch Experten irren sich (systematisch).
22. Finde die Motivation und Erwartungen der anderen Projektteilnehmer heraus. Sie sind wichtig für das Verhandlungsergebnis und dessen Stabilität.
23. Der Andere soll im Rahmen einer Projektfinanzierung etwas verdienen, der Rest wird am besten geteilt. Anreizverträge beinhalten die größte Chance, die Funktionen von Verträgen zum Durchbruch zu verhelfen. Sie sind aber keine Garantie dafür (eventuell zu exzessive Risikoübernahme).
24. Die Tagesordnung und die Reihenfolge der Züge in einem Spiel besitzen große Bedeutung für den Ausgang von Spielen und Verhandlungen.
25. Vermeide die „eigene Nabelschau"! Verwende stattdessen so oft wie möglich den Standpunkt eines Außenstehenden. Verschaffe Dir einen Überblick über das ganze Geschehen, nach Möglichkeit mit einiger Distanz, auch zu Dir selber.
26. Sind Personen rational, dann sind die Märkte effizient. Sind Personen human, dann sind Märkte prognostizierbar.
27. **Kenne Deine Grenzen!**

Literaturverzeichnis

Augenblick, Mark; Custer, B. Scott Jr.: The Build, Operate, and Transfer ("BOT") Approach to Infrastructure Projects in Developing Countries, Working paper No.498, o.O. 1990

Barberis, Nicholas; Thaler, Richard: A Survey of Behavioral Finance, Working Paper 2003, Reprinted from Handbook of the Economics of Finance, Edited by G.M. Constantinides, M. Harris and R. Stulz 2003

Bazerman, Max H.: Judgement in Managerial Decision Making, Wiley 2002

Belski Gary; Gilovich Thomas: Why Smart People Make Big Money Mistakes and how to Correct Them, Lessons Form the New Science of Behavioral Economics, Fireside Book 2000

Benoit, Philippe: Project Finance at the World Bank - An Overview of Policies and Instruments, in: World Bank Technical Paper Number 312, Washington 1996

Bernstein, Peter L.: Wider die Götter, die Geschichte von Risiko und Risikomanagement von der Antike bis heute, dtv 2002

Beyer, Sven: Messung und Management von Kreditrisiken, in: Beyer, Sven; Eberts, Manfred (Hrsg.): Praxisrelevante Fragestellungen aus Investmentanalyse und Finanzierung, Stuttgart, 2000, S. 1-27

Bieta, Volker; Kirchhoff, Johannes; Milde, Hellmuth; Siebe, Wilfried: Risikomanagement und Spieltheorie, Galileo 2002

Blattner, Peter: Globales Risikomanagement für Banken, Oldenbourg 2003

Blattner, Peter: Internationale Finanzierung, Oldenbourg 1999

Brealey Richaerd A.; Myers Stewart C.: Principles of Corporate Finance, McGraw-Hill 1996

Breitenbücher, M.; Kretschmer, J.: Interne Risikostreuung im Blickpunkt von Marktrisiken, in: Conrad, Christian A.; Stahl, Markus (Hrsg.): Risikomanagement an internationalen Finanzmärkten, Stuttgart, 2000, S. 241-253

Buckley, Adrian: Multinational Finance, Prentice Hall 2000

Buljevich, Esteban C.; Park, Yoon S.: Project Financing and the International Financial Markets, Boston, Dordrecht, London 1999

Campbell, R. Harvey: Global Financial Management, Duke University, Course Lecture Notes 1996

Cieleback, M.: Entstehungsursachen der Asienkrise, in: Conrad, Christian A.; Stahl, Markus (Hrsg.): Risikomanagement an internationalen Finanzmärkten, Stuttgart, 2000, S. 65-70

Cunningham Lawrence A.: Behavioral Finance and Investor Governance, Washington & Lee Law Review, Vol. 59, p. 767, 2002

Damodaran, Aswath: Corporate Finance, Wiley 1997

Deutsche Bundesbank: Monatsbericht, Frankfurt/Main April 2004

Eiteman David K.; Stonehill Arthur I.; Moffett Michael H.: Multinational Business Finance, Addison Wesley 2004

Emery Douglas R.; Finnerty John D.: Corporate Financial Management, Prentice Hall 1997

Estache, Antonio; Strong, John: The Rise, the Fall, and .. the Emerging Recovery of Project Finance in Transport, in: The World Bank (ed.): policy Research Working paper, No. 2385

Fahrholz, Bernd: Neue Formen der Unternehmensfinanzierung: Unternehmensübernahmen, Big Ticket-Leasing, Asset Backed- und Projektfinanzierungen; die steuer- und haftungsrechtliche Optimierung durch Einzweckgesellschaften (Single Purpose Companies), München 1998

Finnerty John D.: Project Financing, Asset-Based Financial Engineering, Wiley 1996

Gröhl, M.: Bankpolitische Konsequenzen der Projektfinanzierung, Diss., Marburg, 1990

Grosse, P. B.: Projektfinanzierung aus Bankensicht, in: Backhaus, Klaus; Sandrock, Otto; Schill, Jörg; Uekermann, Heinrich (Hrsg.) : Projektfinanzierung- wirtschaftliche und rechtliche Aspekte einer Finanzierungsmethode für Großprojekte, Stuttgart, 1990, S. 41-62

Hellmund, Uwe; Klitsch, Walter; Schuhmann, Klaus: Grundlagen der Statistik, verlag moderne industrie 1992

Hens, Thorsten: Behavioral Finance, eine neue Sicht auf die Finanzmärkte, Referat vom 25. April 2002 bei: Privatbank Von Graffenried AG, Bern, mimeo

Höpfner, Kai-Uwe: Projektfinanzierung - Erfolgsorientiertes Management einer bankbetrieblichen Leistungsart, Göttingen 1995

Hull, John C.: Fundamentals of Futures and Options Markets, Prentice Hall 2002

Hull, John C.: Options, Futures, and other Derivatives, Prentice Hall 1997

Hupe, Michael: Steuerung und Kontrolle internationaler Projektfinanzierungen, Diss., Frankfurt am Main u.a.O. 1995

Jarrow, Robert; Turnbull, Stuart: Derivatives Securities, Thomson 1999

Jürgens, Werner H.: Projektfinanzierung: neue Institutionenlehre und ökonomische Realität, Wiesbaden 1994

Jütte-Rauhut, Judith: Internationale Marktregulierungen als Risikofaktor bei Projektfinanzierungen im Bergbau, Diss., Baden-Baden, 1988

Kahnemann, Daniel; Riepe, Mark W.: Aspects of Investor Psychology Beliefs, Preferences, and Biases Investment Advisors Should Know About, Working Paper 2002, Reprinted from Journal of Portfolio Management, Vol. 24 No. 4, Summer 1998

Kreps, David M.: A Course in Microeconomic Theory, Harvester Wheatsheaf 1990

Kuhn, Thomas S.: The Structure of Scientific Revolutions, Third Edition, Chicago 1996

Levy, Sidney M.: Build, Operate, Transfer - Paving the Way for Tomorrow's Infrastructure, New York u.a.O. 1996

McMillan, John: Games, Strategies, and Managers, Oxford University Press 1992

Merton, Robert; Perold Andre F.: Theory of Risk Capital in Financial Firms, in: Chew, Donald H. (Hrsg.), The New Corporate Finance, McGraw-Hill 1999

Milgrom, Paul; Roberts, John: Economics, Organization and Management, New Jersey 1992

Nalebuf, Barry J.; Brandenburger, Adam M.: Co-opetition, HarperCollins 1996

Nevitt, Peter K.; Fabozzi, Frank J.: Project Financing, Seventh Edition, London 2000

Nofsinger, John R.: The Psychology of Investing, Prentice Hall 2002

Pashigian, B. Peter: Price Theory and Applications, McGraw-Hill 1995

Perridon, Louis: Finanzwirtschaft der Unternehmung, 6. Auflage, München, 1991

Piatelli-Palmarini, Massimo: Die Illusion zu wissen, was hinter unseren Irrtümern steckt, rororo 1997

Pohl, Hans (Hrsg.): Historische Erfahrungen mit Projektfinanzierungen, Frankfurt am Main 1998

Pollio, Gerald: International Project Ananlysis and Financing, Michigan University Press 1999

Reuter, Alexander; Wecker, Claus: Projektfinanzierung: Anwendungsmöglichkeiten, Risikomanagement, Vertragsgestaltung, bilanzielle Behandlung, Stuttgart 1999

Rudolph, Bernd: Projektfinanzierung aus ökonomisch-theoretischer Sicht, in: Hans Pohl (Hrsg.): Historische Erfahrungen mit Projektfinanzierungen, Frankfurt 1998, S. 53-64

Schill, J.: Projektfinanzierung aus der Sicht des Anlagen-Lieferanten in: Backhaus, Klaus; Sandrock, Otto; Schill, Jörg; Uekermann, Heinrich (Hrsg.) : Projektfinanzierung - wirtschaftliche und rechtliche Aspekte einer Finanzierungsmethode für Großprojekte, Stuttgart, 1990, S. 29-39

Schmitt, Wolfram: Internationale Projektfinanzierung bei deutschen Banken, Frankfurt am Main 1989

Schulte-Althoff, Monika: Projektfinanzierung - Ein kooperatives Finanzierungsverfahren aus Sicht der Anreiz-Beitrags-Theorie und der Neuen Institutionenökonomie, Diss., Münster, Hamburg, 1992

Smith Richard L.; Smith Janet Kiholm: Entrepreneurial Finance, Wiley 2000

Strohbach, Hannes: Build Operate Transfer-Modelle zur Finanzierung von Infrastrukturinvestitionen: eine Untersuchung im Lichte der neo-institutionalistischen Theorie, Frankfurt u.a.O. 2001

Stulz, Rene M.: Risk Management and Derivatives, South-Western Publishing 2003

Terberger-Stoy, Eva: Die Rolle der Bankenaufsicht in der Asienkrise, in Gans, O.: Friedewald, E.: Die südostasiatische Wirtschaftskrise - Diagnosen, Therapien und Implikationen für Südasien, Stuttgart, 1999, S. 27-41

Thaler, Richard H.: The Winner's Curse, Princeton University Press 1992

Tinsley, Richard: Advanced Project Financing - Structuring Risk, London 2000

Tytko, Dagmar: Zukunftsorientierte Kreditvergabeentscheidungen, Frankfurt am Main u.a.O. 1999

Uekermann, Heinrich: Risikopolitik bei Projektfinanzierungen: Maßnahmen und ihre Ausgestaltung, Wiesbaden 1993

Uekermann, Heinrich: Technik der internationalen Projektfinanzierung, in: Backhaus, Klaus; Sandrock, Otto; Schill, Jörg; Uekermann, Heinrich (Hrsg.) : Projektfinanzierung - wirtschaftliche und rechtliche Aspekte einer Finanzierungsmethode für Großprojekte, Stuttgart, 1990, S. 13-28

Vinter, Graham D.: Project Finance - A Legal Guide, London 1995

Vogel, Martin: Vertragsgestaltung bei internationalen Projektfinanzierungen, Köln 1997

Autorenverzeichnis

A
Adler 10
Albert 25

B
Backhaus 32
Barberis 256
Barnard 102
Bazerman 236
Belka 108
Belsky 241
Benoit 3, 14, 45, 94
Bernstein 240, 253
Bieta 231, 232
Blattner 155, 226
Brandenburger 229
Brealey 187, 211
Buckley 151
Buljevich 14, 17, 35, 36, 94

C
Campbell 148

D
Damodaran 148, 153, 159
Deutsche Bundesbank 180
Düring 10

E
Eiteman 155, 211
Emery 226
Estache 4

F
Fabozzi 9, 21, 93, 105
Finnerty 211, 226
Frank 109

G
Gilovich 241
Gröhl 4, 20, 26, 30, 46
Grosse 14

H
Heintzeler 15, 24
Hellmund 240
Hens 241
Högsdal 25
Höpfner 6, 30, 32, 35, 77, 96, 107
Hull 177, 178
Hupe 9, 15, 25, 26, 27, 33, 42, 44, 45, 77, 89, 91, 92, 93

J
Jarrow 177, 178
Jürgens 2, 73, 124
Jütte-Rauhut 14, 23, 24

K
Kahneman 241, 247, 249, 256
Kirchhoff 231, 232
Klitsch 240
Kreps 228
Kuhlmann 31

L
Levy 2, 3, 27, 57

M
March 102
McMillan 201
Merton 181
Milde 231, 232
Milgrom 235
Moffett 155, 211
Myers 187, 211

N
Nalebuff 229
Nevitt 9, 21, 93, 105
Nofsinger 236

P
Park 14, 17, 35, 36, 94
Pashigian 225
Perold 181
Perridon 16
Piatelli-Palmarini 239, 240
Pollio 142, 161, 224

R
Reuter 25, 26, 27, 78, 90, 93, 109
Riepe 241, 247, 249, 256

Roberts 235

S

Schmaltz 10
Schmitt 2, 9, 15, 23, 24, 31, 35, 44, 55, 57, 70, 78, 89, 91, 92, 95, 96, 105, 108, 109
Schuhmann 240
Schulte-Althoff 15, 23, 42, 54, 57, 66, 90, 94
Siebe 231, 232
Smith/Smith 230
Stein 91
Stonehill 155, 211
Strong 4
Stulz 215

T

Thaler 236, 256
Tinsley 49, 136
Turnbull 177, 178
Tytko 14, 19, 21, 23, 27, 33, 55, 105, 108, 109, 129

U

Uekermann 14, 15, 20, 21, 22, 33, 44, 45, 54, 55, 57, 66, 70

V

Vinter 23

W

Wecker 25, 26, 27, 78, 90, 93, 109

Index

A
Abnahmeverträge 71
Adverse Selection 34
Agent 206
Allgemeines Zinsniveau 154
Allokation des Risikokapitals 197
Analyse von Unternehmen 133
Angemessene Belastbarkeit 117
Ankereffekt 255
Anreizkompatible Verträge 123
Anreizvertrag 202, 205
Anreizverträglichkeit 164, 206
Ask 189
Asymmetrische Informationsverteilung 203
At Equity-Wertansatz 12

B
Base- und Worst-Case 106
Base-Case-Szenario 38, 109
Behavioral Finance 236
Best-Case-Szenario 109
Beta 149, 226
Betriebs- und Managementrisiko 54
Betriebsunterbrechungsversicherung 126
Bid 189
Biomasse 119
BOT-Projekte 27
Briefkurs 189
Browning 61

C
Call 180
Capacity Charge 72
Capital at Risk 220, 221, 222, 223
CAPM 147, 149, 152, 154, 160, 172, 214, 219, 225, 254
CAPM und Branchenrisiko 160
CAPM und Eigentümerrisiko 160
CAPM und geforderte Eigenkapitalrendite 173
CAPM und Kreditrisiko 160
CAPM und Länderrisiko 160
Caps 90
Cash Flow Related Lending 15
Cash Flow Waterfall 125
Cash Sweep 85, 101
Cashflow Related Lending 14, 15
Cash-Sweep 85, 101
Chancen einer Projektfinanzierung 29
Chance-Risiko-Position 39
Contractor 53
Control-Prinzip 10
Credit Enhancements 13
Cross Selling 31

D
Debt Service Cover Ratio 104, 105, 108, 162, 169, 171
Degradation kristalliner Siliziummodule 61
Desaster 193, 197
Diversifizierung 150
Diversifizierungsgewinne 145, 254
Dominanzprinzip 242, 243, 247
DSCR-Verlauf 118, 119
Durchleitungsklausel 68

E
Economic Complementarity 14
Economic Test 52
EE-Projekt 56, 74, 76
Eigentümerrisiko 254
Einflussfaktoren für die Wirtschaftlichkeit 44
Einzelrisiken 112
Eisenerzprojekt 131
Endogene und exogene Risiken 46
Energy Charge 72
EPC-Vertrag 53
Erfolgsbeiträge einer Projektfinanzierung 30
Erneuerbare-Energien-Gesetz (EEG) 59
EU-Bilanzrichtlinien 10
Eurotunnel 48, 49, 157
Expertenmeinungen 257
Exportkreditversicherungen 126

F
Feasibility Study 26
Feed-in Tariff 78
Fertigstellungsrisiko 47
Festpreisvertrag 205
Financial Covenants 122
Finanzieller Leverage 145
Finanzierungsstruktur von Projekten 213
Fixkosten und optimale Betriebsgröße 157
Fixpreisvertrag 202
Force Majeure-Risiko 93, 95, 96
Framing 245, 246
Frühwarnsysteme 121
Full Recourse Finanzierung 23
Funktionen des Kapitals 185, 186
Funktionen von Verträgen 206, 212, 228
Funktionsrisiko 57

G
Game of Trust 228, 229
Geforderte Gesamtrendite 154, 174
Geldkurs 189

Gesamte Risikokapital 186
Gesamtrisiko 148
Geschäftsbankenkredite 114
Gesetz der kleinen Zahl 248
Gewichtete Kapitalkosten 171
Glasfaserkabel 137
Glaubwürdige Selbstbindung 229
Glaubwürdigkeit 233, 235
Glaubwürdigkeit von Regierungen 208
Globalrisiko 6
Grace Period 120
Grundsatz der Kontrollfähigkeit 34
Grundsatz der Risikotragfähigkeit 34

H

Hamada-Gleichung 159
Hermes 127
Heuristik 240, 255
Hold Up Probleme 218
Hotelling-Regel 225
Hurdle Rate 143

I

IAS 10, 11, 12, 13
Idealtypische Finanzierungsformen 18
Illiquidität des Projektes 216
Implizite Versicherung 186
Inflationsrisiko 91
Informationsasymmetrie 7
Informationspflichten 122
Informationsstruktur 121
Innenfinanzierungsmöglichkeiten 158
Insolvenzkosten 158, 160, 162, 172, 216, 217
Interner Zinsfuß 104, 193
Iridium-Projekt 57
Irreversible Investition 49

K

Kapitalbereitstellung 123
Kapitaldienstfähigkeit 108
Kapitalstrukturauflagen 122
Kapitalwert 154, 166, 193
Katastrophe 193, 197
Klassifikationsmuster für Risikofaktoren 111
Klassische Kreditsicherheiten 128
Know-how 31
Kommunikation 230
Konkave Nutzenfunktion 253
Kontrahierungszwang 81
Kontrollillusion 244
Konzept des Risikokapitals 222
Konzessionen 114
Kooperation 230, 232, 233
Koordination 230, 232, 233
Korrelation 151, 240
Kostenaufschlag 202, 205

Kosten-Nutzen-Analyse 126
Kovarianz 148
Kraftwerke 131
Kreditauflagen 122
Kreditrisiko 174, 180
Kreditspread 154
Krisenpläne 246

L

Länder-Beta 152, 161, 208
Länderrisiken 151, 154, 254
Langfristige Lieferverträge 67
Lead Bank 20
Lernprozesse 257
Leverage 145, 156, 159, 172, 173, 174, 175, 212, 214, 218, 254
Limited Recourse Finanzierung 23, 52, 134
Liquidität des Projektes 169, 189, 221
Liquiditätspolster 121
Loan Life Cover Ratio 108, 162

M

Markt- und Absatzrisiko 69
Markteffizienz 149, 219
Marktpreis des Risikos 153
Maut 131
Mengenrisiko 68
Mentale Tunnel 237, 240, 241, 255
Merchant Case 70
Mindestdeckungsgrad 108
Mischform der Risikoallokation 73
Missachtung der Grundgesamtheit 239
Mobilfunknetze 131
Moral Hazard 34
Multi-MW-Anlagen 65

N

Nachfinanzierungsverpflichtung 52
Nachschusspflicht 134
Nicht zyklische Branchen 154
Non Recourse Finanzierung 24
Normalverteilung 227
Null-Summenspiel 233

O

Off-Balance Sheet Financing 9, 15
Offshore-Windenergie 65
Offshore-Windpark 124
Off-Taker 71
Ökonomischer Gewinn 154, 181
Ökonomisches Prinzip 223, 257
Operativer Cashflow 115, 121
Operativer Leverage 145
Opportunistisches Verhalten 200
Opportunitätskosten 217
Optimale Betriebsgröße 156, 212
Optimale Kapitalstruktur 114
Optionspreistheorie 180, 184

P

Pangloss-Werte 245, 256
Paretokritierium 233
Paretooptimale Risikoallokation 194
PARTS + I 229
Passthrough 68
Performancegarantien 61
Photovoltaik 62, 111, 112
Pilotanlage 58
Politische Risiken 91, 126
Positiver Kapitalwert 143
Preisrisiko 68
Principal-Agent-Problem 75
Principal-Agent-Theorie 34
Prinzip der Risikoteilung 34
Prinzipal 206
Problem der Invarianz 251, 255
Progressives Steuersystem 217
Project Life Cover Ratio 108, 162
Projekt-Beta 159, 160, 172
Projektbeteiligte 19
Projektbewertung und Risikoquantifizierung 104
Projektendogene Risiken 45
Projektexogene Risiken 45
Projektfinanzierung 2, 4, 5, 9, 16, 178, 197
Projektgesellschaft 126
Projektphasen einer Projektfinanzierung 25
Prozess des Risikomanagements 35
Put 180, 191, 195

Q

Quota-Based System 78

R

Ratchet Effekt 235
Ratendarlehen 120
Rationale Entscheidung 254
Rationale Entscheidungskriterien 252
Rationales Verhalten 254
Realoptionen 108, 124, 136, 180, 224, 234, 254
Recycling-Vorhaben 131
Referenzportfolio 149
Regression 148
Regression zum Mittelwert 248
Regret 250
Regulierung 212
Relative Attraktivität 247
Reputation 235
Reserve- und Ressourcenrisiko 74
Restrukturierungsmaßnahmen 213
Return on Investment 141
Risiko der Branche 254
Risikoallokation 39, 164, 200, 208
Risikoangepasste Bilanz 187, 192, 196, 209
Risikoangepasste Kapitalwerte 187
Risikoangepasste Nettoeinkommen 189, 197
Risikoangepasste Rendite 200
Risikoart, Risikoinstrument und Risikoträger 43
Risikobegriff 33, 229
Risikodiversifizierung 143
Risikofaktor Mensch 236
Risikoidentifizierung 103
Risikokapital 182, 184, 185, 189, 193, 196, 208, 209, 218, 223
Risikokapital Definition 181
Risikokonzept 100
Risikomanagement 198, 215, 216, 218, 219
Risikoprämie 149, 153
Risikoprofil 36, 117, 121
Risikoquantifizierung 100, 105, 136
Risikoübernahme und Anreizstrukturen 203
Risk Sharing 15
Risk-Sharing-Prinzip 34
Roaming-Vereinbarung 58
Rolling Black-Outs 82
Roll-Overs 91
Rückwärtsinduktion 230

S

Sachversicherung 126
Schuldendienstdeckungsgrad 105
Schuldendienstreserve 105, 116, 121, 198, 229
Senioritätsentlohnung 201
Sensitivitätsanalyse 106, 108, 109
Shareholder-Value-Ansatz 154
Simulative Risikoanalyse 108
Single Purpose Company 27
Solaranlagen 97
Solarenergie 90
Spieltheorie 229
Spillovers 191, 197, 218, 244
Stabilität des Cashflows 41
Standing 213
Steigende Skalenerträge 212
Steuereffekt 175
Strategie 230
Strategische Prinzipien 235
Strategische Vorausschau 230
Strategisches Risikomanagement 232
Sunk Costs 156, 181, 218
Supply-or-Pay-Vertrag 67
Supranationale Institutionen 208
Swaps 90
Szenariotechnik 108, 109

T

Take-and-Pay-Vertrag 71
Take-or-Pay-Vertrag 67, 71, 73
Technisches Risiko im engeren Sinne 57
Technisches Risiko im weiteren Sinn 77
Tilgungsfreie Zeit 120, 170
Tilgungsstruktur 120

Too Big to Fail 242, 243
Trade Off 199, 201, 206
Traditionelle Kreditfinanzierung 17
Traditionelle Projektfinanzierung 17
Transaktionskosten 200, 214
Trigger Events 101
Turnkey Lumpsum Date Certain-Verträge 53

U

Überdeckungsgrad 163, 165, 171
Umgang mit Projektrisiken 256
Umrechnungsmethoden für Cashflows 155
Un- und systematische Risiken 147
US-GAAP 14

V

Venture-Capital-Finanzierungen 124
Verfügungsbeschränkungen 122, 125
Verlustaversion 241
Versicherungen 125
Vertragliche Cashflows 179
Vertragsbruch 123
Vertragsrisiko 93
Vertrauen 233, 235

W

Wechselkursrisiko 89
Windenergie 40, 78, 118
Working Capital 114, 177, 181
Worst-Case-Szenario 38, 98, 109

Z

Zahlungen an die Projektbeteiligte 178
Zinsänderungsrisiko 90
Zulieferrisiko 66
Zyklische Branchen 149, 154